BIBLIOTHÈQUE
SCIENTIFIQUE INTERNATIONALE

PUBLIÉE SOUS LA DIRECTION

DE M. ÉM. ALGLAVE

XXX

BIBLIOTHEQUE
SCIENTIFIQUE INTERNATIONALE
PUBLIÉE SOUS LA DIRECTION
DE M. ÉM. ALGLAVE
Volumes in-8, reliés en toile anglaise. — Prix : 6 fr.
en demi-reliure d'amateur, 10 fr.

DERNIERS VOLUMES PARUS :

Mantegazza. La physionomie et l'expression des sentiments, avec figures et 8 planches hors texte . . . . 6 fr.

Stallo. La matière et la physique moderne. 1 vol. in-8. . . 6 fr.

H. de Meyer. Les organes de la parole, 1 vol. in-8 avec 51 figures. 6 fr.

De Lanessan. Le sapin, introduction à l'étude de la zoologie, 1 vol. in-8 avec figures. . . . . 6 fr.

Edm. Perrier. La philosophie zoologique avant Darwin. 1 vol. in-8. 2ᵉ édit. 6 fr.

J. Lubbock. Les fourmis, les abeilles et les guêpes. 2 vol. avec 60 fig. dans le texte et 13 planches hors texte, en noir et en couleurs. . . . . 12 fr.

Young. Le soleil, avec 85 figures. 1 vol. in-8. . . . . . . 6 fr.

Alph. de Candolle. L'origine des plantes cultivées. 1 vol. in-8. 2ᵉ édit. . . . . 6 fr.

James Sully. Les illusions des sens et de l'esprit. 1 vol. . . 6 fr.

Charlton Bastian. Le cerveau et la pensée. 2 vol., avec 184 figures dans le texte . . . . 12 fr.

De Saporta et Marion. L'évolution du règne végétal. *Les cryptogames.* 1 vol., avec 85 figures dans le texte . . . . 6 fr.

O.-N. Rood. Théorie scientifique des couleurs et leurs applications à l'art et à l'industrie. 1 vol. in-8, avec 130 figures dans le texte et une planche en couleurs . . . . 6 fr.

Th.-H. Huxley. L'écrevisse, introduction à l'étude de la zoologie, avec 82 figures. 1 vol. in-8. . . . . 6 fr.

Herbert Spencer. Les bases de la morale évolutionniste. 1 volume in-8. 2ᵉ édition. . . . . 6 fr.

R. Hartmann. Les peuples de l'Afrique. 1 vol. in-8, avec 93 figures dans le texte. 2ᵉ édit. . . . . 6 fr.

Thurston. Histoire de la machine à vapeur, revue, annotée et augmentée d'une Introduction par *J. Hirsch.* 2 vol., avec 140 figures dans le texte, 16 planches tirées à part et nombreux culs-de-lampe. 12 fr.

A. Bain. La science de l'éducation. 1 vol. in-8. 4ᵉ édition. . . 6 fr.

N. Joly. L'homme avant les métaux. Avec 150 figures. 3ᵉ édition. 6 fr.

Secchi. Les étoiles. 2 vol. in-8, avec 60 figures dans le texte et 17 planches en noir et en couleurs, tirées hors texte. 2ᵉ édition. . 12 fr.

Wurtz. La théorie atomique. 1 vol. in-8, avec une planche hors texte. 4ᵉ édition. . . . . 6 fr.

Brucke et Helmholtz. Principes scientifiques des beaux-arts, suivis de L'optique et la peinture. 1 vol., avec 39 figures. 3ᵉ édition. 6 fr.

VOLUMES SUR LE POINT DE PARAÎTRE :

De Saporta et Marion. L'évolution du règne végétal. *Les phanérogames.* 2 vol., avec nombreuses figures.

Semper. Les conditions d'existence des animaux. 2 vol., avec 106 fig.

Romanes. L'intelligence des animaux.

Berthelot. La philosophie chimique.

Coulommiers. — Imprimerie P. Brodard et Cie.

Sacrifice humain dans une fête nationale et religieuse en Océanie (d'après Lubbock). Voyez page 317.

L'HOMME

AVANT LES MÉTAUX

PAR

N. JOLY,

Professeur à la faculté des sciences de Toulouse,
correspondant de l'Institut.

AVEC 150 FIGURES DANS LE TEXTE

QUATRIÈME ÉDITION

PARIS

ANCIENNE LIBRAIRIE GERMER BAILLIÈRE ET Cⁱᵉ

FÉLIX ALCAN, ÉDITEUR

108, BOULEVARD SAINT-GERMAIN

1885

TABLE DES MATIÈRES

Introduction   VII

PREMIÈRE PARTIE.

L'ANTIQUITÉ DU GENRE HUMAIN.

CHAPITRE PREMIER. — Les ages préhistoriques   9
I. Notions générales sur la structure du globe terrestre, 9. — II. Ce qu'on doit entendre par le mot fossile appliqué à l'homme et aux autres êtres organisés, 16. — III. Les âges préhistoriques, 18. — IV. Haute antiquité de l'homme prouvée par les monuments égyptiens, 29.

CHAPITRE II. — Les travaux de Boucher de Perthes   33
I. Les silex éclatés d'Abbeville, 33. — II. Découverte de la mâchoire de Moulin-Quignon, 40.

CHAPITRE III. — Les cavernes a ossements   44
I. Historique de la question, 44. — II. Description des cavernes à ossements, 48. — III. Les âges des cavernes, 54. — IV. Faune quaternaire, population des cavernes, 64. — V. Os d'animaux blessés trouvés dans les cavernes, 72. — VI. Squelettes humains entiers trouvés dans les cavernes; os humains blessés, crânes trépanés, 75. — VII. Preuves tirées de l'état des os et de leur composition chimique, 81.

CHAPITRE IV. — Les tourbières et les kjœkkenmœddinger   84
I. Les tourbières du Danemark, 84. — II. Les tourbières de la Suisse, 88. — III. Les kjœkkenmœddinger ou débris de cuisine du Danemark, 90.

CHAPITRE V. — Les habitations lacustres et les nuraghi   97
I. Les palafittes de la Suisse, 97. — II. Objets de l'âge de la pierre trouvés dans les lacs suisses, 103. — III. Les habitants des palafittes, 107. — IV. La flore des palafittes de la Suisse, 111. — V. Constructions anciennes ou modernes analogues aux palafittes, 113. — VI. Les nuraghi de la Sardaigne, 116.

CHAPITRE VI. — Les sépultures   121
I. Les divers modes de sépulture, 121. — II. Sépultures dans les cavernes, 125. — III. Réflexions sur les sépultures trouvées dans les cavernes, 132. — IV. Les dolmens, 135. — V. Les sépultures des géants de la Sardaigne, 147.

CHAPITRE VII. — L'homme préhistorique américain   150
I. Les chulpas du Pérou et de la Bolivie, 153. — II. Les mounds et les mounds-builders, 154.

CHAPITRE VIII. — L'HOMME TERTIAIRE............................ 162
    Les os humains du volcan de la Denise ; les os striés de l'éléphant de
    Saint-Prest ; les silex miocènes de Thenay, 162.

CHAPITRE IX. — HAUTE ANTIQUITÉ DE L'HOMME....................... 167

DEUXIÈME PARTIE.

LA CIVILISATION PRIMITIVE.

CHAPITRE PREMIER. — LA VIE DOMESTIQUE....................... 173
    I. Les origines du feu dans l'humanité, 173. — II. Les aliments et la
    cuisine, 182. — III. Les vêtements, 190. — IV. Les ornements et les
    bijoux, 191.

CHAPITRE II. — L'INDUSTRIE................................... 194
    I. Procédés de fabrication des instruments de pierre, 194. — II. Usages
    religieux ou superstitieux des silex, 200. — III. Les armes de guerre
    et de chasse, 204. — IV. Les instruments de pêche, 215. — V. Les
    outils, 216. — VI. Le tissage et la couture, 228.

CHAPITRE III. — L'AGRICULTURE................................ 231
    I. L'agriculture primitive, 231. — II. La domestication des animaux, 235.
    — III. Origine et patrie des animaux domestiques, 239. — IV. Origine
    des plantes cultivées, 254.

CHAPITRE IV. — LA NAVIGATION ET LE COMMERCE................... 257
    I. Navigation, 257. — II. Commerce, 261.

CHAPITRE V. — LES BEAUX-ARTS................................. 264
    I. Les arts du dessin dans les cavernes, 264. — II. La peinture et la
    musique, 278. — III. La céramique, 279.

CHAPITRE VI. — LE LANGAGE ET L'ÉCRITURE....................... 286
    I. L'origine du langage, 286. — II. Caractères présumés des langues pri-
    mitives, 289. — III. Origine de l'écriture, 294.

CHAPITRE VII. — LA RELIGION.................................. 300
    I. Les idées religieuses de l'homme primitif, 300. — II. Le culte et les
    amulettes, 306. — Les amulettes crâniennes et l'immortalité de l'âme,
    307. — Le culte des morts, 310. — III. L'anthropophagie et les sacri-
    fices humains, 313. — IV. Transformation des sacrifices humains dans
    les dogmes religieux modernes, 321.

CHAPITRE VIII. — PORTRAIT DE L'HOMME QUATERNAIRE................ 323

Coulommiers. — Typ. PAUL BRODARD et Cⁱᵉ.

L'HOMME
AVANT LES MÉTAUX

INTRODUCTION

La science n'est inféodée à aucune philosophie,
à aucune religion. Y a-t-il une géométrie, une
physique, une physiologie protestante, une autre
catholique?

(*Bibliothèque universelle de Genève*,
août 1868, p. 515.)

Les annales de l'humanité primitive ne sont écrites d'une manière certaine que dans la *Bible de la nature :* c'est donc là que nous devons les aller consulter. Malheureusement, de ce livre immense, écrit par la main divine, bien des feuillets ont disparu ou sont effacés, et ceux qui restent sont le plus souvent très-difficiles à lire et à interpréter. Aussi, malgré le précepte de la sagesse antique (γνῶθι σεαυτὸν), ce que l'homme connaît le moins bien, c'est lui-même. En effet, il ne connaît parfaitement ni son corps, ni son cœur, ni son intelligence, ni le principe de vie qui l'anime : il ignore son origine, son berceau, son histoire.

Mais, en revanche, il a mesuré les cieux, il a calculé le poids de la terre et la distance des astres : il a fait, du Jupiter Tonnant de ses aïeux, un simple messager qui porte, il est vrai, en un clin d'œil, la pensée et même la voix d'autrui d'une extrémité du monde à l'autre. Bien plus, autre merveille inattendue, il est parvenu à faire parler les morts. Il a forcé le *blond* Phœbus et la *pâle* Phœbé à peindre leur propre image, la sienne, tout ce qu'il veut, au fond d'une chambre obscure. Que dis-je ? il les a réduits à l'humble rôle de copistes de nos vieux manuscrits. Bien plus, il a détrôné Neptune et se rit de ses fureurs. Il devance

l'oiseau dans son vol, et ses locomotives courent, sans se fatiguer,
dix fois plus vite que le coursier le plus rapide.

L'homme a dompté tous les éléments : l'air et les vents lui
obéissent en esclaves, et bientôt peut-être, des navires d'un
nouveau genre traceront leurs sillages dans les plaines de
l'atmosphère, aussi sûrement que le font depuis longtemps les
vaisseaux sur la vaste étendue des Océans. Entre ses mains, le feu,
Protée jusqu'alors insaisissable, est devenu *liquide* [1]. La terre,
fouillée, bouleversée dans tous les sens, lui ouvre peu à peu ses
secrets. Enfin, son génie invente chaque jour des merveilles qui,
à force d'être étonnantes, ont fini par sembler naturelles, à ce
point que la seule indication que j'en donne ici paraîtra peut-
être au lecteur presque une banalité.

Mais sa propre nature et sa propre histoire, encore une fois,
l'homme ne les connaît pas.

Cependant quel sujet plus important pourrait être offert à ses
méditations, à son active curiosité, à son vif désir de savoir le
comment et le pourquoi des choses !

Enveloppés d'un voile épais, ensevelis dans le passé des âges,
les premiers documents relatifs à l'histoire du genre humain ont
dû se dérober longtemps aux investigations des chercheurs, qui
ne se doutaient même pas de leur existence, ou tout au moins
de leur signification. Il a fallu le hasard d'heureuses circonstances, l'ingénieuse sagacité et la courageuse persévérance d'un
homme de cœur doublé d'un vrai savant, pour comprendre le
mystérieux langage de ces pierres *éclatées*, de ces ossements
exhumés des profondeurs du sol et rendus à la lumière du jour
après tant de milliers d'années, après tant de milliers de siècles
peut-être !... Accueillie d'abord par les sarcasmes de l'ironie ou
les dédains de l'incrédulité, l'*archéogéologie*, par une réaction
inévitable, a fait naître des enthousiasmes extravagants, des
systèmes téméraires, qui, plus d'une fois, ont nui à sa cause et
compromis ses vrais progrès. Laissons de côté enthousiastes
trop ardents et détracteurs systématiques, et occupons-nous
seulement des résultats obtenus. Le plus important sans contredit, le plus inattendu, et en même temps l'un des plus certains, c'est la haute antiquité de l'homme *préhistorique*.

Ce nom indique assez que l'histoire, telle qu'elle a été jusqu'à

---

1. C'est sous la dénomination très-bien choisie de *feu liquide,* de *feu
lorrain,* que le docte et laborieux Nicklés a désigné un produit dont il
a payé de sa vie la découverte importante. Qu'il me soit permis de
déposer sur la tombe, si prématurément ouverte, de ce savant honnête
autant qu'érudit, le tribut de mes regrets sincèrement affectueux.

présent conçue et enseignée, ne saurait nous fournir aucune
date précise relativement à cette antiquité.

Les tables de Manéthon, la Bible elle-même ne peuvent nous
être ici d'aucun secours. De l'aveu d'un bon nombre d'érudits
et de théologiens, la chronologie en est incertaine, pleine de
lacunes, altérée par les copistes et les commentateurs.

Sylvestre de Sacy, chrétien orthodoxe, s'il en fut, disait déjà
qu'il n'y a pas de chronologie biblique. Un de nos ecclésiastiques les plus instruits confessait naguère, avec une bonne foi
qui l'honore, que « la chronologie de l'Ancien Testament n'a
jamais été déterminée par l'Eglise ». Elle résulte, dit-il, de la
combinaison de certaines dates, de l'interprétation de certains
passages, qui n'intéressent ni la foi ni les mœurs, et qui peuvent avoir été corrompus; on est même certain qu'il y a des
lacunes, et les cosmogonies des différentes versions autorisées
ne s'accordent pas entre elles, etc., etc. « Rien n'empêcherait
donc, continue notre savant théologien, d'ajouter un plus ou
moins grand nombre d'années au chiffre généralement accepté
touchant l'apparition de l'homme sur la terre, si la science arrivait à fixer rigoureusement cette date. Mais ce résultat certain
est encore loin d'être atteint » [1]. Sur ce dernier point, nous
sommes complètement d'accord avec le docte abbé Duilhé de
Saint-Projet. Mais la concession qu'il nous fait relativement
à l'incertitude de la chronologie biblique est, à nos yeux, bien
autrement importante que la nôtre, puisqu'elle nous met à
l'abri du reproche d'impiété souvent adressé à la science, qui
n'en peut mais, par des personnes qui en ignorent l'esprit ou
en méconnaissent les tendances. Du reste, aux *a priori* téméraires,
par lesquels certains prétendent réduire à néant ses découvertes,
aux accusations aussi injustes que malveillantes, trop fréquemment et quelquefois trop légèrement portées contre elle, la vraie
science répond par des faits et souvent même par des bienfaits.
Or voici des faits mis en lumière par les savants et qui confirment, dans tout ce qu'elles ont d'essentiel, les assertions de la
plus pure orthodoxie.

« On ne trouve dans la Genèse, dit notre éminent paléontologiste M. Ed. Lartet, aucune date limitative du temps où a pu
commencer l'humanité primitive : ce sont les chronologistes
qui, depuis quinze siècles, s'efforcent de faire rentrer les faits

1. Voir la *Semaine catholique de Toulouse*, 28 mars 1869, et surtout la
Minerve de Toulouse, où les *Conférences* de M. l'abbé Duilhé de Saint-
Projet sont appréciées avec un esprit d'impartialité qui honore tout à la
fois l'habile critique et le savant théologien.

bibliques dans la coordination de leurs systèmes. Aussi voyons-nous qu'il s'est produit plus de cent quarante opinions sur la seule date de la création, et qu'entre les variantes extrêmes il y a un désaccord de 3194 ans seulement pour la période entre le commencement du monde et la naissance de Jésus-Christ. Cette différence porte principalement sur la partie de l'intervalle la plus proche de la création. Du moment donc qu'il est reconnu que la question des origines humaines se dégage de toute subordination au dogme, elle restera ce qu'elle doit être, une thèse scientifique accessible à toutes les discussions, et, à tous les points de vue, susceptible de recevoir la solution la plus conforme aux faits et aux démonstrations expérimentales [1]. »

Telle est aussi, sur ce point délicat, notre profession de foi scientifique. Ne valait-il pas mieux progresser avec Galilée, que lui arracher un désaveu coupable, surtout quand on voit aujourd'hui l'un de ses compatriotes, célèbre entre tous, le Père Secchi, directeur de l'Observatoire romain et membre correspondant de l'Institut de France, proclamer la supériorité de cette même philosophie de Galilée, condamnée jadis et mise au cachot par l'Inquisition? « Laissez donc aller la science, répéterons-nous, après M. V. Duruy, laissez-lui faire son œuvre ; l'âme est au bout [2]. »

Voyons maintenant comment la science nouvelle, l'*archéogéologie*, est parvenue à établir non pas la date précise de l'apparition de l'homme à la surface de la terre (elle n'est pas arrivée, elle n'arrivera peut-être jamais là), mais seulement à fixer une date approximative, certainement antérieure à celle qu'indiquent toutes les cosmogonies.

On trouve répandus à la superficie du sol ou dans ses profondeurs, au sein des cavernes sombres ou sous les ruines des plus antiques monuments, des *silex*, qui tantôt paraissent grossièrement taillés, tantôt offrent le plus beau poli et des formes analogues à celles de nos haches, de nos couteaux, de nos outils de toute espèce.

Déjà remarqués des anciens, qui leur donnaient les noms de *lapides fulminis*, *ceraunix gemmæ*, etc., et par les modernes, qui les appellent encore *pierres de foudre*, *pierres de tonnerre*, *pierres tombées du ciel*, les silex dont il s'agit étaient employés dans certaines cérémonies sacrées chez les Hébreux, les Égyptiens, les

1. Ed. Lartet, *Nouvelles recherches sur la coexistence de l'homme et des grands mammifères fossiles réputés caractéristiques de la dernière période géologique* (*Annales des sciences naturelles*, 4ᵉ série, t. XV, p. 256).
2. V. Duruy, *Discours au Sénat*.

Romains, et peut-être aussi par les Scandinaves, adorateurs de· Thor et d'Odin.

De nos jours même, en plein xix⁰ siècle, tant le progrès est lent en toute chose, les prétendues pierres tombées du ciel sont encore un objet de superstition au sein de nos campagnes, et il n'est pas rare d'en trouver dans les chaumières ou dans les étables des paysans, lesquels croient fermement pouvoir par là préserver leurs demeures des atteintes de la foudre, leurs personnes des maléfices, et leurs troupeaux des épizooties.

Mais qu'est-ce donc que ces cailloux problématiques qui, depuis qu'ils sont devenus les objets de l'attention des investigateurs du passé, ont été rencontrés sur presque tous les points du globe : à Paris ét au cap de Bonne-Espérance; à Toulouse et à Christiania, dans le *diluvium* de la vallée de la Somme ou de la Tamise, et dans le limon ossifère des cavernes du Languedoc et du Périgord, dans les dolmens de la Bretagne, de l'Algérie et de l'Angleterre, sous les ruines de Ninive et de Babylone, dans l'Indo-Chine et au Japon, et jusque sur les bords de l'*Ohio* et du *Mississipi?*

A cette question, il n'était pas facile de répondre. Pour les uns, ces éclats de silex étaient des *jeux de la nature;* pour les autres, c'étaient des produits volcaniques; pour d'autres enfin, c'étaient des pierres éclatées par le froid des hivers. Ceux qui se croyaient les plus savants prétendaient avoir affaire à des pierres à fusil ét, qui plus est, à des pierres à fusil d'une fabrication toute récente!...

Frappé de la forme singulière de certains de ces cailloux, très-abondants en Picardie, un savant antiquaire d'Abbeville en recueillit un très-grand nombre, les examina, les compara, les étudia avec soin, avec amour, avec une sorte de passion. « Ne fît-on que des épingles, a dit je ne sais plus quel philosophe, le succès est à ce prix. » Malheureusement, l'imagination ardente de l'antiquaire, fascinée à son insu par un mirage trompeur, lui fit voir dans ces cailloux des figures d'hommes, d'animaux, de plantes, intentionnellement sculptées, et même des signes graphiques, de vrais hiéroglyphes. Là était son erreur. Mais bientôt le rêve de l'archéologue s'évanouit, et la réalité subsista.

Ces cailloux n'étaient rien autre chose que des œuvres d'art, art primitif, s'il en fut, art grossier, si l'on veut, mais aussi réel et significatif, dans sa rude expression, que peuvent l'être la *Vénus de Milo,* l'*Apollon du Belvédère* ou les frises du *Parthénon.* Évidemment, la main de l'homme avait passé par là : elle avait taillé ces cailloux ; elle leur avait donné des formes intentionnelles ; elle en avait fait des armes ou des outils.

Et comme ces instruments de guerre, de chasse ou de travail se trouvaient enfouis à de grandes profondeurs, avec des ossements d'*espèces éteintes,* dans un terrain *en place,* c'est-à-dire non fouillé, non remanié depuis l'époque de son dépôt primitif, la conclusion logique, rigoureuse, irréfutable était celle-ci :

Dieu est éternel, mais l'homme est bien vieux.

Bien vieux, en effet, car il a été le contemporain du *mammouth* ou éléphant laineux, du *rhinocéros à narines cloisonnées,* du lourd *hippopotame,* de l'*ours* et du grand *chat des cavernes,* du *cerf à bois gigantesques* et d'autres animaux d'espèces éteintes, dont nos musées d'histoire naturelle possèdent maintenant des spécimens magnifiques et complets.

Mais, pour faire accepter cette conclusion, d'ou dérivaient, il est vrai, toutes les autres, que de peines, que d'ennuis, j'allais dire que d'humiliations, étaient réservés à M. Boucher de Perthes ! Quelqu'un l'a dit, qui avait autorité pour le dire : « La couronne du novateur est une couronne d'épines. » (Etienne Geoffroy Saint-Hilaire.)

L'illustre antiquaire en ceignit son front, et son front en fut plus d'une fois déchiré.

Cependant l'idée était lancée, et, comme elle était vraie, rien ne pouvait en arrêter le triomphe : aujourd'hui, il est complet.

Mais il fallut près de vingt ans à la découverte de M. Boucher de Perthes pour être admise à l'honneur de paraître devant l'aréopage de l'Institut. Le baron Cuvier fit, comme on dit, la sourde oreille, et cela se conçoit de la part d'un savant qui avait posé en principe que, nouveau venu sur la terre, dernier-né de la création, l'homme n'avait pu être le contemporain de ces espèces perdues, dont les plus anciennes couches quaternaires recèlent les débris. Disons à la louange de MM. Al. Brongniart, Flourens et Dumas, qu'ils furent les premiers à encourager les recherches de Boucher de Perthes et à se montrer à peu près convaincus. Les habiles ou les peureux, ceux qui craignaient de paraître se rendre complices d'une hérésie ou d'une mystification, se tinrent sur la réserve et continuèrent à objecter que, même en admettant que les silex d'*Abbeville* ou de *Saint-Acheul* portent réellement l'empreinte d'un travail humain, la haute antiquité de ces silex resterait douteuse, tant qu'on n'aurait pas déterminé l'âge précis des terrains où on les découvre, tant qu'on n'aurait pas démontré l'état vierge de ces terrains, enfin tant qu'on n'aurait pas rencontré, avec les outils de pierre, non-seulement des débris osseux ayant appartenu à des espèces éteintes, mais encore et surtout des ossements humains.

On en trouvera très-certainement, répondait avec confiance le courageux auteur du livre sur les *Antiquités antédiluviennes*, et, en effet, l'évènement ne tarda pas à justifier ces paroles prophétiques. Cet évènement s'est renouvelé, depuis, un très-grand nombre de fois, et rien ne semble aujourd'hui mieux prouvé que la haute antiquité du genre humain. Cependant des esprits retardataires ou prudents à l'excès doutent encore, et ce sont précisément ceux-là qu'il s'agit de convaincre. Pour y parvenir, la science moderne n'a négligé aucun moyen d'information, n'a laissé aucun domaine inexploré. Monuments cyclopéens, cités ensevelies sous des forêts cinq ou six fois superposées, sol glacé de la Sibérie ou du Groënland, tumuli de l'Ohio et de la Scandinavie, grottes sépulcrales, dolmens et menhirs, habitations lacustres de la Suisse et de l'Italie, nuraghi de la Sardaigne, terramares de l'Émilie, laves et volcans d'Auvergne, diluvium des vallées et des plaines, brèches osseuses, cavernes ossifères, la science de nos jours a tout scruté, tout interrogé, tout jusqu'à ces tas de fumier, jusqu'à ces restes de la cuisine primitive des Scandinaves, que les archéologues danois de nos jours ont désignés sous le nom, passablement barbare, de *kjökkenmöddinger*.

En publiant le livre ou plutôt le programme développé qu'on va lire, notre but est de faire connaître, avec les détails à l'appui, les nombreuses preuves jusqu'à présent recueillies en faveur de la *haute antiquité du genre humain*. Ce sera l'objet de la première partie.

Dans la seconde, nous traiterons des mœurs, de l'industrie, des arts, et des idées morales et religieuses de l'homme avant les métaux, et nous tâcherons de tracer son portrait à peu près ressemblant.

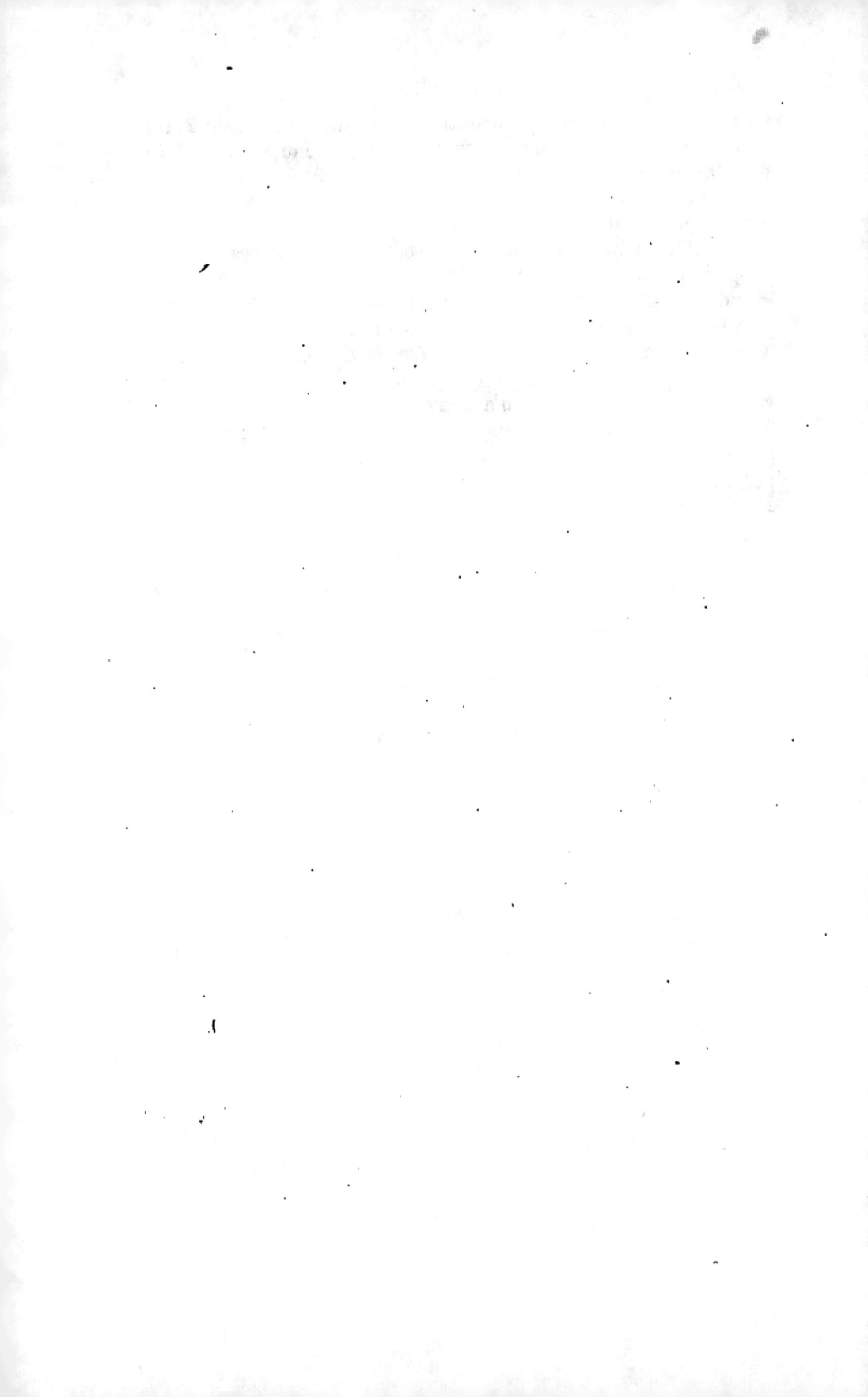

PREMIÈRE PARTIE

L'ANTIQUITÉ DU GENRE HUMAIN

CHAPITRE PREMIER

LES AGES PRÉHISTORIQUES

I

Notions générales sur la structure du globe terrestre.

Nous croyons indispensable, pour l'intelligence des chapitres qui vont suivre, de donner aux lecteurs peu familiarisés avec les termes de la géologie, une idée sommaire des phases diverses que notre globe a subies, avant d'arriver à l'état sous lequel il s'offre actuellement à nos yeux.

D'après l'immense majorité des géologues, la terre a été d'abord une masse incandescente et fluide. Peu à peu elle s'est refroidie ; une première enveloppe s'est formée. Les vapeurs répandues dans l'air se sont condensées à la surface du globe et ont produit les mers.

Au sein de ces mers primitives se sont déposés les terrains *primordiaux* et les terrains de *transition*. A ceux-là ont succédé, toujours en procédant de bas en haut, les terrains *secondaires*, les terrains *tertiaires*, divisés par Lyell en *éocène, miocène* et *pliocène*[1] ;

---

1. Les terrains tertiaires ont été ainsi divisés par Lyell d'après la considération du nombre proportionnel de coquilles récentes comparé au nombre des coquilles fossiles qu'ils renferment.

L'étage supérieur, l'*éocène* (de ἑώς, aurore, et χαινός, récent), c'est-à-dire le dépôt tertiaire le plus ancien, contient 3 1/2 0/0 seulement d'espèces identiques aux espèces actuelles. Le *miocène*, ou étage moyen (de μεῖον, moins, et χαινός, récent), est celui où les coquilles récentes, en nombre moins considérable que dans le *pliocène*, offrent la proportion de 17 à

enfin les terrains *quaternaires,* improprement appelés *diluviens* [1].

Les terrains les plus anciens, ceux qui ont été formés par l'action du feu et que l'on désigne, pour cette raison, sous le nom de PLUTONIENS, ne sont point *stratifiés,* c'est-à-dire disposés par couches, et ne contiennent aucun produit organisé. Les terrains *sédimentaires* ou NEPTUNIENS, au contraire, renferment de nombreux débris de la vie, et ces débris se rapportent à des êtres d'autant plus complexes et d'autant plus ressemblants à nos animaux et à nos végétaux contemporains, qu'ils se rapprochent davantage de l'époque actuelle.

Le géologue peut donc fixer l'âge relatif d'un terrain au moyen des *espèces fossiles* dont ce terrain a gardé les empreintes ou conservé les débris, absolument comme l'antiquaire apprécie l'âge d'un monument à l'aide des médailles qu'il a trouvées sous ses ruines.

Quelque pleine d'intérêt qu'elle soit, l'histoire des phases successives de la vie à la surface du globe ne peut ni ne doit nous occuper en ce moment. Bornons-nous donc à dire que, rares dans les terrains secondaires, du moins en Europe, les oiseaux [2] et les mammifères se montrent, pour la première fois, en grande abondance dans les formations tertiaires; que des marsupiaux et des pachydermes aujourd'hui complètement disparus (*Pterodon, Palœotherium, Acerotherium,* etc., etc.), occu-

20 0/0 comparativement aux espèces perdues. Cette proportion s'élève à 40 ou 50 0/0 dans le terrain *pliocène* (étage supérieur), de πλεῖον, *plus,* et καινός, *récent.*

Une remarque importante a été faite par M. Marsh : c'est que les trois étages tertiaires, tels qu'ils sont établis en Amérique, « ne sont pas les équivalents assortis des étages *éocène, miocène* et *pliocène* de l'Europe; en général, les formes de chacun de ces étages américains semblent être plus anciennes que celles de l'étage correspondant pour l'autre hémisphère. C'est là un fait important qui n'a pas encore été signalé. » (Marsh, *Succession des vertébrés d'Amérique : Revue scientifique,* 4 mai 1878, p. 1045.)

1. Les mots *diluvium, terrains diluviens,* emportant avec eux, dans certains esprits, l'idée du déluge biblique, comme cause formatrice de ces terrains, devraient être abandonnés, aussi bien que l'erreur qui a donné naissance à ces dénominations impropres. On a substitué avec raison à ces dernières celles de *terrains quaternaires* ou *post-pliocènes,* plus en harmonie avec les faits de la chronologie géologique. Les terrains ainsi désignés sont de beaucoup antérieurs au déluge historique de Noé ou de Deucalion.

2. Les oiseaux apparaissent déjà nombreux en Amérique dès les terrains secondaires. C'est dans la craie du *Kansas* que Marsh a trouvé ces singuliers *odontornithes,* ou oiseaux à dents, qui semblent établir le passage des oiseaux aux reptiles, de même que les ptérosauriens sans dents (genre *pteranodelon*) relient les reptiles aux oiseaux.

pent les premiers la scène ; qu'à ceux-ci succèdent d'autres formes souvent colossales, également éteintes, telles que les *megatherium*, les *dinotherium*, les *macrotherium*, les *mastodontes*, des singes même (*Dryopithecus*); qu'enfin plus tard, et dans l'étage supérieur ou *pliocène*, on voit paraître des éléphants, des bœufs, des chevaux, des carnassiers, des quadrumanes, dont les genres et les espèces offrent déjà beaucoup d'analogie avec ceux qui vivent de nos jours.

Suivant la juste remarque de M. le professeur Albert Gaudry, « les pachydermes ont eu leur règne dans nos contrées pendant la première moitié des temps tertiaires, et l'on n'en voit plus aujourd'hui que des reliquats isolés. Au contraire, les ruminants ont eu leur règne dans la seconde moitié des temps tertiaires, et de nos jours encore leur ordre est très-florissant [1]. » A la période *pliocène* ont succédé les terrains quaternaires ou diluviens, dont les derniers dépôts peuvent être considérés comme appartenant à l'époque actuelle.

Occupons-nous donc un instant de ces terrains, d'autant plus importants pour nous que ce sont, jusqu'à présent, les seuls qui renferment, d'une manière indubitable et à peu près incontestée, les plus anciens vestiges de l'existence de l'homme à la surface de la terre.

TERRAINS QUATERNAIRES OU DILUVIENS

Diluvium des géologues. — Les terrains quaternaires, appelés aussi diluviens, pleistocènes et mieux post-pliocènes, composent un vaste ensemble de dépôts de nature très-diverse (*marine, fluviale, torrentielle* ou *glaciaire*) qui se sont formés entre la fin de la période *pliocène* et le commencement de l'époque actuelle. Tantôt stratifiés, tantôt meubles ou incohérents, ils recèlent de nombreux mammifères, dont plusieurs, de taille gigantesque, se sont éteints lentement et successivement, tandis que d'autres, généralement plus petits, ont survécu jusqu'à nos jours.

Les dépôts stratifiés qui constituent en partie ces terrains ressemblent beaucoup à ceux des terrains tertiaires. La grande formation marine des côtes de la Sicile, les *pampas* de l'Amérique méridionale, les sables du Sahara, les steppes de la Russie

---

1. Albert Gaudry, *Les enchaînements du monde animal dans les temps géologiques*, p. 77. Paris, 1878.

orientale, les travertins de la Toscane, sont des exemples bien connus de dépôts quaternaires. Mais, outre ces dépôts, il en est d'autres, beaucoup moins réguliers, qui se sont formés sous l'empire de circonstances tout à fait caractéristiques pour l'époque dont il s'agit.

Ces phénomènes caractéristiques sont les suivants :

1° Dépôts erratiques des Alpes et du nord de l'Europe

2° Diluvium des vallées ;

3° Remplissage des cavernes et brèches osseuses ;

4° Apparition certaine de l'*homme* dans nos contrées.

Période glaciaire. Phénomènes erratiques. — Il paraît démontré que, vers la fin de la période tertiaire ou au commencement de l'époque quaternaire, la température de nos contrées commença à s'abaisser sensiblement. L'atmosphère, devenue plus humide et moins chaude, condensa les vapeurs dont elle était chargée, et la neige, en tombant avec abondance, sous forme de *névé*, couvrit d'immenses glaciers les montagnes, les plaines, les vallées de l'Europe centrale et septentrionale. Ce fut la *période glaciaire* [1].

Le voyageur qui parcourt les Alpes est surpris de voir perchés sur le flanc oriental du Jura, ou dispersés dans les vallées de la Suisse, des blocs souvent énormes (*blocs erratiques*) de granite ou de protogyne, c'est-à-dire formés de roches dont la constitution minéralogique ne ressemble en rien à celle du calcaire ou des marnes jurassiques sur lesquelles ils reposent. Des stries, des cannelures, des surfaces polies s'observent sur ces blocs détachés, dépaysés, pour ainsi dire, et sur les rochers encore en place qui de chaque côté limitent les vallées alpines.

Quelle cause a donc pu porter ces masses colossales sur les

---

1. Ce mot est peut-être impropre, car il tend à faire croire qu'il n'y a eu qu'une seule période glaciaire. Or, beaucoup de géologues, et à leur tête, M. Ch. Martins, admettent deux époques glaciaires. La première se rattacherait au terrain pliocène inférieur ; la seconde trouverait sa place après le dépôt du pliocène supérieur, c'est-à-dire vers le commencement des temps quaternaires. Certains géologues sont même disposés à croire que les phénomènes glaciaires se sont produits d'une manière périodique, depuis les plus anciens terrains fossilifères jusqu'aux terrains diluviens proprement dits. M. Julien, qui a fait une étude spéciale des glaciers, admet, lui aussi, deux périodes glaciaires : l'une a commencé après le développement du mastodonte, qui, en Europe, s'est éteint à la fin de la période tertiaire, tandis qu'il a continué à vivre en Amérique pendant toute la durée de la période quaternaire. A cette première époque glaciaire a succédé l'époque diluvienne, qui a été la conséquence de la fonte générale de ces premiers glaciers, phénomène grandiose, auquel il faut aussi rapporter le creusement des vallées.

hauteurs où on les observe encore aujourd'hui? A quoi faut-il attribuer les stries, les cannelures et le polissage partiel des rochers dont nous venons de parler?

On s'accorde assez généralement de nos jours à les considérer comme l'œuvre des anciens glaciers qui, dans leur marche lente et au moyen des cailloux enchatonnés dans leur masse, ont poli et buriné, en quelque sorte, les roches avec lesquelles le mouvement du glacier les mettait en contact. Quant aux blocs erratiques juchés sur des points souvent si éloignés de leur lieu d'origine, ils ont été également transportés là où on les trouve par les glaciers de cette époque.

A un moment donné, la température extérieure, venant à s'élever, détermina la fusion des glaces, et naturellement tous les matériaux étrangers qu'elles charriaient avec elles furent déposés, soit sur les flancs des montagnes, soit au fond des vallées. L'action des eaux torrentielles provenant de la fonte de ces mêmes glaces, aidée encore peut-être par des pluies abondantes, explique aussi d'une manière satisfaisante la présence de la boue glaciaire, des roches fragmentées, des graviers et des cailloux roulés que l'on observe au pied des Alpes et dans les vallées circonvoisines (*moraines*).

Le *phénomène erratique du Nord*, plus complexe et plus étendu que celui des Alpes, est dû évidemment à des causes analogues. Là, les glaces flottantes venues des régions arctiques ont transporté, loin de leur point de départ, des blocs immenses, dont la nature minéralogique accuse hautement l'origine étrangère.

Ces blocs, désignés en Allemagne sous le nom de Fündlinge (*Enfants-Trouvés*) sont répandus, presque à profusion, dans les

les érosions du sol, le transport des cailloux roulés, etc. Une seconde phase glaciaire s'est manifestée à l'époque de l'*elephas primigenius* et a fait sentir ses effets dans les Vosges, les Alpes et les Pyrénées, comme la première avait exercé son action dans la Suisse et le nord de l'Europe. L'époque interglaciaire, c'est-à-dire intermédiaire aux deux précédentes, a pour représentants la forêt submergée de *Cromer*, les charbons feuilletés de *Dürnten* et d'*Utznach* (canton de Zurich), les dépôts du *Val d'Arno* supérieur, etc.

M. Julien considère le diluvium alpin comme un dépôt remanié de la première période, à laquelle il attribue encore le diluvium gris supérieur, le diluvium rouge et le diluvium gris inférieur, ou diluvium de la plaine.

Il attribue à la seconde période le diluvium vosgien, et il rattache le lœss à la fonte des glaciers du Rhin de cette même période, glaciers qui subsistaient encore quand ceux des Vosges avaient complètement disparu. (Voy. *Matériaux pour servir à l'histoire primitive et naturelle de l'homme,* t. V, p. 374.)

plaines de la Russie, de la Pologne, de la Prusse et même de l'Angleterre. Des faits à peu près semblables se sont passés dans l'Amérique du Nord.

Sous la dénomination de *drift*, on désigne des dépôts de sables, de graviers, de coquilles marines, associés à des blocs le plus souvent anguleux. Tout semble prouver que ces dépôts, qui, à partir des régions scandinaves, s'étalent en divergeant sur une grande partie de l'Europe septentrionale, se sont formés sous des eaux marines qui, pendant ou immédiatement après la première période glaciaire, submergèrent, sur une grande partie de leur étendue, l'Amérique du Nord, les Iles-Britanniques et la Scandinavie.

Diluvium des vallées. — Le phénomène erratique ordinaire, nous dit M. Leymerie, se passe principalement dans les montagnes et dans les régions qui s'y rattachent immédiatement, et les glaciers y ont joué un grand rôle ou au moins y ont participé directement. L'ensemble des faits auquel on donne particulièrement le nom de *diluvium* se manifeste, au contraire, dans les plaines, et c'est à des cours d'eau extraordinaires qu'il doit son existence. On peut distinguer dans cet ordre de faits deux modes d'action distincts et inverses l'un de l'autre, l'*érosion* et le *comblement*.

Au premier de ces phénomènes se rapporte le creusement des vallées dites *d'érosion;* au second se rattache le remplissage partiel de ces mêmes vallées par les eaux diluviennes, entraînant dans leur cours les matériaux qu'elles arrachaient aux montagnes pour les transporter dans la plaine (*graviers, cailloux roulés, limons argilo-sableux*, imprégnés le plus souvent de fer oxydé ou de substance calcaire).

On distingue assez ordinairement deux sortes de *diluvium :* le diluvium *gris*, et le diluvium *rouge*, moins ancien que le précédent. Enfin, on donne en Alsace le nom de *lehm*, et de l'autre côté du Rhin, le nom de *lœss*, à un dépôt très-puissant (60 à 80 mètres d'épaisseur) de limon gris-jaunâtre, homogène, lequel recouvre les dépôts cailouteux qui constituent le vrai *diluvium*.

M. Alp. Favre a établi entre les terrains diluviens du nord-ouest de la France et ceux de la vallée du Rhin (Alsace) un parallèle que nous croyons utile de reproduire ici.

Si ce parallèle est exact, comme nous ne saurions en douter, il en résulte que les débris de l'industrie humaine trouvés dans les vallées de la Somme, de la Seine et de la Marne correspondent au diluvium inférieur de la vallée du Rhin, dépôt qui est de beaucoup antérieur aux anciens glaciers des Vosges, dit

M. Alp. Favre, puisqu'il en est séparé par le diluvium moyen du Rhin, ou diluvium rouge de la vallée de la Seine [1].

TERRAINS QUATERNAIRES

Dans le nord-ouest de la France.	*Dans la vallée du Rhin.*
Dépôt supérieur. — *Lehm* ou *lœss.*	*Lehm* ou *lœss* dans la plaine, moraines dans la montagne.
Dépôt moyen. — Sables et graviers connus sous le nom de *diluvium rouge* (vallées de la Somme, de la Seine et de la Marne).	Graviers composés de matériaux ne venant pas d'une grande distance : dépôt antérieur aux anciens glaciers.
Dépôt inférieur. — Graviers provenant d'un transport lointain, renfermant, à la base, des silex taillés de main d'homme et des restes fossiles d'*elephas primigenius*, rhinocéros, cerf, cheval, bœuf, etc.	Graviers, cailloux roulés, exclusivement composés de roches d'origine des Alpes, antérieurs aux anciens glaciers.

L'époque diluvienne ou quaternaire est encore caractérisée, avons-nous dit, par le remplissage des cavernes, par la formation des brèches osseuses [2] et par l'apparition certaine de l'homme dans nos contrées.

Les détails circonstanciés dans lesquels nous entrerons bientôt nous permettent, et même nous font un devoir de nous borner maintenant à ces simples indications.

Sauf quelques espèces éteintes ou émigrées [3], la Faune et la Flore quaternaires offrent avec la Faune et la Flore actuelles les plus frappantes analogies, ou, pour mieux dire, l'identité la plus complète.

1. Alp. Favre, *Sur l'existence de l'homme sur la terre antérieurement à l'apparition des anciens glaciers.* (*Bibliothèque universelle de Genève ; Archives*, t. VIII, p. 200, année 1860.)

2. Les brèches osseuses ne sont autre chose que des amas composés de roches fragmentées et d'ossements divers, cimentés ensemble par un limon calcarifère et ferrugineux. On rencontre des brèches osseuses dans les cavernes ossifères et dans les nombreuses poches ou fissures qui bordent, en quelque sorte, la mer Méditerranée (*Cette, Antibes, Nice, Gibraltar,* etc.).

3. Les principales espèces aujourd'hui éteintes des terrains quaternaires sont le *mammouth*, le *rhinocéros à narines cloisonnées,* le grand *ours*, le grand *chat*, l'*hyène* des cavernes, le *cerf à bois gigantesques.*

TABLEAU CHRONOLOGIQUE DES PRINCIPAUX TERRAINS

A. — Terrains neptuniens, formés au sein des eaux et disposés par couches ou stratifiés.

	Étages.	Assises principales.
T. modernes.		Dépôts lacustres et fluviatiles. Dunes.
T. quaternaires ou postpliocènes.		Diluvium rouge et lehm ou lœss supérieur. Diluvium gris. Lœss du Rhin d'origine glaciaire.
T. tertiaires.	Pliocène.	Sablières de Saint-Prest.
	Miocène.	Molasse d'eau douce. Sables de l'Orléanais. Faluns de la Touraine. Calcaire de la Beauce.
	Eocène.	Gypses et marnes de Paris et d'Aix en Provence. Calcaire grossier parisien. Argile de Londres (*London clag*).
T. secondaires.	Crétacé. Jurassique. Trias.	Craie de la Champagne. Calcaire lithographique de Solenhofen. Marnes irisées, *muschelkalk*.
T. de transition.	Permien. Carbonifère. Dévonien. Silurien. Cambrien.	Grès des Vosges. Terrain houiller, nouveau et vieux grès rouge (new and old red Sandstone), schistes azoïques des Pyrénées.

B. — Terrains non stratifiés ou plutoniens,

T. primaire, primordial ou azoïque.	Schistes cristallins. Gneiss, micaschiste. Calcaires métamorphiques.	
	Roches éruptives.	
	Granite. Protogyne. Porphyre. Trachyte. Basalte.	Laves. Serpentine. Diorite. Ophite.

II

Ce qu'on doit entendre par le mot fossile appliqué à l'homme et aux autres êtres organisés.

L'homme dont nous allons nous occuper est ordinairement désigné sous les noms d'*homme fossile* [1], homme *primitif*, homme

1. On désigne assez souvent, mais à tort, l'homme *préhistorique* sous le nom d'homme *fossile*. En effet, cette dernière épithète réveille l'idée d'es-

préhistorique ; on l'a même appelé quelquefois *homme-singe*, *anthropiske* ou *pithécanthrope.*

La première de ces dénominations a besoin d'être commentée.

La seconde repose sur une hypothèse hardie, qui a besoin d'être prouvée.

Qu'est-ce donc qu'un être fossile?

Les diverses définitions qu'on a données de ce mot portent nécessairement l'empreinte des idées dominantes à l'époque où ces définitions ont pris naissance.

Ainsi, lorsque les géologues expliquaient tout par d'épouvantables cataclysmes, lorsqu'Alcide d'Orbigny, réduisant le souverain Architecte au rôle ingrat de Pénélope, lui faisait créer et détruire vingt-sept fois son œuvre toujours inachevée, on entendait par ie mot *fossile* tout débris organique enfoui naturellement dans les couches du globe, antérieurement à la dernière catastrophe qui l'avait bouleversé, c'est-à-dire avant l'apparition de l'homme à sa surface. Or, cette apparition, que l'on plaçait après l'époque diluvienne ou *post-pliocène* proprement dite, formait une limite rationnelle, en apparence, entre les âges géologiques et les temps actuels. Toute espèce animale ou végétale dont on trouvait les restes ensevelis dans les terrains *diluviens, tertiaires,* ou *plus anciens* encore, était réputée *fossile* et, par cela même, *éteinte.* Toute espèce enfouie postérieurement au dépôt du *diluvium* était considérée comme simplement *humatile* ou *sub-fossile.* Le vocable *espèce fossile* était donc synonyme d'*espèce perdue,* comme si un être organisé quelconque ne pouvait pas être *fossile* en tant qu'individu, sans que l'espèce à laquelle il appartenait fût *perdue,* anéantie.

Ainsi l'*urus* était seulement *fossile* du temps de César ; aujourd'hui l'espèce entière est *fossile* et *perdue.* Mais l'aurochs, dont les débris se rencontrent, dans les terrains diluviens, avec ceux de l'*ours des cavernes* et du *mammouth,* est fossile et vivant tout à la fois, puisqu'on le trouve encore, en petit nombre il est vrai, dans les forêts de la Lithuanie, où il continue à propager sa race, sous la protection spéciale de l'Empereur de Russie.

Bien plus : un certain nombre d'animaux dont on trouve les débris dans les alluvions postérieures à l'apparition de l'homme, se sont éteints à une époque très-rapprochée de nous. Qui oserait dire que ce ne sont pas là des espèces tout à la fois fossiles

---

pèce éteinte ; appliquée à l'homme, elle doit signifier seulement qu'il a été le contemporain des espèces perdues, car la sienne subsiste encore.

et perdues ? De ce nombre sont le *dronte,* des îles Mascareignes, le *dinornis,* de la Nouvelle-Zélande ; l'*épyornis,* de Madagascar. Nous considérerons donc comme *fossile* toute espèce réellement éteinte, bien que son extinction ne remonte pas au delà de la période géologique actuelle, et se soit opérée dans des conditions analogues ou semblables à celles qui existent encore de nos jours. Pour nous, toute espèce éteinte (*dronte, mammouth*) est fossile, quoique toute espèce fossile ne soit pas nécessairement éteinte (*renne, bœuf musqué*).

Comme, dans toute discussion sérieuse, il est nécessaire de s'entendre sur la signification des mots qu'on emploie, nous dirons donc que, à notre sens, le terme *fossile,* appliqué à l'homme, représente, non l'idée d'*extinction* (car nous croyons que l'homme primitif existe encore *dans sa descendance*), mais bien celle de *contemporanéité* avec les grands animaux (*mammouth, rhinocéros à narines cloisonnées, ours des cavernes,* etc.), qui, après avoir laissé des traces plus ou moins nombreuses dans les terrains pliocènes, ont fini par s'éteindre à des phases diverses de l'époque quaternaire, et dont quelques-unes sont même parvenues jusqu'à nous (*renne, aurochs, bœuf musqué*).

L'*homme fossile,* tel que nous l'entendons, n'appartient donc pas à l'âge géologique actuel, à celui qui succède immédiatement à l'époque quaternaire. Ses faits et gestes ne sont pas du domaine de l'histoire, ils la précèdent de beaucoup. Dès lors, l'homme des premiers âges est du ressort de la paléontologie, au même titre que le grand ours des cavernes et le mammouth, ses contemporains. L'espèce humaine est *fossile,* mais elle n'est pas *éteinte.*

III

Les âges préhistoriques.

« Il en est de l'humanité comme des individus successifs dont elle se compose : ses souvenirs ne remontent point au delà d'une époque assez avancée déjà de son évolution ; elle n'a point la conscience des états antérieurs. Les manifestations primordiales de son activité essentielle n'ont laissé dans sa mémoire aucunes traces [1]. »

Mais, comme il arrive toujours, là où l'histoire se tait, le mythe prend naissance.

1. Lamennais, *Esquisse d'une philosophie,* t. III, p. 42.

L'antiquité classique nous parle de quatre âges successifs, qu'elle désigne sous les noms d'*âges d'or, d'argent, d'airain, et de fer.*

Sous le règne de Saturne, c'est-à-dire pendant l'âge d'or, les hommes jouissaient d'une longue vie, qu'ils consumaient au sein du bonheur, de la paix et de l'abondance. Mais la guerre déchaîne bientôt parmi eux ses fureurs; le fer est substitué à l'or; une décadence de plus en plus marquée se fait sentir, et l'homme de nos jours conserve à peine quelques traces de sa perfection et de sa félicité primitives.

Un autre mythe plus récent, et plus en harmonie avec les faits observés, regarde comme autochthones des races de géants et des races de nains, créées postérieurement aux premiers.

Les géants habitent sur les rochers ; ils y bâtissent d'énormes murailles ; ils portent des massues de pierre et ne connaissent pas les métaux. Avec les nains, beaucoup plus faibles, mais beaucoup plus industrieux que les géants, commence l'âge d'airain. Ils vont chercher ce métal dans les entrailles de la terre, et ils en fabriquent, au moyen du feu de forge, des ornements précieux et des armes brillantes, qu'ils distribuent aux hommes. Enfin, géants et nains cèdent la place aux hommes de l'âge de fer et sont forcés d'abandonner le pays.

Il est curieux de voir ici la poésie devancer l'histoire, et mentionner distinctement la série des âges aujourd'hui assez généralement admis par les savants.

Lucrèce nous dit, dans son poème de la *Nature des choses :*

> Arma antiqua, manus, ungues, dentesque fuerunt,
> Et lapides, et item sylvarum fragmina rami :
> Posterius ferri vis est, ærisque reperta,
> Sed prior æris erat, quam ferri cognitus usus.

Des recherches entreprises et des découvertes faites dans ces derniers temps en Danemark, en Angleterre, en France, en Suisse, en Italie, on peut presque dire dans toutes les parties du monde, il résulte que la réalité touche ici de très-près à la fable.

En effet, l'archéologie s'unit à la géologie pour nous dire que la civilisation humaine a passé, du moins en Europe, par trois phases plus ou moins distinctes, auxquelles on a pu conserver les noms, peut-être un peu trop significatifs, d'âge de pierre, âge de bronze, âge de fer. Un quatrième âge, celui du cuivre, intermédiaire entre l'âge de pierre et celui de bronze, devra probablement être admis, sinon en ce qui concerne l'Eu-

rope, où il a laissé peu de traces [1], du moins en ce qui regarde
certaines contrées du Nouveau-Monde. Ainsi, les *Mound-Builders*, cette race depuis longtemps éteinte, dont les ouvrages en
terre excitent encore, à bon droit, l'étonnement et l'admiration
du voyageur qui parcourt les vallées de l'Ohio et du Mississipi,
les *Mound-Builders* travaillaient le cuivre natif du Lac Supérieur,
à l'aide du marteau de pierre, sans le secours du feu, bien avant
l'époque où les Mexicains et les Péruviens coulaient en bronze
des statues, des armes et des ornements de toute espèce. Ce
qu'il y a de certain, c'est que l'Europe, dont nous admirons à
juste titre la haute culture intellectuelle, fut d'abord habitée
par des peuplades auxquelles l'usage des métaux était tout à
fait inconnu. Le silex plus ou moins habilement taillé, d'autres
roches très-dures (*serpentine*, *quartz*, *quartzite*, *diorite*, etc.),
l'os, la corne, le bois, servaient seuls à fabriquer leurs armes et
les objets de leur grossière industrie.

Ces peuplades appartenaient donc à l'*âge de pierre*, première
phase de la civilisation dans nos contrées. Mais, en se basant
sur le degré de perfection relative des objets fabriqués, on a
cru devoir subdiviser cet âge en deux périodes, dont la plus
ancienne a reçu le nom d'*archéolithique* ou *paléolithique* (âge de
la pierre grossièrement taillée); la plus récente, celui de période
néolithique (âge de la *pierre polie* [2]). Voyez fig. 1, 2 et 3.

De ces deux périodes, la première a vu l'ours des cavernes, l'éléphant mammouth, le rhinocéros à narines cloisonnées, etc., etc.
Ces grands mammifères n'existent plus lors de la période néolithique. A cette dernière époque, le renne lui-même a disparu

1. On a néanmoins trouvé plusieurs urnes ainsi que des instruments
en cuivre pur dans les Iles-Britanniques, en Hongrie, en Suisse, en Savoie, en Espagne, où, suivant M. de Prad, l'âge de cuivre aurait précédé celui du bronze. D'après M. Rougemont, les Tschoudes Russes ont
aussi leur âge de cuivre pur. Enfin des objets de cuivre pur mêlés à des
objets de bronze ont été retirés des tombeaux égyptiens qui datent du
temps de Suphis, le constructeur de la grande pyramide. On ne saurait
dire, jusqu'à présent du moins, qu'il y a eu en France un âge de cuivre
comme en Amérique. Mais il est bien prouvé aujourd'hui que l'on a
trouvé des objets en cuivre rouge (des perles de collier, des anneaux ou
bracelets) dans certaines grottes sépulcrales (*Saint-Jean d'Alcas, Durfort*)
et même dans les dolmens de l'Aveyron (*Cazalis de Fondouce, Cartailhac*).
A cela rien d'étonnant, puisque le travail du cuivre est infiniment plus
facile que celui du bronze : il est donc tout naturel que l'un ait dû précéder l'autre, surtout dans les pays où le cuivre natif se trouve en plus
ou moins grande abondance.

2. L'âge archéo et paléolithique correspond à la 2ᵉ *époque glaciaire*; l'âge
néolithique est postérieur à cette même époque.

de nos contrées pour émigrer vers le nord, où le bœuf mus
qué (*ovibos moschatus*) l'a suivi.

L'âge de la pierre polie est encore caractérisé par l'érection des dolmens, la naissance de l'agriculture et la domestication complète de plusieurs animaux, devenus, depuis, nos compagnons les plus fidèles ou nos auxiliaires les plus précieux.

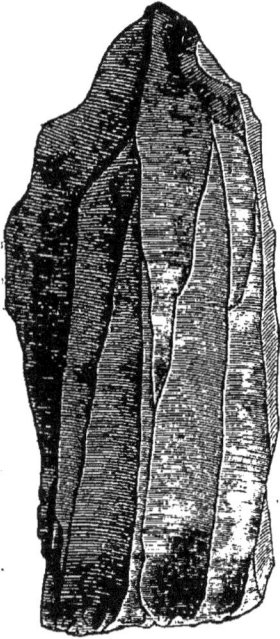

Fig. 1 et 2. — Rognon de silex
et silex taillé (Danemark). —
Spécimens de pierre taillée
(d'après J. Lubbock).

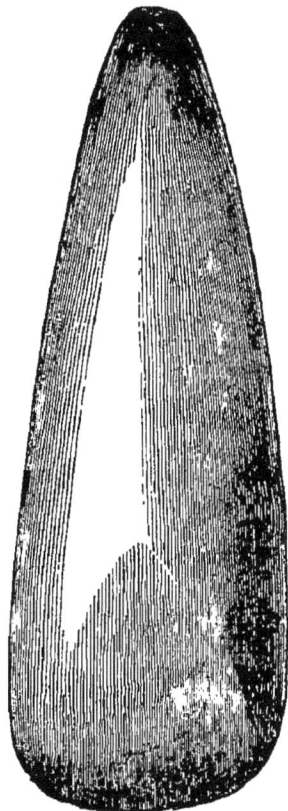

Fig. 3. — Spécimen de pierre
polie (hache d'Irlande).

A l'âge de la pierre succéda l'âge du bronze, cet alliage
d'étain et de cuivre [1] d'une dureté inférieure à celle de l'acier,
mais généralement plus grande que celle du fer [2].

1. Ordinairement dans la proportion de neuf parties de cuivre pour une
partie d'étain.
2. On suppose avoir des preuves suffisamment probantes, que l'âge de
fer en Danemark remonte à peu près à l'époque de l'ère chrétienne. On

Après un espace de temps jusqu'à présent indéterminé, le fer, dont l'extraction et la fusion sont infiniment plus difficiles que celles du cuivre, le fer vint remplacer le bronze : c'est le troisième âge, ou la 3e phase de la civilisation européenne.

Entre les divers âges que nous venons d'énumérer, il est quelquefois assez difficile d'établir des limites bien tranchées : l'œuvre de l'un se continue souvent dans l'autre. C'est ainsi, par exemple, que, dans un seul et même hypogée de l'île de See-land, on a trouvé tout à la fois des silex simplement éclatés et des silex polis, ou du moins indiquant un travail très-soigné ; c'est ainsi que, pendant l'âge de bronze et même pendant l'âge de fer, la pierre est encore fréquemment employée, concurremment avec le métal. Il ne suffit donc pas de rencontrer un ou plusieurs instruments de pierre dans une localité quelconque, pour affirmer que ces objets appartiennent, réellement et exclusivement, à l'une ou à l'autre des périodes *paléolithique* ou *néolithique* établies par Lubbock [1].

De même, l'usage du bronze ne cesse pas tout à coup dès qu'apparaît l'âge de fer : témoin les tombeaux de Hallstadt, en Autriche, où l'on trouve des épées en bronze avec des haches et des couteaux en fer. A Hallstadt, la transition d'un âge à l'autre a été évidemment lente et graduelle. Mais dans d'autres localités, en Suisse par exemple, lors de l'invasion des Helvètes, elle semble avoir été violente, comme les révolutions sociales ou les grandes commotions du globe. Enfin il est facile de concevoir que, dans un même pays et chez un même peuple, une foule de circonstances ont pu influer sur l'emploi successif ou simultané de la pierre ou des métaux. De là, une inégalité plus ou moins prononcée dans la marche de la civilisation, l'usage du fer, par exemple, ayant commencé chez un peuple quand l'autre n'avait à sa disposition que le bronze ou la pierre polie. Ainsi, en Ligurie, on n'a trouvé aucune trace de métaux antérieurs à l'époque romaine ; l'âge de la pierre durait encore dans cette contrée vers le commencement de la période historique. Enfin c'est dans les premières années du siècle actuel seulement, que les Lapons ont cessé de se servir d'instruments de pierre.

donne 2000 ans de durée à l'âge du fer; enfin l'âge de pierre comprend le temps indéterminé pendant lequel l'homme a occupé ce pays antérieurement à l'époque du bronze, à laquelle on donne une durée de 1000 ans.

1. Dans l'Amérique du Nord, par exemple, on trouve ordinairement des instruments en pierre taillée pêle-mêle avec les objets en pierre polie. On ne peut donc établir entre eux aucune distinction chronologique.

De nos jours même, il existe des groupes humains qui en sont encore à l'âge *lithique*, et qui pourtant se trouvent, sur le même sol, en contact intime et journalier avec des peuples arrivés à un très-haut degré de civilisation.

Tels sont les Australiens, qui tiennent avec une incroyable obstination à leur misérable vie de sauvages, et continuent à se servir d'armes et d'instruments de pierre, en présence des métaux de toute espèce qu'ont apportés avec eux les Anglais. Les Papous actuels restent immobiles et stationnaires, quand, sous l'influence de la civilisation britannique, la Faune et la Flore de leur pays natal subissent un changement aussi radical et aussi complet que celui que pourrait produire une révolution survenue tout à coup dans le globe terrestre.

Les Néo-Calédoniens de nos jours emploient des instruments en fer concurremment avec des haches en pierre très-bien polies.

Samuel Baker assure que les habitants de l'*Illyria* (Afrique septentrionale) ont un outillage très-primitif, se servent d'enclumes et de marteaux de pierre, et cependant travaillent le fer avec une rare habileté. Des faits analogues ont été observés chez les Cafres et chez les sauvages de la Polynésie.

Au rapport de M. Charles Smart, chirurgien des armées aux Etats-Unis, les Lacaudones de Chiquis, dernier reste d'un peuple que n'avaient pu soumettre les *conquistadores,* vivent dans des huttes construites avec des feuilles de palmier, et chassent encore avec des flèches de pierre, bien qu'ils cultivent la canne à sucre et les arbres fruitiers.

De ces faits, toutefois, on aurait tort de conclure que les peuplades dont nous venons de parler en sont encore à l'âge de pierre proprement dit. Un examen un peu attentif suffirait pour détruire cette erreur, et pour prouver que l'emploi simultané de la pierre et des métaux n'est pas plus rare de nos jours, qu'il ne l'était avant et pendant la guerre de Troie.

Nous n'en voulons pour preuve que l'exemple fourni par les forgerons et les ferblantiers irlandais, qui, jusqu'à une époque relativement récente, ont employé, dans leurs travaux journaliers, des marteaux et des enclumes de pierre.

M. Emile Burnouf nous apprend que, dans certaines parties du Levant, on se sert encore de morceaux de silex, fixés, plusieurs ensemble, dans une planche triangulaire, traînée par un cheval, pour hacher la paille destinée à la nourriture des animaux domestiques.

Donc, si, pour notre Europe, l'emploi exclusif de la pierre peut servir à caractériser une période très-ancienne, il n'en est

plus de même quand aux outils de pierre se trouvent associés
des instruments en métal. C'est ainsi que dans un gisement d'où
M. Moura, représentant de la France auprès du roi de Cambodge, avait extrait des haches en pierre polie, la présence du
cuivre travaillé a permis à notre savant collègue, le docteur
Noulet, de rajeunir ces haches, en les considérant comme pouvant servir de transition entre l'âge néolithique et l'âge du
bronze [1]. Un pareil mélange s'étant présenté plusieurs fois en
Europe, il amène aussi aux mêmes conclusions.

Avant de se prononcer sur l'âge réel d'un objet en silex, il
est donc indispensable de s'enquérir, avec la plus minutieuse
attention, non-seulement du lieu, mais encore des circonstances
concomitantes dans lesquelles cet objet a été découvert.

Notons encore que l'emploi du fer peut avoir lieu sans avoir
été précédé nécessairement par celui du cuivre ou du bronze (*Tartarie septentrionale, Finlande*), et, de même, le cuivre et le bronze
peuvent avoir été longtemps en usage chez un peuple (*Mexicains, Péruviens*), à l'exclusion presque totale du fer. Quant à
pierre, son usage, à moins qu'il ne soit exclusif, n'indique
pas toujours, nous venons d'en avoir la preuve, une infériorité
sociale très-marquée, et encore moins un degré d'antiquité exactement défini.

Cependant quelques auteurs ont eu la prétention de préciser
des dates et de faire remonter l'*âge de pierre* à 5,000 ou
7,000 ans tout au plus ; l'âge de bronze, à 3,000 ou 4,000 ans ;
l'âge du fer, bien plus moderne encore, daterait à peine de
2,000 ans [2].

Est-il besoin de faire observer que rien ne justifie jusqu'à présent de pareilles prétentions, et que tout esprit judicieux doit se
mettre en garde contre cette précision apparente, pour ne pas
dire audacieuse, puisque, dans l'état actuel de la science, elle
est tout simplement impossible. Continuons donc, en attendant
mieux, à nous servir de cette chronologie *toute relative,* que
l'on pourrait appeler *minéralogique ;* mais ne négligeons pas
surtout les données précieuses que peuvent nous fournir la
paléontologie, la stratigraphie et les progrès industriels. N'oublions pas non plus que toutes les divisions dont nous venons de

---

1. Dr Noulet, *l'Age de la pierre polie au Cambodge, d'après les découvertes de M. Moura, lieutenant de vaisseau.* Toulouse, 1877.

2. D'après le comte Gozzadini, il paraît à peu près certain que, si l'emploi du fer n'a commencé en Scandinavie que vers l'ère chrétienne, à
Villanova et à Marzabotto, dans le Bolonais, l'usage de ce métal remonte
au moins à 1500 ans avant J. C.

parler, à peine rigoureusement admissibles en ce qui concerne l'Europe, ne sauraient s'appliquer d'une manière absolue ni à l'Asie, ni à l'Afrique, ni au nouveau continent. Des faits nombreux recueillis en Amérique prouvent même que le passage successif d'un peuple par les trois âges de la pierre, du bronze et du fer n'est pas rigoureusement indispensable à son complet développement social.

En résumant les données qui précèdent, on peut les présenter sous une forme synoptique et dresser le tableau suivant :

CHRONOLOGIE MINÉRALOGIQUE

	Ages.	
	De la pierre.	1° De la pierre simplement éclatée (âge *paléo* ou *archéolithique* de Lubbock [1]).
		2° De la pierre polie (âge *néolithique*, id.).
Ages des métaux.	Du cuivre.	Tout à fait transitoire et comme accidentel en Europe, plus réel et plus durable en Amérique.
	Du bronze.	Commun aux deux continents, mais à des époques diverses.
	Du fer.	Relativement très-récent en Amérique et en Scandinavie, plus ancien dans le Bolonais (*Italie*) et dans le reste de l'Europe.

A cette chronologie toute *minéralogique*, M. G. de Mortillet a proposé d'en substituer une autre, uniquement basée sur le perfectionnement relatif du travail des silex. En faisant abstraction de ceux de *Saint-Prest* et du calcaire de la Beauce, dont nous parlerons plus tard, on a, dans cette chronologie, qu'on peut appeler *industrielle* ·

1° L'*époque de Saint-Acheul,* la plus ancienne des terrains quaternaires, caractérisée par ses haches *amygdaloïdes* ou en forme d'amande ;

2° L'*époque du Moustier,* avec ses racloirs et ses lances triangulaires, retaillés d'un seul côté ;

3° L'*époque de Solutré,* avec ses belles flèches en feuilles de laurier ;

4° L'*époque de la Madelaine,* où les instruments et les armes en os s'associent à la pierre ;

5° L'*époque de Robenhausen,* ou de la pierre polie.

Ces divisions sont bonnes à consulter, en ce qu'elles donnent d'utiles points de repère dans cette longue série de siècles qui

---

1. **J. Evans** subdivise l'*âge archéolithique* en deux périodes : celle des *graviers des rivières* et celle des *cavernes.*

ont dû s'écouler depuis l'apparition des premiers vestiges de l'industrie humaine jusqu'à l'âge du bronze proprement dit.

Malheureusement, ici encore, les auteurs qui se sont le plus occupés de ce sujet sont loin de s'accorder entre eux, et il règne, jusqu'à présent, sur la détermination et le caractère des époques antéhistoriques, un certain vague que des découvertes et des comparaisons ultérieures contribueront sans doute à dissiper.

Déjà, mettant à profit les données fournies tout à la fois par la *stratïgraphie*, la *paléontologie* et l'*archéologie*, M. le professeur Broca a établi, entre les données en question, une sorte de corcordance ou de contrôle, dont le tableau suivant pourra faire apprécier l'importance et l'opportunité :

CHRONOLOGIE PRÉHISTORIQUE QUATERNAIRE (fig. 4, 5, 6, 7, 8, 9)

		Dates stratigraphiques.	Dates paléontologiques.	Dates archéologiques.
Époque quaternaire.	Période archéolithique.	Bas niveaux des vallées non remaniées.	Age du mammouth.	Age de la pierre taillée ou archéolithique : hache de Saint-Acheul.
		Moyens niveaux.	Id. intermédiaire.	Pointe de Moustier.
		Hauts niveaux.	Id. du renne.	Id. de Solutré.
	Période néolithique.	Terrains récents.	Faune actuelle.	Hache polie.
Période métallique.		» »	» »	Age du bronze, Age du fer.

On a cru pendant un certain temps que le nord seul de l'Europe avait connu l'*âge de pierre*. On sait aujourd'hui, à n'en pouvoir douter, que chaque partie de ce continent s'est livrée à la taille du silex à l'exclusion de tout métal, et que l'âge dont nous parlons a été plus ou moins longuement représenté à des époques diverses, non-seulement en Scandinavie, mais encore en Finlande, en Allemagne, en France, en Italie, en Angleterre, en Belgique, en Syrie, en Palestine, en Egypte, en Chine, au Japon, dans l'Inde, et même en Amérique. Enfin, n'oublions pas que tout ce que nous avons dit au sujet de la succession des âges s'applique presque uniquement à l'Europe, et même parfois uniquement à la France.

Certains auteurs, entre autres MM. G. de Mortillet, Cartailhac et Forel, de Lausanne, ont prétendu qu'il existe une immense lacune entre l'âge paléolithique et l'âge néolithique, considérés au triple point de vue ethnique, paléontologique, industriel. Mais

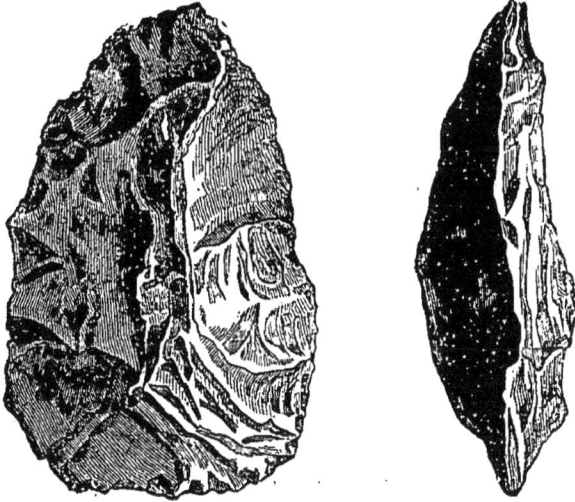

LE TYPE DE SAINT-ACHEUL. — Hache taillée sur ses deux faces.
Fig. 4. — Vue de face.   Fig. 5. — Vue de champ.

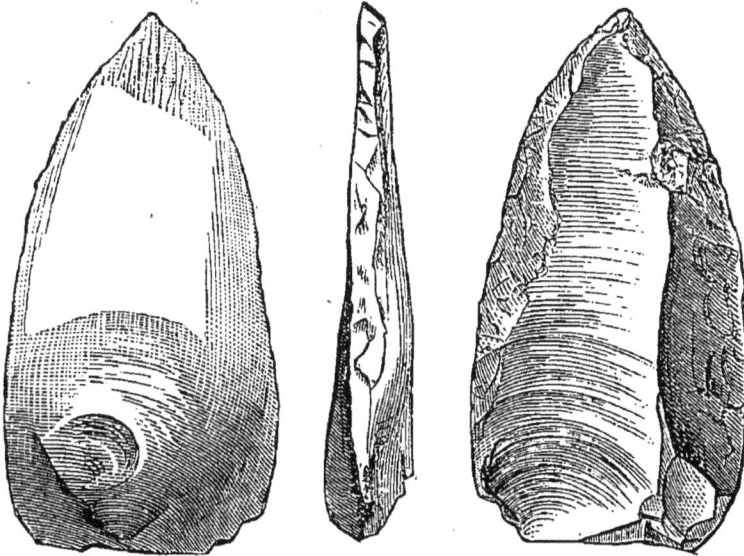

LE TYPE DU MOUSTIER. — Pointe de lance taillée sur une seule face.
Fig. 6. — Face non taillée.   Fig. 7. — Vue de champ.   Fig. 8. — Face taillée.

M. Cazalis de Fondouce soutient que cette lacune n'existe pas [1].

1. Voy. Cazalis de Fondouce, *Pierre taillée et Pierre polie, lacune qui aurait existé entre ces deux âges*, dans la *Revue d'anthropologie*, 1874, p. 631.

Il admet d'abord, avec M. de Quatrefages, qu'il y a eu continuité de race pendant les deux époques, et qu'une grande partie de la population actuelle de l'Europe se compose des descendants des hommes préhistoriques qui font l'objet de nos *études*.

Même continuité, dans la Faune quaternaire, entre l'âge de la pierre taillée et celui de la pierre polie. Il y a eu des extinctions successives, des éclaircies échelonnées dans la série des temps, depuis la disparition du grand ours des cavernes et du mammouth jusqu'à l'émigration du renne et du bœuf musqué vers des climats plus froids que le nôtre; mais les animaux de la période néolithique, et même ceux des temps modernes, sont les survivants de cette *faune* antique, au milieu de laquelle vécurent les hommes d'Abbeville et de Cro-Magnon.

La *flore* quaternaire, nous le verrons plus tard, nous conduit à des conclusions absolument identiques.

Enfin tout semble indiquer qu'il y a une filiation directe entre l'industrie grossière du silex de *Saint-Acheul*, et celle du silex si artistement travaillé de l'âge *néolithique*.

Mais ce qui prouve bien mieux encore que la lacune admise par certains archéologues est purement illusoire, c'est la découverte récente d'un gisement offrant la transition manifeste de

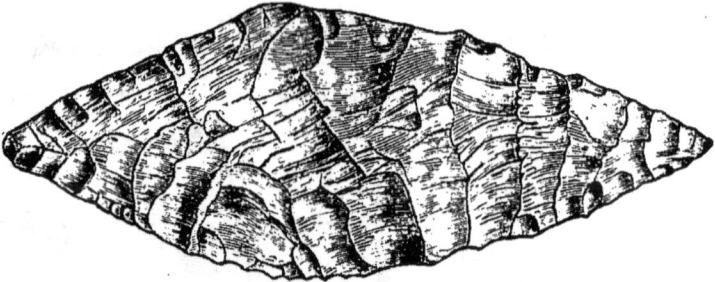

Fig. 9. — TYPE DE SOLUTRE. — Pointe de lance.

l'âge de la pierre taillée à l'âge néolithique. Je veux parler de la grotte Duruthy, située près de Sorde (*Basses-Pyrénées*), où MM. L. Lartet et Chaplain-Duparc ont observé « une race humaine que nous trouvons, disent-ils, associée, dans le Périgord, au mammouth, au lion et au renne, » d'abord à l'âge des flèches d'os triangulaires (*Cro-Magnon*), puis à celui que caractérisent les flèches d'os barbelées et les représentations d'animaux (*la Madelaine, Laugerie-Basse*), et qui, après s'être montrée, à la base de l'abri découvert à *Sorde,* en pleine phase artistique comme à la *Madelaine,* se retrouve encore, vers la partie supérieure du même abri, avec les armes de silex, que leur taille perfectionnée et leur commencement de polissage tendent à faire classer dans l'âge de la pierre polie [1].

En résumé, les trois âges de la *pierre*, du *bronze* et du *fer* n'ont pas été toujours et partout *successifs,* mais bien souvent *simultanés.* S'ils marquent trois étapes dans la civilisation des peuples, il ne s'ensuit pas que tous les aient parcourus aux mêmes époques.

La valeur chronologique de ces âges n'est donc pas toujours absolue et générale, mais quelquefois purement locale et relative.

Enfin les instruments en silex sont si peu propres à caractériser par eux-mêmes, et dans tous les cas, une époque très-reculée, que bien des peuples, même parmi ceux qui connaissent le fer, se servent assez souvent de la pierre préférablement aux métaux.

Dans notre continent européen, la série générale des faits a été partout la même ; mais les détails, les caractères particuliers ont varié suivant une foule de circonstances locales. S'il y a similitude entre eux, il n'y a pas toujours synchronisme parfait. Ne nous étonnons donc pas si, sur beaucoup de points, nous en sommes encore aux conjectures, aux hypothèses et aux à peu près. L'essentiel est que les jalons principaux soient posés : ils le sont, jusqu'à présent, d'une manière plus ou moins heureuse ; l'avenir nous dira s'il faut les déplacer.

IV

Haute antiquité de l'homme prouvée par les monuments égyptiens.

Naguère encore les érudits regardaient comme apocryphes et mensongères les fameuses listes des rois d'Egypte dressées par Manéthon, listes qui attribuaient une date extrêmement reculée aux plus anciennes dynasties. Aujourd'hui, les curieux monuments mis au jour par les fouilles de M. Mariette ont démontré que, bien loin d'avoir surfait la réalité historique et surchargé son tableau de Pharaons imaginaires (selon l'heureuse expression de M. Alfred Maury), Manéthon en a omis plusieurs dont les égyptologues modernes ont pu lire les cartouches et les légendes presque aussi facilement que nous lisons nous-mêmes, à Paris, l'inscription gravée sur le fronton du Panthéon. Aujourd'hui, l'on admet sans conteste « que l'art

1. Louis Lartet et Chaplain Duparc. *Une sépulture des anciens troglodytes des Pyrénées*, Paris, 1874.

et la civilisation remontent, sur les bords du Nil, à des temps
antérieurs à toute histoire ; que l'Egypte fut, dès l'origine,
coulée dans un moule qui s'est altéré à peine avec les âges, et
que durent respecter les conquérants étrangers qui parvinrent
à y établir leur domination [1]. »

C'est au développement de cette pensée, qui vient merveilleusement à l'appui de notre thèse, que l'illustre académicien a
consacré une savante étude qu'auront certainement remarquée
les lecteurs de la *Revue des Deux-Mondes*. Pour ne conserver aucun doute légitime sur la haute antiquité du peuple égyptien,
de sa civilisation, de ses arts, il n'est pas besoin de traverser la
mer, de se rendre à Karnak, de pénétrer dans son temple quatre
fois grand comme Notre-Dame de Paris, bien qu'il fût exclusivement réservé aux dévotions du roi.

Il a suffi de visiter, au Champ de Mars, le petit temple de
Philae, où étaient étalés, aux yeux de toutes les nations du
monde, les riches trésors de l'Exposition égyptienne (1867).
Quel art et quel luxe tout ensemble, surtout quel luxe funéraire ! C'est que pour les habitants du Nil, sans cesse préoc-
cupés de l'idée d'une vie future, les tombeaux étaient « leurs
véritables demeures pour l'éternité » (Alf. Maury). Qu'on se
rappelle ces cercueils en forme de momies et tout couverts de
tableaux symboliques, dont les couleurs ont défié le temps, et
ces deux statues du roi Chafra ou Chephren (le 4e roi de la
4e dynastie, l'auteur de la seconde des grandes pyramides),
statues si bien conservées, l'une d'elles surtout, qu'on la dirait
« sortie tout récemment des mains du sculpteur habile qui l'a
exécutée il y a plus de 5,000 ans [2]. »

L'art ne parvient pas tout à coup à cette harmonie des lignes,
à cette vérité d'expression, dont la figure du Pharaon, fils de
Ra, *le Dieu soleil* (*Chafra*), nous offre le modèle.

A côté des statues du roi *Chafra* ou *Schaffra*, nous pouvons
placer la statue en bois d'un individu nommé *Ra-em-ké*, merveille incomparable, miracle de conservation aussi bien que
chef-d'œuvre d'art qu'aucun des Grecs n'a surpassé, au dire
d'un juge très-compétent [3]. Or ce *Ra-em-ké* était un gouver-
neur de province qui vivait sous la 5e dynastie, c'est-à-dire un
siècle environ après le roi *Schaffra*.

Enfin la porte de la grande pyramide à degrés de *Sakkara*,

1. Alfred Maury, *L'ancienne Egypte d'après les dernières découvertes*
(*Revue des Deux-Mondes*, 1er septembre 1867, p. 183).
2. L'une de ces statues est en diorite ; l'autre, en basalte vert.
3. M. Fr. Lenormant.

qui est aujourd'hui l'un des trésors les plus précieux du musée de Berlin, faisait partie d'un monument qui, s'il a été vraiment construit, comme on le pense, sous la 1re dynastie [1], aurait, depuis près de soixante-huit siècles, bravé l'action destructive des hommes et du temps.

« De semblables chiffres épouvantent l'imagination. Quarante-neuf siècles avant la naissance du Christ, c'est une antiquité prodigieuse pour une œuvre de la main de l'homme, et surtout pour l'œuvre d'un art véritable. Ni l'Inde, ni l'Asie, ni l'Assyrie n'ont rien conservé qui remonte si haut vers l'origine de l'humanité. Mais ce qui est vraiment écrasant pour l'esprit, c'est de trouver alors, non point des peuplades sauvages, mais une société puissamment constituée, dont la formation avait dû réclamer auparavant de longs siècles, une civilisation très-avancée dans les sciences et dans les arts, en possession de procédés matériels d'une rare perfection, capable d'élever des monuments immenses et d'une indestructible solidité [2]. »

Je ne parlerai pas des bijoux trouvés à Thèbes sur la momie de la reine Aah-hotep, mère du roi Amosis, bijoux d'un fini et d'un gracieux incomparables, qui datent cependant de l'époque où Joseph devenait premier ministre du Pharaon alors régnant. Colliers, bracelets, miroir, hache sacrée en bronze, recouverte d'or et ciselée, poignard richement damasquiné, vases en terre émaillée, etc., tout dans ces objets de l'art antique excite notre surprise et notre admiration. « Ni la Grèce, ni l'Étrurie, nous dit M. F. Lenormant, n'ont fourni, en fait de bijoux, rien qui soit, pour la grandeur du style, pour l'élégance et la pureté des formes, pour la perfection du travail, supérieur à ces bijoux de la reine Aah-hotep. Mais ce qui confond vraiment l'imagination, c'est de penser que ces objets, qui révèlent une si haute culture de l'art, une si prodigieuse habileté de main chez les ouvriers, sont l'œuvre d'un temps de trouble et de guerres, où l'Égypte arrivait péniblement à se débarrasser d'une longue et douloureuse invasion de barbares (*hycsos* ou *rois pasteurs*) qui avaient couvert tout son sol de ruines. »

Il faut finir, et cependant je ne saurais passer sous silence deux autres objets d'une merveilleuse conservation, exposés dans les vitrines de M. Mariette. Mais cette fois encore je laisserai la parole à M. Lenormant.

« Cette élégante cuiller de bois, qui représente une jeune

1. Sous le roi Onennéphès, 4895 ans avant J.-C.
2. F. Lenormant, *l'Antiquité à l'Exposition universelle*, dans la *Gazette des Beaux-Arts*, livraison du 1er septembre 1867.

fille nubienne nageant et poussant devant elle, à la surface
des eaux, un bassin de forme ovale, est du temps de Moïse.
Avec un peu d'imagination, il serait possible de croire qu'elle
a reposé sur la toilette de la fille de Pharaon. Ce charmant
petit panier, à couvercle en jonc tressé de diverses couleurs, si
bien conservé, qu'une de nos élégantes aimerait à en faire sa
corbeille à ouvrage, a été trouvé à Thèbes, dans un tombeau de
la 11e dynastie. Il est donc de deux siècles environ plus vieux
qu'Abraham !

« Combien de siècles n'avait-il pas fallu traverser pour arriver
à ce degré de perfection, et que nous sommes loin des premières ébauches de sculpture exhumées des cavernes du Languedoc ou du Périgord ! Nul doute pourtant que l'art égyptien,
déjà si parfait sous le règne de Chephren et de ses successeurs,
n'ait commencé par des ébauches aussi grossières. Mais à quelle
époque remontent-elles ? Quels furent les noms de ces artistes
précurseurs ? On les ignore, comme ceux des sculpteurs dont le
ciseau créa les sphinx et les statues des rois [1]. »

Ajoutons qu'aux époques reculées dont il est ici question, la
langue de l'Egypte était déjà formée et se prêtait à l'écriture. On
élevait dans ce pays la plupart de nos animaux domestiques, on
connaissait parmi eux des races distinctes et depuis longtemps
établies (*chiens lévriers, chèvres à oreilles pendantes*, etc., etc.).
Qui nous dira, d'une manière précise, le nombre de siècles
qu'il avait fallu traverser pour arriver à ce degré de civilisation ? L'histoire de l'Egypte tout entière dépose donc en faveur
de la haute antiquité du genre humain.

Aux chefs-d'œuvre de l'art égyptien comparons maintenant
ces débris de l'industrie primitive, que nous a conservés le gravier diluvien des vallées ou le limon des cavernes ossifères. Occupons-nous des *silex* et de leur signification.

1. F. Lenormant, ouvrage cité.

CHAPITRE II

> « De toutes les découvertes qui tendent à faire re-
> monter à une haute ancienneté l'apparition d'une race
> humaine, dans la partie occidentale du continent euro-
> péen, il n'en est pas, sans contredit, de plus concluante
> que celle des silex *ouvrés* recueillis par M. Boucher de
> Perthes dans les alluvions erratiques ou *diluvium* de la
> vallée de la Somme. »
>
> ED. LARTET, *Sur l'ancienneté géologique de
> l'espèce humaine dans l'Europe occidentale*,
> (*Biblioth. univ. de Genève*, 1860, tome VIII,
> suppl., p. 193).

I

Les silex éclatés d'Abbeville.

A l'histoire du *diluvium* se rattache une des découvertes en
apparence les plus insignifiantes, des plus importantes, en réalité,
au point de vue de la primitive industrie : je veux parler des
silex, tantôt grossièrement *taillés*, tantôt soigneusement *polis*,
que l'on rencontre en si grande abondance et sur des points du
globe si éloignés les uns des autres, depuis Paris jusqu'à Ninive,
de la Chine au Cambodge, du Groënland au cap de Bonne-Espérance, etc., etc. Bien que la véritable nature de ces cailloux ne
nous ait été révélée que depuis une quarantaine d'années, les
anciens en avaient déjà connaissance, et ils les désignaient, du
moins à l'état poli, sous les noms bizarres de *lapides fulminis*,
ceraunix gemmæ, qui exprimaient une idée plus bizarre encore,
c'est-à-dire qu'elles étaient tombées des nues avec la foudre, ou
s'étaient formées dans la terre, après que Jupiter l'eût frappée
de ses feux. Plus tard, on les regarda comme des jeux de la
nature (*lusus naturæ*) ; dès 1734, Mahudel, et après lui Mercati,
osèrent dire que c'étaient les armes des hommes antédiluviens :

mais cette assertion hardie fut accueillie par la raillerie et l'incrédulité.

De son côté, Buffon (1778), dans ses *Epoques de la nature*, affirmait que les premiers hommes ont commencé par aiguiser en forme de hache ces cailloux durs, ces *jades*, ces *pierres de foudre* que l'on a crues tombées des nues et formées par le tonnerre, et qui néanmoins, disait-il, « ne sont que les premiers monuments de l'art de l'homme dans l'état de pure nature. » Cette idée, toute juste qu'elle était, passa encore inaperçue. Aujourd'hui, tous les savants s'accordent à la regarder comme exacte. Mais c'est à M. Boucher de Perthes que revient l'honneur d'avoir dissipé tous les doutes, entraîné toutes les convictions. Dès l'année 1836 à 1841, nous le voyons, la pioche à la main, fouiller les anciens tombeaux, les grottes, les tourbières, le *diluvium* des vallées et des cavernes ossifères, et y ramasser, quoi? Des cailloux d'une forme étrange, plus ou moins tranchants sur les bords, présentant un grand nombre de facettes inégales, et façonnés en manière de haches ou de couteaux. Quelle était l'origine de ces pierres à éclats? A quel gisement fallait-il les rapporter? Ici commence une série d'inductions ingénieuses, de prévisions pour ainsi dire *prophétiques*, que l'évènement ne tardera pas à justifier. Je laisse ici parler l'auteur :

« La teinte jaunâtre de quelques-unes de ces pierres taillées du *diluvium* fut un premier indice.

« Seulement extérieure, cette teinte n'était pas celle de la pâte du silex; j'en conclus qu'elle était due à la nature ferrugineuse du sol avec lequel la pierre avait été originairement en contact. Certaine couche du *diluvium* remplissait cette condition : la nuance en était bien celle de mes haches. Elles y avaient donc séjourné; mais ce séjour était-il l'effet d'une révolution récente et d'un remaniement secondaire, ou datait-il de la formation du banc? La question était là.

« Dans le cas de l'affirmative, ou si la hache était dans le banc depuis son origine, le problème était résolu : l'homme qui avait fabriqué l'instrument était antérieur au cataclysme qui avait formé le banc. Ici, plus de doute possible; car ces dépôts diluviens n'offrent pas, comme les tourbières, une masse élastique et perméable, ni, comme les cavernes à ossements, un gouffre béant, ouvert à tout venant, et qui, de siècle en siècle, a servi d'asile et puis de tombeau à tant d'êtres divers; dans ce pêle-mêle de tous les âges, dans ce terrain neutre, sorte de caravansérail des générations passées, comment caractériser les époques?

« Dans les formations diluviennes, au contraire, chaque période est nettement tranchée. Ces couches horizontalement superposées, ces bancs de nuances et de matières différentes, nous montrent, en caractères majuscules, l'histoire du passé : les grandes convulsions de la nature y semblent tracées par le doigt de Dieu.

« Ici, messieurs, les preuves commencent : elles seront sans réplique, si cette œuvre humaine que nous cherchons, cette œuvre dont je vous disais : *Elle est là*, s'y trouve depuis le jour qu'elle y fut apportée. Non moins immobile que ce banc lui-même, venue avec lui, elle s'y est arrêtée comme lui, et, puisqu'elle a contribué à sa formation, elle existait avant lui [1]. »

Cette œuvre humaine, à laquelle M. Boucher de Perthes consacrait tous ses efforts, c'étaient « ces pierres grossières qui, dans leur imperfection, n'en prouvent pas moins l'existence de l'homme aussi sûrement que l'eût fait tout un Louvre. »

Enfin, il les trouva, ces preuves tant cherchées, et, dès l'année 1839, il les apportait d'Abbeville à Paris : mais les haches et les couteaux du *diluvium* firent sourire les géologues, leur inspirèrent des doutes sur l'état mental de l'homme de génie qui venait leur soumettre sa découverte avec une candeur qui l'honore, mais que les savants auxquels il s'adressait ne comprirent pas. Ils avaient peur de ces pierres, dont le langage, interprété à la manière de M. Boucher de Perthes, dissimulait, pensaient-ils, une *hérésie* ou cachait une mystification ; dès ce moment, les silex d'Abbeville furent condamnés au ridicule ou à l'oubli. Mais, comme il arrive heureusement presque toujours, la vérité, quelque temps méconnue, finit par triompher des résistances calculées, des oppositions systématiques, des sots préjugés et de l'incrédulité présomptueuse. On consentit enfin à regarder, et dès lors le doute devint impossible. On avait sous les yeux la preuve manifeste d'un travail humain de beaucoup antérieur aux plus anciennes traditions, aux monuments que nous a légués la plus lointaine antiquité.

Cependant, malgré l'évidence des preuves, la question ne fut pas généralement regardée comme résolue; les objections arrivèrent comme un déluge de tous les points de l'horizon. Non, disaient les uns, vos prétendus *silex taillés* n'indiquent pas un travail humain : ce sont des produits volcaniques, fondus par une chaleur très-intense, lancés dans l'espace à travers le cratère, et retombés dans l'eau sous la forme de larmes bata-

---

1. Boucher de Perthes, *De l'homme antédiluvien et de ses œuvres*, p. 3. Paris, 1860.

viques. D'autres les attribuaient à l'action du froid, qui avait
fendu les silex assez adroitement pour leur faire représenter
des haches ou des couteaux.

Quant à la manière dont ils s'étaient introduits dans les bancs
diluviens, on l'expliquait sans peine, en disant que c'étaient les
ouvriers employés aux fouilles qui les y avaient déposés. On
allait même jusqu'à prétendre que ces haches y avaient pénétré
d'elles-mêmes, en vertu de leur propre poids, comme si les
couches où on les trouve étaient assez perméables pour avoir
jamais permis cette sorte d'infiltration.

D'illustres géologues ont soutenu que ces dépôts étaient d'origine récente, ou du moins de peu antérieure à l'arrivée des
Romains dans les Gaules. D'autres, en les considérant comme
quaternaires, c'est-à-dire comme beaucoup plus anciens, comme
appartenant à une époque antérieure à l'ordre des choses actuel,
ont émis l'opinion, fort peu justifiée, que ces terrains ont été
remaniés par l'homme, c'est-à-dire dérangés de leur position
primitive longtemps après leur formation. D'autres enfin ont
prétendu que les silex taillés n'étaient rien autre chose que des
pierres à fusil, « ce qui prouve, disait malicieusement un critique, que ceux qui ont émis cette assertion bizarre n'ont pas
très-certainement inventé là poudre. »

En vérité, ces objections ne sont pas sérieuses, et je m'étonne
qu'elles aient pu être faites sérieusement par leurs auteurs.

La première, qui attribue l'origine des silex aux actions
volcaniques, peut aller de pair avec l'idée des anciens attribuant
à Jupiter l'origine des *lapides fulminis*, des *ceraunix gemmx*.

La seconde, qui explique par l'action du froid l'origine de ces
mêmes silex, n'explique rien du tout.

Il faudrait, pour admettre la troisième, admettre aussi une
entente plus que cordiale parmi les ouvriers de tous les pays (et
ces pays sont nombreux) où l'on a trouvé des pierres taillées
dans le *diluvium*.

La quatrième objection, qui consiste à dire que les pierres,
déposées à la surface des bancs diluviens, se sont enfoncées par
leur propre poids dans l'intérieur de ces bancs, se réfute d'elle-
même par son absurdité.

Reste donc l'assertion de ceux qui prétendent que les couches
diluviennes, remaniées à une époque postérieure à leur dépôt
et même comparativement très-récente, ont pu recevoir à cette
époque seulement les haches et les couteaux qu'elles renferment.
Mais remaniées par qui? demande avec raison M. Boucher de
Perthes. Par l'homme? Non; toute la population des Gaules n'y

aurait pas suffi, même en bornant le fait au *diluvium* d'Abbeville ou d'Amiens. Que sera-ce donc, si l'on songe que le même phénomène, c'est-à-dire la présence des *silex à éclats*, s'observe dans les mêmes gisements et dans des circonstances identiques sur les points les plus variés du globe ?

Ajoutez à cela qu'avec les silex, objets de cette discussion, l'on rencontre presque toujours des ossements d'animaux éteints, d'animaux *fossiles*, dans le sens que Cuvier lui-même attachait à ce mot. Tels sont l'*elephas primigenius*, le *rhinocéros tichorhinus*, etc. Notez, en outre, que l'on a trouvé, à Menchecourt, un membre entier de *rhinocéros à narines cloisonnées*, dont les rayons osseux étaient encore placés les uns à la suite des autres et, pour ainsi dire, *articulés* entre eux comme pendant la vie. Certes, si l'on admet (et comment pourrait-on ne pas l'admettre ?) que ce membre occupait depuis des milliers d'années, et sans avoir été dérangé de sa position primitive, les couches graveleuses où on l'a rencontré, l'on ne saurait non plus refuser de croire à la contemporanéité des silex à éclats gisants à côté de lui.

Beaucoup d'autres faits entièrement semblables ou analogues aux précédents se sont présentés aux observateurs. Toutefois, de ce que les silex ouvrés sont très-souvent accompagnés d'ossements ayant appartenu à des espèces éteintes, on ne saurait conclure d'une manière absolue, j'en conviens, qu'ils sont de même date que ces derniers. A la rigueur, on peut croire que les eaux torrentielles ont entraîné avec elles et mélangé entre eux des débris d'âges extrêmement divers. Mais le doute ne serait plus possible si l'on parvenait à constater des traces, non équivoques, d'un travail humain sur les os enfouis dans les couches mêmes où se trouvent les silex.

Or notre savant confrère, M. Ed. Lartet, a vu, et beaucoup d'autres ont vu après lui, des entailles produites par un instrument tranchant (très-probablement un couteau de pierre) sur des os de rhinocéros et sur des bois de cerf d'espèces perdues provenant tous des bancs diluviens de la vallée de la Somme. Les exemples du même genre se sont multipliés depuis, et il n'est pas de collection un peu complète qui ne renferme des silex trouvés avec des bois de cervidés ou avec des os d'animaux éteints, os portant l'empreinte des traits de scie ou des entailles pratiquées avec l'intention d'en détacher la peau, de les séparer des crânes, ou de les diviser en fragments pour les utiliser.

Concluons donc que les silex à éclats du *diluvium* de la Picardie sont des produits de l'art humain, attestant que l'homme d'Abbeville existait en même temps que le mammouth et le rhinocéros à narines cloisonnées, c'est-à-dire à une époque antérieure à toute tradition historique.

En ce temps-là, le lit de la Somme était à 60 pieds au-dessus de son niveau actuel ; cette rivière n'avait pas encore creusé la vallée où elle coule aujourd'hui. A cette époque, le pays qui fut depuis l'Angleterre n'était pas séparé de la France par un détroit. En supposant donc qu'Abbeville et Londres eussent alors existé, le voyageur aurait pu se rendre à pied d'une ville à l'autre. La vallée du Rhin s'étendait vers le nord, à travers les plaines non encore submergées de l'Océan germanique, et recevait le tribut de l'*Humber*, de la *Tweed* et de la *Tamise*, dont les eaux étaient plus abondantes et plus impétueuses que de nos jours. Le Rhin et le Rhône, largement alimentés par la même source, creusaient leur vaste lit, charriaient çà et là les débris de la faune contemporaine, et ensevelissaient avec eux, dans les nouveaux dépôts qu'ils formaient, les outils de pierre de nos ancêtres européens. Cependant, faut-il le dire ? malgré l'importance des résultats obtenus par les patientes recherches de M. Boucher de Perthes, l'Institut lui-même montra, pendant plus de quinze ans, l'indifférence la plus complète pour les découvertes du savant antiquaire de la Somme. A la fin toutefois, il fut amené, par la force des choses, à jeter sur ces découvertes un regard moins distrait et moins dédaigneux. A l'occasion d'un mémoire [1] du Dr Rigollot, jadis adversaire déclaré, mais alors partisan convaincu des idées de Boucher de Perthes, l'attention du premier corps savant de la France fut ramenée sur le livre des *Antiquités diluviennes*, livre où l'on rencontre, il est vrai, beaucoup de conjectures très-hasardées, mais aussi beaucoup de faits concluants, de vues ingénieuses et de raisonnements sans réplique.

Mais, dit l'auteur lui-même, « cette attention ne fut pas bienveillante. D'une question purement géologique, on fit un sujet de controverse religieuse. Ceux qui ne mirent pas en doute ma religion m'accusèrent de témérité : archéologue inconnu, géologue sans diplôme, je voulais renverser tout un système confirmé par une longue expérience et adopté par tant d'hommes éminents. C'était là, disait-on, une étrange prétention.

« Étrange, en effet. Mais cette prétention, messieurs, je ne l'avais pas, je ne l'ai jamais eue. Je révélais un fait ; il en décou-

---

1. D. Rigollot, *Mémoire sur les instruments en silex trouvés à Saint-Acheul.* Amiens, 1851.

lait des conséquences; je ne les avais pas faites. La vérité n'est l'œuvre de personne : elle a été créée avant nous; elle est aussi vieille que le monde ; souvent cherchée, mais plus souvent repoussée, on la trouve, mais on ne l'invente pas. Parfois aussi, nous la cherchons mal, car ce n'est pas seulement dans les livres qu'elle réside : elle est partout, dans l'eau, dans l'air, sur la terre; nous ne pouvons pas faire un pas sans la rencontrer, et, quand nous ne l'apercevons pas, c'est que nous fermons les yeux ou que nous détournons la tête. Oui, ce sont nos préjugés ou notre ignorance qui nous empêchent de la sentir, de la toucher. Si nous ne la voyons pas aujourd'hui, nous la verrons demain, car, quelque effort que l'on fasse pour l'éviter, elle apparaît quand son heure est venue : heureux alors celui qui se trouve là pour l'accueillir et dire aux passants : La voilà [1] ! »

Quand l'Institut de France, pendant si longtemps, n'avait voulu ni regarder ni croire, est-il étonnant que le vulgaire demeurât indifférent ou incrédule et que, s'adressant à M. Boucher de Perthes, il lui demandât encore, en l'an de grâce 1853 : « Pourquoi donc vos prétendues haches, vos soi-disant couteaux antédiluviens, ne se rencontrent-ils que dans les sablières de la vallée de la Somme ? Pourquoi donc êtes-vous le seul à en trouver ? » A ces questions, qui déguisaient mal l'ironie et l'incrédulité, des faits nombreux ne tardèrent pas à répondre. On chercha, et l'on trouva, ou plutôt on avait déjà trouvé, presque sans le savoir.

En effet, sans remonter aux documents précis que l'antiquité classique nous a laissés au sujet des silex appelés par elle *pierres de foudre,* il existe, au *British Museum,* une arme de pierre recueillie, il y a plus d'un siècle et demi, avec une dent d'éléphant, dit l'étiquette, auprès de Gruyes, par M. Conyers. Cette arme, qui, d'après M. Evans, est grossièrement représentée dans une lettre sur les antiquités de Londres, datée de 1715, reproduit exactement les silex en pointe de lance, si fréquents dans les terrains diluviens d'Abbeville et de Saint-Acheul.

Un siècle après Conyers (en 1800), John Frère découvrit à Hoxne (*comté de Suffolk*), dans une carrière à graviers (diluvium gris, d'après Prestwich), des silex également semblables à ceux de la vallée de la Somme, et mêlés, comme eux, à des ossements de rhinocéros et d'éléphants éteints. Bien plus, des trouvailles analogues ont été faites, depuis, sur tous les points du globe.

---

1. Boucher de Perthes, *De l'homme antédiluvien et de ses œuvres,* p. 13. Paris, 1860.

Ainsi, cette fois encore, la vérité, si longtemps niée et bannie, a triomphé de l'incrédulité systématique et dédaigneuse, et, à l'heure où je trace ces lignes, il n'est pas un savant qui ne soit convaincu que les silex les plus grossièrement ébauchés indiquent une œuvre humaine, aussi clairement que le font les haches des licteurs romains : car *les silex parlent* (Lubbock). Nous avons vu et verrons encore ce qu'ils disent.

II

Découverte de la mâchoire de Moulin-Quignon.

Ce fut le 23 mars 1863 (nous consignons ici, à dessein, cette date mémorable) que M. Boucher de Perthes, au comble de ses vœux, trouvait enfin, à Moulin-Quignon, la fameuse mâchoire, ou plutôt la moitié de la mâchoire humaine qui fit alors tant de bruit. Elle était enfouie à 4 mètres 50 au-dessous du sol, dans une couche de sable noir, argilo-ferrugineux, reposant immédiatement sur la craie, et contenant des silex taillés, des hachettes du type de Saint-Acheul et des dents de mammouth (*elephas primigenius*).

Le 24 avril de cette même année 1863, M. de Quatrefages communiquait, au nom de l'auteur, cette découverte à l'Institut, et il la proclamait « une des plus importantes que pussent faire les sciences naturelles » (voy. fig. 10).

Aussi tous les journaux, non-seulement les journaux scientifiques, mais encore les journaux politiques, la propagèrent-ils à l'envi. Ce fut un véritable évènement.

A l'exemple de M. de Quatrefages, qui l'un des premiers s'était rendu à Abbeville, pour étudier les lieux et s'enquérir de toutes les circonstances relatives à cette précieuse découverte, des savants anglais dont les noms sont justement célèbres (MM. Evans, Falconer, Prestwich, déjà venus à Abbeville en 1859, et tous membres de la Société royale de Londres) arrivèrent de nouveau en France et s'empressèrent de se livrer à une enquête sévère et consciencieuse sur les faits annoncés. Des doutes s'élevèrent dans leur esprit ; ils suspectèrent l'authenticité de la mâchoire, et prétendirent qu'elle avait pu être frauduleusement enfouie par les ouvriers dans l'endroit même où on l'avait trouvée. Du reste, loin de nier d'une manière générale la haute antiquité du genre humain, ces savants avaient plus d'une fois apporté des preuves en sa faveur. Mais, dans la circonstance actuelle, ils ne se trouvaient pas suffisamment convaincus, et ils l'avouaient loyalement.

Leurs doutes se fondaient principalement sur l'extrême res-semblance de cette mâchoire, quant à ses caractères physiques et anatomiques, avec d'autres maxillaires inférieurs ayant ap-partenu à des races actuelles.

Désireux de dissiper ces doutes et d'arriver à une solution prompte et définitive de la grave question en litige, M. de Qua-trefages proposa une sorte de Congrès où, après avoir vu de leurs propres yeux et touché de leurs propres mains, savants anglais et français discuteraient ensemble les points obscurs ou controversés, puis formuleraient leurs conclusions.

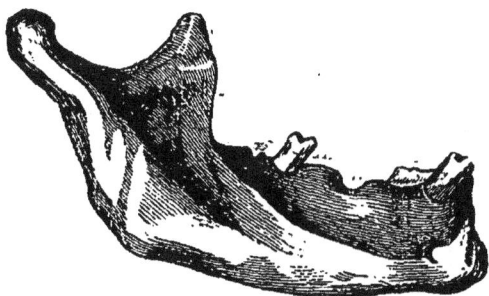

Fig. 10. — Mâchoire de Moulin-Quignon.

À cet appel, MM. Busk, Carpenter, Falconer, Prestwich se rendirent à Abbeville. Parmi les savants français, on remar-quait MM. Milne-Edwards, de Quatrefages, Desnoyers, Delesse, Éd. Lartet, Daubrée, Delafosse, Hébert, Albert Gaudry, P. Bert, Alph. Milne-Edwards, de Vibraye, le docteur Vaillant, l'abbé Bourgeois, le docteur Garrigou, etc. M. H. Milne-Edwards fut nommé président du Congrès.

L'examen des faits et leur discussion terminés, il fut reconnu, à l'unanimité, que les haches et la mâchoire de Moulin-Qui-gnon étaient bien authentiques, et que la fraude n'avait eu aucune part à leur enfouissement.

Cependant MM. Busk et Falconer crurent encore devoir faire des réserves, et ce dernier demanda que la déclaration sui-vante fût annexée au procès-verbal : « Mon opinion est que la découverte de la mâchoire humaine est authentique, mais que les caractères qu'elle présente, joints aux conditions dans les-quelles elle a été trouvée, ne suffisent pas pour prouver que la susdite mâchoire est d'une très-haute antiquité. »

MM. H. Milne-Edwards, de Quatrefages, Éd. Lartet, Prestwich,

Carpenter persistèrent, de leur côté, à considérer ce débris humain comme remontant à une date très-reculée. M. Pictet, de Genève, et l'immense majorité des géologues, français ou étrangers, se rangèrent aussi à cette opinion et déclarèrent que l'homme de Moulin-Quignon avait été témoin du phénomène géologique qui a déposé les graviers diluviens.

MM. Falconer et Busk ne tardèrent pas à se montrer convaincus. Une voix discordante s'éleva pourtant au milieu de ce concert unanime et affirma, au sein même de l'Académie des sciences de Paris, qu'on ne devait considérer comme diluviennes ni les haches de Moulin-Quignon, ni celles de Menchecourt, ni celles d'Abbeville, ni même celles de Grenelle et de Clichy. Des causes postérieures les avaient enfouies dans ces terrains remaniés et même relativement modernes. Donc, ajoutait le même académicien, autorité considérable, s'il en fut, en géologie, la contemporanéité de l'homme avec le mammouth et le rhinocéros diluviens est une erreur ou une chimère. Cet académicien incrédule, ou du moins d'une réserve excessive, c'était M. Elie de Beaumont.

A ce nom illustre, nous pouvons opposer, il est vrai, ceux de MM. Prestwich, Lyell, Lartet, Desnoyers, Albert Gaudry, etc., etc., qui tous proclament hautement que les terrains d'Abbeville et de Moulin-Quignon appartiennent à la période quaternaire et n'ont subi aucun remaniement postérieur à leur dépôt primitif.

Les choses en étaient là, et le « procès de la mâchoire » semblait terminé, lorsque, le 18 juillet 1864, M. de Quatrefages s'empressa de communiquer à l'Académie une nouvelle *Note*, dans laquelle il annonçait que M. Boucher de Perthes venait de trouver dans la localité, déjà si célèbre, de Moulin-Quignon, une seconde mâchoire, un crâne et d'autres ossements humains. L'auteur de cette note insistait sur l'identité du gisement, sur les précautions prises pour éviter la fraude, et il se prononçait de nouveau, et avec une conviction entière, en faveur de l'authenticité de ces débris. Quant à l'âge des terrains d'où ils avaient été extraits, le savant académicien laissait aux géologues le soin de le déterminer, et, par conséquent aussi, l'ancienneté de la race humaine ensevelie dans ces terrains.

Qui n'aurait cru cette fois que le procès était jugé, que tant de précautions minutieuses, qu'un examen si attentif, que des discussions si savantes, que des noms si justement respectés étaient autant de garanties contre lesquelles ne pouvait pas s'élever même l'ombre d'un soupçon. Et cependant on dit tout bas, et même tout haut, dans un certain monde qui se croit bien informé, que les membres du Congrès abbevillois ont été victimes

d'une affreuse mystification, et John Evans lui-même répète
« qu'il a déjà prononcé son *requiescat in pace* sur la trop célèbre
mâchoire de Moulin-Quignon [1] ».

Admettons, si l'on veut, comme réelle la mystification dont il
s'agit. Mais qui pourrait nier que les crânes de Grenelle et de
Clichy, dont nous parlerons bientôt, ont été recueillis dans
un terrain diluvien (*diluvium gris*) non remanié et aussi ancien

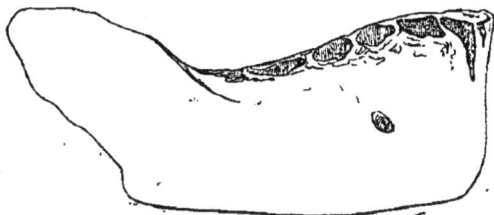

Fig. 11. — Mâchoire de la Naulotte

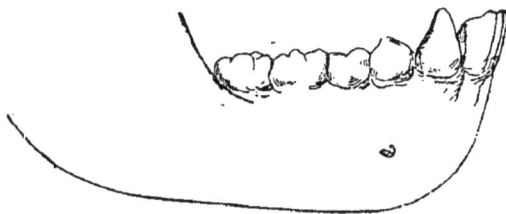

Fig. 12. — Mâchoire de Chimpanzé comme point de comparaison.

que celui de Moulin-Quignon? Les crânes du Neanderthal, d'Engis, etc., et les mâchoires de la Naulette (fig. 11 et 12), d'Aurignac et d'Arcy, trouvées dans les cavernes ossifères de l'âge
paléolithique, parlent aussi très-haut en faveur de la haute
antiquité du genre humain. C'est donc dans les cavernes que
nous allons maintenant chercher nos preuves. Mais là, plus que
partout ailleurs, nous devons nous entourer de précautions minutieuses. Nous aurons à examiner si les os et autres objets
que nous y trouvons sont enfouis dans un terrain, oui ou non,
vierge de tout remaniement; alors seulement nous pourrons
tirer des faits observés une conclusion certaine.

1. John Evans, *Les âges de la pierre*, p. 684. Paris, 1878. Bien qu'on n'ait
pas encore trouvé d'ossements humains dans le *diluvium des vallées* de
l'Angleterre, l'auteur anglais que nous venons de citer n'en admet pas
moins la contemporanéité de l'espèce humaine avec les animaux éteints
dont on rencontre, en France, de nombreux débris dans ce même diluvium ou dans beaucoup de cavernes ossifères.

CHAPITRE III

LES CAVERNES A OSSEMENTS.

> Dans ces gouffres ouverts à tout venant, qui ont
> servi d'asile ou de tombeau à tant d'êtres divers, dans
> ce caravansérail des générations passées, comment
> caractériser les époques?
> (BOUCHER DE PERTHES, *L'homme antédiluvien.*)

I

Historique de la question.

Toute découverte importante est ordinairement précédée de découvertes partielles qui l'annoncent ou la font pressentir. Un fait se produit qui attire l'attention d'un esprit observateur; un autre fait de même nature apparaît, soit simultanémemt avec le premier, soit à un intervalle plus ou moins éloigné. D'autres viennent se grouper autour d'eux, et de cet ensemble de lueurs isolées résulte un faisceau de lumière qui frappe enfin tous les yeux. Mais l'idée qui sort lumineuse du sein des ténèbres est presque toujours en opposition avec celle qui dominait en souveraine, dont on avait fait, en quelque sorte, un article de foi scientifique et souvent même de foi religieuse. De là des résistances sans nombre; de là des luttes plus ou moins passionnées, jusqu'à ce qu'enfin l'esprit humain jouisse en paix de sa nouvelle conquête.

Tel est à peu près l'historique de toutes les questions livrées aux disputes des hommes. Celle qui a pour objet la contemporanéité de notre espèce avec les grands mammifères éteints ne pouvait faire exception à la loi générale. Aujourd'hui, les preuves abondent; les cavernes ossifères en ont fourni un contingent qu'il ne faut pas du tout dédaigner.

Dès 1828, en effet, Tournal, de Narbonne, annonçait au monde savant qu'il venait de trouver, dans la caverne de Bize (*Aude*), des débris de notre espèce [1] et des restes de l'industrie humaine confondus avec des ossements d'animaux que Cuvier lui-même considérait comme *fossiles*, dans toute l'acception de ce mot.

Cette découverte, importante à tous les points de vue, fut accueillie avec une réserve plus que prudente, voire même à l'Institut.

Il est vrai qu'à la rigueur on pouvait la dire incomplètement probante, puisque la caverne de Bize, considérée comme datant seulement de l'âge du renne, ne contenait, disait-on, aucun ossement d'*ours* ou d'*hyène des cavernes*, ni d'*éléphant mammouth*, ni de *rhinocéros tichorhinus*, etc., en un mot, aucun des grands mammifères caractéristiques des premiers temps de la période quaternaire. Mais aujourd'hui toute objection sérieuse s'évanouit devant ce fait affirmé par Gervais, à savoir : que l'ours et l'hyène des cavernes se rencontrent à Bize, qu'il les y a trouvés lui-même, et que, par suite, l'âge de cette caverne est plus ancien qu'on ne l'avait cru d'abord.

Voici les propres paroles du savant professeur du Muséum, ordinairement si peu favorable, on le sait, à la thèse de la haute antiquité de l'homme et de ses races :

« J'ai la preuve que l'*ursus spelæus* et l'hyène sont enfouis au même lieu avec l'homme, et que la caverne de Bize peut être citée comme preuve à l'appui de l'opinion qui admet la contemporanéité de notre espèce avec celle de ces deux grands carnivores [2]. »

Toute espèce de doute sur la contemporanéité de l'homme avec les espèces perdues aurait dû disparaître, lorsque, le 29 juin 1829, M. de Christol, alors secrétaire de la *Société d'histoire naturelle de Montpellier*, soumit à l'Institut un mémoire intitulé : *Notice sur les ossements fossiles des cavernes du département du Gard*. L'auteur de ce travail, alors trop peu remarqué, après avoir soigneusement exploré les cavernes de Pondres et de Souvignargues (Gard), apportait des faits nouveaux, et surtout des faits concluants, à l'appui de ceux qu'avait déjà cités M. Tournal. Il prouvait, selon nous, jusqu'à l'évidence, que la grotte de Pondres, étant entièrement comblée par le diluvium au moment où il la visita, n'avait pu recevoir aucun objet de provenance moderne ou étrangère, comme il est arrivé parfois dans certaines cavités d'un accès libre et facile.

Il démontrait encore que les os d'hyène et les fragments de

1. Un fragment de maxillaire supérieur.
2. Gervais, *Recherches sur l'ancienneté de l'homme et de la période quaternaire*, p. 54.

poterie qu'on y rencontre s'y trouvent à toutes les hauteurs, et que les ossements humains y sont « exactement dans les mêmes circonstances géologiques que tous les autres ossements qui les accompagnent ».

A Souvignargues, M. de Christol retira de la partie la plus profonde du diluvium *non remanié* un humérus, un radius, un péroné, un sacrum et deux vertèbres ayant appartenu au squelette d'un individu adulte, de petite taille, peut-être à une femme, d'après la remarque du professeur Dubreuil.

En 1833, le Dr Sechmerling explorait les nombreuses cavernes de la Belgique, et dans plusieurs d'entre elles, surtout à Engis et à Engihoul, près de Liège, il constatait la présence de crânes ou de portions de squelettes humains, associés à ceux des ours, des hyènes, des éléphants, des rhinocéros, etc., et gisant dans le limon diluvien tantôt au-dessus, tantôt au-dessous des restes de ces espèces, alors déjà universellement reconnues pour fossiles. Des os travaillés et des silex taillés, extraits des mêmes gisements, ne firent que confirmer Schmerling dans l'idée que l'homme avait été contemporain de la population animale éteinte dont il retrouvait les débris.

La conclusion était logique sans doute, et pourtant elle fut combattue par plusieurs géologues d'une grande autorité. Lyell lui-même ne l'admit pas tout d'abord (1833) ; mais, plus d'un quart de siècle après cette époque (1860), visitant la collection de Schmerling et quelques-unes des localités d'où avaient été extraits les matériaux qui la composent, l'illustre auteur des *Principles of geology* reconnut loyalement son erreur et se rétracta en des termes qui font honneur à son caractère bien plus encore qu'à son talent.

Nous sommes en 1835. Obscur débutant dans la science, j'osais pourtant, dès cette époque, avancer que l'homme était peut-être contemporain des ours dont je venais de retrouver les débris à Nabrigas (Lozère), en même temps qu'un fragment de poterie, d'un travail tout primitif, et assez caractéristique pour que le regrettable et regretté M. Christy ait jugé à propos de faire mouler cette pièce à Toulouse, dans le dessein d'en enrichir les principaux musées de sa patrie [1].

Œuvre d'un inconnu, insérée dans la *Bibliothèque universelle de Genève* (1835), mon travail eut en France fort peu de retentissement : et, malgré les preuves nouvelles qu'il apportait a l'appui de la contemporanéité, peut-être même pour ce motif, il fut oublié ou mis au rang des témérités appelées alors *juvé-*

---

1. Un spécimen de ce moulage a été déposé par moi dans le musée d'histoire naturelle de Toulouse.

niles, dont mes savants prédécesseurs, MM. Tournal et de Christol, m'avaient donné l'exemple. J'espère que le lecteur me pardonnera ce souvenir personnel, ce retour vers un passé déjà lointain, qui me reporte à mes premiers débuts dans la science au culte désintéressé de laquelle j'ai consacré et presque usé ma vie.

L'année 1838 vit éclore un travail intitulé : *Essais sur les cavernes à ossements et sur les causes qui les y ont accumulés.* Après avoir énuméré les diverses localités où l'on a rencontré soit des restes humains, soit des débris de l'industrie humaine, M. Marcel de Serres, auteur de ce travail, concluait en disant : « Il paraît donc bien établi... que l'homme a été contemporain des espèces perdues disséminées, avec ces débris, dans certaines des cavernes à ossements de l'Europe. » (P. 198.)

Il est vrai que, en 1860, Marcel de Serres tenait un tout autre langage. « Il paraît, disait-il, que les véritables terrains de transport diluvien, ou nommés aussi *diluvium*, ne contiennent pas le moindre vestige d'ossements ou de produits de l'industrie humaine, pas plus que des ossements de notre espèce [1]. » Aujourd'hui, bien peu de géologues, si toutefois même il en existe un seul, partagent la seconde manière de voir du professeur de Montpellier.

En Angleterre, les cavernes à ossements avaient été aussi explorées avec zèle, mais quelquefois sans méthode et avec des idées préconçues. L'ouvrage considérable du Révérend Dr W. Buckland, publié, en 1823, sous le titre de *Reliquiæ diluvianæ*, avait fortement attiré l'attention des savants; mais ses conclusions affirmaient la non-contemporanéité de notre espèce avec les animaux éteints. Les découvertes faites en 1842 dans la caverne de *Kent's Hole* (Devonshire), par M. Godwin-Austen, vinrent leur opposer un formel démenti, sans entraîner toutefois la conviction des géologues paléontologistes.

L'année 1858 ouvre une ère importante. C'est alors qu'une réaction marquée contre l'opinion trop absolue du Révérend W. Buckland se manifeste en Angleterre, et cette opposition émane de la *Société royale de Londres*. Plusieurs de ses membres les plus illustres, entre autres les Falconer, les Prestwich, etc., sont chargés par elle d'explorer, avec le plus grand soin, la caverne de *Brixham* (Devonshire), tout récemment découverte, et de faire un rapport à ce sujet. Parmi une foule de silex taillés

[1]. Marcel de Serres, *Des espèces perdues et des races qui ont disparu des lieux qu'elles habitaient primitivement* (*Annal. Scient. naturel.*, t. XIII, p. 300, année 1860).

et de débris ayant appartenu à des espèces éteintes, on trouva un membre postérieur complet d'*ursus spelæus*, gisant au-dessus du glacis stalagmitique qui recouvrait les os d'autres espèces perdues et les silex ouvrés. Cet ours avait donc vécu postérieurement à la fabrication des couteaux en silex et, conséquemment aussi, après les hommes qui les avaient travaillés. Ces hommes étaient donc plus anciens que lui.

Telles étaient les conclusions de la *Société royale de Londres*. Elles ne tardèrent pas à être corroborées par des découvertes analogues à celles de *Brixham*, et notamment par celles de la caverne de *Long hole* (Glamorganshire), où le colonel Wood rencontra (1861), dans le même gisement, des silex travaillés du type de ceux d'Amiens, associés à des os de *rhinocéros hemitæchus*, plus ancien encore que le *tichorhinus*.

D'après tout ce qui précède, on voit que l'idée de la contemporanéité de l'homme avec les espèces perdues n'est pas nouvelle, et que les témoignages ne manquent pas en sa faveur; mais elle n'a été appuyée sur des preuves incontestées, du moins en ce qui concerne les cavernes de France, que depuis la publication des beaux travaux de M. Ed. Lartet sur les grottes ossifères du Périgord et sur la grotte sépulcrale d'*Aurignac* (Haute-Garonne). On peut même dire que la dernière et si remarquable *Monographie* de ce savant est devenue le point de départ des recherches qui, depuis, ont été entreprises en France, en Angleterre, en Belgique, en Italie, en Espagne, etc. A Dieu ne plaise que nous méconnaissions l'importance et la valeur des travaux dont les cavernes à ossements des pays voisins du nôtre ont été l'objet. Mais nous pouvons dire, avec un juste orgueil, que ce sont les cavernes de France, notamment celles de la France méridionale et du Périgord, qui ont apporté le plus de preuves convaincantes à l'appui de cette idée de *contemporanéité*, qui acquiert chaque jour un plus grand nombre de partisans. C'est là un fait capital, que sir A. Lyell lui-même semble avoir mis un peu trop en oubli, mais dont M. d'Archiac a eu soin de faire ressortir la haute signification.

II

Description des cavernes à ossements.

On appelle ainsi des cavités naturelles plus ou moins spacieuses, que l'on observe dans les roches sédimentaires de tous les âges (mais particulièrement dans les roches sédimentaires des terrains crétacés) [1] et qui renferment, en plus ou moins grande quantité, des ossements d'hommes ou d'animaux le plus souvent mêlés à des produits de l'industrie humaine. Ces cavités, ordinairement multiples et très-irrégulières, communiquent entre elles tantôt par des couloirs assez larges, tantôt par des étranglements tellement rétrécis et tellement bas, qu'on ne peut y pénétrer qu'en rampant. Très-variables quant à leurs dimensions en longueur et en hauteur, elles s'étendent quelquefois à plusieurs kilomètres de distance au sein des couches qui les recèlent. Ordinairement situées à un niveau de beaucoup supérieur à celui des cours d'eau actuels, elles communiquent avec l'extérieur par des ouvertures pratiquées sur les flancs des montagnes, par des soupiraux perçant la voûte, ou par des espèces de puits naturels où se sont engouffrées, pour beaucoup d'entre elles, les eaux torrentielles qui charriaient les matériaux divers qu'on y trouve aujourd'hui. De-là, les traces indubitables d'érosion qu'on observe presque toujours sur leurs parois.

En creusant les vallées au fur et à mesure qu'ils approfondissaient leurs lits, les grands fleuves de l'époque quaternaire, souvent grossis par des pluies excessives, ont enlevé les roches qui fermaient l'entrée des cavernes et y ont introduit les limons ossifères et les cailloux roulés qu'on y rencontre; on peut donc admettre, avec M. Ed. Dupont : 1° que les cavernes qui se trouvent sur les escarpements des vallées ont été ouvertes d'autant plus anciennement qu'elles sont plus élevées au-dessus de l'étiage des rivières actuelles ; 2° que les alluvions fluviales dont elles sont en partie comblées sont d'autant plus anciennes, qu'elles occupent un niveau plus élevé au-dessus de ce même étiage.

Quant aux alluvions dont il s'agit, elles consistent ordinairement en un limon argilo-sableux rougeâtre, quelquefois noir, contenant des ossements d'espèces diverses mêlés à du sable, du gravier, des cailloux roulés, ou bien à des fragments anguleux détachés de la voûte ou des parois de l'excavation. Les limons ossifères sont généralement disposés par couches successives; quelquefois ils forment une espèce de pâte très-dure, entremêlée d'os plus ou moins brisés et cimentés avec elle : c'est alors une *brèche osseuse*. Les brèches de cette nature occupent presque toujours les parties les plus basses des cavernes et en ont comblé les fissures.

1. La grotte de Duruthy, récemment décrite par M. Louis Lartet, est ouverte dans un calcaire nummulitique.

Un glacis stalagmitique plus ou moins épais recouvre, dans un grand nombre de cas, le limon et les débris osseux qu'il renferme. Quelquefois même, des dépôts ossifères successifs sont séparés les uns des autres par autant de couches de ce glacis qu'il y a de couches d'ossements superposés [1]. D'autres concrétions calcaires désignées aussi sous les noms de *stalagmites* et de *stalactites*, et offrant les formes les plus variées et les plus bizarres, recouvrent fréquemment le sol ou tapissent la voûte et les parois des cavernes, et leur donnent cet aspect fantastique qui les a fait regarder autrefois comme le séjour des *fées*.

Ouvertes, avons-nous dit, dans les terrains les plus variés (calcaire de transition, terrain jurassique, crétacé, nummulitique, tertiaire supérieur marin, etc.), répandues dans tous les pays du globe, les cavernes à ossements offrent partout à peu près les mêmes caractères généraux, mais non la même population. Ainsi, tandis que les cavernes les plus anciennes de l'Europe contiennent, en plus ou moins grande abondance, les os de l'*ursus spelæus*, de l'*hyæna spelæa*, de l'*elephas primigenius*, du *rhinocéros tichorhinus*, du *cervus tarandus*, du *megaceros hibernicus*, du *bison europæus* ou *aurochs*, etc., celles de l'Amérique renferment, outre des singes propres à ce continent, les restes d'animaux qui rappellent, mais dans des proportions colossales, certaines espèces d'*édentés* vivant encore dans le pays. Tels sont les *megatherium*, les *mylodon*, les *megalonyx*, les *glyptodon*, etc.

Enfin, dans la Nouvelle-Hollande, où les seuls mammifères indigènes appartiennent exclusivement à la sous-classe des *marsupiaux* ou *animaux à bourse*, ce sont des marsupiaux à la taille gigantesque (*diprotodon australis*, *macropus Atlas*, *phascolomys gigas*, etc.) que l'on rencontre dans les grottes ossifères.

L'état des os enfouis dans le limon des cavernes indique qu'ils ont subi une altération notable dans leur composition chimique. En général, ils ont perdu la plus grande partie de leur matière organique. Ils sont fragiles, sonores, plus ou moins friables, fendillés, et ils happent fortement à la langue. Beaucoup d'entre eux sont très-irrégulièrement brisés en travers, ou bien fendus intentionnellement dans le sens de leur longueur.

---

1. Dans certaines cavernes du Brésil, Lund a compté jusqu'à sept couches d'ossements séparées par autant de couches de stalagmites : preuve manifeste que ces ossements y avaient été déposés à des époques diverses et successives. Le même phénomène a été observé dans un couloir de la caverne de Brixham, près de Torquay, en Angleterre, et dans certaines cavernes de la France et de la Belgique. Il prouve évidemment que les eaux s'y sont introduites et les ont abandonnées à diverses reprises, dans l'intervalle desquelles se déposaient les stalagmites.

Le plus ordinairement, ils sont disposés sans ordre dans le
limon des cavernes ; mais quelquefois aussi ils ont conservé
leurs connexions naturelles. Tel était précisément le cas pour
un fémur, un tibia, un péroné, une rotule et un astragale
d'*ursus spelæus*, trouvés dans la caverne de Brixham par le docteur Falconer. Très-rarement les squelettes des grands mammifères (éléphant, cheval, bœuf, etc.), se rencontrent tout
entiers [1] dans les grottes ossifères, tandis que toutes les pièces
du squelette du renne et des animaux de taille petite ou
moyenne s'y rencontrent très-fréquemment et presque toujours.
Cela tient à ce que les sauvages troglodytes de nos contrées
emportaient tout entières, dans leurs demeures souterraines, les
victimes de leurs chasses dont le poids n'était pas trop considérable, tandis qu'ils dépeçaient sur place les parties trop volumineuses, et se bornaient à en enlever la tête et les membres pour
les manger dans la caverne.

Quant au mode de remplissage des cavités ossifères, il a
donné lieu à des divergences d'opinions qu'il ne nous paraît pas
impossible de concilier aujourd'hui. Vouloir que toutes les
grottes à ossements aient été envahies par des eaux torrentielles
qui, à diverses époques, y auraient charrié, avec les graviers,
le limon et les cailloux roulés, l'immense multitude d'os qu'elles
rencontraient disséminés à la surface du sol, c'est émettre,
selon nous, une théorie trop exclusive et démontrée fausse
par l'observation. Bien souvent, en effet, les os, même les plus
jeunes et les plus délicats, ne présentent aucune trace d'un
transport violent ou prolongé : leurs arêtes les plus tranchantes,
leurs angles les plus aigus sont intacts, ce qui certainement
n'aurait pas lieu si ces mêmes os avaient été charriés de très-
loin.

Or, c'est précisément ce qu'on observe dans les cavernes qui
ne renferment que des débris de l'*ursus spelæus*. N'est-il pas
logique, dans ce cas, d'attribuer l'accumulation de ces débris au
séjour prolongé que les ours ont fait dans ces cavernes, jusqu'à
ce qu'enfin ils y aient été saisis par les eaux, diluviennes ou
autres, et ensevelis, sur place, dans les limons qu'elles charriaient avec elles.

Mais quand à ces ossements d'ours s'adjoignent, dans le même

---

1. Parmi les rares exceptions dont nous parlons, on cite le squelette
presque entier de *rhinocéros* trouvé dans le limon ossifère de la caverne
de *Dream-Cave* (Derbyshire), preuve évidente que, au moment où il fut
introduit dans cette cavité souterraine, il était encore revêtu de sa chair,
ou tout au moins pourvu de ses ligaments.

limon, des os d'animaux herbivores mêlés à ceux des grands *Felis* ou de l'*Hyæna spelæa*, rien n'empêche d'admettre, avec l'auteur des *Reliquiæ diluvianæ*, que ces grands carnassiers ont pu porter leur proie dans ces cavités souterraines pour l'y dévorer plus à l'aise. Les empreintes encore visibles des dents de ces carnassiers sur les os d'herbivores brisés par leurs puissantes mâchoires; la présence de leurs excréments (*coprolithes*) aux endroits mêmes où ils les ont déposés; les pelotes que forment ces déjections encore superposées et comme articulées entre elles : voilà autant de faits qui témoignent contre l'action des courants diluviens indiqués comme cause unique et exclusive du transport des restes organiques dans les grottes ossifères.

L'action de l'homme lui-même doit être aussi prise en sérieuse considération, lorsqu'il s'agit de déterminer les causes qui ont opéré le remplissage des cavernes. En effet, dans bien des cas, elles ont servi d'habitation [1], de refuge, de rendez-vous de chasse, de lieux de réunion ou de sépulture aux populations primitives de ces contrées. Il n'est donc pas étonnant que celles-ci y aient laissé leurs restes mortels, les débris de leurs repas journaliers, leurs armes, leurs outils, en un mot les produits encore peu variés de leur industrie naissante.

Malheureusement, on n'est pas toujours sûr que ces objets soient de la même date que les ossements d'espèces perdues avec lesquels on les rencontre. Des remaniements accidentels du sol, opérés à des époques très-diverses, peuvent avoir mélangé des produits de l'industrie humaine avec des os d'une date fort différente de la leur.

C'est évidemment ce qui était arrivé dans la caverne de *Fausan* (Hérault), quand Marcel de Serres y trouva un fragment de verre émaillé logé dans un crâne d'*ursus spelæus*. Des poteries cuites au feu et relativement très-modernes ont été recueillies à Bize par le même naturaliste, à côté d'autres poteries non cuites et d'un travail beaucoup plus grossier.

Des faits du même genre, qui ont pu donner lieu à bien des erreurs, ont été observés dans plusieurs autres cavernes, parmi lesquelles je me contenterai de citer, pour le moment, celles de l'Herm et d'Aurignac.

Du mélange des os humains avec des restes d'animaux éteints, on ne saurait donc toujours et logiquement conclure à la contemporanéité des uns avec les autres. Mais le doute n'est plus raisonnablement permis lorsque les os d'animaux et ceux de

1. Certaines cavernes d'Italie étaient encore habitées à l'époque étrusque. Quelques-unes le sont même encore de nos jours.

notre espèce, uniformément mélangés, enfouis dans le même limon, parvenus au même degré d'altération, sont en outre revêtus d'une épaisse couche de stalagmite ; lorsque des objets d'une industrie toute primitive occupent le même gisement que les os ayant appartenu à des espèces détruites ; lorsque ceux-ci portent l'empreinte d'un travail évidemment humain ; enfin lorsqu'on découvre, dans les couches diluviennes des vallées, des objets ouvrés et des ossements entièrement semblables à ceux qu'on rencontre dans les cavernes du même âge. Or, toutes ces circonstances se sont trouvées réunies dans les vallées de la Somme, du Rhin, de la Tamise, etc., aussi bien que dans certaines grottes de France, d'Angleterre, de Belgique, d'Italie, de Sicile, etc., etc.

Toutes les cavernes à ossements ne peuvent et ne doivent pas être rapportées, nous le verrons bientôt, à la même époque. Il en est de beaucoup moins anciennes que celles dont nous venons de parler.

A l'époque de la pierre polie appartiennent un assez grand nombre de grottes, parmi lesquelles celles de l'Ariège, de l'Aveyron, de la Lozère, du Gard et de la Marne ont acquis une certaine célébrité. On trouve dans la plupart d'entre elles, dans celles surtout qui ont servi de sépultures, des ossements humains associés à des produits de l'industrie humaine et à des débris d'animaux d'espèces analogues ou tout à fait semblables aux espèces de nos jours. MM. F. Garrigou et H. Filhol, qui se sont beaucoup occupés des cavernes de l'Ariège (*Niaux, Bedeilhac, Mas-d'Azil*, etc.), assimilent leur âge à celui des plus anciennes *palafittes* de l'Helvétie[1]. Nous aurons l'occasion de revenir sur plusieurs de ces grottes dans le courant de cet ouvrage.

« Quoi qu'en aient dit certains géologues un peu attardés, les recherches faites dans les cavernes, comme celles dont les alluvions anciennes ont été le théâtre, démontrent clairement que l'homme est antérieur aux évènements dont le diluvium est le produit et le témoin. Dès avant cette heure, il foulait le sol qui, dans un lointain avenir, devenu pour nous un passé ténébreux, devait être la Gaule. Il a été contemporain des grands quadrupèdes anéantis. Il a vu, sous notre latitude, l'éléphant primitif errer dans les forêts vierges, l'hippopotame s'ébattre dans les fleuves, le rhinocéros se vautrer dans la vase des marais ; il a entendu le rugissement du lion ; il a disputé sa vie au terrible

1. Voy. F. Garrigou et H. Filhol, *Age de la pierre polie dans les cavernes des Pyrénées ariégeoises.*

ours des cavernes, et donné la chasse à ces bœufs et à ces cerfs primitifs, dont l'espèce n'existe plus aujourd'hui. » (*Cosmos*, 1867, p. 199.)

III

Les âges des cavernes.

Ce fut une idée toute naturelle et très-ingénieuse à la fois que celle qui s'offrit à l'esprit de M. Ed. Lartet, lorsqu'il essaya d'établir, pour les cavernes à ossements de nos contrées, une sorte de *chronologie paléontologique*, fondée elle-même sur la disparition graduelle et successive des grandes espèces caractéristiques de la période quaternaire.

En suivant cette idée, on aurait quatre points de repère principaux pour les grottes ossifères de cette longue période, savoir :

1° L'âge du grand ours des cavernes (*ursus spelæus*) ;

2° L'âge de l'éléphant mammouth (*elephas primigenius*) et du rhinocéros à narines cloisonnées (*rhinoceros tichorhinus*) ;

3° L'âge du renne (*cervus tarandus*) ;

4° L'âge de l'aurochs (*bison europæus*).

Le premier de ces âges est caractérisé par la présence de l'ours, le plus souvent accompagné de l'*hyène* et du grand *chat* ou lion des cavernes ; l'*ursus spelæus* n'aurait point survécu, d'après M. Lartet, à cette première période.

La seconde époque se distingue par la disparition du *mammouth*, qui finit avec elle, après avoir eu pendant longtemps pour compagnons à peu près inséparables le *rhinocéros à narines cloisonnées*, le grand *hippopotame* et le *cerf à bois gigantesques*.

A la troisième période, celle du *Renne*, cet animal, d'abord prédominant, aurait ensuite disparu de nos contrées, pour émigrer vers des régions plus septentrionales.

Enfin, au quatrième âge, l'*aurochs*, qui vit encore dans le Caucase et dans certaines forêts de la Lithuanie, resterait aujourd'hui, avec le *renne*, émigré vers le Nord, le seul représentant, dans l'Europe tempérée, des espèces réputées caractéristiques de la période quaternaire.

De son côté, M. Ed. Dupont a proposé une classification des cavernes qui diffère de celle de M. Ed. Lartet. Les plus anciennes seraient caractérisées par la présence des os d'animaux complètement éteints (*mammouth, ursus spelæus, felis spelæa*).

A la deuxième classe correspondent les cavernes où l'on rencontre les animaux émigrés (*renne*, *chamois*), mais vivant encore de nos jours.

Dans un troisième et dernier groupe viendraient se ranger les grottes ossifères dans lesquelles on trouve des espèces encore vivantes, ou des espèces détruites par l'homme.

Mais, comme il arrive presque toujours en pareil cas, des observations ultérieures ne tardèrent pas à démontrer que les divisions qui précèdent étaient beaucoup trop absolues, la même caverne appartenant quelquefois à deux et même à trois âges consécutifs.

Ainsi MM. Garrigou et Martin ont prouvé que la grotte de Lourdes (*Hautes-Pyrénées*), rapportée par MM. Alphonse Milne-Edwards et Ed. Lartet à l'âge de l'*aurochs*, devait être attribuée à une époque plus ancienne, car elle contient de nombreux débris de *renne*, espèce dont la disparition, nous l'avons dit plus haut, a précédé d'assez longtemps celle de l'aurochs [1]. Dans plusieurs cavernes de la Sologne, le marquis de Vibraye a vu, dans la couche la plus inférieure du diluvium (*diluvium gris*), des ossements d'espèces éteintes, contemporaines du mammouth, associés à des silex taillés d'un travail assez grossier; la couche supérieure (*diluvium rouge*), au contraire, contenait de nombreux débris de renne mêlés à des silex d'un travail assez parfait pour annoncer une civilisation analogue à celle des habitants des palafittes de l'Helvétie. Quatre âges successifs ont même été observés dans la grotte du *Mas-d'Azil* (Ariège) [2]. L'âge du renne et celui de la pierre polie sont également représentés dans la grotte de la Vache [3].

« Nous avons ainsi, dit le regrettable M. d'Archiac, dan-cette seule vallée de l'Ariège, les éléments d'une chronologie humaine que nous n'avons trouvée nulle part aussi complète sur un aussi petit espace [4]. »

La *grotte des Fées* (Yonne), explorée par M. de Vibraye, offre aussi l'exemple d'une caverne où plusieurs âges successifs sont bien représentés.

Dans la couche la plus inférieure sont contenus les débris des grandes espèces caractéristiques du diluvium (*ursus spelæus hyæna spelæa*, etc.);

---

1. *Comptes rendus de l'Institut*, 2 mars 1864, *Age de l'aurochs et âge du renne dans la grotte de Lourdes*.

2. F. Garrigou et H. Filhol, *Age de la pierre polie dans les cavernes des Pyrénées ariégeoises*.

3. Dr Garrigou, *Age du renne dans la grotte de la Vache, près de Taras-con (Ariège)*. Voy. *Mémoire Soc. hist. nat.* de Toulouse, 1867, p. 58.

4. D'Archiac, *Faune quaternaire*, p. 106. Paris, 1865.

Dans la.couche moyenne, ceux du *renne*;

Enfin, dans la strate supérieure (*lœss*), des os d'animaux encore vivants dans la contrée (*renard, blaireau*).

Des faits analogues ont été signalés dans l'Hérault (*grotte du Pontil*), par M. le professeur P. Gerváis; dans l'Aude (*à Sallèles-Cabardès*), par M. Ed. Filhol; dans le Poitou, par MM. Brouillet et Meilles, etc.

La caverne de Kent, près de Torquay, en Angleterre, offre un autre exemple qui prouve, jusqu'à l'évidence, que la même grotte ossifère a pu, à diverses époques, être habitée par l'homme.

En effet, dans une couche de limon rouge superposé au sol primitif de cette caverne, on trouve des ossements d'animaux éteints ou émigrés (*machairodus latidens, ursus spelæus, hyæna spelæa, cervus tarandus*), etc., mêlés à des silex taillés (les uns du type de Saint-Acheul, d'autres des types d'Aurignac, du Moustier, de Laugerie-Haute) et à des instruments en os de renne (*harpons* et *flèches barbelées, poinçons, épingles, aiguilles*), qui rappellent le travail délicat des troglodytes de la Madelaine (*Dordogne*) [1]. Notons que la couche limoneuse qui renferme tous ces objets est recouverte elle-même d'une couche de stalagmite de 1 à 3 pieds d'épaisseur, et qu'à cette stalagmite est superposée une autre couche de terreau, noir, boueux, ayant de 8 à 30 centimètres d'épaisseur.

Or, dans cette couche de terreau, l'on a trouvé des objets appartenant à plusieurs époques, « tels que des haches à douille et un couteau à douille en bronze, quelques petits fragments de cuivre grossièrement fondu, environ quatre cents éclats, rognons et fragments de silex, de nombreux pesons de fuseau, des instruments en os dont les extrémités affectent la forme d'un peigne, de la poterie, des coquillages marins, de nombreux ossements de mammifères appartenant à des espèces existantes, et quelques ossements humains sur lesquels on a cru retrouver des traces indiquant qu'ils avaient été rongés par des cannibales. Certaines de ces poteries ont évidemment un caractère romain; mais un grand nombre de ces objets remontent évi-

---

1. Parmi les instruments en silex trouvés dans la caverne de *Kent*, on en remarque plusieurs qui ont la forme de longs éclats semblables aux éclats d'obsidienne dont les habitants de la Nouvelle-Calédonie arment leurs javelots, et dont ceux de la Terre de Feu se servent alternativement comme de pointes de flèches et de lames de couteau.

Les silex anglais dont il s'agit ressemblent beaucoup à ceux de Laugerie-Haute, mais ils sont moins bien travaillés.

demment à une période qui a précédé l'occupation romaine [1]. »

D'après cette énumération, l'on ne saurait douter que, depuis le dépôt du terreau noir, la caverne de *Kent* n'ait été fréquentée par des hommes de l'âge du bronze et de la pierre polie, sans compter ceux de l'époque romaine qui ont laissé dans cette caverne les produits de leur industrie.

Mais il est incontestable aussi que le *Kent's hole* a servi pendant longtemps de demeure aux habitants primitifs de la contrée, qu'ils y ont pris leurs repas, travaillé le silex et l'os, etc., jusqu'au moment où s'est formée l'épaisse couche de stalagmite qui recouvre le limon ossifère. Comment pourrait-on expliquer autrement ce singulier mélange d'ossements d'espèces éteintes, de silex du type de Saint-Acheul et du Moustier, d'instruments en os artistement travaillé, contenus dans ce même limon?

Voilà donc une caverne qui renferme, incontestablement *in situ*, au dire des savants qui l'ont explorée, des objets ayant appartenu à tous les âges, et qu'il est par conséquent impossible de faire rentrer dans l'une ou l'autre des catégories trop exclusives admises ou proposées par les paléontologistes.

Les cavernes de *Hohefels* (Würtemberg) et de *Thayngen* (Suisse) ont offert des faits analogues et peut-être plus remarquables encore; car, dans la dernière surtout, on a trouvé une Faune essentiellement boréale et des animaux dont on était loin de soupçonner la contemporanéité.

La classification paléontologique des cavernes peut donc entraîner à de graves erreurs : de plus, elle n'est souvent que tout à fait locale. C'est ainsi que Louis Lartet lui-même s'est vu obligé de modifier, presque du tout au tout, celle de son illustre père, quand il a voulu désigner l'âge des cavernes d'Espagne qu'il venait d'explorer. Aussi, dès l'année 1867, le Dr F. Garrigou proposait-il à la Société d'histoire naturelle de Toulouse une classification nouvelle, qui aujourd'hui encore est assez généralement adoptée. La voici :

1° L'âge de l'*ursus spelæus*, auquel l'auteur réunit l'âge du *mammouth;*

2° L'âge du *cervus tarandus* (renne), comprenant aussi celui de l'aurochs, et caractérisé, dans sa seconde moitié, par la disparition à peu près complète des espèces du premier âge ci-dessus indiqué;

---

1. Evans, *Les âges de la pierre*, p. 493. Paris, 1878. Dans certaines cavernes de l'Italie (*Grotta dell' Onda, Grotta de' Goti e della Giovannina*, on a trouvé des ossements d'*ursus spelæus* ainsi que des outils de l'âge néolithique).

3º L'âge de la *pierre polie*.

Comme celles qu'il a voulu réformer, la classification du Dr Garrigou a quelque chose d'arbitraire ; car nous ne savons pas, d'une manière précise, à quel moment les animaux caractéristiques de l'une quelconque des époques admises, ont apparu dans nos contrées, ni quand ils en ont disparu. De plus, ces époques s'enchevêtrent quelquefois l'une dans l'autre, comme les âges de la *pierre*, du *bronze* et du *fer*. Ne sait-on point, par exemple, que le grand ours des cavernes et le mammouth accompagnent souvent le renne, même dans les cavernes où les os de ce dernier acquièrent une grande prépondérance numérique ? N'a-t-on pas, dans certaines cavernes, vu les os de ce dernier animal associés à ceux du cheval, prédominant à son tour, et peut-être déjà domestiqué (*Solutré*)? Enfin, M. L. Lartet n'a-t-il pas rencontré, dans la caverne de Duruthy, des os de renne travaillés et gravés, en même temps que des objets d'industrie qui annoncent l'âge de la pierre polie à son aurore ?

Frappé sans doute des défectuosités taxinomiques que nous signalons, et se basant sur le degré de perfection relative dans le travail des produits industriels exhumés des grottes ossifères, M. G. de Mortillet a proposé de classer ces ossuaires de la manière suivante.

Il distingue :

1º L'époque de *Saint-Acheul* (*Somme*), caractérisée, selon lui, par la hache taillée en amande, en *langue de chat,* et par l'absence d'instruments en os.

2º L'époque du *Moustier* (*Dordogne*), que caractérisent ses racloirs et ses lances triangulaires retaillées d'un seul côté.

3º L'époque de *Solutré* (*Saône-et-Loire*). Les haches en amande ont disparu ; les pointes de silex se sont perfectionnées. L'arme principale est un casse-tête anguleux, qui se retrouve à l'époque suivante.

4º L'époque d'*Aurignac* (*Haute-Garonne*). Les instruments en os deviennent plus nombreux. Le casse-tête anguleux subsiste. Les pointes de trait ou de lance, au lieu d'être en silex, sont en os ou fabriqués avec les bois du renne.

5º La cinquième époque est celle de la *Madelaine* (*Dordogne*), qui se distingue de la précédente par la présence de nombreux produits artistiques, sculptés ou gravés sur la pierre ou sur l'os. Les têtes de flèches ou de lances, en os et en bois de renne, comme à Aurignac, ont leur extrémité inférieure taillée en pointe ou en biseau, pour pénétrer dans la hampe qui doit les porter.

La classification qui précède serait commode, sans aucun

doute, si elle était pleinement justifiée par les faits. Malheureusement, les faits semblent devoir en infirmer la valeur. Ainsi,
l'industrie de *Cro-Magnon*, par exemple, paraît moins avancée
que celle de la Madelaine, et cependant M. de Mortillet confond
ces deux époques? De plus, par ses monuments funéraires, par
ses sillex taillés, par ses sculptures grossières, Solutré paraît
appartenir à une époque intermédiaire entre l'*âge du renne* et
celui de la *pierre polie*. Cette station serait donc postérieure à
celle de la Madelaine, que M. G. de Mortillet place pourtant à
une grande distance après elle.

Ajoutons, pour la justification de M. de Mortillet, que, mieux
renseigné depuis, il a considérablement modifié sa classification primitive, et qu'il a même, à propos des âges, dressé un
tableau nouveau que nous reproduisons ici en l'abrégeant.

AGES	PÉRIODES
Néolithique : *Pierre polie.*	*Robenhausienne,* Première lacustre, des dolmens.
Paléolithique : *Pierre taillée.*	*Magdalénienne.* Des cavernes, en majeure partie ; Du renne en presque totalité.
	Solutréenne. Du renne et du mammouth (partie).
	Moustiérienne. Du grand ours des cavernes.
	Acheuléenne. Du mammouth.
Eolithique : *Pierre éclatée par le feu.*	*Thenaisienne.* Tertiaire.
	(G. de Mortillet, *Matériaux*, etc., année 1876, page 545.)

Quelque ingénieuse, quelque commode qu'elle soit, la classification *industrielle* de M. G. de Mortillet n'est pas même une classification purement artificielle, et à ce titre elle a déjà soulevé plus d'une objection. Les progrès de l'industrie, quoi qu'il en dise, ne sont pas assez manifestes, ni les différences assez tranchées entre les types de *Saint-Acheul* et ceux du *Moustier* pour qu'on doive en admettre la succession régulière et dans l'espace et dans le temps. Des observations nombreuses et précises, faites sur les lieux mêmes par M. d'Acy [1], prouvent que « la superposition d'un type à un autre n'existe pas », et que les silex du type moustiérien sont aussi abondants dans les couches inférieures que dans les couches supérieures, bien que, d'après la théorie de M. de Mortillet, ils dussent ne pas se rencontrer dans les premières et n'apparaître que plus haut.

Tenant compte tout à la fois des caractères stratigraphiques, paléontologiques et archéologiques, désireux surtout de détruire les préventions que certaines personnes conservent encore contre l'authenticité ou l'ancienneté des ossements et des produits de l'industrie trouvés dans les cavernes, M. Hamy a cherché à établir entre ces cavités et les alluvions quaternaires un parallélisme qui va le plus souvent jusqu'à l'identité.

Du reste, il ne saurait guère en être autrement, puisque, dans un très-grand nombre de cas, le remplissage des cavernes a eu lieu en même temps que le dépôt des alluvions diluviales dans les vallées. Il y a donc concordance, synchronisme même entre ces deux ordres de faits, et les débris organiques, aussi bien que les produits de l'industrie humaine, sont généralement identiques dans les deux sortes de dépôts dont il s'agit.

Si donc il y a similitude de faunes entre les alluvions des vallées et les dépôts limoneux des grottes ossifères, les preuves fournies par les unes viendront corroborer celles qu'auront données les autres, et la certitude naîtra de leur rapprochement. Partant de ces idées éminemment justes, et subordonnant sans cesse, comme il le dit, l'histoire des cavernes à celle des alluvions, M. Hamy a divisé les grottes ossifères en cinq groupes, correspondant à autant de stations types des alluvions stratifiées.

Le premier groupe se rapporte à la période de transition entre les terrains *pliocènes supérieurs* et les terrains quaternaires. Il comprend, d'un côté, les couches coquillères et sableuses (*Crag*) des contrées de *Norfolk* et de *Suffolk*, ainsi que les *Forest-beds* de l'Angleterre et la station type de Montreuil; de l'autre,

---

1. Voy. *Matériaux*, etc., 1875, p. 281.

les cavernes de *Wookey*, de *Gower*, de *Syracuse*, de *San Theodoro*, etc., dont le remplissage date d'une époque antérieure à la seconde extension des glaciers. Les espèces pliocènes y coexistent avec les quaternaires, mais celles-ci prédominent de plus en plus, tandis que les autres s'éteignent graduellement [1].

L'industrie du silex existe, mais il est plus grossièrement taillé que celui d'Abbeville.

A l'âge du *Mammouth* se rapportent les cavernes du deuxième groupe, dont le *Moustier*, l'*Herm*, *Nabrigas*, peuvent être considérés comme les types principaux.

Ce groupe est caractérisé, au point de vue de la paléontologie, par la présence simultanée des animaux éteints (*ours des cavernes, mammouth*, etc.), émigrés (*renne* et *hippopotame*) et actuels (*chevaux, bœufs*, etc.).

Géologiquement, il correspond au diluvium gris des Parisiens, c'est-à-dire aux couches les plus profondes des alluvions fluviatiles, désignées par M. Belgrand sous le nom de *bas niveaux*.

Les stations types correspondantes sont *Hoxne, Saint-Acheul, Abbeville, Levallois*, la *vallée du Rhin*, *Clermont-sur-Ariège*, la *Denise*, etc.

Les crânes de *Neanderthal*, de *Lahr*, d'*Eguisheim*, de l'*Olmo*, les mâchoires de *Moulin-Quignon*, de la *Naulette* et d'*Arcy* appartiennent à cet âge du mammouth.

Le troisième groupe établit une transition entre l'âge du Mammouth et l'âge du renne.

Cavernes types : *Aurignac*, *Bize*, *Cro-Magnon*, *Engis* et le *Trou du Sureau*, en Belgique.

Les alluvions stratifiées que ce groupe comprend se rapportent aux moyens niveaux de la Seine et aux dépôts types de Grenelle et du Var. Le travail de l'os s'améliore : la taille de la pierre se simplifie.

Le quatrième groupe renferme les types des *Eyzies*, de la *Madelaine*, de *Laugerie-Haute*, auxquels il faut joindre les autres cavernes du Périgord (*Cro-Magnon* excepté), ainsi que la *Vache, Massat, Bruniquel, Trou Magrite, Pont à Lesse* et *Solutré*.

M. Hamy rattache à cette subdivision les stations du *Boulonnais*, de *Schüssenried*, et les *hauts niveaux* (*diluvium rouge* et *lœss*) de la Seine.

---

1. Un *elephas meridionalis* a été trouvé à San-Theodoro ; dans la grotte de la *Baume* (Jura), qui correspond chronologiquement aux dépôts stratifiés de Cromer et de Montreuil ; un *machairodus latidens*, espèce de grand ours pliocène, aux canines longues, aplaties, recourbées en cimeterre et denticulées sur les bords, a été trouvé en compagnie de l'*hyæna spelæa* et de l'*elephas primigenius*, animaux franchement quaternaires.

A cet ensemble répond le *premier âge du renne.*

5ᵉ *groupe.* — La grotte de *Chaleux* et d'autres cavernes de la vallée de la *Lesse* (*trou du Frontal, trou des Nutons*) font partie du second âge du renne. A côté d'elles se groupent, en France, les cavernes de Lourdes et celles de la Balme et de Béthénas, en Dauphiné.

A cette époque appartiennent les crânes de *Furfooz.*

Elle se distingue des précédentes par une décadence marquée dans le travail de la pierre et de l'os, tandis qu'aux époques précédentes ce même travail a toujours été en progressant.

Les *Eyzies, Massat,* nous ont offert les premiers essais de gravure sur pierre. A la *Madelaine,* la sculpture sur os fait son apparition : elle atteint son plus haut degré de perfection à *Laugerie-Basse* et à *Bruniquel.*

Un échantillon de sculpture sur pierre se montre à *Solutré.*

Se basant tout à la fois sur les données de la stratigraphie, de la paléontologie et de l'archéologie préhistorique, M. Broca propose, pour l'époque quaternaire, les divisions qu'il a lui-même résumées dans le tableau suivant, déjà reproduit plus haut, p. 26.

	Dates stratigraphiques.	Dates paléontologiques.	Dates archéologiques.
Epoque quaternaire.	Bas niveaux des vallées non remaniées.	Age du mammouth.	La hache de Saint-Acheul (fig. 13-14).
	Moyens niveaux.	Age intermédiaire.	La pointe du Moustier (fig. 15-17).
	Hauts niveaux.	Age du renne.	La pointe de Solutré (fig. 18).
Epoque moderne.	Terrains récents [1].	Faune actuelle.	La hache polie (fig. 19).

On le voit, M. Broca adopte les dates stratigraphiques établies par M. Belgrand : pour fixer les dates paléontologiques, il admet, comme M. Hamy, un âge intermédiaire entre celui du *mammouth* et celui du *renne,* c'est-à-dire un âge correspondant au milieu de l'époque quaternaire. A cette époque, plusieurs espèces contemporaines du *mammouth* avaient déjà disparu; d'autres étaient sur le point de s'éteindre, tandis que le *renne,* au contraire, devenait plus commun, puis il prédominait tout à fait dans l'âge suivant, auquel il a donné son nom.

1. M. Broca fait observer avec raison que, bien qu'ils portent le nom de *récents,* par rapport aux terrains quaternaires proprement dits, ces terrains ne méritent pas cette épithète par rapport à notre chronologie ordinaire : car il en est, dit-il, dont la formation a exigé plusieurs centaines de siècles. Voy. dans la *Revue scientifique,* du 16 novembre 1872, la conférence de M. le professeur Broca sur les *Troglodytes de la Vézère.*

Quant aux dates fondées sur l'archéologie, c'est-à-dire sur le plus ou moins de fini que l'on observe dans le travail de la

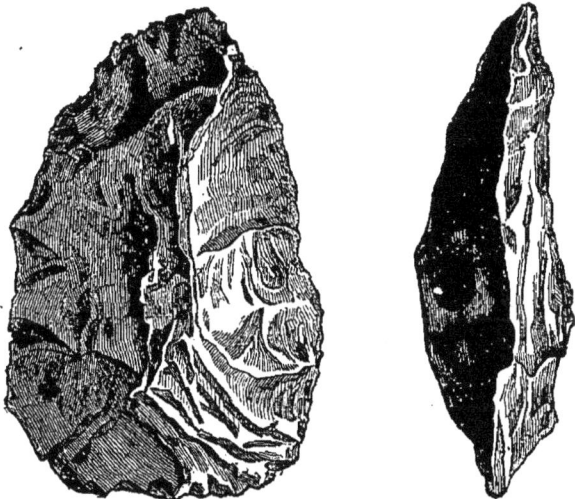

LE TYPE DE SAINT-ACHEUL. — Hache taillée sur ses deux faces.
Fig. 13. — Vue de face.   Fig. 14. — Vue de champ.

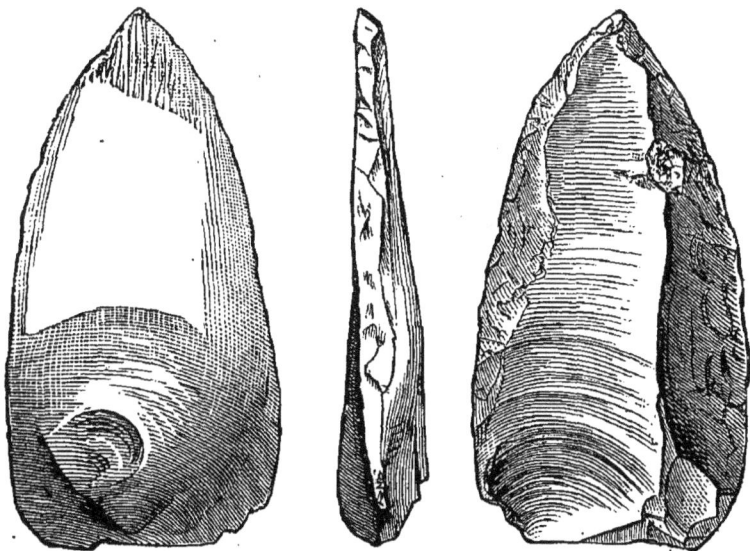

LE TYPE DU MOUSTIER. — Pointe de lance taillée sur une seule face.
Fig. 15. — Face non taillée. Fig. 16. — Vue de champ. Fig. 17. — Face taillée.

pierre pendant la période archéolithique, M. Broca les réduit à trois principales, et caractérise à peu près comme M. de Mortillet chacun des types qui les représente.

Enfin, appliquant cette classification aux cavernes du Périgord, il les range dans l'ordre chronologique qui suit :

1° *Le Moustier*, la plus ancienne des stations de la Dordogne;

2° *Cro-Magnon*, moins ancienne que la station précédente, mais appartenant comme elle à l'âge intermédiaire ;

3° *Laugerie-Haute* et *Gorge-d'Enfer*, sur la rive droite de la *Vézère*, font déjà partie de l'*âge du Renne;*

4° *Laugerie-Basse*, les *Eyzies* et la *Madelaine* forment un groupe qui nous conduit jusqu'à la disparition totale du renne dans nos contrées et, par suite, jusqu'à la fin de l'époque quaternaire, à laquelle succède la période moderne ou *néolithique* [1].

Que conclure de toutes ces tentatives? Elles sont très-louables, sans aucun doute ; elles projettent même quelque lumière sur un sujet encore passablement ténébreux : mais chaque auteur a son système bien arrêté, et l'on ne sait auquel donner la préférence, comme étant, non pas le plus commode, mais le plus vrai.

Cependant, personne ne le conteste, ces essais sont utiles pour mettre un peu d'ordre dans ce caravansérail des âges qui ne sont plus, pour enchaîner les faits qui abondent, pour en fixer la succession chronologique, en un mot, pour éclairer le passé de l'homme quaternaire. Malheureusement, les rapprochements signalés par les auteurs de ces mêmes essais, tout ingénieux qu'ils sont, ne portent pas toujours avec eux ce cachet de rigoureuse exactitude, ne présentent pas cet accord, cette unité de vues qui est un des caractères distinctifs de la vérité. On peut néanmoins les adopter sous bénéfice d'inventaire, et attendre mieux des progrès de la science et des hasards de l'avenir.

IV

Faune quaternaire. Population des cavernes.

Au commencement de la période quaternaire, le *mastodonte* n'existe plus, au moins dans notre Europe [2]. Il en est de même de l'*elephas meridionalis* des sablières de Saint-Prest. L'*hippopotamus major* et les *rhinoceros Merkii* et *leptorhinus* de l'époque pliocène vivent encore. Mais la faune quaternaire proprement

---

1. Quelques faits observés à Bruniquel, à Solutré et dans la grotte de Duruthy sembleraient indiquer que le renne ne s'est éteint chez nous que vers le commencement de la période néolithique.

2. Cet animal a vécu en Amérique pendant la période quaternaire.

dite est surtout représentée, dans nos pays, par l'*éléphant mam-mouth*, le *rhinocéros à narines cloisonnées*, les *ours*, les *hyènes*, les grands *lions des cavernes*, le *cerf à bois gigantesques*, etc., qui finiront par laisser la place au *renne*, au *glouton*, au *bœuf musqué*, à l'*antilope saïga*, au *chamois*, au *bouquetin*, à la *mar-motte*, lesquels plus tard émigreront vers d'autres lieux.

Fig. 18. — TYPE DE SOLUTRÉ.   Fig. 19. — PIERRE POLIE. — Hache
Pointe de lance.   D'après J. Lubbock, *L'homme préhistorique.*

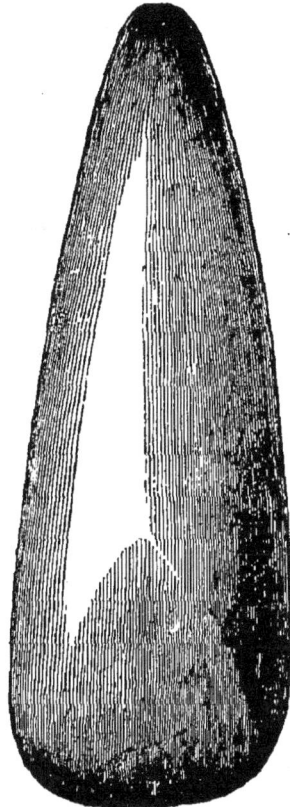

A cette liste, nous pourrions ajouter presque tous les animaux qui vivent de nos jours, et qui paraissent être les descendants plus ou moins modifiés des espèces quaternaires. De ces derniers, les uns sont donc éteints. Tels sont : *ursus spelæus*, *hyæna spelæa*, *felis spelæa*, *elephas primigenius*, *rhinoceros tichorhinus*, *megaceros hibernicus*, auxquels il faut ajouter les *machairodus cultridens et latidens* (R. Owen), trouvés dans quelques cavernes de France et d'Angleterre.

D'autres espèces encore vivantes, lemming, lagomys, glouton, renard polaire, renne, bœuf musqué, ont émigré vers des contrées de l'Europe plus septentrionales, et même en Amérique. Quelques autres, au contraire, ont gagné l'est (*antilope saïga, hamster*) ou le Midi, ou bien n'ont plus leurs congénères que dans les régions les plus chaudes de l'Afrique ou de l'Asie (*hippopotame, éléphant, lion, hyène*).

D'autres se sont réfugiés sur les hauts sommets de nos Alpes et de nos Pyrénées (*chamois, bouquetin, marmotte*), ou bien enfin ont disparu de notre sol depuis les temps historiques : tel est, par exemple, l'urus (*bos primigenius*), qui, du temps de César, vivait encore dans la forêt *hercynienne* et même dans les grands bois des Vosges et du reste de la Lorraine (GODRON).

D'autres ont fui devant l'homme, leur destructeur imprévoyant. De ce nombre sont : l'aurochs (*bison europæus*), aujourd'hui confiné dans les forêts de la Lithuanie, à l'exception toutefois de quelques individus trouvés récemment, à l'état sauvage, dans les environs du Caucase ; le lynx, qui, d'après Cuvier, a presque entièrement disparu des contrées peuplées, mais se retrouve encore dans les Pyrénées et même en Afrique ; le castor, autrefois très-répandu chez nous, et maintenant relégué, en petit nombre, sur les bords du Rhin et du Danube, où il est devenu fouisseur ; le mouflon, que M. Bourguignat dit avoir trouvé dans la caverne de Vence, en Provence, et qui n'existe plus que dans les îles de la Corse et de la Sardaigne.

D'autres, enfin, sont restés dans les lieux mêmes où nous rencontrons aujourd'hui les débris osseux de leurs premiers ancêtres : le loup, le chien, le renard, le blaireau, la loutre, la taupe, le hérisson, le cerf commun, le bœuf, le sanglier, le cheval, etc., etc.

Des oiseaux, des reptiles et des poissons, des mollusques semblables ou analogues aux espèces vivantes, se rencontrent aussi dans les cavernes d'Europe ; mais ils y sont peu nombreux relativement aux mammifères. A propos des poissons, M. Ed. Lartet a fait une remarque importante : c'est qu'ils sont d'autant plus rares dans les cavités ossifères, que celles-ci appartiennent à une plus haute antiquité paléontologique. Telles sont, par exemple, les grottes d'*Aurignac* (Haute-Garonne), de *Moustier*, de *Gorge-d'Enfer* (Dordogne) et de *la Chaise* (Charente), que caractérise surtout la présence des flèches non barbelées, et où l'on n'a pas recueilli jusqu'à présent un seul os de poisson.

Les plus anciennes populations de nos contrées auraient-elles donc manqué d'engins assez perfectionnés pour se procurer une pêche abondante, ou bien, ce qui est peu probable, avaient-elles l'habitude de manger le poisson cru au bord même des rivières où elles l'avaient pêché ?

Les poissons abondent au contraire dans les grottes de date plus récente, où l'on trouve des flèches et des harpons barbelés, à la *Madelaine*, aux *Eyzies*, à *Bruniquel*, etc.

Les mêmes remarques s'appliquent aux oiseaux. Eux aussi sont en moins grand nombre là où manquent les pointes de flèches munies d'un double rang de barbelures.

Antérieurement à M. Ed. Lartet, M. Brun avait fait la même remarque.

Quant aux oiseaux, les extinctions à signaler depuis les temps quaternaires jusqu'à nos jours à peu près, dans nos pays européens, sont le coq de Bruyère (*tetrao urogallus*) et le grand pingouin (*alca impennis*), qui ne vivent plus en Danemark. Mais elles sont nombreuses pour les oiseaux des îles Mascareignes, de la Nouvelle-Zélande et de Madagascar [1].

Pas d'extinction connue, ni pour les reptiles, ni pour les poissons, ni pour les invertébrés, si l'on en excepte toutefois la *cyrena fluminalis* [2], vivant autrefois dans la Somme, la Tamise,

---

1. Le dinornis et l'épyornis sont deux oiseaux gigantesques assez semblables à l'autruche, et qui ont été trouvés, le premier, dans les terrains les plus récents de la Nouvelle-Zélande ; le second, dans les alluvions modernes de l'île de Madagascar. La taille de ce dernier était de 5 mètres environ ; ses œufs équivalaient, pour la capacité, à 6 œufs d'autruche, à 148 œufs de poule, à 50,000 œufs d'oiseau-mouche. Un de ces œufs, que nous avons eu l'ocasion de voir et de mesurer, à Toulouse, avait les dimensions suivantes :

Grand diamètre.................... 0^m,510
Petit   —   .... 0 ,225
L'épaisseur de la coque était de.... 0 ,002 à 0^m,003.

Enfin il pouvait contenir à peu près 8 litres 1/2 d'eau. Un des œufs d'épyornis décrit par Is. Geoffroy Saint-Hilaire était plus volumineux encore. Dès lors, on conçoit que les Madécasses les utilisent en guise de vases à provisions et même, dit-on, en guise de marmites. On n'est pas parfaitement sûr que ces oiseaux soient complètement éteints.

Le dronte, qui se rapprochait beaucoup de nos gallinacés, vivait encore à l'île de France, en 1626.

2. Il existe encore en Suède, dans les lacs de *Wettern* et de *Wennern*, des crustacés (*gammarus loricatus* et *mysis relicta*) dont l'origine remonte à l'époque glaciaire. Bien plus, sur les côtes d'Europe, comme sur les rivages américains, des sondages récents ont retiré du fond des mers des térébratules et des oursins, analogues à ceux qu'on trouve dans la craie de la colline de Meudon, des falaises de la côte d'Angleterre ou des plaines de la Champagne.

confinée aujourd'hui dans les eaux du Nil et de certains fleuves d'Asie.

Toutes les espèces de mammifères que nous avons déjà signalées dans les cavernes d'Europe n'y sont pas également et uniformément réparties. Dans les unes dominent les pachydermes et les grands carnassiers, notamment les hyènes (ex. : *Kirkdale* en Angleterre, *Lunel-viel* dans l'Hérault).

Ailleurs (*cavernes de Franconie*, d'*Osselles*, de *Nabrigas*, de l'*Herm*, etc.), ce sont les ours qui l'emportent numériquement, et quelquefois à l'exclusion de toutes les autres espèces.

Dans un grand nombre de localités (*Bize, Bruniquel*, la *Madelaine*, les *Eyzies*), c'est le renne, presque toujours associé à d'autres ruminants des genres *cervus, bos* et *ovibos*, et même à l'ours des cavernes et aux grands pachydermes alors en voie de décroissance et même de destruction.

On a cru pendant longtemps que le renne se trouvait uniquement dans les cavernes. Des faits récents ont prouvé que c'est là une erreur qu'il importe de corriger. Dans un terrain diluvien de l'Angleterre (celui d'Acton, vallée de la Tamise), terrain tout à fait semblable à celui de la vallée de la Somme, le colonel Lane Fox a rencontré des ossements de *cervus tarandus* mêlés à ceux de l'*hippopotamus major*, de l'*elephas primigenius*, du *rhinoceros hemithæcus*, du *bos primigenius* et du *bison priscus*, associés eux-mêmes à des silex taillés d'un travail très-grossier.

Quelques mois après la découverte du C^el Lane Fox, M. Chantre signalait, dans le limon du bassin du Rhône, un curieux rassemblement d'espèces de la faune quaternaire, parmi lesquelles figurait le *cervus tarandus*. Enfin, on n'a pas oublié non plus les os de *renne* trouvés à *Schüssenried*, en Souabe, sur une moraine de l'ancien glacier du Rhin [1] : nouvelle preuve que cet animal vivait en Souabe lors de la période glaciaire, peut-être même pendant l'espace de temps qui s'est écoulé entre les deux périodes glaciaires dont la Suisse a gardé les vestiges. Qu'il ait

---

1. A Schüssenried, les os du renne ont été trouvés sur la moraine de l'ancien glacier du Rhin, associés à ceux du glouton et du renard polaire, avec des débris de mousses que l'on ne rencontre plus aujourd'hui que dans les régions les plus septentrionales de l'Europe Les ossements de cet animal étaient si nombreux dans la station susdite, que le professeur Fraas a pu, en en faisant un choix anatomique, reconstituer à leur aide un squelette entier, qui se trouve aujourd'hui au musée de Stuttgard. On sait que les ossements du renne ont été trouvés en abondance à Thayngen et dans la grotte du Pont-du-Gard. Cet animal s'est donc avancé vers l'est de l'Europe bien plus loin qu'on ne l'avait d'abord pensé (Voy. *Revue scientifique*, 11 et 25 janvier 1873, p. 665 et 712.)

vécu en France bien longtemps après l'extinction des grands pachydermes , extinction dont la date précise nous est d'ailleurs totalement inconnue, c'est là un fait rendu plus que probable par la découverte de ses ossements, mêlés à ceux du bœuf et du cheval actuels, dans les cavernes de Béthenas et de la Balme, en Dauphiné, et mieux encore par les objets de l'âge néolithique, peut-être même de l'âge du bronze, trouvés avec ces mêmes ossements dans la station de Bruniquel. Quant au *Saïga*, M. Albert Gaudry vient de prouver que cette espèce d'antilope vivait à l'époque du *renne*, non-seulement dans le Périgord, mais aussi dans l'Angoumois, et que nos pères ont fait servir à leur alimentation la chair de ce bel animal.

En résumé, la faune quaternaire représente notre faune moderne, qui n'en est que la continuation : mais la première est plus riche, plus variée, mieux nourrie, et par suite plus vigoureuse que la nôtre. Cependant, malgré la supériorité de leur taille, les mammifères diluviens, de même que ceux des terrains tertiaires, avaient, paraît-il, et toutes proportions gardées, le cerveau moins développé, et peut-être une longévité moindre que ceux des temps actuels [1].

Ce qui nous frappe surtout dans cette population quaternaire, c'est l'étrange association, sur des espaces le plus souvent très-restreints, d'espèces aussi nombreuses et aussi disparates, soit relativement à leurs mœurs, soit relativement à la distribution géographique de leurs congénères actuels. Nous chercherons bientôt la cause de ce phénomène, qui a longtemps embarrassé les paléontologistes, et qui trouve aujourd'hui une application satisfaisante dans la répartition des terres et des eaux de l'Europe à l'époque où tous ces animaux vivaient dans nos contrées.

Comme exemple du singulier rassemblement d'espèces dont nous parlons, nous citerons, tout à l'heure, la liste de celles qui, d'après M. Merk, se trouvaient réunies dans le Kesslerloch, aux environs de Thayngen. (Voy. p. 72.)

---

1. Voy., dans les *Comptes rendus de l'Institut* du 1er juin 1868, le travail de M. Ed. Lartet, intitulé : *De quelques-unes des progressions organiques, vérifiables dans la succession des temps géologiques sur des mammifères de même famille et de même genre.*

PRINCIPAUX MAMMIFÈRES DES CAVERNES DE FRANCE OU DU DILUVIUM.

Détruits ou très-modifiés.	Emigrés.	Fixés dans les pays où on les trouve à l'état fossile.
Hyène (hyæna spelæa).	Hyène du Cap.	Chauves-souris
Grand chat des cavernes (felis spelæa).	Aurochs.	(plus. espèces).
Mammouth (elephas primigenius).	Renne.	Musaraigne.
Ours des cavernes (ursus spelæus).	Elan.	Hérisson.
Machairodus cultridens.	Cerf du Canada.	Loir.
Rhinoceros tichorhinus.	Cerf de Virginie.	Campagnol.
Rhinoceros hemitæchus.	Lagomys.	Ours commun.
Equus lartetianus.	Lemming.	Blaireau.
Megaceros hibernicus.	Spermophile.	Loup.
Urus.		
Animaux domestiques.	Marmotte.	Renard.
Chien.	Chamois.	Putois.
Cheval.	Bouquetin.	Belette.
Bœuf.	Castor.	Marte.
Chèvre.	Bœuf musqué.	Lapin.
Mouton.	Saïga.	Lièvre.
Cochon.		Cerf élaphe.
		Daim.
		Chevreuil.

FAUNE DES CAVERNES DE L'ANGLETERRE.

Nous croyons devoir donner, à titre de renseignements comparatifs, la liste des animaux et des objets d'industrie humaine trouvés dans la caverne de Kent, près de Torquay.

Voici d'abord, d'après J. Evans, l'énumération des espèces animales dont les ossements ont été recueillis dans le limon rouge que recouvrait une épaisse couche de stalagmite :

Machairodus latidens	très-rare.
Felis leo, var. *spelæa*, lion des cavernes	abondant.
Hyæna crocuta, var. *spelæa*, hyène des cavernes	assez abondant.
Canis lupus, loup	rare.
Canis vulpes, var. *spelæus*, grand renard	rare.
Gulo luscus, glouton	très-rare.
Ursus spelæus, ours des cavernes.....................	abondant.
Ursus priscus ferox, ours gris.......................	abondant.
Ursus arctos, ours brun.............................	rare.
Elephas primigenius, mammouth......................	assez rare.
Rhinoceros tichorhinus, rhinocéros à toison de laine....	abondant.
Equus caballus, cheval..............................	très-abondant.
Bos primigenius, urus...............................	rare.
Bison priscus, aurochs..............................	abondant.
Cervus megaceros, élan irlandais....................	assez abondant.

Cervus elaphus, cerf commun.......................... abondant
Cervus tarandus, renne.............................. abondant
Lepus timidus (var. *diluvianus?*), lièvre............... rare.
Lagomys spelæus (pika des cavernes)................... très-rare.
Arvicola amphibius, campagnol....................... rare.
A. agrestis, souris des champs....................... rare.
A. pratensis, rat de fossés........................... très-rare.
Castor fiber, castor................................. rare [1].

OBJETS DE L'INDUSTRIE HUMAINE TROUVÉS DANS LE LIMON OSSIFÈRE.

Silex ouvrés des types de Saint-Acheul, d'Aurignac, du Moustier, de Laugerie-Haute.

Harpons et flèches barbelées, poinçon, épingle, aiguilles en os, offrant une grande ressemblance avec les objets du même genre recueillis à la Madelaine (Dordogne).

Animaux dont les débris osseux ont été trouvés dans la couche de terreau noir superposée à la stalagmite.

Chien.
Bœuf à cornes courtes (*bos longifrons*).
Daim.
Mouton.
Chèvre.
Cochon.
Lapin.

C'est-à-dire la faune actuelle associée à des objets de l'âge du bronze et de la pierre polie.

Dans d'autres cavernes ossifères de la Grande-Bretagne, on a trouvé :
Le *rhinoceros hemitæchus*,
Le *rhinoceros megarhinus*,
L'*elephas antiquus*,
Le *cervus Guettardi* (variété du renne),
Le lemming.

Dans les graviers diluviens du même pays on a rencontré deux mollusques, l'*hydrobia marginata* et le *corbicula fluminalis*, qui ne vivent plus en Angleterre.

1. On remarquera l'absence de l'*Ovibos moschatus*, ou bœuf musqué, soit dans les cavernes, soit dans les graviers diluviens de l'Angleterre.
Les oiseaux et les poissons trouvés à *Kents'hole* n'ont pas encore été déterminés. (Voy. J. Evans, *Les âges de la pierre*, p. 511.)

FAUNE DE LA CAVERNE DU KESSLERLOCH, PRÈS THAYNGEN (SUISSE),
D'APRÈS M. MERK [1].

Animaux éteints.		1. Lion des cavernes.	3	individus.
		2. Mammouth.	4-6	»
		3. Rhinocéros.	1-2	»
		4. Ours.	1	»
Animaux émigrés	Vers le Nord.	5. Renne.	250	»
		6. Glouton.	4	»
		7. Renard polaire.	3	»
	Vers les Alpes.	8. Chamois.	1	»
		9. Bouquetin.	1	»
		10. Lièvre des Alpes.	500	»
		11. Marmotte.	1	»
	Vers l'Amérique.	12. Wapiti.	1	»
		13. Canis lagopus.	40-60	»
	Vers les Alpes.	14. Lagopède.	80	»
	Dans les pays voisins.	15. Aurochs.	6	»
		16. Cerf elaphe.	6	»
		17. Ours.	2-3	»
		18. Lynx.	3	»
		19. Chat sauvage.	1	»
		20. Loup.	17	»
		21. Cygne.	1	»
		22. Oie sauvage.	2	»
		23. Aigle pêcheur.	1	»
Animaux	Encore dans le pays.	24. Renard européen.	2-3	»
		25. Lièvre.	2	»
		26. Corbeau.	3	»
	En état de domesticité.	27. Chien??	1	»
		28. Cheval.	20	»

V

Os d'animaux blessés trouvés dans les cavernes.

S'il est vrai que les silex taillés sont des œuvres « qu'aucun jeu de la nature, qu'aucune cause, sauf une main humaine, dirigée par un esprit humain, ne saurait produire » (A. Gaudry [2]), à plus forte raison pouvons-nous en dire autant des os d'espèces perdues ou émigrées, portant la trace évidente de blessures faites par l'homme, ou l'empreinte non moins ma-

1. Nous empruntons le tableau qui va suivre au travail analytique de Mlle J. Mestorf, publié dans les *Matériaux*, année 1876, p. 105.
2. Après avoir émis cette idée si juste, comment M. Albert Gaudry a-t-il pu dire que les silex *miocènes* de l'abbé Bourgeois peuvent avoir été taillés par le *dryopithecus*?

nifeste d'un travail où se révèle un art grossier sans doute, mais animé déjà par un vif sentiment de la nature. Ce sont les premiers qui vont d'abord nous occuper.

Dans ses *Recherches sur les ossements fossiles*, tome IV, p. 396, Cuvier parle d'une tête d'hyène spéléenne (*de Gailenreuth*) dont la crête occipitale avait été brisée, dit-il, et avait guéri de cette blessure; Marcel de Serres a observé un fait analogue sur un crâne de *hyæna spelæa* (de Lunel-viel) dont le pariétal gauche offrait un trou intéressant toute l'épaisseur de l'os et produit, au dire de ce géologue, par la dent d'un autre carnassier [1]. Mais n'est-il pas plus naturel d'attribuer ces blessures à un ins-trument de jet (flèche ou javelot en silex) lancé par l'homme, puisque, depuis l'époque où écrivaient les auteurs que je viens de citer, plusieurs exemples authentiques de ces sortes de bles-sures ont été signalés par des observateurs dignes de foi.

Nous avons extrait nous-même de la caverne de Nabrigas (*Lozère* [2]) un crâne d'*ursus spelæus* dont le frontal droit offre une dépression très-marquée, et, au milieu de cette dépression, un trou circulaire dont les bords lisses et polis indiquent la cicatrisation commençante d'une blessure faite à l'aide d'un pro-jectile aigu. En supposant un combat entre cet ours et l'un de ses congénères, il est plus que douteux pour moi qu'une des canines de ce dernier ait pu percer et fracturer ainsi l'un des frontaux, sans que l'autre canine ait laissé sur le crâne la moin-dre trace de son action.

La blessure dont il s'agit nous paraît donc avoir été faite par une arme de jet lancée par l'homme.

L'amiral Wanshop affirme avoir vu un marteau de pierre enfoncé dans le crâne d'un cerf d'Irlande (*cervus megaceros*), et même plusieurs têtes d'autres individus de la même espèce, blessées de la même manière.

Sur un squelette entier de *bos urus* (l'*urus* de César), extrait, en sa présence, d'un profond marais tourbeux de la Scandinavie méridionale, Nilsson a vu l'apophyse épineuse de la première vertèbre lombaire percée, d'avant en arrière, par un javelot armé d'une pointe en silex, lequel avait été lancé avec tant de vigueur, que la pointe a pénétré dans la vertèbre suivante, où elle est restée enfoncée [3].

1. Marcel de Serres, *Essai sur les cavernes à ossements*, Paris, 1838, p. 165.
2. Voy. N. Joly, *Note sur une nouvelle caverne à ossements* (Lozère), dans a *Bibliothèque universelle de Genève*, année 1835.
3. Sven Nilsson, *Les habitants primitifs de la Scandinavie*. Paris, 1868 p. 209.

Le professeur Steenstrup possède, dans ses collections, des crânes fossiles de cerfs trouvés dans les kjœkkenmœddinger et portant, incrustés dans leur substance osseuse, des éclats de silex provenant, sans aucun doute, du projectile lancé par le chasseur.

Enfin MM. Lartet et Christy ont figuré, dans leur intéressant travail sur les cavernes du Périgord, une vertèbre de jeune renne transpercée par une flèche en silex, qui est restée dans la blessure (fig. 20).

Le Musée d'histoire naturelle de Toulouse possède une mâchoire inférieure d'*ursus spelæus* dont l'une des branches, violemment brisée en deux, a pu reprendre ses fonctions après un travail de cicatrisation complète. Comment et de quoi vivait l'animal pendant la durée, nécessairement fort longue, de la formation du cal osseux ?

La blessure dont il s'agit avait-elle été faite par l'homme ? L'affirmative est très-probable, nous n'osons dire certaine, puisque, à la rigueur, l'animal aurait pu se briser la mâchoire en tombant du haut d'un rocher sur un autre.

Quant aux os où l'on observe des incisions régulières plus ou moins profondes, bien qu'ils aient été quelquefois l'objet de singulières méprises (ex. : les os d'*halitherium* de Pouancé [1]), on sait la haute valeur que les paléontologistes attribuent, avec raison, à ceux des dépôts pliocènes de Saint-Prest (*elephas meridionalis*), des dépôts quaternaires de la vallée de la Somme (*rhinoceros meridionalis*) ou du canal de l'Ourcq (*megaceros hibernicus*), sans parler des incisions faites, à l'aide du silex, sur une foule d'os de *renne*, dans le but manifeste de couper les tendons près de leur point d'attache, pour en faire du fil à coudre. Que prouvent tous ces faits, sinon l'existence certaine de l'homme à des époques de beaucoup antérieures à toutes les traditions historiques ?

Nous ne terminerons pas ce chapitre sans dire un mot des mâchoires brisées d'*ours* ou de *grand chat des cavernes*, que M. Garrigou croit avoir été appropriées par l'homme pour lui servir d'armes défensives. Il nous semble naturel d'attribuer ces cassures à une cause plus simple que celle que l'on a invoquée. Le canal dentaire de ces mâchoires est énorme ; la disparition du

---

1. Personne n'ignore aujourd'hui que Ch. Lyell, et avec lui beaucoup de paléontologistes, attribuent à la morsure des dents de squale (*carcharodon*) les incisions, prétendues humaines, que certains savants ont cru observer sur les os d'*halitherium* des faluns de *Pouancé*.

nerf du même nom y laisse, peu de temps après l'enfouissement, un vide considérable, et, sous l'influence de la vétusté, de l'humidité et du moindre choc, l'os se brise facilement sur le point le plus faible. De là, cette rupture, toujours identique, observée sur les nombreuses mâchoires d'*ursus spelæus* du Muséum d'histoire naturelle de Toulouse.

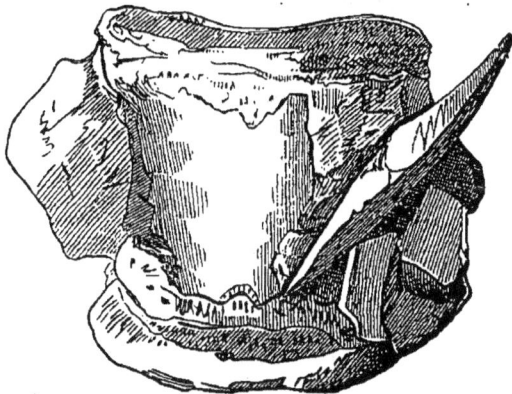

Fig. 20. — Vertèbre de renne portant la flèche en silex qui l'a blessée (d'après Ed. Lartet et Christy).

Nous proposons cette explication avec d'autant plus de confiance, que notre opinion sur ce point a été partagée, lors de la session du Congrès de Bologne, par un savant dont personne assurément ne déclinera la haute compétence (le professeur Steenstrup, de Copenhague [1]).

VI

Squelettes humains entiers trouvés dans les cavernes. — Os humains blessés. — Crânes trépanés.

Bien que les cavernes aient, à toutes les époques, servi d'habitations et souvent aussi de lieux de sépulture, rarement on y a trouvé des squelettes humains tout entiers. Lorsque le cas se présente, il indique généralement que l'ensevelissement du cadavre a eu lieu dans la couche fossilifère longtemps après sa formation. D'après l'ensemble des recherches auxquelles il s'est livré à ce sujet, M. Em. Cartailhac se croit même autorisé à

1. Voir, dans le *Compte rendu* de la cinquième session du Congrès tenu à Bologne en 1871, la discussion soulevée dans son sein à propos des os cassés présentés par le Dr Garrigou, p. 130. Bologne, 1871.

dire que tout squelette humain complet (trouvé dans les cavernes) peut être, *a priori*, considéré comme postérieur à la couche fluviale qui le renferme, principe peut-être un peu trop
absolu dans son énoncé, mais qui mérite de fixer l'attention des
paléontologistes soucieux d'éviter des erreurs du genre de celles
qui paraissent avoir été commises, notamment à propos des
débris humains de l'Herm et d'Aurignac.

Schmerling, qui a exploré quarante-huit cavernes belges, n'a
rencontré des os humains que dans trois ou quatre seulement.
Lund, sur plus de huit cents cavernes brésiliennes examinées par
lui, n'a trouvé que dans six d'entre elles des débris osseux de
notre espèce. Ces os sont toujours, en effet, assez rares dans les
cavités ossifères appartenant à l'âge de la pierre le plus ancien.
Mais ils deviennent assez fréquents à l'époque du *renne*, et plus
encore dans l'âge néolithique.

Si je ne me trompe, on ne connaît jusqu'à présent que quatre
ou cinq exemples authentiques de squelettes humains complets
et remontant, d'une manière certaine, à une très-haute antiquité,
à l'âge vraiment paléolithique. Le premier a été découvert à
Laugerie-Basse (*Dordogne*) par MM. Massénat, Lalande et Cartailhac, dans une couche qui contenait des ossements de renne
travaillés, couche évidemment non remaniée, puisqu'elle était
recouverte de blocs énormes, détachés du roc formant la voûte
en surplomb de l'abri sous lequel se réfugiaient les troglodytes
de l'âge du renne, et surmontés d'autres foyers du même âge.
Les auteurs de la découverte dont il s'agit pensent donc, avec
raison, qu'ils ont eu sous les yeux une victime de l'un des éboulements qui, à cette époque reculée, comme de nos jours, avaient
lieu de temps en temps, et dont les traces sont encore subsistantes.

Le squelette de *Laugerie-Basse* gisait sur le côté et paraissait
avoir été d'abord accroupi. Sa main gauche reposait sous le
pariétal gauche, la droite, sur le cou. Les coudes tombaient à peu
près sur les genoux ; un pied était rapproché du bassin. La
colonne vertébrale avait été écrasée par l'angle d'un gros bloc,
et le bassin était brisé, mais tous ces os avaient conservé leurs
rapports naturels ou peu s'en faut. En un mot, ce squelette offrait tout à fait la situation d'un homme effrayé, portant ses
mains à sa tête et se faisant instantanément aussi petit que
possible.

A côté de lui, et disséminés par couples, gisaient des coquilles
(*cypræa pyrum* et *cypræa lurida*) qui, sans doute, avaient servi
à orner un vêtement. Il y en avait deux couples sur le front, un

presque en contact avec chaque humérus, quatre pour les genoux et deux sur chaque pied.

Le squelette de Laugerie-Basse offre donc un exemple bien authentique de débris humains contemporains du renne. Malheureusement, les auteurs de cette importante découverte ne nous ont donné aucun détail caractéristique sur le squelette dont il s'agit, chose d'autant plus regrettable, qu'il eût été très-intéressant de comparer son crâne à ceux de Bruniquel, de Furfooz, de Cro-Magnon et à tous ceux de l'âge du renne et même des âges antérieurs.

Un autre squelette entier, enseveli dans les cavernes de l'époque archéolithique, a été trouvé, le 26 mars 1872, par M. Rivière, dans l'une des grottes ossifères de Menton [1], à 6 mètres 55 de profondeur, avec de nombreux instruments en silex et en os [2], des coquilles marines et terrestres, des ossements de mammifères, entre autres d'*ursus spelæus*, d'*hyæna spelæa*, de *felis antiqua*, etc. Ce squelette était couché sur le côté gauche, dans l'attitude d'un homme que la mort a surpris pendant le sommeil.

De nombreuses coquilles de *nassa neritea*, percées d'un trou, et quelques dents de cerf, également perforées, recouvraient le crâne çà et là ; nous pensons que ces coquilles et ces dents faisaient jadis partie d'une résille ainsi ornementée. D'autres coquilles de la même espèce, disposées d'une manière symétrique, devaient aussi orner le vêtement.

M. Rivière fait observer, en terminant sa note, que le squelette dont il s'agit « n'offre aucun caractère qui puisse, en quoi que ce soit, le rapprocher du singe, et que les crânes humains avec lesquels il paraît avoir le plus d'analogie sont les crânes trouvés à Cro-Magnon (Périgord) [3]. Trois autres squelettes, offrant les mêmes caractères que le précédent, ont été trouvés depuis à Menton.

Si les squelettes entiers sont rares dans les cavernes de l'âge paléolithique, ils sont, au contraire, assez communs dans les

1. Dans la caverne de *Cavillon*, la quatrième cavité ossifère des *Baoussé-Roussé* (mot patois qui signifie roches rouges).

2. Ces instruments se rapportent à trois types divers, celui du *Moustier*, de la *Madelaine* et de la *pierre polie*. Il y a donc lieu de soupçonner dans ces grottes un mélange de plusieurs époques. Malgré quelques fractures, le crâne avait à peu près conservé sa forme normale : il était dolichocéphale. La colonne vertébrale, les côtes et les os des membres étaient plus ou moins intacts, et dans leurs rapports naturels.

3. Voir la note de M. E. Rivière intitulée : *Sur le squelette humain trouvé dans les cavernes de Baoussé-Roussé (Italie) dites grottes de Menton, le 26 mars 1872 (Matériaux, 1872, p. 228).*

grottes sépulcrales de l'époque néolithique. Comme nous aurons occasion de nous en occuper quand nous traiterons des sépultures, nous nous bornerons à indiquer ici cette particularité.

Lorsque les os humains isolés, plus ou moins entiers, sont mêlés à des débris d'espèces perdues, quand on est sûr que le terrain qui les recouvre n'a pas été remanié, on peut affirmer que ces os sont vraiment contemporains du dépôt au sein duquel on les rencontre. Mais ces cas indubitables de contemporanéité sont assez rares (mâchoires d'Arcy, de la Naulette, etc.).

Un autre critérium d'ancienneté pour les débris humains, ce sont les blessures faites avec des instruments de pierre dont cer-

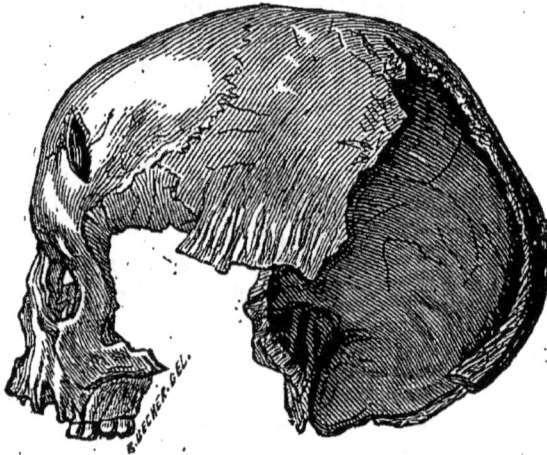

Fig. 21. — Crâne de la femme de Cro-Magnon, blessée au front, d'après Louis Lartet.

tains d'entre eux portent l'empreinte ou des fragments. De ce nombre est un tibia humain, trouvé dans le dolmen de Font-Rial (*Aveyron*), et percé d'une flèche en silex qui était restée dans la plaie et avait produit une exostose considérable.

On peut citer encore un crâne de femme, recueilli, il y a quelques années, par M. L. Lartet, sous l'abri de Cro-Magnon, crâne dont le frontal portait une blessure en voie de cicatrisation, probablement produite par un instrument en silex (fig. 21).

De son côté, dans son remarquable travail *sur la coexistence de l'homme et des grands mammifères fossiles*, M. Lartet, père, parle d'un crâne danois dolichocéphale, de l'âge de la pierre, perforé par une lance armée d'un andouiller de bois d'élan. A côté de ce crâne, gisaient trente ou quarante squelettes de race également dolichocéphale, et près d'eux, les armes de pierre dont les vainqueurs s'étaient servis pour frapper à mort leurs adversaires.

Spring a vu dans la caverne de Chauvaux (Belgique), un pariétal humain dans lequel était enchâssée la hache de silex qui avait brisé le crâne de la victime.

Nilsson, cité par Lubbock, dit que dans un tombeau de l'époque néolithique, attribué au roi d'Écosse Albus M' Galdus, on trouva, en 1807, un squelette d'une taille extraordinaire, dont l'un des bras avait été presque séparé du tronc par un coup de hache en diorite : l'un des fragments de cette hache était encore fixé dans l'os.

Enfin M. Prunières a découvert, dans les cavernes de Baumes-Chaudes (Lozère), des pièces encore plus démonstratives (*Bulletin de la Société d'anthropologie de Paris*, séance du 16 mai 1878, page 215). Ce sont des os humains contenant encore les pointes de flèches en silex qui les ont blessés. Souvent même ces pointes de flèches en silex sont enchâssées dans un tissu osseux de nouvelle formation, preuve évidente qu'elles s'étaient introduites pendant la vie du sujet et que les blessures produites avaient pu se cicatriser. M. Prunières a constaté d'ailleurs que ces flèches de silex ne ressemblaient pas du tout aux silex préparés par les habitants de la caverne, mais bien aux fines flèches fabriquées par les habitants des dolmens voisins, qui sont convaincus ainsi d'être les auteurs de ces blessures.

Une des découvertes sans contredit les plus curieuses qui aient été faites dans le cours de ces dernières années, ce sont les crânes humains perforés, ou mieux *trépanés*, qui ont été trouvés, par le Dr Prunières, dans la caverne de l'*Homme-Mort* (Lozère) et dans plusieurs dolmens de la Lozère [1]. Des rôndelles osseuses, de dimensions égales aux trous observés sur les crânes, ont été rencontrées quelquefois dans leur intérieur, et d'autre fois isolément à côté ou loin d'eux. Beaucoup d'entre elles sont percées d'un ou deux trous pour y passer un cordon de suspension. Leur diamètre varie depuis celui d'une pièce de 2 francs jusqu'à celui d'une pièce de 5 francs. Quelques-unes, plus ou moins elliptiques, mesurent 13 centimètres en longueur et 10 centimètres de hauteur maximum. M. Broca a fait une étude complète de cette question, qui est aujourd'hui fort bien connue, grâce à ses travaux (Voyez surtout *Revue d'anthropo-*

1. Des crânes perforés artificiellement ont été rencontrés aussi dans les grottes sépulcrales de la Marne, dans celle de Sordes, aux environs de Pau, dans les anciens tombeaux des îles Canaries et même au Mexique et au Pérou.

logie, tome II, 1873, page 18, et tome VI, 1877, pages 1 et 193).

La trépanation se pratiquait tantôt sur le vivant et tantôt sur le mort : après avoir fait une incision en T au cuir chevelu, on

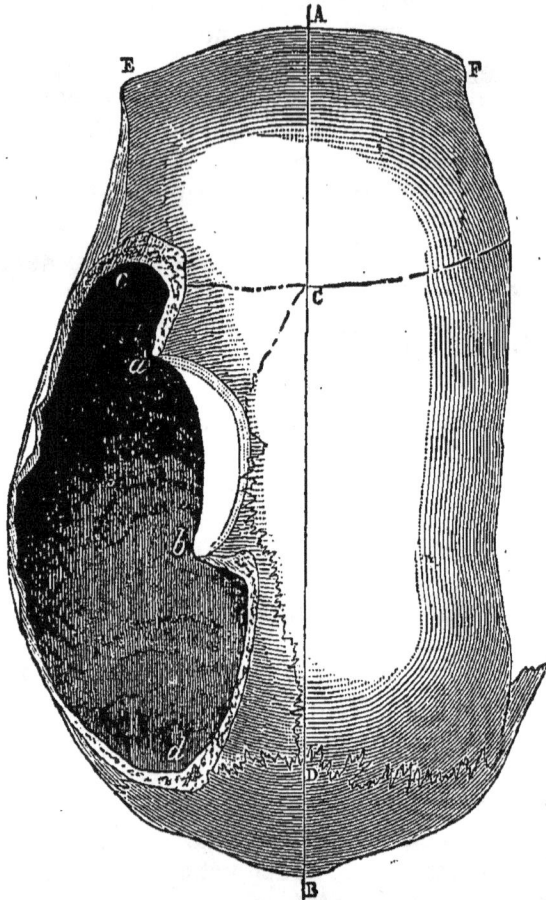

Fig. 22. — Crâne perforé d'un dolmen, dit Cibournios, donné par M. Prunières au Musée de l'Institut anthropologique (demi-nature). A B, ligne médiane du crâne marquée par un cordon passant en A, sur la racine du nez, en C, sur le bregma, en D, sur le lambda, en B, sur l'inion. E, apophyse orbitaire externe gauche ; F, la droite, brisée à sa base. — *a b*, bord falciforme cicatrisé, de la trapanation chirurgicale pratiquée, dans l'enfance, sur le bord sagittal du pariétal gauche. *d c, b d*, grandes échancrures de la trépanation posthume, pratiquée en aval et en arrière de l'ouverture cicatrisée. — La suture sagittale, au lieu de suivre la ligne médiane C D, a subi une forte déviation vers la gauche.

raclait l'os sous-jacent, à l'aide d'une lame ou couteau en silex, et, après un travail plus ou moins long, la rondelle ou les rondelles étaient détachées du crâne ; car, dans certains cas, on en enlevait deux ou trois sur le même individu, même à l'état

de vie. Chose étrange! les cas d'*ostéite* observés à la suite de
cette opération si hardie, quand on songe surtout à la pauvreté
de l'arsenal chirurgical de nos ancêtres de l'âge de pierre,
étaient, paraît-il, tellement rares, que, sur une vingtaine de
crânes qui sont en sa possession, le Dr Prunières n'a pu en observer qu'un seul cas. Tous les autres opérés présentaient des indices non équivoques d'une guérison déjà ancienne (fig. 22).

On s'est demandé naturellement quel était le but de cette
opération; à quel usage servaient les rondelles rencontrées dans
la cavité crânienne ou dans la terre où les cadavres avaient été
ensevelis. Nous reviendrons sur ce sujet dans le chapitre consacré à la religion. On verra que la pratique de la trépanation a
subsisté pendant toute la période néolithique et que l'usage de
ces rondelles fournit la preuve la plus ancienne de la croyance à
une vie future.

Les cas indubitables d'ossements humains trouvés dans les
cavernes et contemporains des espèces perdues sont assez rares,
nous le répétons à dessein, et il faut user de la plus grande
circonspection avant de se prononcer sur cette espèce de synchronisme. Rien n'est donc plus facile que de commettre à cet
égard de très-graves erreurs. Témoin ces ossements humains
d'Aurignac que le prudent Ed. Lartet lui-même avait jugés
comme étant du même âge que ceux de l'*ursus spelæus* et du
mammouth, trouvés par lui dans la couche vraiment archéolithique de cette caverne, tandis que, ensevelis dans une couche
beaucoup plus récente, superposée à la première, ils dataient
en réalité de l'âge néolithique.

VII

Preuves tirées de l'état des os et de leur composition chimique.

Lorsque des ossements humains se trouvent enfouis dans les
mêmes couches avec ceux des espèces perdues, lorsqu'on est
sûr que le terrain qui renferme les uns et les autres est vierge
de tout remaniement, on peut conclure en bonne logique, avons-
nous dit, que ces débris de l'homme et des animaux datent de
la même époque. L'identité d'aspect et surtout l'égale quantité
de matière animale qu'ils peuvent contenir encore, en tenant
compte, bien entendu, de la nature de l'animal, de son âge, etc.,
donnent un nouveau poids à cette conclusion. Or, la quantité

d'osséine se déduit aisément de celle de l'azote, indiquée par l'analyse chimique. C'est ainsi que M. Delesse a constaté que la proportion d'azote contenue dans les os humains trouvés à Aurignac était, à très peu près, égale à celle que contenaient les os d'ours, de rhinocéros et de renne, auxquels les débris de notre espèce étaient associés dans cette grotte sépulcrale [1]

Les nombreuses analyses de M. Scheurer-Kestner ont donné des résultats analogues et ont amené leur auteur à conclure, comme l'avait fait M. Delesse, à la coexistence de l'homme et des espèces perdues dont ils étudiaient les débris.

La nature de l'os, celle du sol, son plus ou moins de siccité ou d'humidité, de perméabilité à l'air et à l'eau, la date plus ou moins ancienne de l'enfouissement, la profondeur du gisement, etc., influent d'une manière notable sur la plus ou moins parfaite conservation des os, de sorte que les plus récemment enfouis ne sont pas toujours les mieux conservés.

Aussi, M. Frémy n'a-t-il pas eu de peine à prouver que rien n'est plus variable [2] que la quantité de matière organique contenue dans les os fossiles : certains d'entre eux n'en renferment plus du tout, d'autres en fournissent 8, 10 et jusqu'à 20 0/0. Il est même des terrains doués d'une telle vertu conservatrice, que M. Gimbernat a pu préparer, avec des os d'*elephas primigenius*, une véritable gelée comestible, et M. Bibra, transformer en colle forte les ossements de l'*ursus spelæus*. M. Alphonse Milne Edwards, de son côté, a vu une dent de cette espèce fossile, trouvée dans le *diluvium* des environs de Compiègne, conserver assez d'osséine pour retenir sa forme naturelle, après avoir été dépouillée de ses sels calcaires par l'action de l'acide chlorhydrique. Enfin, des os de mastodonte trouvés à New-York, en 1845, renfermaient encore 27 à 30 0/0 de matière animale. Avec des os si bien conservés, on pouvait donc, à la rigueur, préparer un potage antédiluvien, un vrai bouillon à la *gélatine préadamique*. Qui sait si cette idée bizarre ne se réalisera pas peut-être un jour, grâce aux progrès incessants de la chimie, qui à chaque instant opère sous nos yeux des merveilles beaucoup plus surprenantes et plus dignes d'intérêt [3]?

1. Le cubitus de l'homme d'Aurignac contenait 13,6 0/0 d'azote. Les os du *rhinoceros tichorhinus* en renfermaient 14,5, et ceux du renne, 14,8 0/0. Voir les *Comptes rendus de l'Institut*, t. LII, 1866, p. 728, et 11 février 1867.

2. Marcel de Serres avait remarqué, il y a longtemps, que la composition chimique des os des cavernes, et celle des débris osseux contenus dans les terrains tertiaires sont quelquefois absolument identiques.

3. L'idée bizarre dont nous parlions tout à l'heure a été mise à exécution par les naturalistes allemands réunis au Congrès de Tubingen. « Ils

Mais, d'après ce que nous venons de dire, elle est impuissante, on le conçoit, à déterminer, par l'analyse, l'âge précis d'un débris osseux quelconque, soit ancien, soit récent. Au contraire, si les ossements examinés, appartenant les uns à l'espèce humaine, les autres à des animaux éteints, occupent le même gisement, contiennent les mêmes proportions de matière azotée, on peut admettre, avec quelque certitude, la contemporanéité des débris analysés. C'est ainsi que M. Scheurer-Kestner s'est convaincu que le crâne d'*Eguisheim*, par exemple, est du même âge que les ossements de *mammouth* et d'*ursus spelæus* rencontrés avec lui [1].

De tous ces faits, il faut conclure que si l'analyse chimique des os peut, dans certains cas, et par comparaison, fournir des instructions utiles relativement à leur ancienneté relative, elle ne peut rien nous apprendre de certain sur leur âge absolu. De ces faits, il résulte encore que si les doutes émis récemment au sujet des os humains d'*Aurignac* sont réellement fondés, c'est-à-dire si ces os sont de beaucoup moins anciens que ceux de l'*ours des cavernes*, du *mammouth* et du *rhinocéros*, regardés par M. Ed. Lartet comme leurs contemporains, il faut aussi en conclure que les analyses de ces os faites par M. Delesse ne prouvent pas tout à fait ce qu'on voulait leur faire démontrer.

se sont donné le plaisir, nous dit M. Babinet, de manger non pas un *beefsteack*, mais une soupe à la gélatine de mammouth. » (Voy. dans la *Revue scientifique*, année 1866, Conférence de M. Babinet sur la *période glaciaire*.)

1. Scheurer-Kestner, *Recherches chimiques sur les ossements trouvés dans le lehm d'Eguisheim (Annales des sciences naturelles*, t. VII, p. 165, 1867.)

CHAPITRE IV

LES TOURBIÈRES ET LES KJŒKKENMŒDDDINGER

> Combien de siècles se sont écoules depuis que les pins ont cessé d'étendre leur sombre verdure sur la surface de ces marais?
>
> VIRCHOW.

I

Les tourbières du Danemark

On sait que dans certaines localités (principalement dans les endroits déprimés des vallées à pente faible), et sous l'influence de certaines conditions, les végétaux aquatiques, les *hypnum*, les conferves, les *sphagnum*, les plantes terrestres herbacées, les bruyères et même les arbres des forêts, s'amoncellent sous les eaux peu profondes, s'y enchevêtrent, s'y décomposent en partie, et donnent naissance à un combustible d'une assez mince valeur. Ce combustible, c'est la *tourbe*.

Le Danemark surtout est riche en tourbières de divers genres, désignées dans le pays sous les noms de *engmose* (marais à prairies), *lyngmose* (marais à bruyères) et *skovmose* (marais à forêts).

Ces dernières seules méritent de nous occuper un instant, en ce qu'elles fournissent la preuve que des végétations très-diverses se sont succédé à différentes époques sur le sol du Danemark. Le professeur Steenstrup, qui les a beaucoup étudiées, nous apprend en effet que, indépendamment de la tourbe amorphe, presque pâteuse, qui occupe le centre et le fond des bassins en entonnoir où elle s'est formée, on trouve, au-dessus d'elle, d'autre tourbe composée de plantes aquatiques (*hypnum*) parfaitement reconnaissables. Des pins rabougris, entassés les uns sur les autres, occupent encore l'endroit du marécage où ils croissaient dans ces temps reculés. Puis les *sphagnum* remplacent les *hypnum*, et la bruyère paraît en compagnie des airelles, des bouleaux, des noisetiers et des aunes. Enfin, l'on voit paraître en grand nombre, et principalement sur la zone extérieure de la tourbière, les pins sylvestres qui croissaient autrefois sur ses bords et qui ont depuis longtemps disparu de la contrée.

Ces arbres gisent maintenant renversés de manière que leurs racines sont tournées vers les bords du bassin à tourbe, et leurs cimes, vers le centre. Ils sont entassés les uns sur les autres et se croisent avec tant de régularité, que l'on dirait des tas de bois artistement rangés.

Peu à peu, ils disparaissent et sont remplacés par le chêne à feuilles sessiles (*Quercus robur sessilifolia*, de Smith), qui fait place, à son tour, au chêne à feuilles pédonculées (*Quercus pedunculata*, Eberhard), le seul, à peu près, que l'on rencontre actuellement en Danemark. Enfin, se montre le hêtre (*Fagus sylvestris*), qui a prospéré jusqu'à nos jours, au point de former, dans cette partie de la Scandinavie, des forêts maintenant réputées les plus belles du monde.

Quelles causes ont opéré ces changements dans la végétation ? A en juger par les coquilles des tourbières dont les espèces sont identiques aux espèces qui vivent actuellement dans la contrée, le climat ne paraît pas avoir subi de grandes modifications dans sa température. Aussi Steenstrup est-il porté à croire que la succession du pin sylvestre, du chêne à feuilles sessiles et du hêtre, est due simplement à une dessiccation et à une amélioration gra- duelles du sol propre à chacune de ces essences, le pin sylvestre se plaisant dans les terrains humides et pauvres en humus, tandis que le hêtre ne se plaît que dans les terres sèches et fertiles.

L'ensemble des couches de tourbe que nous venons de décrire n'a pas moins de 15 à 20 pieds d'épaisseur, ce qui suppose qu'un très-long temps s'est écoulé depuis leur origine jusqu'au moment où elles ont cessé de se former. Dix à douze mille ans peut-être, d'après Steenstrup, ont été nécessaires pour accu- muler et transformer ces débris d'une végétation en grande partie ou en totalité disparue de ces régions.

Les traces du feu encore subsistantes sur quelques troncs de pins sylvestres, la présence des silex taillés dans la couche de tourbe formée par cette même essence : tels sont les faits sur lesquels se fonde le célèbre professeur de Copenhague pour affir- mer l'existence de l'homme à l'époque où d'épaisses forêts de pins étalaient en Danemark leur sombre, mais riche végétation.

D'autres faits, non moins probants, sont venus confirmer les déductions du savant professeur danois. Il a, de ses propres

mains, arraché une hache en silex qui avait été violemment
enfoncée dans le tronc d'un pin d'Ecosse (*pinus sylvestris*). Or
cet arbre n'est plus maintenant et n'a jamais été, depuis les
temps historiques, indigène dans les îles danoises, et il n'a pu
y prospérer lorsqu'on a voulu l'y introduire de nouveau.

La contemporanéité du *bos primigenius* avec les anciennes
forêts du Danemark a aussi été prouvée par Steenstrup de la
manière la plus ingénieuse et la plus décisive. Dans une tourbière à forêt de l'île de Mœn, il a découvert un squelette entier de ce bœuf primitif, enseveli, pour ainsi dire, dans un lin-
ceul de feuilles de pin sylvestre. Des feuilles du même arbre, un
peu écrasées et en petits fragments, constituaient une masse
noirâtre, placée au dedans de l'espace occupé par le squelette,
laquelle masse n'était rien autre chose que les excréments parfaitement reconnaissables du ruminant qui vivait et paissait,
dans les forêts du Danemark, avec le *coq de bruyère*, qui en a
depuis longtemps disparu.

Deux os de cerf trouvés dans les tourbières du Jutland et de
la Finlande, où le pin sylvestre est très-abondant, ont permis
au savant danois de tirer une conclusion analogue au sujet des
animaux auxquels ces os ont appartenu. De plus, de la présence de flèches en silex dans ces os, flèches qui, plus tard, et
du vivant de l'animal, ont été recouvertes d'une masse osseuse
de nouvelle formation, Steenstrup a conclu que l'homme avait
fait de ces cerfs l'objet de ses poursuites et qu'il était parvenu
à les blesser, mais non à les tuer. Il était donc leur contemporain et, par suite, celui des forêts de pins sylvestres du Danemark.

Avec ces forêts se termine l'âge de la pierre. Celui du bronze
a vu naître le premier chêne des tourbières (*Quercus robur sessilifolia*); car c'est dans la couche du chêne qu'on a trouvé les
superbes boucliers en bronze qui ornent aujourd'hui le Musée
de Copenhague. Enfin, l'âge historique, ou *l'âge du fer*, appartient essentiellement à l'époque du hêtre. Aucun ossement humain n'a été jusqu'à présent rencontré dans les tourbières du
Danemark.

« Qui nous dira, s'écrie Virchow, combien il y a de temps
que s'est établi ce *calendrier des arbres*, si je puis m'exprimer
ainsi? Combien de siècles se sont écoulés depuis que les pins
ont cessé d'étendre leur sombre verdure sur la surface de ces
marais? Nous ne le savons pas, mais nous pouvons dire qu'avec
les pins le coq de bruyère devait aussi disparaître du Danemark, car il se nourrit au printemps de leurs jeunes pousses.

Voudrait-on douter encore de la *coïncidence entre l'âge des pins et l'âge des pierres*, ce serait un fait décisif d'avoir découvert sous un semblable pin, dans la tourbe, un ustensile de silex [1]. »

Nous ne saurions parler des tourbières du Danemark sans dire un mot des nombreux grains de colliers ou pendants d'oreilles en ambre que l'on a retirés de celles du Jutland. L'une d'elles, dit-on, en a fourni plus de 4,000, enfermés dans un coffret de bois, ce qui a fait penser que c'était là sans doute le *fonds de commerce* de quelque joaillier de l'âge néolithique.

Les tourbières de l'Irlande ont fourni à la paléontologie les restes parfaitement conservés du *megaceros hibernicus*, dont plusieurs musées, notamment celui de Toulouse, possèdent un squelette complet et habilement monté. Or, ce ruminant aux bois gigantesques était contemporain du mammouth et de l'ours des cavernes.

Parmi les tourbières de France, nous citerons surtout celles qui sont situées à l'embouchure de la Somme, et qui ont fourni à M. Boucher de Perthes, les unes, des haches grossièrement taillées et des débris du *megaceros hibernicus;* les autres, une foule d'instruments en os ou en silex (haches avec leur gaîne en corne de cerf et leur manche en bois, couteaux en silex, poinçons en os, colliers, etc.), qui remontent incontestablement à l'âge de la pierre polie [2].

Les preuves de la haute antiquité de l'homme recueillies dans les tourbières de la vallée de la Somme sont moins frappantes que celles que nous ont fournies les tourbières du Danemark, mais elles ont aussi leur valeur. Boucher de Perthes nous apprend en outre que dans plusieurs localités des environs d'Abbeville, où existait alors une immense forêt, on voit, en creusant les tourbières qui s'y sont formées depuis, des aunes et des chênes d'un mètre de diamètre, les uns encore debout, les autres couchés du même côté, la tête en amont de la rivière. Le célèbre antiquaire attribue le renversement de ces arbres à un coup de vent venant de la mer, ou bien à une marée excessive, peut-être celle qui rompit l'isthme qui joignait alors la Grande-Bretagne au continent. (Boucher de Perthes, *De l'homme antédiluvien*, p. 18.)

Quoi qu'il en soit de cette dernière conjecture, il n'est pas moins vrai que ces arbres sont tombés à l'endroit même où ils

---

1. Virchow, *Les tumuli et les habitations lacustres* (*Revue des cours scientifiques*, 4e année, 1866, p. 7).

2. Voir Boucher de Perthes, *Antiquités celtiques et antédiluviennes*, t. I, ch. IX, X et XI, et pl. 14, 15 et 16, correspondantes à ces chapitres.

croissaient, et que, depuis leur chute, il s'est formé d'énormes bancs de tourbe qui n'ont pas moins de cinq ou six mètres d'épaisseur. Cette tourbe est recouverte d'un lit de cailloux roulés épais de 30 à 40 centimètres. Or, dans la couche la plus inférieure, on a trouvé des haches à demi polies avec des ossements de bœufs, de sangliers, de chevreuils, de cerfs, etc. La conclusion est facile à tirer.

La plupart des tourbières des environs de Paris appartiennent, elles aussi, à la même époque. Il en est pourtant, parmi elles, qui paraissent dater de l'âge du *renne*. Dans ces dernières, formées de tourbes *bocageuses*, MM. Roujou et Alph. Julien ont trouvé des foyers, des silex, et même des poteries qu'ils croient postérieures à l'âge de l'éléphant mammouth, mais antérieures à la période de la pierre polie. N'oublions pas toutefois que, à raison de leur plus ou moins grande perméabilité, surtout quand elles sont à l'état pâteux, les tourbières ont dû recevoir et recéler dans leur sein des ossements et des produits de l'industrie humaine que l'on aurait tort de regarder, dans tous les cas, comme contemporains, par cela seul qu'ils gisent au même niveau. Bien des erreurs ont été commises à cet égard, et l'on ne saurait s'entourer de trop de précautions quand il s'agit de se prononcer sur l'âge réel des objets trouvés dans les tourbières. Mais, quand elles ont été interrogées avec le soin minutieux et la sagacité ingénieuse dont Boucher de Perthes et Steenstrup nous ont donné tant de preuves, leurs réponses ont une très-grande valeur, et déposent de la manière la plus certaine en faveur de la thèse que nous cherchons à établir en ce moment, à savoir la *haute antiquité du genre humain*.

II

Les tourbières de la Suisse.

CHARBONS FEUILLETÉS DE MORCHWEILL, DE WETZIKON, D'UTZNACH ET DE DURNTEN.

Nous ne saurions nous dispenser de dire un mot des tourbières à *charbons feuilletés* que l'on rencontre sur divers points de la Suisse, notamment à Wetzikon (Suisse orientale), à Morchweill, près de Saint-Gall, à Utznach et à Dürnten, dans l'Oberberg. Ces amas de charbon, dont l'épaisseur moyenne est d'un mètre et qui atteignent quatre mètres en certains endroits sont traversés par des bandes d'argile; une couche argileuse d'un gris blanc ou jaunâtre en compose le fond. Au sein de cette couche, on a trouvé des mollusques d'eau douce encore vivants dans ces contrées (*anodonta, valvata depressa, obtusa,* etc.). On y trouve surtout des troncs de sapins renversés dans toutes les directions, mais ayant conservé leurs racines, leur écorce, leur corps ligneux avec ses couches concentriques, indiquant que plusieurs d'entre eux étaient plus que séculaires. Ces arbres sont très-aplatis et entourés d'une matière noire ou brune, provenant sans doute de la putréfaction des plantes herbacées. Les arbres deviennent plus rares dans les couches supérieures, qui sont composées surtout de masses comprimées, formant des lames compactes entremêlées de racines et de roseaux.

Vingt-quatre espèces de plantes, dont huit arbres ou arbrisseaux, ont été découvertes par O. Heer dans ces tourbières de l'ancien monde. En voici l'énumération :

Arbres.

Le sapin commun (*pinus abies*).
Le pin sylvestre (*pinus sylvestris*).
Le pin des montagnes (*pinus montana*).
Le mélèze (*pinus larix*).
L'if (*taxus baccata*).
Le bouleau blanc (*betula alba*).
Le chêne (*quercus robur*).
L'érable faux-platane (*acer pseudoplatanus*).
Le noisetier (*corylus avellana*).

Plantes herbacées.

Le trèfle d'eau(*menyanthes trifoliata*).
Le roseau commun (*phragmites communis*).
Le framboisier (*rubus idæus*).
Le myrtille ponctué (*vaccinium vitis idæa*).
Le jonc des lacs (*scirpus lacustris*), et plusieurs espèces de sphaignes (*sphagnum cymbifolium*) et de mousses, entre autres *l'hypnum diluvii,* trouvée à Thonon, parmi d'autres débris glaciaires, par M. Morlot [1].

Animaux des charbons feuilletés.

Mammifères.

Elephas antiquus.
Rhinoceros etruscus.
Bos primigenius.
Ursus spelæus.
} Espèces éteintes.

Insectes.

Donacia discolor.
D. sericea.
} Vivants.

Mollusques.

Anodonta.
Valvata depressa.
V. obtusa.
Iridium obliquum.
} Espèces vivantes.

1. Un seul végétal de cette époque semble avoir disparu. C'est une espèce de *nénuphar* dont M. Gaspary a fait un genre nouveau sous le nom d'*holopleura*.

A Dürnten et à Utznach, des troncs de sapins et de bouleaux, de la grosseur d'un homme, se rencontrent avec des fruits de conifères bien conservés. A Morchweill, on a trouvé un gland de chêne logé dans sa cupule, et deux variétés de noisettes, dont l'une semblable à celle de nos jours.

Enfin, parmi les animaux dont on a recueilli les débris dans les charbons feuilletés, figurent les espèces les plus anciennes du diluvium des vallées, tels que l'*elephas antiquus*, le *rhinoceros etruscus*, le *bos primigenius* et l'*ursus spelæus*, contemporains de l'homme des cavernes. Avec ces espèces, depuis longtemps éteintes, se rencontrent des élytres d'insectes (*donacia discolor, D. sericea*), appartenant à des espèces identiques à celles qui vivent encore sur les bords des lacs suisses.

D'après Oswald Heer, l'une de ces tourbières, celle de Morchweill, et peut-être même celle de Wetzikon, sont situées entre deux couches renfermant des blocs erratiques striés, ce qui tendrait à faire penser qu'elles ont pris naissance dans l'intervalle qui sépare les deux périodes glaciaires admises par certains géologues et rejetées par d'autres. Quelle que soit l'opinion adoptée, il n'en est pas moins vrai que ces amas de charbons feuilletés sont recouverts d'un dépôt glaciaire, dont personne ne songe à contester l'existence. Ils remontent donc à une antiquité très-reculée, et ils sont tout au moins contemporains des alluvions anciennes du Rhin, sur lesquelles s'est déposé le *lehm* ou *lœss*, formé lors de la grande extension des glaciers des Alpes suisses et des glaciers vósgiens, aujourd'hui disparus. Or c'est dans ce *lehm*, à Eguisheim, en Alsace, et à Lahr, dans le pays de Bade, que M. Faudel et M. Ami Boué ont trouvé les ossements humains dont nous aurons bientôt à parler, preuve évidente que l'homme existait à l'époque glaciaire, c'est-à-dire à une époque où le mammouth laineux, le rhinocéros velu et le renne vivaient déjà dans nos contrées.

III

Les Kjœkkenmœddinger ou amas de coquilles.

Les archéologues scandinaves ont désigné sous le nom peu mélodieux de *kjœkkenmœddinger*, des débris de cuisine préhistoriques trouvés en amas assez considérables sur les rivages de la mer.

Ces débris se composent principalement de coquilles d'huîtrès (*ostrea edulis*), de moules (*mytilus edulis*), de sourdons (*cardium edule*), de bigorneaux (*littorina littorea*). Des os de mammifères, d'oiseaux et de poissons se trouvent mêlés à ces mollusques et à quelques autres débris de la même classe.

Parmi les mammifères figurent surtout le cerf (*cervus elaphus*), le chevreuil (*C. capreolus*), et le sanglier (*sus scrofa*). Le renne y est rare; mais, au dire de Steenstrup, sa présence, longtemps niée, est réelle dans les *kjœkkenmœddinger*. A ces espèces il faut en ajouter une quinzaine d'autres, qui sont beaucoup moins communes que les premières déjà indiquées. En voici l'énumération : l'ours brun, le chien, le loup, le renard, le chat, le lynx, la marte, la loutre, le phoque, le marsouin, le castor, le rat d'eau et la souris.

La classe des oiseaux y est représentée par le cygne sauvage (*cygnus musicus*), le coq de bruyère (*tetrao urogallus*) et le grand pingouin (*alca impennis*), devenu si rare, ou même disparu de nos jours.

A la classe des poissons se rapportent, comme étant les plus communs, le hareng (*clupea harengus*), le cabillaud (*gadus cellarius*), la limande (*pleuronectes limanda*) et l'anguille (*muræna anguilla*). Notons, en passant, qu'aucun des animaux cités ci-dessus ne fait partie d'une faune éteinte.

Quant aux débris de cuisine eux-mêmes, ils forment des amas de 1 à 3 mètres de hauteur, sur plus de 100 à 300 mètres de longueur, et de 45 à 60 de largeur, et l'on en compte plus de 50, tous situés à peu de distance du rivage de la Baltique, et rarement élevés de plus de trois mètres au-dessus de son niveau. Parmi ces débris, on trouve encore des cendres, du charbon provenant d'anciens foyers, des poteries grossières, de nombreux instruments en silex et quelques-uns en os de cerf. Mais nulle trace de métaux; pas de céréales, et, conséquemment, pas d'agriculture. Et cependant le chien était déjà réduit à l'état domestique, le professeur Steenstrup l'a prouvé de la manière la plus ingénieuse. Il avait observé que presque tous les os longs de mammifères et d'oiseaux retirés des *kjœkkenmœddinger* étaient réduits à leur partie moyenne ou diaphyse. Les têtes ou extrémités n'existaient plus, ou étaient très-irrégulièrement brisées. De plus, Steenstrup avait vu que ces os longs étaient 20 à 25 fois plus nombreux que les os courts. Frappé de ce double fait, il séquestra quelques chiens et leur donna des os *épiphysés*, à ronger. Tous dévorèrent les os courts, rongèrent les têtes des os longs, et laissèrent les *diaphyses* précisément dans l'état où elles se présentent dans les *kjœkkenmœddinger*. Le savant profes-

seur de Copenhague en conclut que les Danois primitifs étaient
en possession d'un animal domestique, le chien, qui les accom-
pagnait partout, partageait leurs repas et servait lui-même
d'aliments à ces peuplades encore barbares.

Quant aux os des autres mammifères, ils portaient des traces
nombreuses de l'action intentionnelle de l'homme. Celui-ci les
avait brisés pour se nourrir de la moelle qu'ils contenaient.

Vrais musées zoologiques des anciens âges, reliant le présent
au passé, les *kjœkkenmœddinger* ont fourni aux savants danois
des documents extrêmement précieux sur la Faune du pays que
leurs travaux ont illustré.

Ainsi, à l'époque où leurs ancêtres ignoraient encore l'usage
des métaux, mais se servaient déjà d'instruments en silex plus
perfectionnés que ceux qu'on trouve dans le diluvium d'Abbeville et dans certaines cavernes de l'époque préhistorique, l'éléphant mammouth, le rhinocéros à toison, le bœuf musqué, etc.,
n'existaient plus en Danemark.

Quant à l'huître, très-abondante à cette époque sur les côtes
de la Baltique, elle a complètement disparu sur plusieurs points,
et, dans les endroits où on la trouve encore, sa taille, comparée
à celle de ses devancières, est petite et rabougrie. Les autres
mollusques comestibles dont nous avons parlé donnent lieu
aux mêmes observations. On attribue ces résultats à une diminution assez notable dans la salure des eaux de la Baltique,
diminution de salure due elle-même à la grande quantité d'eau
douce que les rivières actuelles charrient dans cette mer intérieure, et à la communication devenue moins facile entre la
mer du Nord et le Kattégat, par suite des terres qui se sont
ajoutées au Jutland.

La présence des os du coq de bruyère dans les *débris de cuisine* prouve que cet oiseau, qui n'existe plus en Danemark, trouvait, dans les forêts de pins qui croissaient alors non loin du
rivage, les bourgeons résineux dont il fait sa nourriture favorite.

Le grand pingouin (*alca impennis*, Linné), maintenant relégué
sur les rochers les plus inaccessibles de l'Islande et du Groënland, selon les uns, entièrement détruit, selon d'autres, vivait
alors en troupes nombreuses sur ces rivages. Sa chair huileuse
n'était point dédaignée; sa graisse servait tout à la fois d'aliment, de combustible et de matière pour l'éclairage [1]. Les dé-

---

1. En mettant une mèche quelconque, de la mousse par exemple, dans
l'estomac d'un pingouin, on en faisait une lampe économique. Au moyen
âge, on brûlait encore la graisse de cet oiseau en guise de bois, sur les
côtes de Terre-Neuve.

bris de cuisine ne renferment ni le coq ni la poule domestique.

Peuple chasseur et surtout pêcheur, les anciens Danois ont laissé dans leurs *kjœkkenmœddinger* de nombreux restes d'*anguilles*, de *morues*, de *carrelets*, de *harengs,* tous poissons de haute mer, dont la capture les obligeait à s'aventurer au loin, sur les flots, dans un simple tronc d'arbre creusé par la pierre et le feu :

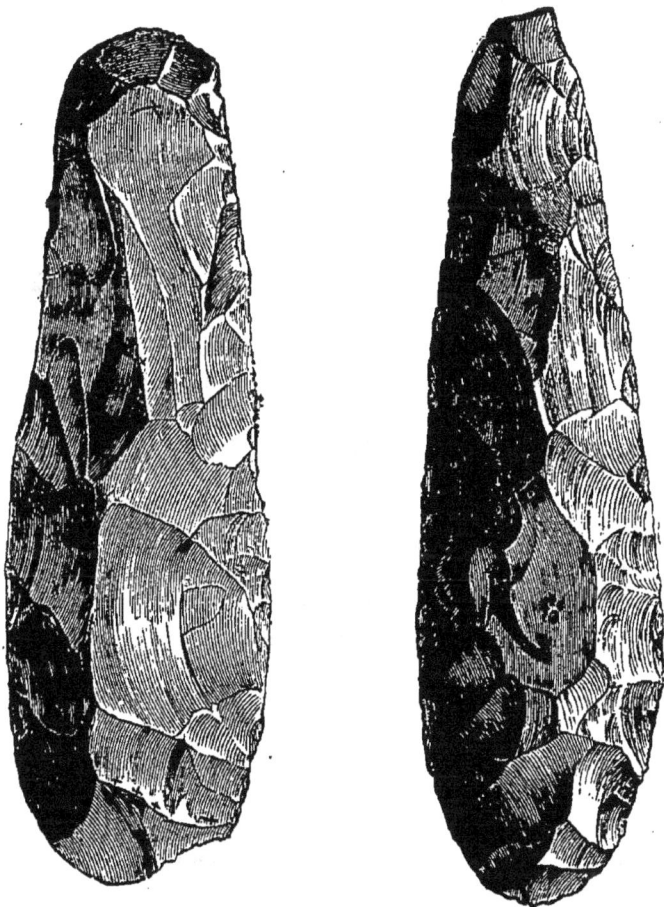

Fig. 23 et 24. — Pointes de lance des kjœkkenmœdinger (d'après Lubbock).

terrible lutte pour l'existence, où devaient succomber bien des victimes humaines, mais où bien des âmes devaient se fortifier à l'école du péril !

On a vainement cherché jusqu'à présent des ossements humains dans les *kjœkkenmœddinger;* mais on y a trouvé, avons-nous dit, de nombreux instruments en silex, les uns grossièrement travaillés et rappelant ceux du *diluvium* (fig. 23 et 24); les autres, d'un travail plus soigné, et même polis sur la meule, mais plus rares que les premiers, par exemple, des haches d'un caractère spécial, plates d'un côté, plus ou moins convexes de l'autre, et dont la destination est d'ailleurs contestée par M. Steenstrup (fig. 25, 26 et 27). Certains sauvages d'aujourd'hui en fabriquent encore de toutes semblables (fig. 28, 29 et 30).

D'après des calculs dont nous ne garantissons pas l'exactitude, les *kjœkkenmœddinger* du Danemark remonteraient à 7000 ans environ au delà des temps actuels et seraient contemporains des plus anciennes cités lacustres. Steenstrup les croit du même âge que les dolmens, et identifie le peuple qui a élevé ces monuments mégalithiques avec celui qui a laissé les restes de ses repas dans les *kjœkkenmœddinger*. Worsaaë, de Quatrefages, Desor ne partagent pas cette manière de voir. Aux yeux du célèbre archéologue danois, les kjœkkenmœddinger représentent, dans le Nord, le début de la pierre éclatée, tandis que les dolmens en sont la fin. De son côté, appuyé sur ce fait que les restes de l'industrie du peuple qui a formé les amas de coquilles ne se trouvent jamais avec les débris de l'*elephas primigenius*, ni même avec ceux du renne [1], M. de Quatrefages en conclut que l'homme des kjœkkenmœddinger est de beaucoup postérieur à l'homme d'Aurignac et de Moulin-Quignon, puis il ajoute : « Entre l'âge de pierre de nos vieux ancêtres et celui des premiers Danois, il y a toute une période géologique. » Quant à M. Desor, il se refuse aussi à identifier le peuple des kjœkkenmœddinger avec celui des dolmens ; car, indépendamment des nombreux animaux domestiques que l'on rencontre dans ces derniers, on y trouve aussi des objets en bronze et même en fer qui n'ont jamais été observés dans les kjœkkenmœddinger. La contemporanéité entre ces deux sortes de monuments est donc plus que problématique ; nous pouvons même dire aujourd'hui qu'elle n'existe pas, les dolmens, surtout ceux où l'on rencontre du bronze ou du fer, étant bien plus récents que les kjœkkenmœddinger danois.

On a trouvé dans ces derniers des cendres noirâtres où l'analyse chimique a constaté une forte proportion de manganèse : ces cendres provenaient de la combustion d'une espèce d'algue marine (*zostera marina*) qu'on arrosait avec de l'eau de mer. A la suite de cette double opération, il se produisait une sorte d'efflorescence saline (le *sal nigrum* de Pline).

1. Nous avons vu Steenstrup affirmer que les débris du renne ont été rencontrés dans les kjœkkenmœddinger.

Des os et des bois de cerf façonnés en poinçons, en ciseaux,

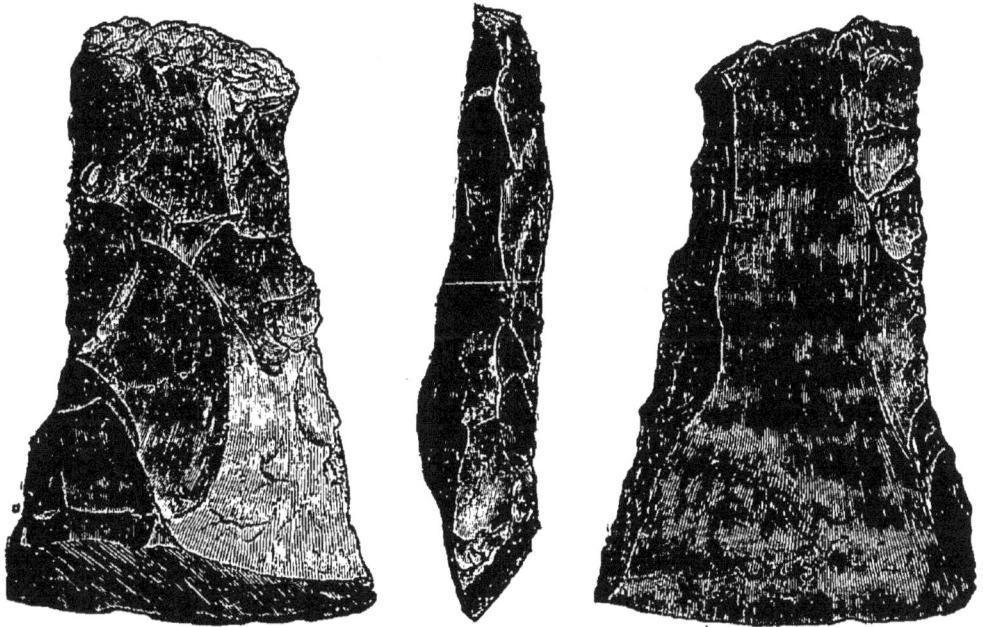

Fig. 25. — Face convexe.   Fig. 26. — Vue de côté. Fig. 27. — Face plate.
HACHE DES KJŒKKENMŒDDINGER (d'après Lubbock).

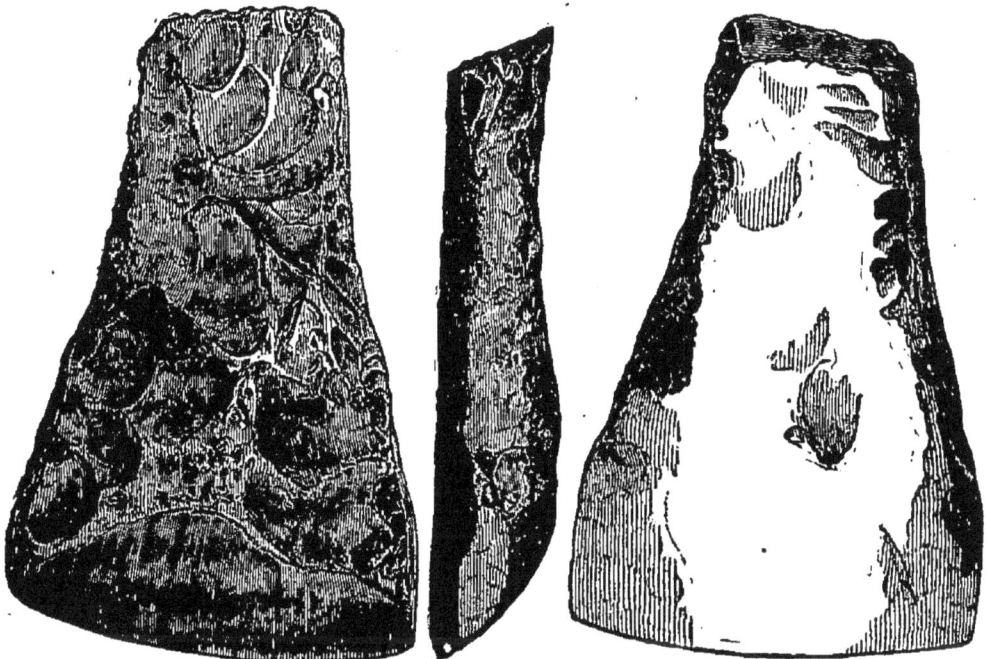

Fig. 28. — Face convexe.   Fig. 29.   Fig. 30. — Face plate.
                               Vue de côté.

HACHE MODERNE DE LA NOUVELLE-ZÉLANDE, rapportée par le R. Taylor et conservée au British
Muséum (d'après J. Lubbock, *L'homme préhistorique*).

en gaines de hache, etc., ont été rencontrés parmi les débris de cuisine du Danemark. On y a même trouvé (à *Meilgaard*) une sorte de peigne en os, destiné sans doute à diviser les tendons employés alors en guise de fil et de cordages. Les débris de cuisine danois semblent indiquer que les peuplades qui les amoncelaient couche par couche, au point de leur donner presque un faux air de ressemblance avec des strates géologiques, vivaient abritées sous des tentes, et qu'elles se livraient à la pêche et à la chasse, dont elles mangeaient les produits sur les lieux.

Des débris de cuisine, plus anciens même que ceux du Danemark, ont été signalés en Souabe, dans la station de Schüssenried. D'autres ont été rencontrés dans certaines cavernes de la France, de la Belgique, aux îles Orcades, en Écosse, en Angleterre, etc. Nous citerons, entre autres, la caverne de Brixham où, avec des fragments de poterie grossière et des ossements d'espèces éteintes, on a trouvé des amas de coquilles d'huîtres et autres mollusques marins, ainsi que des os de poissons du genre *scarus*.

Cook a observé des débris de même nature au cap Lévêque, en Australie. Enfin, Darwin et Lyell en ont signalé d'autres en Guinée et sur les côtes de la Nouvelle-Finlande. On en trouve même en Amérique (Maine, Floride, Massachussets, Nouvelle-Ecosse, etc.). Ceux d'Amérique sont de deux sortes : les uns renferment des coquilles marines en abondance; les autres, situés dans l'intérieur du continent, notamment sur les bords du Mississipi, de la rivière San-John, etc., ne contiennent que des mollusques d'eau douce (*unio, paludina, ampullaria*). Dans tous on trouve des haches, des flèches et des couteaux en silex simplement éclaté, des poteries grossières, mais jamais de métal. La faune qu'on en exhume ne diffère en rien de la faune actuelle. Tout, dans ces kjœkkenmœddinger, indique donc une civilisation analogue à celle du peuple qui a formé les amas de coquilles du Danemark, mais non pas peut-être un âge aussi lointain.

CHAPITRE V

LES HABITATIONS LACUSTRES ET LES NURAGHI

> Quoi de plus intéressant que le spectacle
> d'un peuple antique et depuis longtemps
> oublié se levant, pour ainsi dire, de son
> tombeau, pour venir reprendre, dans l'his-
> toire de l'espèce humaine, la place qui lui
> appartient?
>
> (JOHN LUBBOCK, *l'Homme préhistorique.*)

I

Les palafittes de la Suisse.

Ce fut pendant l'hiver de 1853-54, à une époque où les eaux
du lac de *Zurich* avaient atteint le plus bas niveau connu, que
Ferdinand Keller observa, près d'*Obermeilen*, les premiers pilotis
qui devaient être, pour la science archéologique, l'occasion de
tant de découvertes importantes et de si remarquables travaux.

Tout le monde a vu, à l'Exposition universelle de 1867, dans
les galeries consacrées à l'histoire du travail, les curieux spécimens qui nous faisaient assister, pour ainsi dire, à la naissance
des arts, de l'industrie, aux travaux champêtres et à la vie
domestique des premiers habitants de l'Helvétie.

Qu'on lise les rapports successivement communiqués par
F. Keller à la *Société des antiquaires de Zurich,* le livre de
Troyon sur les *Habitations lacustres,* que Carl Vogt caractérise
peut-être un peu sévèrement en l'appelant un *roman historique,*
une *pieuse fantaisie;* enfin les *Palafittes* ou habitations lacustres
du lac de Neufchâtel, publiées en 1865 par M. E. Desor; que l'on
ajoute à ces ouvrages les vues générales d'A. Morlot sur l'*archéologie,* plusieurs articles critiques du professeur Pictet sur l'*homme
fossile,* indépendamment de ce qu'il en a dit dans son grand
Traité de paléontologie; les *Crania Helvetica* de His, les études

de Rütimeyer sur la Faune fossile de l'Helvétie ; les *Crania Germaniæ méridionalis orientalis* d'Ecker, les *Leçons sur l'homme* par Carl Vogt, les *Pfahlbaualterthümer von Moosseedorf* de MM. Jahn et Uhlmann, etc., et l'on demeurera convaincu que l'amour de la science, allié au plus pur patriotisme, peut seul faire éclore tant de travaux pleins d'intérêt, dans un si court espace de temps et sur un si petit territoire. C'est à ces sources originales et à nos souvenirs personnels que nous allons emprunter les détails qui vont suivre.

On l'a dit avec raison, les *palafittes* ou habitations lacustres [1] de la Suisse sont tout à la fois des monuments d'architecture antéhistorique, un musée de zoologie et une galerie anthropologique. Charpente, pilotis, débris d'animaux domestiques ou sauvages, crânes humains diversiformes, instruments de toute sorte, en pierre, en os, en bronze, en fer, poteries plus ou moins grossières ou plus ou moins élégantes, objets d'art, objets de parure, tissus, meules à aiguiser, meules à broyer les grains, pain, fruits, cendres, charbon, etc., etc., tout s'y trouve, ou du moins s'y trouvait dans un pêle-mêle auquel la science des antiquaires et des paléontologistes a fait succéder l'ordre le plus parfait. (Fig. 31.)

Aperçus depuis longtemps par les pêcheurs, qui souvent y brisaient leurs filets, les pilotis des lacs suisses n'ont, avons-nous dit, attiré l'attention des savants que vers l'année 1853. Ferdinand Keller, un des premiers, en comprit l'importance, et les communications qu'il ne cessa de faire depuis cette époque (1854) à la *Société des antiquaires de Zurich* témoignent assez du zèle, de la conscience et du talent d'observation qu'il a déployés pour doter sa patrie d'un ouvrage digne d'elle et de lui.

A l'aide des ruines qu'elles ont laissées au fond des eaux, reconstruisons par la pensée ces antiques demeures qu'un savant célèbre, cette fois malavisé, soutenait avoir été bâties et habitées par les castors. Qu'on se figure une multitude [2] de pieux de 15 à 30 pieds de longueur sur un diamètre qui varie de 3 à 9 pouces, et s'élevant de 4 à 6 pieds au-dessus des eaux tranquilles. Que l'on se représente ces pieux plus ou moins espacés, rangés les uns parallèlement, les autres perpendiculairement au rivage, et formant, par leur ensemble, un cercle ou un rectangle. Le plus souvent enfoncés dans la vase du lac au-dessus duquel ils

---

1. Ces habitations sont aussi appelées *Ténevières* et, en allemand, *Pfahlbauten.*

2. On en a trouvé plus de 40,000 à *Wangen,* et environ 100,000 à *Robenmusen.*

s'élèvent, ils sont parfois soutenus (quand la nature du sol n'a pas permis de les y faire pénétrer) par des amas de pierres ou *Steinbergs*, déposés à leur base. Relions, par la pensée, tous ces pieux au moyen de traverses, fixées elles-mêmes par des chevilles de bois. Il ne s'agira plus que d'y établir une espèce de plate-forme, destinée à supporter les habitations, et construite au moyen de planches épaisses ou de troncs d'arbres refendus, grossièrement équarris et rattachés entre eux par de forts liens, des chevilles de bois ou même par des *éparts* et des rainures en queue d'aronde.

Fig. 31. — Palafitte ancienne des lacs de Suisse, restituée en partie d'après les ana-logies des palafittes des sauvages modernes dans la Nouvelle-Guinée.

Enfin, plaçons sur cette charpente des cabanes ovales, arron-dies ou rectangulaires, de 10 à 15 et même 27 pieds de diamètre, dont les parois seront formées de poteaux perpendiculaires, reliés ensemble par une espèce de clayonnage en branches, revêtu à l'intérieur d'un ciment argileux. Recouvrons chaque cabane d'un toit d'écorce, de chaume, de joncs, de roseaux, de fougères ou de mousse; laissons une porte pour l'entrée; pratiquons à l'inté-rieur une trappe communiquant avec le lac.

Pour siège et pour table, un tronc d'arbre; pour lit, un tas de mousse. Enfin, entourons chacune de ces rustiques demeures d'une rangée de pieux ayant leur extrémité libre à fleur d'eau, pour empêcher l'abordage des pirogues ennemies; établissons une espèce de pont ou de *passerelle* en bois, qui reliera les cabanes au rivage, et nous aurons une idée suffisamment exacte des habitations lacustres qui existaient en Suisse et ailleurs aux époques préhistoriques. Le nombre de ces habitations jusqu'à présent connues dans ce pays s'élève à plus de 200. Le seul lac de Neufchâtel en a fourni 40. Chaque bourgade se composait, en moyenne, d'environ 300 cabanes [1].

Savoir quelle était la destination précise des *palafittes* n'est pas aujourd'hui chose facile. Étaient-ce de simples établissements de pêche, ou bien des magasins pour les provisions alimentaires et autres, comme l'ont prétendu quelques auteurs? Cette destination est peu probable, si l'on songe aux travaux énormes qu'aurait exigés la construction de ces magasins. D'ailleurs, dans cette hypothèse, comment expliquer le nombre et la diversité des objets que l'on trouve au milieu même des pilotis, si l'on se refuse à croire que ces lieux étaient des bourgades ou des cités lacustres, habitées par une population déjà assez compacte pour qu'en certaines localités on ait pu l'évaluer à 12 ou 1400 âmes environ?

On a dit encore, mais sans preuve aucune, que les *palafittes* étaient des lieux de réunion temporaires, et même des temples consacrés au culte des eaux.

Tout semble indiquer que les plus anciennes *palafittes* de la Suisse ne remontent pas au delà de la période néolithique, et qu'elles ont cessé d'exister dès les premiers temps de l'âge du fer, c'est-à-dire peu de temps après l'invasion romaine.

A l'âge de la pierre polie appartiennent les stations de *Moosseedorf*, de *Wangen*, de *Robenhausen*, de *Meilen*, de *Concise*, de *Saint-Aubain*, etc.

Aucune des cités lacustres de l'âge du bronze jusqu'à présent connues n'est située dans la Suisse orientale. A cet âge se rapportent celles de *Genève, Bienne, Sempach, Morat, Cortaillod, Auvernier, Neufchâtel*. Celles de *Bienne* et de *'Neufchâtei* ont vu les premiers temps de l'âge du fer et confinent à l'histoire [2].

1. A Wangen, près de Lucerne, et dans les lacs de *Zurich*, de *Pfeffikon* et de *Constance*, on a vu des planchers ou plates-formes superposées, portant des cabanes circulaires à toit conique et recouvert de paille et d'écorce. Ces plates-formes, quoique très-endommagées, mesuraient encore 42 pieds de long sur 50 de large.

2. A La Tène, on a trouvé une monnaie romaine à l'effigie de Claude, ce qui tendrait à prouver que cette station a subsisté au moins jusqu'au milieu du premier siècle de notre ère. De plus, on a découvert un vase portant une inscription romaine, dans le lac du Bourget, et des épées romaines à Bienne.

Quelques stations lacustres renferment à la fois des débris appartenant à deux et même à trois âges. Telle est, pour l'âge de la pierre et du bronze, la station d'*Estavayer*, et celles de *Neufchâtel* et de *Nidau*, pour les âges de la pierre, du bronze et du fer.

Dans la Suisse orientale, les *cités lacustres* disparaissent avec l'âge de pierre; elles durent jusqu'à l'âge de fer dans la Suisse occidentale. Quelques-unes paraissent même avoir subsisté jusqu'à l'approche des temps historiques. Vouloir indiquer d'une manière précise l'époque à laquelle apparurent les premières cités lacustres de l'Helvétie nous semblerait une témérité.

Cependant quelques auteurs font remonter à 5000 ans, et même à 7000 ans, c'est-à-dire au delà de la construction de Ninive et de Babylone, l'âge des plus anciennes palafittes. Troyon le fixe à environ 2000 ans avant notre ère, c'est-à-dire 8 à 10 siècles avant la guerre de Troie, et M. Gervais lui-même adopte ce calcul, probablement fort au-dessous de la vérité. Enfin M. Rütimeyer pense que les cités lacustres forment, en Suisse, l'étape la plus ancienne de l'histoire du genre humain, conclusion inadmissible, puisqu'on a découvert à Verrier [1], au pied du mont Salève, une station humaine de l'âge du *renne* [2], que M. Ed. Larlet, juge si compétent en pareille matière, identifie chronologiquement, et sous le rapport de l'industrie, à plusieurs stations du Périgord dites de seconde époque (*âge du renne*). La découverte récente de la caverne de Thayngen, près de Schaffouse, est venue confirmer l'assertion de notre savant paléontologiste. L'homme des palafittes a donc été précédé en Suisse par l'homme des cavernes, datant de l'époque archéolithique, et peut-être ce dernier lui-même n'est-il pas, dans ce pays, le plus ancien représentant du genre humain.

1. Le monticule de Verrier, adossé au pied du *mont Salève* (près de Genève), a été formé par l'éboulement des couches presque verticales de cette montagne, postérieurement à l'époque glaciaire. Les cavités laissées entre les gros blocs qui le composent ont servi d'abri à l'homme depuis cette même époque. Mais la présence des débris travaillés du *renne* dans cette localité et surtout ceux de Thayngen, enfin, l'absence totale, ou du moins l'extrême rareté de ces débris dans les *cités lacustres*, prouvent incontestablement que la venue de l'homme en Suisse est antérieure aux *palafittes*.

2. Les ossements du *renne*, travaillés ou non, avaient été, antérieurement à ces découvertes, déjà observés sur divers points de la Suisse, notamment aux environs de Genève, sur le lac, à Meilen, ainsi qu'à Windisch, sur les bords de la Reuss. Tous ces ossements ont été rencontrés dans l'*alluvion des terrasses*, qui a suivi l'époque glaciaire, et à des hauteurs de beaucoup supérieures à 20 ou 25 mètres au-dessus du niveau actuel des lacs et des rivières de l'Helvétie.

On s'accorde généralement à penser que les cités lacustres devinrent plus d'une fois, accidentellement ou intentionnellement, la proie des flammes. Les ruines retrouvées au fond des lacs le disent, d'ailleurs, assez éloquemment. Un incendie terrible paraît même avoir marqué les limites de chacune des périodes préhistoriques.

Mais quel est ce peuple singulier qui a construit et habité les palafittes ?

Des notions encore vagues et confuses, de la nature de celles que nous possédons jusqu'à présent, ne nous fournissent pas les moyens de répondre d'une manière péremptoire à la question proposée. Ici, comme sur tant d'autres points, le champ des hypothèses est immense, et les esprits aventureux peuvent s'y donner libre carrière. Si nous consultons les archéologues du Nord, M. Worsaaë, par exemple, ils nous disent que les premiers habitants des *cités lacustres* étaient aborigènes de l'ouest et du nord de l'Europe, et d'origine celtique. Leur race s'est continuée pendant toute la durée des palafittes, et s'est perfectionnée dans les arts et dans l'industrie sur les lieux mêmes qu'elle habitait.

F. Keller, Desor et Virchow partagent la même opinion. La similitude presque complète des constructions lacustres appartenant aux divers âges ; la grande ressemblance de certains objets usuels, fabriqués avec l'argile, la pierre, le bronze ou le fer ; la manière à peu près identique de conserver les fruits et les provisions de nature diverse : tout cela semble réfuter l'opinion (celle de M. Troyon, par exemple) qui tendrait à établir que des peuples de races et de civilisations différentes auraient successivement envahi et occupé les stations lacustres, le vainqueur imposant ses coutumes, son industrie et son genre de vie au vaincu.

De ce que les pratiques agricoles usitées en Suisse, pendant l'âge de la pierre polie, offrent une certaine ressemblance avec celles que les anciens Egyptiens avaient adoptées cinquante siècles environ avant la période étrusque, Carl Vogt en conclut que les constructeurs des palafittes sont venus des bords du Nil, à une époque de beaucoup antérieure aux premières émigrations aryennes et à la connaissance des métaux en Égypte. Malheureusement, les données sur lesquelles s'appuie une opinion si nouvelle, ne nous paraissent pas suffisantes pour la mettre à l'abri de toute contestation.

II

Objets de l'âge de la pierre trouvés dans les lacs suisses.

Les objets recueillis dans les lacs suisses, sous la tourbe ou parmi les ruines des palafittes de l'âge de pierre, ressemblent beaucoup, il fallait s'y attendre, à ceux qu'on a rencontrés dans les cavernes de l'époque néolithique. Mais, sous bien des rapports, la moisson est plus riche dans les habitations lacustres, puisque, indépendamment des armes et des ustensiles de toute sorte, en pierre, en os et en argile, on en a exhumé toute une Faune et une Flore presque entièrement semblables à la Faune et à la Flore actuelles.

Les haches, les marteaux et les ciseaux en pierre y sont tou-

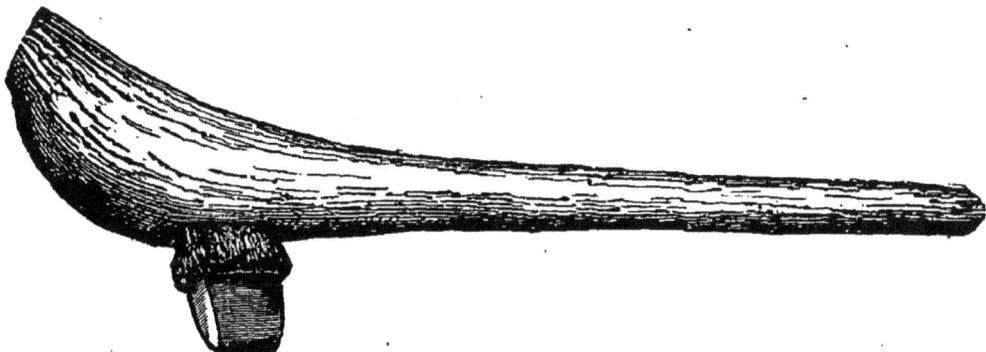

Fig. 32. — Hache avec sa gaine en corne de cerf et son manche en bois, trouvée à Robenhausen (d'après Lubbock).

jours d'un beau poli, et le plus souvent emmanchés dans une corne de cerf travaillée à cet effet. (Fig. 32.)

Des polissoirs, des pierres à aiguiser, des meules à moudre le grain, des foyers en pierre ne sont pas rares dans les cités lacustres.

Les tranchets ou lissoirs, dont quelques-uns en néphrite et d'un très-beau poli, sont ordinairement assujettis dans un manche en corne de cerf.

Les pointes de lances, de flèches et les couteaux en silex ne sont pas rares et reproduisent, comme toujours, les types universellement adoptés. Nous en dirons autant des armes.

La scie en silex (fig. 33), généralement de petite dimension (2 ou 3 pouces), est fixée dans une lame en bois creusée d'une rainure où elle s'enchâsse, et où elle est retenue solidement par un mastic noirâtre dont on ignore encore la vraie composition.

On a trouvé aussi des ustensiles et des outils en os ou en corne, tels que couteaux, ciseaux, haches, marteaux, flèches, harpons, lissoirs, poinçons, aiguilles droites ou courbes, à tête

Fig. 33. — Scie en silex (d'après Lubbock, *l'Homme préhistorique*).

percée d'un ou deux trous, quelquefois même creusée d'une rainure, afin que le fil ne gênât pas le jeu de l'instrument

Quelques aiguilles sont appointées aux deux bouts, et le chas ou œil se trouve alors au milieu de l'instrument.

Les épingles à cheveux ont la plus grande analogie avec les épingles métalliques servant de nos jours au même usage.

Le goût inné de la parure se montre dans les bagues et les bracelets en os ou en pierre, dans les grains de colliers fabriqués avec l'ambre de la Baltique, avec des andouillers de cerf sciés en fragments plus ou moins réduits, et même avec des noisettes percées de part en part.

Des vases à boire ou coupes en corne de formes diverses et

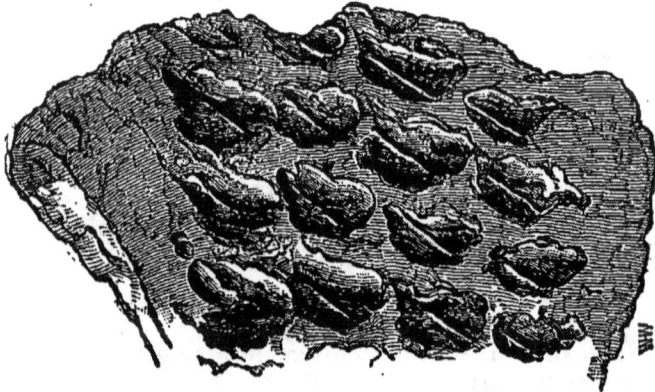

Fig. 34. — Fragment de poterie trouvée dans le lac de Zurich (d'après Lubbock).

naturellement d'assez petites dimensions ont été trouvées à *Concise* et à *Moosseedorf*. L'un de ces vases à boire, creusé dans un bois de cerf, était muni d'un fond en bois assujetti par trois chevilles, dont on voit les trous près du bord inférieur.

De nombreux fragments d'une poterie grossière, comme celle des cavernes de l'âge néolithique, noircie quelquefois par le graphite, non fabriquée à l'aide du tour et très-peu ornementée, ont été extraits d'une foule d'emplacements lacustres (fig. 34). Quelques vases sont intacts, mais d'assez faibles dimensions, à fond plat et arrondi, tandis que dans l'âge suivant les vases de même nature auront le fond conique et devront être supportés sur des torches ou anneaux en argile. Sur plusieurs de ceux qui ont été recueillis à Concise, on observe deux espèces de saillies ou mamelons percés de trous, pour le passage d'une corde de suspension.

La navette du tisserand, le fuseau de la fileuse, les pesons

Fig. 35. — Morceau de tissu trouvé à Robenhausen (d'après Lubbock).

destinés à favoriser son mouvement de rotation, le métier à tisser lui-même, avec ses molettes pour tendre les fils, existaient. Des cordes faites avec la partie fibreuse de l'écorce de certains arbres, du fil de lin (non de chanvre), de la toile tissée ou nattée, ont été, en effet, retirés du fond des lacs de Constance et de *Pfeffikon*, dans les stations de *Wangen* et de *Robenhausen* (fig. 35).

On a même trouvé à *Wangen* de fines branches d'osier entrelacées avec de la paille, restes probables d'un panier ou d'une corbeille bien plus ancienne encore que celle dont se servait la reine Aah-Hotep (voy. p. 31).

La vertu préservatrice de la tourbe explique, au moins en partie, la conservation si longtemps prolongée de tous ces tissus, aussi bien que celle des céréales, des graines et des fruits à demi carbonisés, dont Oswald Heer nous a révélé l'antique existence dans les lacs de Constance et de Pfeffikon (voy. p. 112).

Enfin, dans l'une des palafittes les plus anciennes du lac de Bienne, celle de Locras (âge de la pierre polie), M. V. Gross a trouvé des jattes et des écuelles en bois, et même de petites boîtes en écorce de bouleau, munies de leur couvercle et s'ouvrant ou se fermant à volonté, au moyen d'une charnière faite avec de la ficelle.

Les objets en corne ou bois de cerf ne sont pas rares à Locras. On en a retiré plusieurs d'un haut intérêt historique, entre autres un peigne percé d'un trou de suspension, des marteaux ou haches de combat, encore munies d'une partie de leur manche, et une sorte de bâton de commandement.

Parmi les objets en os, on compte des poinçons, des poignards et surtout une espèce de peigne pour la préparation du lin, formé de trois côtes fendues en long, apointées à l'un des bouts et réunies entre elles par de la cordelette. Enfin, un os rectangulaire, aplati, percé d'un trou à l'une de ses extrémités, servait probablement à fabriquer les filets.

Peu de tissus à Locras ; mais, en revanche, on y a recueilli plusieurs pelotons de fil, de ficelle et de corde.

A Gerafin (*lac de Bienne*, âge de pierre), on a trouvé une cuillère en bois d'if, d'un très-beau travail ; à Weyeregg (Autriche, âge de la pierre polie), une fourchette en os.

Les stations lacustres de l'âge de pierre ont aussi fourni un grand nombre d'ossements d'animaux, dont on trouvera la liste un peu plus loin. (Voy. p. 111.)

Pas de squelettes entiers, des os généralement fragmentés, brisés dans le sens de leur longueur, pour en extraire la moelle, usage antique et persévérant, s'il en fut, puisqu'il remonte à l'âge de pierre le plus ancien, à l'époque même de l'ours et du mammouth, et qu'il est encore pratiqué de nos jours chez les Lapons et autres peuples de race finnoise habitant le nord de l'Europe.

Disons à la louange des citoyens lacustres de l'Helvétie qu'on n'a observé chez eux aucune trace de cannibalisme.

La Suisse n'est pas le seul pays où l'on ait rencontré des *cités lacustres*. L'Italie, l'Autriche, la Hongrie, la Poméranie, la France, la Savoie, ont eu leurs *palafittes*, bâties à la manière de celles de l'Helvétie, mais généralement plus petites et appartenant en partie à l'âge de la pierre polie. On y a pourtant trouvé quelquefois des objets en métal, très-probablement d'origine étrangère, qui avaient été enfouis dans la vase des lacs à une date postérieure à l'âge des palafittes elles-mêmes. Paolo Lioy a décrit celles du lac Fimon (*Italie*), et il prétend qu'elles remon-

tent jusqu'à l'âge du *renne* [1]. Celles de la Savoie sont beaucoup
moins anciennes, puisque certaines d'entre elles, celle de Gré-
sine, par exemple (*lac du Bourget*), n'auraient pas, s'il faut en
croire M. Rabut, plus de 3,000 ans d'antiquité. Celles du lac de
Paladru (Isère) sont d'une date plus récente encore; car elles
ont fourni à M. Chantre, qui les a explorées avec tant de soin,
une foule d'objets en fer et même une monnaie carlovingienne.

Cependant l'histoire ne fait nulle mention de cette cité lacustre. La tradition locale seule nous a mis sur la voie, en disant
qu'il existe au fond du lac les ruines d'une ville très-ancienne,
que la vengeance divine aurait détruite : et les ruines d'une
bourgade lacustre occupent en effet la situation indiquée.

Un auteur récent a même prétendu que Toulouse avait été
dans l'origine une cité lacustre [2] ; mais M. G. de Mortillet a com-
battu cette opinion par des raisons qui nous semblent tout à
fait péremptoires. Notons cependant que, d'après Strabon, Cicéron et Justin, il exista jadis aux environs de Toulouse un lac
sacré, où les tribus voisines faisaient aux dieux des offrandes
d'or et d'argent.

III

Les habitants des palafittes.

LA SUISSE A L'ÉPOQUE DES PALAFITTES. MŒURS ET COUTUMES DE LEURS HABITANTS.

D'immenses forêts, peuplées déjà des essences actuelles, couvraient alors les flancs des montagnes de la Suisse et descen-
daient quelquefois jusqu'au bord de ses lacs. Là erraient en
liberté l'urus, l'aurochs, le cerf élaphe, le daim, le chevreuil,
le sanglier, le loup, le renard, etc. La loutre se jouait au sein des
eaux limpides ; le castor y construisait sa cabane, l'ours brun
se blottissait dans sa caverne, pendant que le *lœmmergeyer*
(vautour des agneaux), épiant sa proie, planait au haut des
airs.

Le chien, devenu, dès cette époque, le compagnon et l'auxi-
liaire de l'homme, poursuivait avec lui les hôtes des forêts, dont
la chair devait servir à les nourrir tous les deux. Outre le chien,

---

1. Voy. Paolo Lioy, *Le abitazioni lacustre della età della pietra nel
Vicentino*. Vicenze, 1865.

2. V. *Revue archéologique du midi de la France*, 1866-67, p. 170 et 196.

les habitants des lacs avaient soumis à leur empire la plupart
des animaux maintenant domestiques : le bœuf, la chèvre, le
mouton, le porc, peut-être même le cheval, progrès immense
et qui rendait possibles les travaux de l'agriculture. Aussi culti-
vaient-ils la plupart de nos céréales. La chasse, la pêche à la
nasse et au filet, le laitage, les fruits de toute espèce complétaient leur alimentation.

A en juger par certains de leurs objets d'art ou d'ornement
(colliers de corail, perles d'ambre, néphrite, etc.), il paraîtrait
qu'ils ont entretenu des relations commerciales, par voie
d'échange, avec les peuples de la Méditerranée, de la Baltique,
des îles Cassitérides (îles Sorlingues), peut-être même de l'Orient.
Mais bien des doutes fondés règnent encore au sujet de ces
assertions peut-être un peu hâtées.

Pour vêtements, ils portaient des peaux, cousues ou non cousues, et des étoffes de lin ou de chanvre (?) [1] artistement tissées.
Les étoffes de laine leur étaient inconnues, ou du moins on n'en
a jusqu'à présent trouvé aucune trace.

L'art du vannier [2], du cordier, du passementier même avait
atteint chez eux un certain degré de perfection relative.

Leurs poteries, toutes façonnées sans l'aide du tour, ne manquaient pas d'une certaine élégance. Cependant les arts du
dessin étaient chez eux dans un état d'infériorité notable, si on
les compare à ce qu'ils étaient, à l'époque du renne, chez les
habitants des cavernes du Languedoc ou du Périgord. Leur
architecture était des plus simples et des plus modestes; mais
leurs charpentiers avaient imaginé d'ingénieux procédés d'assemblage [3], qui ne le cédaient en rien à plusieurs de ceux qui
sont adoptés de nos jours. Enfin, avec le seul secours du feu, de
la hache et de la scie en silex, les lacustres de l'âge de pierre
savaient se construire des canots dont la dimension et la solidité nous étonnent.

Dans les conditions sociales où nous vivons aujourd'hui, nous
avons beaucoup de peine à nous expliquer les motifs et les
circonstances qui portèrent les habitants primitifs de l'Helvétie
à exécuter des travaux si pénibles pour se loger au-dessus de

---

1. Après avoir dit, p. 178, que les étoffes trouvées à Robenhausen
étaient de chanvre, Lubbock affirme, p. 195, qu'on n'a trouvé en Suisse
ni chanvre, ni avoine, ni seigle! (2e édition 1876.)

2. On a trouvé en Suisse des corbeilles qui offraient beaucoup d'analogie avec celles qu'on a retirées des tombeaux égyptiens.

3. Les éparts, les mortaises, les queues d'aronde, dont les dimensions
et la solidité nous étonnent.

la surface des eaux. Mais, si nous songeons qu'à ces anciennes époques la Suisse était presque partout couverte de forêts vierges impénétrables, hantées par une foule de bêtes fauves, nous comprendrons ces efforts surhumains pour se mettre à l'abri de leurs attaques et pour éviter, sous la protection des eaux, les surprises d'un ennemi supérieur en force.

Quant à la vie morale des *lacustres* de l'Helvétie, sur ces points importants, comme sur tant d'autres, nous en sommes réduits à de simples conjectures. Ceux de l'âge néolithique rendaient probablement un culte à la nature, mais ils ne le souillaient point par de sanglants sacrifices. Ils avaient, dit-on, pour autels les blocs erratiques, si abondamment répandus dans tous les pays de montagnes à glaciers [1].

Jusqu'en ces derniers temps, on ignorait complètement si, où et comment les habitants des cités lacustres ensevelissaient leurs morts. Une découverte récente et tout à fait imprévue est venue dissiper ces incertitudes : je veux parler de la découverte faite à Auvernier, non loin des bords du lac de Neufchâtel, d'une sorte de caverne funéraire renfermant au moins une douzaine de cadavres de tout âge et de tout sexe, qui avaient été inhumés dans une caisse de pierre, où gisaient leurs débris osseux. Cette caisse, tout à fait du même type que les *stonecasts* de l'Angleterre, n'avait guère que 1 m. 90 de longueur, sur une largeur de 1 m. 12 et une profondeur de 1 m. 80. Elle était formée de grandes dalles de granite posée de champ, et recouvertes par d'autres pierres, à la manière des dolmens, avec cette différence pourtant que les sépultures d'Auvernier ont été creusées dans la terre et entourées d'une enceinte de dalles granitiques. De plus, la caisse ou chambre principale était précédée, du côté du sud, par une sorte de petit couloir sans dalle de recouvrement, qui communiquait avec elle. Une autre chambre accessoire, construite du côté nord, renfermait deux crânes et quelques ossements.

Comme on a trouvé, dans ce dolmen, un certain nombre d'objets en bronze, M. Desor rapporte le monument d'Auvernier à la fin de l'âge néolithique.

A cette époque, les habitants des palafittes confiaient donc leurs morts à la terre, et les entouraient d'un certain nombre de

---

1. Quelques antiquaires regardent comme ayant servi à cet usage, 1° la *pierre Cour*, que l'on voit encore dans le lac, non loin de Lausanne; 2° les *pierres à Nuton*, situées près de Genève, et 3° la *pierre du Mariage* (lac de Neufchâtel), où, il y a peu de temps encore, les fiancés se juraient d'éternels amours et une inviolable fidélité.

dalles en pierre formant le cercueil, et rappelant ainsi les monuments mégalithiques que nous décrirons sous le nom de *dolmens*.

Le mobilier funéraire, quoique très-pauvre, ressemblait beaucoup aussi à celui des dolmens (*haches en serpentine percées d'un
trou de suspension*, *dents d'ours et de sangliers, et disques en os
également percés*, etc., etc.).

Les caractères anatomiques des lacustres de l'Helvétie ne
sont guère mieux connus que leurs idées morales et religieuses.
Cependant M. His, avec un nombre de matériaux, selon nous,
trop restreint, a entrepris de les classer d'après la forme du
crâne. Il distingue, parmi eux, quatre types principaux :

1° Celui de Sion, où domine une dolichocéphalie fortement
prononcée ;

2° Celui de Hohlberg, } tous deux aussi dolichocéphales [1] ;
3° Celui de Bel-Air,

4° Enfin, celui de Dissentis, le seul qui soit brachycéphale.

Mais nous croyons peu à ces distinctions tranchées comme caractères de races.

A en juger par les ossements, malheureusement en trop petit
nombre, trouvés dans les lacs suisses, la taille de leurs habitants
était peu élevée, et leurs membres sans grâce. Mais, si nous
voulons savoir l'origine ethnique de ces populations étranges,
ici les doutes commencent, la nuit se fait autour de nous, et
nous ne marchons plus qu'à pas très-incertains dans le domaine
des conjectures. Et cependant ce peuple inconnu, quel qu'il soit,
nous a laissé au fond de ces lacs limpides des documents aussi
authentiques, aussi précis dans leur signification que peuvent
l'être les pyramides, les statues et les sphinx égyptiens. Déjà
la Science moderne a jeté sur quelques points de l'histoire de
ce peuple un jour inattendu ; mais nul monument écrit ne nous
apprend ni son commencement ni sa fin, et ses ossements eux-
mêmes subsistent en trop petit nombre pour nous permettre de
juger sûrement à quelle race il appartenait.

---

1. On sait que les crânes DOLICHOCÉPHALES (*têtes allongées*) sont ceux dont
la forme est allongée dans le sens antéro-postérieur; les BRACHYCÉPHALES
(*têtes courtes*), se distinguent par la grandeur relative de leur diamètre
transversal comparé au longitudinal; les MÉSATICÉPHALES (*têtes moyennes*)
tiennent le milieu entre les deux formes susdites.

FAUNE DES PALAFITTES SUISSES
D'APRÈS RUTIMEYER

1. Ursus arctos.	17. Sus scrofa ferus.
2. Meles vulgaris.	18. » palustris.
3. Mustela foina.	19. » domesticus.
4. » martes.	20. Equus caballus.
5. » putorius.	21. Cervus alces.
6. » erminea.	22. » elaphus.
7. Lutra vulgaris.	23. » capreolus.
8. Canis lupus.	24. Capra ibex.
9. » familiaris.	25. » hircus.
10. » vulpes.	26. Ovis aries.
11. Felis catus.	27. Antilope rupicapra.
12. Erinaceus europæus.	28. Bos primigenius.
13. Castor fiber.	29. » bison.
14. Sciurus europæus.	30. Taurus primigenius.
15. Mus sylvaticus.	?1. » brachyceros.
16. Lepus timidus.	32. » frontosus.

A cette liste, il faut ajouter à peu près une vingtaine d'oiseaux et dix espèces de reptiles ou de poissons actuellement vivants.

Sur les 32 espèces de mammifères citées plus haut, sept étaient réduites à l'état domestique, savoir : le chien, le cheval, le porc, la chèvre, le mouton, le bœuf (plusieurs races ou variétés).

Rareté extrême du lièvre; absence complète de la souris, de l'âne et de la poule.

On voit que cette Faune se distingue encore de la faune helvétique actuelle par la possession de l'*urus*, de l'*aurochs* ou bison européen, de l'élan, du cerf et du sanglier.

IV

La Flore des palafittes de la Suisse.

Comme la Faune du même âge, cette Flore offrait avec celle de nos jours la plus grande analogie. Cependant une plante alors très-commune en Suisse, la châtaigne d'eau (*trapa natans*), paraît en avoir complètement disparu [1].

1. Lubbock affirme pourtant qu'elle se trouve encore en Suisse.

Quelques-unes ont seulement changé d'altitude : tels sont le *pinus mughon* et le *nuphar pumilum*, ou nénuphar nain.

Du reste, cette *flore*, dans ses deux éléments principaux, la plaine et la montagne, a ses racines dans les lignites de Dürnten et d'Utznach. On trouve, en effet, dans ces lignites, des *pins*, des *mélèzes*, des *érables*, etc., d'espèces semblables à celles de nos jours.

Nous empruntons à l'ouvrage de M. F. Troyon sur les *Habitations lacustres* la liste suivante des graines et fruits de l'âge de la pierre trouvés dans les lacs suisses, et déterminés par le professeur Oswald Heer :

I. — *Céréales.*

1. Froment ordinaire. *Triticum vulgare*, Will [1]. Robenhausen, Wangen.
2. Epeautre.......... *T. dicoccum*, Schw.....   »
3. Froment.......... *T. monococcum*, L.....   »
4. Orge à six rangs.. *Hordeum hexastichon*, L.   »   »
5. Orge à deux rangs. *H. distichum*, L........   »

II. — *Fruits.*

1. Pommier (deux variétés,
   sauvage et cultivé)... *Pyrus malus*, L... Robenhausen, Wangen.
2. Poirier................ *Pyrus communis*, L.   »   »
3. Cerisier............... *Prunus avium*, L...   »
4. Prunier............... *P. insiticia*, L....   »

III. — *Plantes textiles.*

Lin.............. *Linum usitatissimum*, L. Robenhausen, Wangen.

IV. — *Fruits comestibles des forêts.*

1. Noisette [2]........ *Corylus avellana*, L... Robenhausen.
2. Hêtre (faîne)...... *Fagus sylvatica*, L....   »
3. Ronce .... *Rubus idœus*, L.......   »   Wangen.
4. Framboisier....... *R. fruticosus*, L.......   »
5. Fraise............. *Fragaria vesca*, L......   »
6. Prunelle bleue
   (épine noire).... *Prunus spinosa*, L.....   »

1. A Wangen, on a trouvé plusieurs boisseaux de blé entassés au même endroit. C'était évidemment une provision pour la famille ou la tribu. La conservation des graines, des fruits et même des pains trouvés à Wangen et à Robenhausen, est un fait des plus inattendus ; mais il s'explique par la carbonisation plus ou moins complète qu'ils ont subie, et par la vertu plus ou moins préservatrice de la tourbe où on les a rencontrés. Que sont les antiquités d'Herculanum et de Pompéi, comparées à celles de Wangen et de Robenhausen!

2. Quelques-unes sont percées de part en part, comme si elles avaient dû servir à former un collier ou des joujoux d'enfants.

V. — *Autres grains ou fruits qui ont pu servir d'aliments* [1].

1. Prunier Sainte-Lucie *Prunus padus*, L.... Robenhausen. Wangen. (ou à grappes)....
2. Châtaigne d'eau..... *Trapa natans*, L.....   »
3. If................... *Taxus baccata*, L....   »
4. Cerisier rouge (des baies).............. *Cornus sanguinea*, L.   »
5. Lis d'eau........... *Nymphæa alba*, L....   »
6. Nénuphar jaune..... *Nuphar luteum*, L....   »
7. Nénuphar nain...... *N. pumilum*, L......   »
8. Jonc lacustre........ *Scirpus lacustris*, L...   »
9. Pin sylvestre........ *Pinus sylvestris*, L...   »
10. Pin des marais...... *P. uliginosa*, L......   ›

V

Constructions anciennes ou modernes analogues aux palafittes.

Tous les auteurs qui se sont occupés des palafittes ont cité celles du lac Prasias, en Thrace, comme offrant avec les cités lacustres de la Suisse une remarquable analogie. Le professeur Virchow, de Berlin, un des derniers qui en ait parlé, décrit ainsi, d'après Hérodote (ve siècle avant J.-C.), les demeures aquatiques des anciens Pæoniens :

« En Thrace demeurait le peuple des Pæoniens. Plusieurs de ces tribus avaient leur siège sur la terre ferme. Mais une d'entre elles habitait une ville sur pilotis, au milieu du lac de Prasias, qui n'était en communication avec le rivage que par un pont étroit. La ville, dont les pilotis avaient été originairement établis par le travail commun des citoyens, allait toujours s'agrandissant ; car chaque citoyen qui prenait femme était soumis à l'obligation de faire venir trois pieux de la forêt voisine d'Orbelos et de les fixer dans le lac : le nombre des femmes n'était pas limité. Sur ces pilotis, on établissait un plancher commun de poutres, et chacun y avait sa cabane, qui était en communication avec l'eau par une trappe. On attachait les petits enfants par une corde, pour qu'ils ne tombassent pas dans l'eau. Che-

---

1. A cette liste il faut ajouter le *sambucus nigra* ou sureau ordinaire, dont les fruits sont comestibles et servent à faire une confiture appelée *conserve de sureau*; le *Triticum turgidum* (blé égyptien); *Triticum spelta; Secale cereale; Avena sativa; Panicum miliaceum; Setaria italica; Silene cretica; Faba vulgaris; Pisum sativum; Ervum l.ns; Linum angustifolium.* Le chanvre paraît avoir été inconnu aux habitants lacustres de l'Helvétie.

vaux et bétail étaient nourris des poissons, qui étaient en si grand nombre dans le lac, qu'on n'avait qu'à ouvrir la trappe et à faire descendre un filet au bout d'une corde pour en retirer bientôt une grande quantité. »

Hippocrate, dans son *Traité de l'air, des eaux et des lieux*, nous apprend que les peuples fixés sur les bords du *Phase* (ce fleuve si célèbre par la *Toison d'or* et l'*Expédition des Argonautes*) se construisaient, au milieu des marécages, des maisons sur pilotis, faites de bois et de roseaux; leur santé, ajoutait-il, est très-endommagée par cette manière de vivre.

Aujourd'hui encore, et dans cette même localité, les habitants bâtissent leurs demeures comme du temps d'Hippocrate. Virchow nous apprend, en outre, d'après le voyageur Maurice Wagner, « que la ville de Redout-Kaleh, sur le Chopi, se compose de deux longues rangées de huttes de bois. Ces huttes, qui ne sont guère plus grandes et plus spacieuses que les baraques de la foire de Francfort, reposent sur des pilotis à un pied au-dessus du sol marécageux. Il en est de même de la capitale des Cosaques du Don, de Novo-Tscherkask. » (Virchow, *Revue des cours scientifiques*, 1866, tome IV, p. 10.)

De nos jours, on connaît une foule de localités où s'élèvent des habitations plus ou moins semblables aux cités lacustres de l'antique Helvétie. Sans parler des Papous de la Nouvelle-Guinée, qui construisent aujourd'hui leurs nouvelles demeures absolument comme le faisaient les Pæoniens, nous noterons, comme un fait très-digne de remarque, la persistance de ce même mode de construction chez les habitants actuels des bords du Phase, et même chez les Cosaques du Don. Des habitations très-analogues se rencontrent aussi sur divers points de l'Océanie, à Bornéo, dans les îles de Céram et de Mindanao, etc.

Dumont d'Urville a vu à Tondano (*îles Célèbes*), ville aujourd'hui presque entièrement détruite, de simples habitations particulières supportées par des pieux sculptés avec art, et représentant des figures d'hommes et d'animaux [1]. Au port de Doreï (*Nouvelle-Guinée*), certaines demeures, ou sanctuaires consacrés aux dieux, s'élèvent sur des pilotis dont les pieux représentent des figures humaines toutes nues. Dans beaucoup de tribus, les habitations ordinaires sont également établies de cette façon (fig. 36).

1. Dumont d'Urville nous apprend que Tondano est un mot composé, qui veut dire *homme de l'eau*, et que les maisons de cette ville lui rappelaient, d'une manière frappante, les huttes de roseau et les habitations paludéennes de la Vendée, son pays natal.

L'intérieur de l'Afrique est encore trop peu connu pour que nous puissions y signaler un grand nombre de cités lacustres. Cependant l'usage de bâtir au-dessus des eaux paraît y avoir pris racine, du moins sur les bords du Niger, du Zambèse et de la rivière Tsadda.

Dans l'Indo-Chine, les habitants actuels du Cambodge (placés, depuis 1864, sous le protectorat de la France) « vivent, nous dit M. le Dr Noulet, dans des cases en bambous, élevées sur pilotis, non-seulement le long des rives des cours d'eau, plus particulièrement habitées, mais aussi dans les terres et jusque

Fig. 36. — Palafittes des habitants actuels de la Nouvelle-Guinée (d'après Dumont d'Urville).

dans les immenses forêts qui couvrent l'intérieur de la contrée, et dans des lieux qui n'ont pas à redouter les inondations [1]. »

Quant à l'Amérique, nous savons que, pour éviter plus sûrement les attaques de leurs ennemis, les Aztèques élevaient leurs demeures de joncs et de roseaux sur des pilotis plantés dans un groupe d'îles basses et marécageuses, que plus tard ils reliaient entre elles par des digues palissadées. Tels furent les premiers

1. Dr J.-B. NOULET, *L'âge de la pierre polie et du bronze au Cambodge, d'après les découvertes de M. J. Moura, lieutenant de vaisseau, représentant du protectorat français au Cambodge*, dans les Archives du Musée d'histoire naturelle de Toulouse, p. 6. Toulouse, 1879. 1re publication.

commencements de Mexico, qui, on le voit, rappellent tout à la fois les *crannoges* de l'Irlande (fig. 37) et les *palafittes* suisses.

Enfin, lors de leur arrivée dans le Nouveau-Monde, les Espagnols virent, sur la lagune de Maracaïbo, une espèce de village entièrement construit sur pilotis, *petite Venise en bois*, dit Elisée Reclus, à laquelle une des républiques de la Colombie doit aujourd'hui son nom de *Venezuela*. De même, les îles flottantes des anciens Assyriens [1] et des Chinois actuels avaient ou ont encore

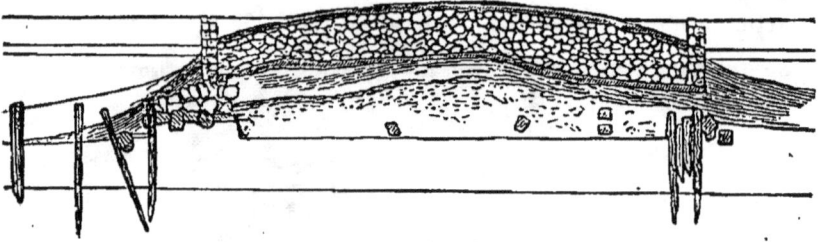

Fig. 37. — Coupe transversale d'un crannoge irlandais (d'après Lubbock).

leurs analogues au Mexique, dans ces jardins flottants que les premiers historiens de la conquête nous décrivent avec enthousiasme, et qui étaient formés de radeaux couverts de terre, portant des habitations autour desquelles croissaient les plus belles fleurs et la plus riche végétation.

D'après M. E. Desor, l'*île des Roses*, dans le lac de Starnberg, en Bavière, ne serait qu'une île artificielle datant de l'âge de pierre, et habitée depuis cette époque jusqu'à nos jours. Aujourd'hui même, un château s'élève au milieu de ses frais ombrages [2].

VI

Les Nuraghi de la Sardaigne.

Parmi les plus curieux monuments de l'âge de pierre, il faut ranger les *Nuraghi*, ces édifices cyclopéens qui ont bravé les siècles, et qui, répandus presque avec profusion dans toute la Sardaigne (l'abbé Spano en a compté plus de 4,000), exposent encore leurs masses imposantes aux yeux surpris du voyageur et de l'archéologue. Nul doute qu'ils n'aient servi de berceaux et

1. On voit, sur les bas-reliefs assyriens, des îlots artificiels formés de grands roseaux entrelacés et servant d'habitations aux heureux du temps de Ninive et de Babylone.
2. E. Desor, *les Palafittes ou constructions lacustres du lac de Neufchâtel*, p. 11. Paris, 1865.

d'habitations aux races primitives, qui, à une époque ancienne, vinrent se fixer dans l'île. Les savants travaux de l'abbé Giovanni Spano [1] ont démontré, jusqu'à l'évidence, que là se trouve un des premiers exemples de confédération naturelle des hommes, après qu'ils eurent abandonné la vie nomade et chasseresse. C'est là, comme le dit si bien Mantegazza, « une page d'histoire qu'un peuple antique a laissée écrite sur toute la face de la Sardaigne. »

Quel était ce peuple? On l'ignore. G. Spano le fait venir, par hypothèse, des plaines du Sennaar, lors de la grande migration qui dispersa les tribus de la Chaldée dans la Perse, la Palestine, la Grèce, l'Italie et l'Europe septentrionale. Les premiers arrivants auraient groupé leurs demeures dans les sites les plus propices pour résister ensemble en cas d'invasion ennemie. A mesure que les chefs de tribu devinrent plus puissants, que la famille s'accrut, le nombre des habitations s'agrandit. De nouveaux venus en bâtirent d'autres, et voilà ce qui explique pour-

Fig. 38. — Un *nuraghe* sarde de l'âge le plus ancien.

Fig. 39. — Coupe verticale du même monument, montrant les niches et l'escalier tournant.

quoi tous les *Nuraghi* n'offrent pas la même perfection dans le travail, les plus anciens étant construits uniquement avec les masses naturelles qui, détachées des rochers voisins, gisaient éparses sur le sol, tandis que ceux d'un âge postérieur sont bâtis avec des pierres taillées, mais d'un travail encore grossier. Les premiers remontent à l'âge de la pierre; les autres appartiennent à celui du bronze.

Tous sont en forme de cône tronqué. Les uns n'ont qu'une chambre; d'autres en ont deux ou quelquefois trois, l'une au-

1. Voy. GIOVANNI SPANO, *Paleoetnologia sarda, ossia l'età prehistorica segnata nei monumenti che si trovano in Sardegna,* Cagliari, 1871

dessus de l'autre. Dans l'intérieur de ceux-ci, on trouve un escalier tournant fait avec d'énormes blocs placés à angle aigu
dans l'épaisseur du mur jusqu'à la chambre située vers le
sommet du monument. Enfin, d'autres sont flanqués d'un avant-
mur à plate-forme polygonale ou triangulaire, ayant à chacun
des angles un appartement de la même forme que les *Nuraghi*.
Ces appartements communiquent entre eux par des passages à
voûte presque ogivale. Toutes les assises de pierres sont dépourvues de ciment (fig. 38 et 39).

La partie intérieure consiste quelquefois en une grande chambre terminée en cone et pouvant contenir 40 ou 50 personnes [1].
La voûte ogivale est construite avec des pierres uniformes, disposées comme le sont celles de nos édifices modernes, c'est-à-
dire présentant leur grosse extrémité à l'extérieur, et la petite à
la surface intérieure du mur.

Les *nuraghi* du premier âge n'ont qu'une chambre, sans ca-
chettes ou niches pratiquées dans l'épaisseur du mur, et termi-
nées en cintre aigu. On trouve ordinairement trois de ces niches
dans les habitations d'un âge postérieur, l'une vis-à-vis de la
porte, les deux autres sur les côtés. Une autre niche, pratiquée
à droite de la porte, était destinée à servir de cachette à un
homme qui pût défendre l'entrée en cas d'agression.

Le terrain qui s'est formé autour des premiers *nuraghi*, depuis
leur construction, n'a pas moins de deux ou trois mètres d'épaisseur. Dans la couche la plus inférieure, on trouve des restes de
poterie grossière, fabriquée à la main, du charbon et des ossements réduits en poudre, jamais d'ossements d'espèces perdues
pour l'île, excepté toutefois des bois de cerf et des défenses de
sanglier, mêlés à des agglomérats de débris d'oiseaux. On y
rencontre aussi des fragments de silex et d'obsidienne, des haches, en basalte noir et en porphyre, du type archéolithique,
des tessons de poterie, etc., dont quelques-uns semblent appartenir à l'âge lithique le plus ancien [2].

1. Le nuraghe *titiriólu* du territoire de Bolotana sert d'abri, pendant
les rudes temps d'hiver, à environ 500 porcs qu'y conduisent les bergers
de la montagne.
2. Beaucoup d'archéologues français soutiennent que la poterie daterait
seulement de l'âge de la pierre polie. Cependant nous savons que M. Marcel
de Serres a recueilli à Bize (Aude), et M. de Christol, à Souvignargues
(Gard), des fragments de céramique qu'il n'est guère possible de ne pas
regarder comme contemporains du renne (peut-être même de l'ours), avec
les os duquel ils se trouvaient mêlés. Nous avons extrait nous-même de
la caverne à ours de Nabrigas (Lozère), M. de Ferry, de celle de Ver-
gisson (Mâconnais), et M. Ed. Dupont a observé dans plusieurs grottes

Dans les secondes couches, on observe des hacñes polies, des
pointes de flèches, des couteaux, des pierres de fronde, des
dents de squale fossilisées, des poteries qui ont commencé à
subir l'action du feu, plus, des dents de sanglier et d'autres animaux, avec des coquilles de mollusques d'espèces diverses, qui
paraissent être les restes de la cuisine de ces populations primitives. Enfin, des couches supérieures on a extrait des fragments
de poterie noire et lisse, ainsi que des morceaux de bronze qui
annoncent l'âge de transition entre la pierre et ce métal. L'abbé

Fig. 40. — Burgh de Moussa, l'une des îles Shetland (d'après Lubbock).

Spano n'a jamais pu trouver d'objets en fer ; il explique l'absence du fer par la facilité avec laquelle ce métal se détruit dans
la terre humide ou sous l'influence des agents atmosphériques.

Le même savant attribue la construction des *nuraghi* aux premiers immigrants venus de l'Orient dans nos contrées. Orientaux ou autochthones, archéolitiques ou néolithiques, ces peu-

ossifères de la Belgique, des spécimens bien plus anciens encore. Enfin,
l'abbé Giovanni Spano nous affirme avoir rencontré, dans les diverses
couches du sol qui entourent les *nuraghi* de la Sardaigne, des vases en
terre (entiers ou fragmentés) appartenant à tous les âges, « stoviglie che
in se portano il carattere di un' età la più rimota, » dit le savant abbé.
Il fait observer, en outre, que les plus grossières se trouvent dans la couche
la plus profonde ; celles qu'on rencontre dans la seconde, ou moyenne, le
sont moins, et ainsi de suite jusque dans la strate supérieure, où elles sont
lisses et polies. Quelques-unes même semblent devoir être rapportées à
l'époque romaine.
Au contraire, dans les *sépultures des géants* qui avoisinent les *nuraghi*,
on ne rencontre jamais que des poteries informes et d'un travail très-
grossier.

ples ne nous en ont pas moins laissé des monuments d'un réel
et puissant intérêt pour l'histoire de l'humanité, et, tout en faisant ses réserves, sur certaines interprétations, l'on doit savoir
gré à celui qui nous les a fait connaître, du zèle qu'il a mis à
dissiper en partie les ombres qui les enveloppent encore

Des monuments analogues ont été trouvés aux îles Baléares,
où ils sont connus sous le nom de *Talayoti;* dans l'île de Pan-
telleria, où ils sont désignés sous le nom de *Sesi;* et, même en
France (département de l'Hérault), d'après M. Cazalis de Fondouce.

Mais on en trouve surtout un grand nombre en Écosse et
dans les îles voisines de ce pays. On les désigne sous le nom de
burgs ou *brochs*, et nous donnons ici comme exemple l'un des
plus célèbres, le burgh de Moussa, l'une des îles Shetland (fig. 40).
On voit que ces monuments ressemblent tout à fait aux nuraghi
de la Sardaigne, et l'existence d'un type identique dans des pays
aussi éloignés rend bien peu vraisemblable l'hypothèse de l'abbé
Spano sur l'origine des constructeurs des nuraghi.

Fig. 41. — Fort de Staigue (Kerry).

Dans les îles britanniques on a d'ailleurs continué fort tard
à élever des constructions analogues, en pierres non cimentées,
et quelques-unes, comme le fort de Staigue (fig. 41) par exemple,
sont sans doute postérieures non-seulement à l'âge de la pierre,
mais même à celui du bronze.

CHAPITRE VI

LES SÉPULTURES

> Dolmens, grottes sépulcrales artificielles, et grottes sépulcrales naturelles, forment un seul et même tout. Ce sont de simples modifications d'un même rite funéraire, variant suivant les circonstances, les milieux, les matériaux disponibles.
>
> G. DE MORTILLET.

I

Les divers modes de sépulture.

De même que l'anatomiste demande à la mort les secrets de la vie, de même l'archéologue interroge les tombeaux pour qu'ils lui disent les secrets du passé. Si bien des tombes sont oubliées ou muettes, il en est d'autres qui nous racontent avec fidélité l'histoire des temps qui ne sont plus, et qui nous permettent de faire revivre, en quelque sorte, les personnages dont elles renferment les ossements, de retracer les mœurs et les idées des peuplades ou de la nation dont ils faisaient partie. D'ailleurs, toutes les ruines parlent à l'âme, et quelles ruines peuvent être plus éloquentes et donnent plus à réfléchir qu'un crâne ou un débris humain, quel qu'il soit !

Si toute l'humanité sympathise à l'égard de certaines idées, de certains sentiments, c'est, sans contredit, dans ceux qui ont pour objet le culte et le respect des morts. Seulement la manifestation de ces sentiments et les pensées qui s'y rattachent varient beaucoup suivant les temps et les lieux. Ainsi, les Hindous actuels abandonnent au Gange les cadavres de leurs vieux parents, qu'ils ont à dessein laissés mourir d'inanition sur les bords de ce fleuve sacré. Les habitants des îles *Viti* et les *Esquimaux* enterrent tout vivants leurs proches parents à un certain âge, afin de leur épargner les incommodités et les souffrances de la vieillesse.

Au rapport de Dumont d'Urville, les naturels de la Nouvelle-Galles du Sud brûlent les corps des jeunes individus, et ils enterrent ceux des vieux.

Sir Messenger Bradley nous apprend que certaines peuplades de l'Australie du Sud n'enterrent point leurs morts; elles se contentent d'allumer un grand feu dans la hutte, de suspendre le cadavre au-dessus du foyer, et, quand il est desséché, elles l'enveloppent dans une toile grossière et le déposent sur un arbre au milieu du feuillage.

Une coutume plus singulière encore est celle que le voyageur Mac-Donald dit avoir observée chez les naturels de la rivière Marie-Supérieure (Queensland). Ils écorchent leurs morts, se nourrissent de leur chair, et distribuent leurs os entre les divers membres de la famille. Quant à la peau, ils la tannent soigneusement et la portent avec eux comme une précieuse relique [1].

On sait avec quelles cérémonies l'embaumement était pratiqué chez les Egyptiens, et l'on connaît les procédés employés par les Péruviens du temps des Incas pour momifier les corps de leurs parents défunts.

Les sépultures se rapportant à l'âge de la pierre taillée sont relativement très-rares [2], et beaucoup d'entre elles, regardées d'abord comme archéolithiques, ont dû, après un examen plus attentif, être attribuées à l'âge de la pierre polie. On sait très peu de chose des rites funéraires adoptés dans les premiers temps quaternaires; mais, à l'âge du renne (Solutré, grotte de Duruthy, etc.), on voit les cadavres étendus horizontalement sur des foyers, entourés de cendres et de charbons; quelquefois les os sont plus ou moins carbonisés.

Nous sommes bien mieux renseignés sur les pratiques suivies à l'égard des morts dans les âges subséquents.

Ainsi l'inhumation était, à l'époque néolithique, le mode le plus généralement répandu : mais la crémation des cadavres était déjà usitée vers la fin de l'époque des dolmens. Elle dominait, mais non exclusivement, pendant l'âge du bronze.

Quant au dernier asile que les peuples de l'âge de la pierre polie réservaient à leurs morts, c'étaient tantôt les grottes naturelles ou artificielles, qui souvent leur avaient servi d'habita-

---

1. *Revue scientifique*, 15 novembre 1873, p. 476.
2. Gaetano Chierici dit cependant avoir trouvé en Italie (à San Polo) des tombes qui dateraient, selon lui, de l'âge de la pierre taillée : il regarde cette station comme unique, jusqu'à présent, dans ce pays.

tion, tantôt des monuments mégalithiques de construction diverse, mais généralement formés de dalles de pierre brute et de dimensions ordinairement colossales (*dolmens apparents, dolmens recouverts d'un tumulus, cromlechs, allées couvertes, tombes de géants, chulpas américains*).

M. Broca a donc eu tort de poser en principe que, à l'époque de la pierre taillée, l'homme enterrait ses morts dans les cavernes, et que celui de la pierre polie enterrait les siens dans les dolmens; conclusion trop absolue, puisque dans l'Aveyron, par exemple, on trouve, à peu de distance les unes des autres, des tombes mégalithiques et des grottes sépulcrales renfermant un mobilier funéraire identique (exemples : grotte de *Saint-Jean d'Alcas* et dolmen de *Pilaude*).

Enfin, l'incinération s'est continuée jusque dans l'âge du fer, où l'inhumation fut de nouveau en honneur. Telle paraît avoir été la règle à peu près générale : mais cette règle fut soumise à de nombreuses variations, en rapport avec les idées religieuses des peuples divers, avec leurs relations et leurs alliances réciproques [1]. Je n'en veux pour preuve que les cendres et les ossements humains calcinés, recueillis dans le comté d'Antrim dans certains monuments funéraires de la Grande-Bretagne, datant de l'âge néolithique. Une preuve plus concluante encore est celle que nous ont fournie certains dolmens de l'Aveyron (ceux de la *Marconnière*), où M. Prunières a trouvé tout à la fois des os restés blancs, qui n'avaient jamais subi l'action du feu et d'autres noirs, brûlés, luisants comme du jayet. De superbes lances en silex poli reposaient sur tous ces ossements : aucune trace de métal avec eux [2].

Enfin, durant l'âge du fer, les deux rites (*inhumation* et *incinération*) sont quelquefois simultanément adoptés.

Quand l'incinération a été pratiquée, généralement les cendres et les os non entièrement consumés sont déposés dans des urnes funéraires, qui font partie du mobilier du tombeau.

La position donnée aux morts varie avec le mode de sépulture. Ordinairement, à l'âge de la pierre polie, le cadavre est

---

1. A une époque plus rapprochée de nous, les Romains brûlaient leurs morts; les Étrusques inhumaient ou brûlaient les leurs. Les Gaulois du temps de César livraient les cadavres au bûcher; mais plusieurs contrées de la Gaule étaient restées fidèles à l'ancienne pratique de l'inhumation.

2. D' Punières, *Fouilles des dolmens de la Marconnière* (Aveyron), in *Matériaux*, 1877, p. 523. M. Waldemar Schmidt était donc dans l'erreur lorsqu'il a dit qu'en France, à l'époque de la pierre polie, les morts n'étaient *jamais brûlés*. (1 *Mat.*, t. X, p. 438.)

placé dans une position horizontale, sur le sol ou sur des foyers, quelquefois entouré d'une épaisse couche de cendres.

Très-rarement il a été déposé dans un cercueil en pierres brutes; ces sortes de cistes ou de cercueils sont, au contraire, extrêmement communs pendant l'âge de bronze et surtout pendant l'âge de fer. Dans les dolmens, le mort a ordinairement une attitude assise ou accroupie, les genoux ramenés sous le menton et les bras croisés sur la poitrine [1]. C'est là, du moins, ce que semble indiquer la disposition des os, rangés presque circulairement autour du crâne, lequel occupe habituellement le centre de l'amas formé par leur ensemble [2].

Enfin, comme si l'homme primitif avait le secret pressentiment d'une vie future, il plaçait à côté du défunt les armes, les outils, les parures, tous les objets auxquels il attachait un certain prix pendant son existence ici-bas. On déposait même auprès de lui des provisions de bouche destinées à subvenir à ses besoins dans son nouveau séjour.

Quant au feu dont on trouve des traces dans certaines sépultures, il était probablement allumé pour éloigner les miasmes, ou dans un but de purification mystique. Qui sait même s'il n'indique pas quelquefois des festins de cannibales (à Chauvaux, par exemple)?

Nous ne terminerons pas ce chapitre sans rappeler ici que, chez tous les peuples et à toutes les époques, les monuments destinés au séjour des morts ont offert des ressemblances ou des analogies incontestables avec la demeure des vivants, ressemblances ou analogies qui ont leur source dans l'instinct d'imitation, dans le penchant naturel de l'homme vers le symbolisme, et dans cette idée si généralement répandue que la mort est la continuation du même genre de vie dans un monde différent :

Mors janua vitæ.

1. Telle était aussi la posture que les anciens Péruviens et les Guanches des îles Canaries donnaient à leurs momies, afin de rappeler la situation naturelle de l'enfant dans le sein de sa mère, et son retour dans celui de la terre, regardée comme étant notre mère commune. Les Assyriens, les troglodytes de l'Ethiopie, donnaient aussi cette attitude à leurs morts. On la retrouve également chez quelques peuplades modernes (les *Baskirs*, par exemple).

2. Wilson nous parle de tombeaux britanniques de l'âge de la pierre dans lesquels on a trouvé deux squelettes accroupis, portant des colliers de *nerita littoralis*, et entourés d'ossements humains. Cet auteur pense que les squelettes en question appartenaient à deux chefs de tribu, dont les veuves et les serviteurs avaient été sacrifiés sur leurs tombeaux. (Wilson, *Prehistoric Man*, tome I, p. 493, London, 1862.)

II

Sépultures dans les cavernes.

Après avoir servi d'habitations aux vivants, les cavernes de l'âge de la pierre servirent souvent d'asile aux morts. Parmi les plus célèbres, à bien des titres, nous citerons celles d'*Aurignac* et de l'*Herm* (*Haute-Garonne*), de *Cro-Magnon* (Dordogne) de *Duruthy* (Basses-Pyrénées), la station de *Solutré*, et, parmi les grottes d'un âge plus récent, celles de *Saint-Jean-d'Alcas* (Aveyron), de *Durfort* (Gard), de l'*Homme-Mort* (Lozère), enfin les grottes *artificielles* de la Marne, creusées dans la craie; Examinons quelques-unes de ces cavernes sépulcrales, et occupons-nous d'abord d'Aurignac.

Aurignac. — La découverte de la sépulture d'Aurignac, que le remarquable travail de M. Ed. Lartet sur la caverne du même nom a rendue si célèbre, est due à un ouvrier terrassier nommé Bonnemaison, qui, en introduisant son bras dans un trou pratiqué par des lapins sur les flancs de la montagne de Fajoles (près de Saint-Gaudens), en retira un os humain d'une grande dimension. Soupçonnant qu'une sépulture pouvait exister en cet endroit, il se mit à déblayer le terrain environnant, et, au bout de quelques heures, il aperçut une grande dalle de grès, dressée verticalement contre une ouverture cintrée qui donnait accès dans une cavité peu spacieuse. Là gisaient une certaine quantité de crânes et de squelettes humains, en partie engagés dans une terre meuble, introduite probablement dans cette grotte sépulcrale au moment de l'inhumation des cadavres dont elle renfermait les débris.

La découverte de Bonnemaison fit du bruit et donna lieu, de la part des anciens du pays, à des récits émouvants, d'après lesquels une bande de faux monnayeurs aurait jadis commis dans la contrée de nombreux assassinats, et transporté ses victimes dans la caverne d'Aurignac.

Ce qu'il y avait de réel en tout cela, c'était la présence dans cette cavité, d'environ 17 squelettes humains, que M. Amiel, maire de l'endroit, fit malheureusement transporter et inhumer de nouveau dans le cimetière de la commune, avant qu'un examen rigoureusement scientifique eût permis de se prononcer sur la date de la première inhumation.

Quelque temps après, M. Ed. Lartet visita la caverne, et il y trouva encore quelques ossements humains engagés dans la terre meuble où les autres étaient enfouis lors de leur découverte. A côté d'eux gisaient des bois de renne travaillés, des os de mammifères d'espèces perdues et des silex éclatés.

« L'ancienneté de cette sépulture, disait alors M. Ed. Lartet, ne peut s'établir ni par la tradition, ni par l'histoire, ni par les dates numismatiques, puisqu'on n'a recueilli aucun document de ce genre qui puisse s'y rapporter.

« En employant la méthode archéologique, on trouve, dans l'absence de toute espèce de métal et dans l'emploi usuel d'outils et d'armes de silex et d'os, des indications suffisantes pour faire remonter les circonstances de cette station d'Aurignac à cette période ancienne des temps antéhistoriques, que les antiquaires désignent aujourd'hui sous le nom d'*âge de la pierre*.

« Par la méthode paléontologique, la race humaine d'Aurignac se classerait dans le plus haut degré d'ancienneté où l'on ait jusqu'à présent constaté la présence de l'homme ou des débris de son industrie. En effet, cette race a été non-seulement contemporaine de l'*aurochs*, du *renne*, du *cerf gigantesque*, du *rhinocéros*, de l'*hyène*, etc., mais encore du grand *ours des cavernes*, qui paraît être, comme nous le verrons bientôt, l'espèce la plus anciennement disparue de ce groupe de grands mammifères que l'on invoque toujours comme caractéristiques de la dernière période géologique [1]. »

L'état intentionnellement fragmenté des os de renne et de la plupart des mammifères éteints indiquait, à son tour, que l'homme avait pris ses repas dans cette caverne, qu'il y avait séjourné longtemps, qu'il y avait peut-être même célébré le festin des funérailles.

L'Herm. — Explorée en 1862 par M. M. Rames, F. Garrigou et H. Filhol, la caverne de l'Herm leur présenta une foule d'ossements d'*ursus spelæus* associés à des débris plus rares d'*hyæna* et de *felis spelæa*. Ils y trouvèrent aussi quelques ossements humains et n'hésitèrent pas à les regarder comme contemporains des espèces perdues.

Visitée depuis (en 1862) par notre savant collègue le Dr Noulet, cette même caverne lui offrit, dans une partie (le vestibule) non fouillée sans doute par les trois naturalistes que nous venons de citer, les débris d'une trentaine de squelettes humains de tous les âges, des tessons de poterie et des os travaillés par l'homme, enfin des haches polies en *jadéite* « et d'une excellente conservation »,

---

1. Ed. Lartet, *Sur la coexistence de l'homme et des grands mammifères fossiles (Ann. scienc. nat.*, t. XV, 4ᵉ série, p. 201).

quelques grains de collier et une bague en bronze. Mais les conclusions du savant docteur furent bien différentes de celles
qu'avaient formulées ses prédécesseurs. L'une d'elles était ainsi
conçue : « Le vestibule de la caverne de l'*Herm* fut l'asile des
morts. » Donc cette caverne a servi de lieu de sépulture. Reste
à savoir à quelle époque. Nous le dirons bientôt.

Solutré. — Bruniquel, Laugerie-Basse, la Madelaine, etc.,
étaient de simples stations sous abri, c'est-à-dire sous des masses
de rochers surplombant des retraites plus ou moins spacieuses où
l'homme pouvait se réfugier et même se fixer. MM. de Ferry et
Arcelin d'abord, plus tard M. Lartet et l'abbé Ducrost ont découvert à Solutré, dans le Mâconnais, une station en plein air, qui
a en même temps servi de sépulture et qui, sous ce double rapport, offre aux archéologues paléontologistes un très-vif intérêt.

Au pied d'un escarpement pittoresque qui domine le village,
se trouve un mamelon formé de terre et de pierrailles, et contenant de nombreux silex taillés, des débris de cuisine en amas
quelquefois superposés, des objets d'art (*bois de renne* ou *pierres
travaillées*), des sépultures humaines appartenant au moins à
deux époques, des os de *renne*, de *mammouth*, d'*arctomys primigenius*, etc., et surtout une immense quantité d'*os de cheval*. C'est
sur ce tertre que s'était établie la tribu dont MM. de Ferry et
Arcelin se sont chargés de nous redire l'histoire, encore obscure
sur bien des points.

Ce que Solutré offre, sans contredit, de plus remarquable, ce
sont les amas énormes d'ossements de cheval plus ou moins calcinés et formant, autour de l'enceinte principale et tout près
des foyers, une vraie muraille de 40 mètres de longueur sur
3 mètres de haut. On évalue à plus de dix mille [1] le nombre des
individus dont les os ont servi à bâtir cette muraille d'un genre
inusité. D'où provient et dans quel but cette accumulation
étrange? Indique-t-elle des rites funéraires ou de sanglantes hécatombes? C'est là, en effet, l'opinion un peu contestable de
MM. de Ferry et Arcelin.

Faut-il voir, dans ces débris de chevaux, de simples rebuts de
cuisine, de vrais *Kjökkenmöddinger*, analogues à ceux du Danemark, des Lapons et des Esquimaux? On peut répondre affir-
mativement à cette dernière question.

Le mur d'enceinte dont nous venons de parler circonscrivait

---

1. D'après des calculs plus récents, le nombre des chevaux de Solutré
pourrait être évalué à plus de 40,000; d'après ces mêmes calculs, la
muraille formée entièrement de débris de ces Equidés, aurait 1^m,40 de
haut, 10 à 12 mètres de longueur et 1^m,30 de largeur.

sans doute un groupe de huttes dont on retrouve aujourd'hui les foyers. Ces foyers, de forme elliptique, étaient entourés d'une rangée de dalles brutes, posées à plat, interrompue seulement du côté du couchant. On y déposait le mort, la tête tournée vers l'occident, et l'on plaçait à côté de lui ses armes [1] et les objets auxquels, durant sa vie, il attachait le plus de prix. Des cendres, des os brûlés ou brisés, des fragments de silex, des outils divers formaient la couche funèbre. Il n'est pas rare de voir les squelettes humains offrir des traces non équivoques de l'action du feu, ce qui prouve que le cadavre était souvent déposé sur le foyer lorsque celui-ci était encore chaud et le feu mal éteint. Un certain nombre de sépultures ont été trouvées sous les foyers eux-mêmes. Enfin, MM. de Ferry et Arcelin ne sont pas éloignés de croire, et nous pensons avec eux, qu'il était d'usage, à Solutré, d'enterrer les morts dans la hutte même qu'ils habitaient. On en faisait alors ébouler les parois sur le cadavre, et l'on en reconstruisait souvent une autre au même endroit : ce qui semble prouvé par l'accumulation des débris de cuisine et des foyers successifs au-dessus des cadavres humains. Situés à une grande profondeur (en moyenne 1 m. 40 et souvent davantage), selon toute apparence, les foyers dont nous parlons n'ont pas été remaniés. Les ossements humains qu'ils renferment sont donc contemporains de ceux du renne et du mammouth, que l'on trouve avec eux.

Indépendamment des sépultures dont nous venons de nous occuper, il en est d'autres, considérées généralement comme appartenant à la même époque, qui, au lieu d'être à l'air libre et de reposer sur le foyer domestique, sont placées sur des amas de débris de chevaux ; ou bien elles occupent le sous-sol, situé à une profondeur de 2 ou 3 mètres au-dessous de la surface. Dans ce cas, on y trouve disséminés pêle-mêle des silex taillés, des os et des bois de renne, des ossements de cheval et des restes humains.

Enfin, d'autres sépultures, dispersées çà et là et sans ordre, sont formées de dalles brutes disposées de champ et constituent, par leur ensemble, une sorte de parallélogramme destiné à recevoir le corps : une dalle spéciale protégeait la tête. Ces sortes de sépultures, beaucoup plus récentes que les premières, ne parais-

---

1. Les flèches surtout sont nombreuses à Solutré ; elles sont taillées, dit M. de Ferry, avec une finesse qu'il est impossible de dépasser ; l'arc paraît avoir été d'un usage vulgaire dans cette station, et les chasseurs qui l'occupaient, à en juger par la forme, le poids et le fini qu'ils donnaient à leurs flèches, paraissent avoir eu une entente parfaite du tir.

sent pas remonter au delà de la pierre polie; peut-être même appartiennent-elles à l'époque gallo-romaine, et à ce dernier titre elles ne doivent pas nous occuper.

Les objets d'art ou d'industrie que l'on rencontre à Solutré, tout en se rapprochant beaucoup de ceux du Languedoc ou du Périgord, constituent cependant un type spécial, intermédiaire entre celui du Moustier et celui de la Madelaine, et caractérisé surtout, nous l'avons dit, par les pointes de flèche ou de lance en feuille de laurier, retaillées sur leurs deux faces (fig. 18, p. 65).

De l'ensemble de tous les faits qui précèdent, il résulte que Solutré a été habité jadis, ou du moins fréquemment visité par des chasseurs de rennes et de chevaux. A en juger d'après les ossements humains qu'on y a recueillis, la race qui venait y camper était d'une taille au-dessus de la moyenne, dolichocéphale, à joues saillantes, à front bas et fuyant, à mâchoires prognathes, et parvenue à un degré de civilisation et d'industrie qui rappelle celui des troglodytes du Périgord [1].

Grotte sépulcrale de Duruthy (Basses-Pyrénées). — On doit à MM. Louis Lartet et Chapelain-Duparc la découverte intéressante (1874) et la description complète d'un abri-sépulture, creusé sur les flancs d'une sorte de promontoire nummulitique qui domine la vallée du gave de Pau et celle du gave d'Oloron. Cet abri, jadis beaucoup plus profond qu'il ne l'est aujourd'hui, porte sur ses parois la trace d'une calcination prolongée, effet naturel des foyers allumés à divers intervalles par les *troglodytes* qui l'habitaient.

A des os de *renne*, d'*aurochs* et de *cheval*, à des dents de *lion* et d'*ours* portant de nombreux dessins gravés à la pointe de silex, à des flèches barbelées, à des poinçons en os qui rappellent ceux du Périgord, à des silex d'un travail quelquefois très-soigné, se trouvaient mêlés de nombreux ossements humains dont les caractères ethniques sont, d'après MM. de Quatrefages et Hamy, presque identiques à ceux de la race plus ancienne de Cro-Magnon, dont la première paraît descendre.

Ce qui distingue cette grotte funéraire, c'est que la race dont nous parlons, rencontrée d'abord à la base des épais

---

1. M. Broca prétend, au contraire, que la race de Solutré n'était pas affectée de prognathisme, que les tibias n'étaient pas platycnémiques, et que, chez elle, la perforation de l'humérus était très-rare. Entre ces assertions contradictoires, quelle est la vraie, quelle est celle qu'il faut choisir? En ce qui touche aux races humaines préhistoriques, et même aux races actuelles, l'accord entre les ethnologues anatomistes est malheureusement loin d'être parfait.

foyers sous-jacents à la sépulture [1], en compagnie de l'*ours*, du lion et du *renne*, se montre de nouveau dans une sépulture super-posée aux foyers de l'âge de l'ours, avec des armes qui parais-sent inaugurer l'ère de la pierre polie, pendant laquelle ces ani-maux n'existaient plus sur notre sol [2].

Saint-Jean-d'Alcas et *Baume-des-Morts*. — Au nombre des grottes sépulcrales appartenant aux derniers temps de la pierre polie qui ont été les mieux étudiées, nous pouvons placer la grotte de Saint-Jean-d'Alcas (*Aveyron*) et celle de Durfort ou *Baume-des-Morts* (*Gard*), toutes deux de très-petites dimensions, toutes deux renfermant un mobilier funéraire à peu près iden-tique.

La première a fourni à M. Cazalis de Fondouce des crânes et des ossements humains de tout âge et de tout sexe. Il en a été de même dans la seconde. Ces os ne présentaient aucune trace d'incinération et encore moins de cannibalisme. L'auteur du tra-vail où il en est question les rapporte, un peu prématurément, je crois, à l'une de ces races naguères si fort à la mode, et qu'il nomme *Celto-Ligure*, parce qu'il la regarde comme une race métisse, provenant du mélange des Ligures, premiers habitants de la région du Larzac, avec les Celtes envahisseurs, tandis que les troglodytes des Pyrénées ariégeoises, à l'âge de la pierre polie, auraient appartenu, comme l'a dit M. Garrigou, à la race *Celto-Ibérienne*.

Quoi qu'il en soit de ces opinions qui, de l'aveu même de ceux qui les ont émises, auraient besoin d'être étayées sur des preu-ves plus nombreuses et plus décisives, il n'en reste pas moins bien établi que, vers la fin de l'âge néolithique, les habitants des Pyrénées et ceux du Gard enterraient leurs morts dans les cavernes, et enfouissaient avec eux tout un mobilier funéraire dont voici le curieux détail : quelques haches polies en serpen-tine, une en jade vert, semblable à celui des sauvages de la Nou-velle-Calédonie, des pointes de lance et de flèche en silex, d'un très-bon travail, des pierres de fronde, des sections de bélem-nites et des disques percés pour colliers, disques fabriqués avec les fragments d'une coquille appartenant à un genre bien connu, le genre *Cardium;* de longues perles en pierres ou jais de diverses formes; des pendeloques de même nature ou

---

1. Elle y est représentée par un seul individu, dont le crâne écrasé semble indiquer qu'il a péri victime d'un de ces éboulements fréquents du calcaire qui surplombait la grotte sépulcrale.

2. L. Lartet et Chapelain-Duparc, *Mémoire cité*, p. 66.

faites avec des coquilles d'espèces vivantes ou fossiles, ou bien avec des dents percées de mammifères (loup, renard, sanglier, etc.). Mentionnons encore quelques objets en os travaillés, tels que plaquettes de suspension (amulettes?) ; un petit fuseau en bois de cerf, appointé aux deux bouts, ayant probablement servi de pointe de flèche ; des poteries noirâtres, non cuites au feu et non faites à l'aide du tour, le tout mêlé à des ossements d'animaux d'espèces encore vivantes (chien, renard, blaireau, cerf commun, etc.).

Notons enfin qu'à Durfort les ossements humains avaient été ensevelis (bon nombre du moins) à une grande profondeur (4 mètres), dans le limon de la caverne : ceux-là sont dispersés et moins bien conservés que ceux des couches superficielles. Ces derniers ont, en outre, gardé assez sensiblement leurs connexions naturelles : il est donc très-probable qu'ils ont été déposés là quand ils étaient encore revêtus de leurs parties molles, et que les cadavres nouveau-venus prenaient la place des anciens, dont les ossements étaient alors dispersés sans ordre dans la terre sous-jacente.

Indépendamment du mobilier funéraire presque en tout semblable à celui de Saint-Jean-d'Alcas, on a recueilli, à *Baume-des-Morts*, 25 à 30 perles et un poinçon de cuivre rouge, avec des boutons en albâtre calcaire, à face supérieure conique, à face inférieure légèrement bombée et percée de deux trous communiquant par un canal, destiné sans doute à laisser passer le fil ou la cordelette qui devait fixer les boutons au vêtement.

Nous verrons bientôt que ce mobilier funéraire des grottes sépulcrales du Languedoc, est identique à celui des dolmens contemporains de ces mêmes grottes dans la France méridionale.

Grottes sépulcrales de la Marne. — Les grottes sépulcrales de la Marne ont été creusées par l'homme dans la craie vive, avec des instruments en silex dont on voit encore la trace sur leurs parois. Dans celles qui ont servi d'habitations (les plus grandes) avant de devenir des lieux de sépulture, on trouve quelques sculptures en demi-bas-relief et de la poterie grossière.

Les cadavres étaient à nu ou recouverts d'une couche de cendres qui n'avait pas moins de 1 mètre 50 à 2 mètres d'épaisseur. Les uns étaient dans la position horizontale ; les autres, accroupis. Un certain nombre d'os étaient carbonisés ou calcinés. Ces sépultures appartiennent aux derniers temps de l'âge néolithique.

III

Réflexions sur les sépultures trouvées dans les cavernes.

Les détails dans lesquels nous venons d'entrer prouvent incontestablement que les cavernes de tous les âges préhistoriques
ont servi de lieux de sépulture. Mais ce serait une grave erreur
de croire que les ossements humains qu'on y rencontre sont,
dans tous les cas, les contemporains des ossements d'animaux
associés avec eux. Des méprises de ce genre ont cependant
été commises, même par des hommes dont le nom fait justement autorité dans la science. C'est ainsi que M. Ed. Lartet
a cru, de bonne foi, à la contemporanéité de l'homme d'*Aurignac* avec l'ours des cavernes et le mammouth trouvés dans
cette localité; beaucoup d'autres ont partagé cette croyance.

En ce qui concerne la caverne de l'*Herm*, « il en a été là, dit
le docteur Noulet, comme à l'entrée de tant d'autres cavernes
des Pyrénées, qui devinrent des cryptes mortuaires, longtemps
après que les redoutables carnassiers des temps quaternaires,
qui les avaient fréquentées, eurent été anéantis dans la contrée, et pendant que les peuplades qui avaient consacré ce sou-
terrain à ce pieux usage étaient parvenues à un degré assez
élevé de civilisation, puisqu'elles connaissaient l'art du potier,
possédaient le bronze et avaient à leur disposition les mêmes
animaux qui, domptés, nous rendent de si précieux services [1]. »

Évidemment, et pour des raisons analogues, il ne peut plus
être question de ce que l'on a appelé la *poésie d'Aurignac*, et
surtout de ce *festin des funérailles*, trop facilement admis par
certains archéologues, qui se sont occupés des temps préhistoriques. De plus, en rajeunissant considérablement les sépultures,
cette même rectification rajeunit du même coup la plupart des
débris humains qu'elles renfermaient, et modifie singulièrement
les conclusions qu'on en a déduites par rapport à la paléontologie, à la crâniologie et à l'ethnologie. L'étude des stations
où l'on a observé une sépulture regardée, à tort, comme contemporaine du terrain quaternaire sous-jacent, doit donc être
reprise, si la chose est encore possible. Dans tous les cas, l'éveil
est donné maintenant, et les erreurs du genre de celles que nous
venons de signaler pourront être évitées à l'avenir, avec un

---

1. Dr Noulet, *Etude sur la caverne de l'Herm* (*Mém. de l'Acad. des scienc.,
inscript. et belles-lettres de Toulouse*, tom. VI, p. 515, 1874).

examen suffisamment attentif des objets qu'elles contiennent [1].

La grotte Duruthy nous offre une nouvelle preuve de la réserve extrême qu'il faut apporter dans les conclusions relatives à l'âge de telle ou telle sépulture. A en juger par les seuls ossements humains trouvés à la base des foyers, on serait tenté de la rapporter à l'*âge de l'ours* [2]; elle appartient, en réalité, à cette époque intermédiaire qui sépare l'âge du *renne* de celui des *dolmens* et annonce, comme très-prochain, le travail de la *pierre polie*, déjà très-finement taillée.

Nous avons parlé déjà du festin des funérailles, dont M. Ed. Dupont a cru apercevoir des traces dans le *Trou du Frontal :* erreur d'autant plus facile, qu'il existe de nombreux foyers dans les grottes sépulcrales, ainsi que des os d'animaux, brisés ou calcinés, plus nombreux encore. Il y a donc eu là des festins, des repas journaliers, dont la chair des animaux sauvages aujourd'hui éteints constituait la base essentielle. Mais ces repas ont eu lieu, ces foyers ont été allumés à une date de beaucoup antérieure à celle des funérailles, peut-être même par des hommes d'une autre race que ceux dont on retrouve les débris superposés à la couche quaternaire.

Solutré cependant offre, sous ce rapport, une exception qu'il me paraît difficile de faire rentrer dans la loi de M. Cartailhac, lequel va jusqu'à dire « que tout squelette humain complet, trouvé dans les cavernes, peut être, *a priori*, considéré comme postérieur à la couche fluviale qui le renferme. »

Il est prouvé, en effet, qu'à Solutré beaucoup de squelettes humains complets ou à peu près complets sont horizontalement couchés sur les dalles des foyers. Rien n'indique que le terrain

---

1. La liste de ces erreurs, s'il faut s'en rapporter à M. Cartailhac, serait déjà considérable. Elle comprendrait les os humains de *Bize* (Tournal), de *Pondres* et *Souvignargues* (de Christol); de *Canstadt* même (Jæger) et de *Mosbach* (Meyer), qu'il faudrait beaucoup rajeunir. Il en serait de même de ceux de l'abri sous roche auquel M. Ed. Dupont a donné le nom de *Trou du Frontal* (Belgique) et qu'il assimilait à tort à la caverne d'*Aurignac* quant à son contenu. Enfin, des doutes planeraient sur *Bruniquel*, *Cro-Magnon* et même sur *Solutré*. Ces assertions sont graves et dignes d'être prises en sérieuse considération; mais elles ne reposent pas, à mes yeux du moins, sur des preuves suffisantes pour entraîner la conviction.

2. A *Duruthy*, un crâne humain gisait à côté de nombreux silex taillés et d'un collier formé avec des dents d'ours et de lion. Mais il se trouvait dans un terrain évidemment remanié, dans la sépulture superposée à la couche primitivement fossilifère. On ne pourrait donc pas raisonnablement conclure que ce crâne était contemporain des animaux dont les dents avaient servi à former le collier.

qui les recouvre ait été remanié depuis leur sépulture ; enfin ce terrain ne renferme aucun objet datant de l'âge néolithique, et il contient, au contraire, une quantité d'os de renne, associés à ceux du cheval et du mammouth, ainsi qu'à de nombreux produits d'une industrie toute primitive. Il est vrai que Solutré n'est pas une *caverne*, mais une simple *station de plein air*.

Du reste, si les cryptes funéraires des cavernes doivent souvent nous rendre très-circonspects relativement à l'âge des débris qu'elles renferment, cela ne veut pas dire que l'on ne puisse jamais rencontrer dans les grottes sépulcrales, les abris sous roche et ailleurs, des restes humains d'un âge identique à celui des animaux éteints qui se trouvent mêlés avec eux. Nous en avons déjà cité d'assez nombreux exemples; mais, dans ces divers cas, sauf quelques exceptions (Menton, Laugerie-Basse), ces os humains étaient généralement isolés, peu nombreux, dispersés çà et là, comme ceux des autres mammifères d'espèces éteintes et leurs contemporaines.

Enfin, le squelette humain trouvé tout entier par MM. Massenat et Cartailhac sous l'éboulis de rochers attenant à l'abri de Laugerie-Basse; celui qui a été découvert à Menton par M. Rivière et qui fait maintenant partie des collections du Muséum de Paris, sont autant de preuves de la contemporanéité de l'homme avec le renne, vers la fin de l'âge paléolithique [1].

Rien n'empêcherait, par conséquent, de croire à sa coexistence avec l'*ursus spelæus* dans la caverne de l'Herm, s'il est vrai, comme l'affirment MM. Rames, Garrigou et H. Filhol, que les ossements humains trouvés par eux dans cette grotte ont été recueillis non pas à la surface, mais bien, les uns dans une puissante couche de limon argileux non remanié, les autres sous une épaisse croûte de stalagmite, intacte et cristalline, exactement dans les mêmes conditions que ceux des espèces éteintes avec lesquelles on les a rencontrés.

La sépulture découverte par M. Noulet (le *vestibule de l'Herm*)

---

1. M. Rivière a d'abord regardé le squelette humain qu'il a découvert dans l'une des cavernes de Menton, comme contemporain de l'ours des cavernes, dont les ossements se sont en effet trouvés mêlés à ceux de cet animal. Mais l'outillage et la parure qui entouraient le squelette prouvent surabondamment qu'il est d'un âge plus récent, de l'âge du renne, bien que le renne n'ait jamais habité ces contrées.

La caverne de Menton offre donc l'un de ces exemples si fréquents où les remaniements de terrain, s'ils passaient inaperçus, pourraient donner lieu à de très-graves erreurs. Telle était, en effet, celle qu'avait tout d'abord commise M. Rivière, en rapportant à l'âge de l'ours le squelette de Menton.

serait d'une date de beaucoup plus récente, et, comme tant d'autres, la caverne de l'*Herm* contiendrait des débris de deux époques différentes, ce qui n'a rien de surprenant.

Quant aux grottes de l'âge néolithique, les sépultures qu'on y observe ne donnent généralement lieu à aucune difficulté sérieuse pour en fixer la date (ex. : Saint-Jean-d'Alcas, Durfort).

IV

Les dolmens.

Le voyageur qui parcourt les plaines de la Bretagne, le centre de la France et les vallées pyrénéennes, se trouve assez souvent en face de monuments étranges, généralement formés de une ou plusieurs pierres brutes et colossales, qui reposent horizontalement sur 2, 3 ou 4 autres blocs placés de champ [1], et quelquefois sur des monceaux de pierres sèches, le tout

Fig. 42. — Type de dolmen découvert.

étant ou non recouvert de terre. Ce sont les *dolmens* [2], appelés aussi *allées couvertes, autels druidiques, jayantières* ou quelquefois *tombes de géants*. D'après le baron de Bonstetten, le mot dolmen est formé des deux vocables bretons *daul* ou *dol*, table, et *men*, pierre, et signifie, par conséquent, *table de pierre*. (Voy. fig. 42.)

1. On en trouve jusqu'à 6 ou 7 dans les dolmens du Poitou.
2. Les mots *dolmen, cromlech, menhir* sont de vrais néologismes archéologiques et purement conventionnels. Ils sont empruntés au patois bas-breton ou au gaélique (pays de Galles), et signifient *table de pierre, cercle de pierre, pierre longue*. Mais, malgré leur origine celtique, ces dénominations n'indiquent nullement que ces monuments mégalithiques, appelés aussi quelquefois druidiques, soient l'œuvre des Celtes ou des druides.

On y remarque aussi d'énormes pierres dressées isolément et connues sous le nom de *menhirs* (fig. 43).

Les *menhirs*, qu'on appelle aussi *pierres levées, peulvans*, sont des blocs de pierre de très-grande dimension, triangulaires, quadrangulaires ou fusiformes, des espèces d'obélisques bruts ou grossièrement équarris, que l'on rencontre quelquefois isolés, quelquefois groupés ou alignés sur plusieurs rangs. Dans ce dernier cas, leur nombre est souvent très-considérable. On n'en

Fig. 43. — Type de menhir. — La pierre levée du Croisic (Loire-Inférieure).

compte pas moins de onze mille, disposés sur onze rangs, dans le fameux alignement de *Carnac* (Morbihan), qui a 1,500 mètres d'étendue. Les dimensions en longueur de quelques-uns de ces blocs sont vraiment colossales. Tel est, par exemple, le menhir fusiforme de *Loc-Maria-ker*, dans le Morbihan, qui mesure 19 mètres de long sur 2 mètres de large dans sa partie moyenne. A Dol, arrondissement de Saint-Malo, le menhir du *Champ-Dolent* mesure trente pieds au-dessus du sol et quinze au-dessous.

Il faut du reste remarquer que les dolmens ne sont pas le privilège de la Bretagne. On les retrouve non-seulement dans les autres provinces françaises, mais dans le nord de l'Europe,

Fig. 44. — Dolmen de l'Inde sans tumulus (d'après Lubbock).

dans tout le bassin de la Méditerranée et jusque dans l'Inde. Ces monuments mégalithiques peuvent être divisés en deux

Fig. 45. — Tumulus danois montrant l'entrée d'un dolmen.

catégories. La première comprend les dolmens apparents, c'est-à-dire non recouverts de terre et qui ont toujours été tels dès leur origine (fig. 44). A la seconde classe appartiennent les dolmens recouverts d'un tertre ou tumulus souvent considé-

rable (10 mètres de hauteur et même davantage) et aboutissant
à une chambre sépulcrale unique ou divisée en plusieurs com-
partiments. Tels sont encore les dolmens-tumulus, les sépul-

Fig. 46. — Tumulus avec chambre intérieure, à Uby (Danemark).

tures à galerie ou *Ganggriften* de la Suède et du Danemark
(fig. 45 et 46), les *Hünengræber,* ou tombeaux des géants de
l'Allemagne, etc.

Comme un des exemples les plus frappants de ces chambres
sépulcrales cachées sous un monticule de terre et de pierres,
élevé par la main de l'homme, nous citerons surtout celle de
Gavr'Innis, située près de *Carnac,* à l'entrée du golfe du Morbihan (fig. 47 et 48).

Le tumulus qui cache cette chambre sépulcrale n'a pas moins
de 30 pieds de hauteur sur 390 pieds de pourtour. Les dalles
qui forment les parois de l'allée sont d'un granite très-dur et
présentent, sculptés en relief, trois serpents et quelques haches
dites celtiques. On y voit aussi des lignes flexueuses et parallèles, concentriques ou paraboliques, décrivant des zigzags, des
demi-cercles, des ellipses (fig. 49 et 50, pag. 140).

Les blocs qui ont servi à élever les monuments mégalithiques
ont des dimensions vraiment énormes, et l'on se demande comment, avec les moyens probablement très-bornés qu'ils avaient

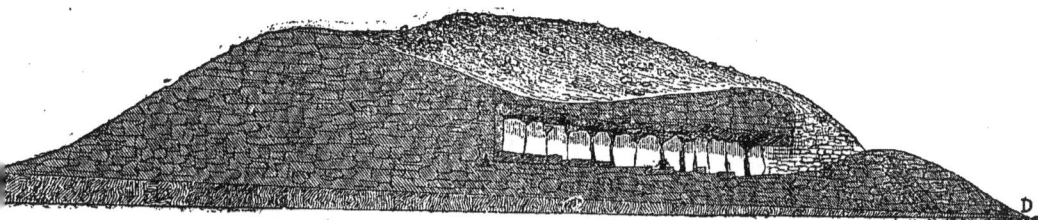

Fig. 47. — Coupe du tumulus contenant le monument de Gavr'Innis.

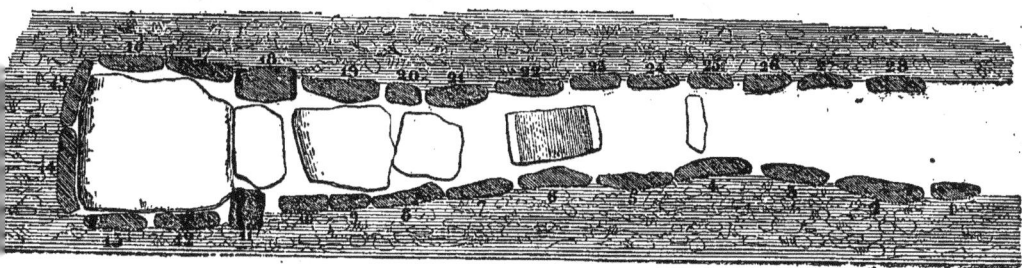

Fig. 48. — Plan de l'allée couverte de Gavr'Innis.

à leur disposition, les constructeurs inconnus des dolmens ont
pu mouvoir et mettre en place des masses de pierre dont plusieurs n'ont pas moins de 7 mètres de large, 4 mètres de long
sur 1 mètre d'épaisseur. (Par exemple, le dolmen d'Antiguera,
près de Malaga, en Espagne.)

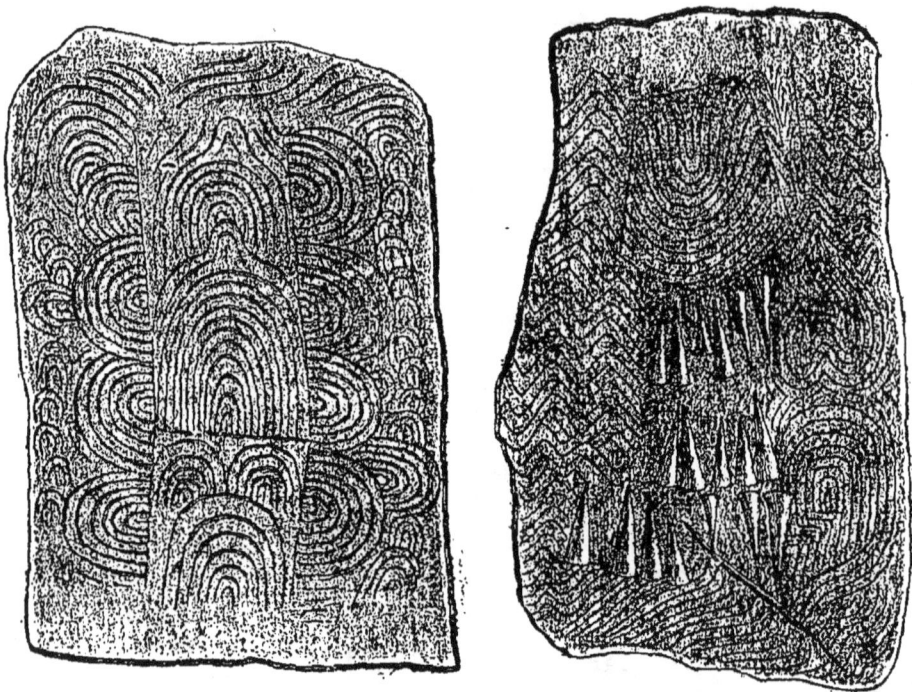

Fig. 49 et 50. — Spécimens des dessins de l'allée couverte de Gavr'Innis.

Assez souvent, les tombeaux mégalithiques d'Europe sont
entourés d'un ou plusieurs cercles de pierre (jusqu'à dix pour
ceux de l'Aveyron), appelés *cromlechs* (fig. 51). Les dolmens de
la Palestine et de l'Algérie présentent cette même particularité.

L'orientation spéciale de ces monuments, admise par beaucoup d'archéologues, paraît être une erreur ou un préjugé qu'il
faut abandonner. En effet, en relevant, à l'aide de la boussole, la
situation de plus de 50 dolmens de l'Aveyron, M. Em. Cartailhac
s'est convaincu qu'ils sont orientés dans tous les sens. Il en est
de même de ceux de la Lozère, de la Bretagne ou du Poitou, de
l'Algérie, de la Palestine, etc.

Les morts dont on trouve les ossements dans les dolmens y
ont été ensevelis dans une position assise ou accroupie; mais
on en voit aussi un certain nombre qui sont couchés sur le dos

et ont la tête ou les pieds tournés vers l'orient. Des observations nombreuses prouvent également que l'inhumation était pratiquée de préférence à l'incinération. Cependant ce dernier mode était également adopté, car les ossements calcinés ne sont pas rares dans les tombeaux mégalithiques, et l'on y trouve aussi des cendres et du charbon.

Indépendamment des ossements humains que l'on rencontre dans les sépultures dolméniques, parmi les objets faisant partie du mobilier funéraire des dolmens, nous signalerons des pendeloques en serpentine, des grains de collier fabriqués avec cette

Fig. 51. — Cromlech de Du Thus, dit l'*autel du grand Sarrazin* (îles normandes).

même roche, avec l'ardoise, le calcaire, l'albâtre, le jayet, l'ambre, la callaïs (espèce de turquoise), des coquilles diverses (*cypræa, neritina, erato, pterocera, patella, dentalium*, etc.), servant à l'ornementation, enfin des rondelles fabriquées avec le test des *cardium* et percées d'un trou central, destiné au passage du lien qui devait les unir.

On trouve aussi dans les dolmens et dans les *tumuli* des urnes funéraires, des vases à boire (voyez fig. 52 et 53) et d'autres vases en argile d'une pâte assez fine et quelquefois de formes assez élégantes, quoique peu variées. On y rencontre encore des pointes de lance et des flèches en pierres de diverse nature et d'un travail souvent très-délicat : enfin, des haches improprement appelées *celtiques*. Notons, comme une particularité distinctive, la rareté de ces haches polies dans les dolmens du midi et du centre de la France, tandis qu'elles abondent et offrent de ma-

gnifiques spécimens dans les dolmens de la Bretagne et du nord
de l'Europe (Danemark, Suède, etc.).

On a cru pendant longtemps que les dolmens ne renfermaient
jamais d'objets métalliques. Cette croyance est une erreur fla-
grante. En effet, sans parler des ornements en bronze trouvés
dans un dolmen du Lot, par M. Delpon; dans le Vivarais, par
M. de Malbos; dans la Corrèze, par M. Ph. Lalande; en Algérie,
par M. Bergbrugger et surtout par le général Faidherbe, M. Em.
Cartailhac a recueilli, dans un dolmen de l'Aveyron (celui de
Boussac), une longue perle de bronze, traversée par une ficelle
de chanvre, que l'oxyde de l'alliage avait préservée de la destruction. Deux autres perles de collier, également de bronze,
étaient restées unies par le lien qui les traversait et par l'oxyde
formé au point de contact. Le directeur actuel des *Matériaux* a
trouvé aussi, dans un dolmen, une pendeloque en bronze destinée, dit-il, à rompre la monotonie des lignes d'un collier,
pendeloque en tout semblable à un ornement faisant partie d'un
collier égyptien qui figure aujourd'hui dans les vitrines du Musée
du Louvre. Enfin, on doit encore à M. Cartailhac la découverte
de l'ambre rouge dans certains dolmens du Gard et de l'Aveyron,
et celle de bracelets en bronze pareils à ceux de l'Algérie. Des
trouvailles analogues ont été faites dans les dolmens de la Lozère
par MM. Prunières et de Malafosse.

La présence du cuivre pur a été constatée par M. Cazalis de
Fondouce dans certains dolmens de l'Aveyron, et même dans
les grottes de Durfort et de Saint-Jean-d'Alcas, contemporaines
des dolmens de la fin de l'âge néolithique.

Au rapport du général Faidherbe, le fer abonde dans les
tombeaux mégalithiques de l'Algérie. Quoique beaucoup plus
rare dans ceux de France, sa présence y a été aussi constatée
quelquefois. Le peuple, quel qu'il soit, qui a érigé ces monuments, a donc vu l'aurore des deux époques auxquelles le bronze
et le fer ont donné leur nom.

Mais enfin quel était donc ce peuple (en supposant qu'il ait
jamais existé) auquel il faudrait attribuer la construction des
dolmens? Loin de regarder ces monuments comme celtiques,
M. Alfred Maury voit en eux l'ouvrage d'une population que les
Celtes ont anéantie ou subjuguée en s'amalgamant avec elle.

Seraient-ce les druides gaulois qui les auraient érigés? Mais ces
Gaulois auraient donc introduit partout, en Europe, dans l'Inde,
en Afrique, etc., ce genre de construction? D'ailleurs, on a
aujourd'hui la preuve certaine que les druides sont de beaucoup
postérieurs aux monuments mégalithiques dont il s'agit. M. Renan

nous paraît beaucoup plus dans le vrai, lorsqu'il voit dans ces
monuments l'œuvre de cette humanité antique qui a précédé,
sur notre sol, l'arrivée des grandes races aryennes. Mais alors
comment expliquer la présence des dolmens ailleurs qu'en Europe
et jusqu'en Amérique?

Sera-ce par les migrations de ce peuple fort problématique?
Bonstetten, M. Bertrand et beaucoup d'autres ont eu recours à
cet expédient; ils ont même indiqué graphiquement le chemin
suivi par ces architectes ambulants ; mais leurs tracés diffèrent
presque du tout au tout. Ils ne sont pas même d'accord sur le

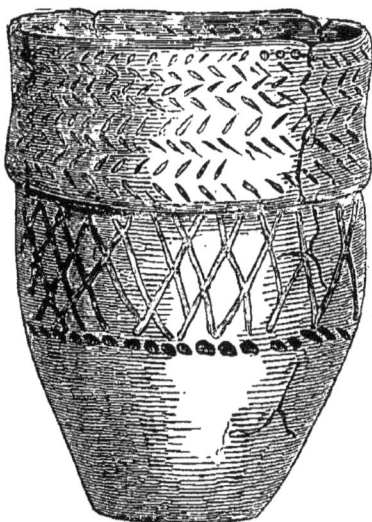

Fig. 52. — Urne funéraire trouvée dans un   Fig. 53. — Vase à boire trouvé dans un
   tumulus anglais (d'après Lubbock).   tumulus anglais (d'après Lubbock).

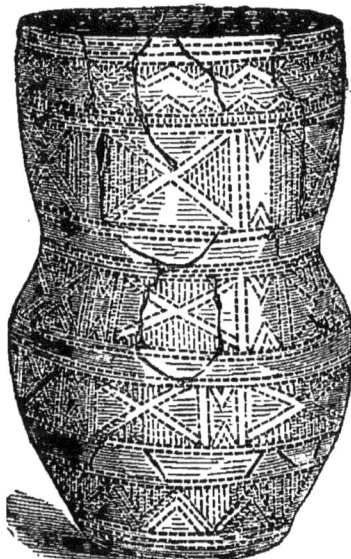

sens dans lequel se seraient opérées ces prétendues migrations.
Est-ce du nord au sud ou du sud au nord? Les opinions les plus
diverses ont été émises à cet égard.

Parti, suivant Bonstetten, des côtes du Malabar, le peuple à
dolmens aurait pénétré en Europe par les hauts défilés du
Caucase. De là, il se répand le long des côtes de la mer Noire
jusqu'en Crimée, d'où il rayonne en deux courants opposés, l'un
se dirigeant vers la Grèce, la Syrie et peut-être l'Italie et la
Corse, l'autre gagnant les régions du Nord, en contournant la
forêt hercynienne. Plus tard, ces hordes errantes pénètrent en
Bretagne et en Normandie, de là envahissent les Îles-Britanni-
ques, s'avancent vers le sud de la Gaule, franchissent les Pyrénées, se jettent sur le Portugal, traversent obliquement l'Espagne,

passent la mer, se répandent sur la côte nord de l'Afrique, et s'arrêtent dans l'ancienne Cyrénaïque, aux frontières de l'Egypte.

Le général Faidherbe indique les bords de la mer Baltique comme point de départ du peuple constructeur des dolmens, et l'Afrique comme son point d'arrivée.

Worsaaë et Desor pensent que les architectes dolméniques ont suivi dans leur marche une direction tout à fait opposée à celle que leur a tracée le général Faidherbe, c'est-à-dire qu'ils se sont avancés du sud au nord, opinion fort contestable, d'après M. Em. Cartailhac, puisqu'on ne trouve point de bronze dans les dolmens de la France septentrionale, tandis que cet alliage n'est pas très-rare dans les dolmens du Midi.

Les monuments qui nous occupent sont-ils l'œuvre d'un seul et même peuple, ou bien doit-on les rapporter à des peuples divers, différents par la race et par l'époque où ils vivaient? Ici encore, les opinions les plus opposées ont été émises, et rien de certain n'est sorti de ces discussions, qui ont du moins l'avantage d'ouvrir quelquefois des horizons nouveaux et de préparer la science de l'avenir.

Non content d'inventer un ou plusieurs peuples dolméniques, certains archéologues et quelques paléontologistes ont décrit la race ou les races qui, suivant eux, ont érigé les dolmens. M. de Quatrefages en admet deux : l'une, petite, brachycéphale, remarquable pour la finesse de texture de ses os ; l'autre, de haute stature, dolichocéphale, à crâne épais et grossier. Toutes deux se trouvent mêlées dans les tombeaux de Borreby (Danemark).

Quant à la race qui a érigé les dolmens africains, le général Faidherbe la représente comme étant d'une taille égale et même supérieure à celle de nos carabiniers, puisqu'elle atteignait 1 m. 69 et même 1 m. 74. « Les crânes, dit-il, sont allongés, beaux, intelligents, tels, en un mot, que ne les renieraient pas les races européennes les plus favorisées sous ce rapport »[1].

D'un autre côté, les ossements humains rencontrés dans un grand nombre de dolmens de la France ou de l'Allemagne n'offraient rien d'extraordinaire sous le rapport de leurs dimen-

1. D'après le savant général que nous venons de citer, on retrouve les traits ethniques de la race dolménique africaine chez les Berbères et les Touaregs actuels, qui ne seraient eux-mêmes que les arrière-petits-fils de ces *Tamahous* ou *Tambous*, de ces envahisseurs au teint blanc, aux yeux clairs, qui habitaient, sous les Ramsès, le littoral de la Libye, et dont le type est, dit-on, très-reconnaissable dans les peintures qui décorent les tombes royales de la fameuse Thèbes aux cent portes.

sions, et ils indiquaient une taille à peu près égale ou tout à fait semblable à la nôtre. Virchow a donc pu dire, en parlant des *Hünengræber* (tombeaux des géants) de la Germanie, et nous pouvons dire nous-même des dolmens, des allées couvertes et des tumuli de la France, que « les tombeaux seuls sont gigantesques, non les ossements qu'ils renferment ».

Les constructeurs des dolmens paraissent avoir attaché peu d'importance à la culture des champs. Cependant ils possédaient la plupart de nos animaux domestiques ; ils savaient tailler et polir la pierre avec beaucoup d'habileté, et fabriquer, sans l'aide du tour, des poteries d'une certaine élégance. Les arts du dessin étaient peu cultivés, mais ils n'étaient pas inconnus. Témoin les figures géométriques qui ornent leurs vases funéraires et même ceux d'un usage journalier ; témoin les deux pieds humains représentés sur un dolmen des environs de Vannes ; témoin encore les haches gravées ou sculptées et bizarrement groupées des dolmens de *Loc-Maria-Ker*, de *Gavr'Innis* et de *Manné-er-Hroek* (Morbihan).

Des feuilles de chêne ou de fougère sont figurées avec ces haches qui, d'après M. Godard Faultrier, pourraient bien être des emblèmes sacrés, destinés à assurer l'inviolabilité des monuments où l'on en trouve l'image.

En dépit des divergences d'opinion que nous avons signalées plus haut chez les archéologues français ou étrangers, rien ne paraissait mieux établi et n'était plus généralement adopté que l'existence d'un peuple inventeur de la bizarre construction des dolmens, peuple qui se serait répandu jadis sur presque tous les points du globe habité. Et voilà que, malgré toutes les dissertations composées en son honneur, la mienne y comprise, la réalité de cette existence est fortement mise en doute, et même formellement niée par l'un des savants qui se sont le plus occupés de l'homme préhistorique. De même que, du dolmen à auge ou cercueil de pierre, on passe naturellement au sarcophage, formé de quatre pierres posées de champ et recouvertes d'une dalle supérieure, de même, de la grotte sépulcrale, on est conduit non moins naturellement au dolmen ordinaire.

Partant de cette idée, M. de Mortillet est amené à nous dire que l'existence d'un prétendu peuple constructeur des dolmens n'est rien autre chose qu'une supposition théorique. (*Revue scientifique*, 29 août 1874, p. 199.)

Pour étayer sa thèse, l'auteur se fonde :

1° Sur les différences que présentent entre eux les dolmens érigés dans des localités très-éloignées les unes des autres, et même sur les divers points de la France. S'ils étaient l'œuvre d'un peuple spécial, ils offriraient, au contraire, une similitude très-grande, une presque identité. Or, en Bretagne, les monuments qui nous occupent sont des chambres précédées de longs couloirs d'accès. Près de Paris, ce sont de longues et larges allées couvertes, à vestibule très-court ; enfin, dans le centre et dans le midi de la France, ce sont de simples caissons rectangulaires, formés de quatre ou cinq pierres colossales.

2° Quelques analogies qu'ils aient entre eux, les dolmens ne constituent pas un ensemble distinct : ils font partie d'un grand tout ; ils dérivent de la grotte sépulcrale ; ils en sont l'imitation artificielle, et ils en conservent la destination. Or cette imitation s'est répandue chez des peuples nombreux, divers, sans rapport entre eux, si ce n'est que tous étaient sédentaires et avaient adopté les mêmes rites.

3° L'identité des usages auxquels étaient affectés les dolmens et les grottes sépulcrales qui leur ont servi de modèles, est encore attestée par l'identité de leur mobilier funéraire (exemples : la grotte de Saint-Jean-d'Alcas et les dolmens de l'Aveyron) et même par la nature hybride de ces grottes, qui, près d'Arles (grotte de Cordes et du Castellet), rappellent tout à la fois le dolmen et la grotte creusée dans le même but par la main des vivants, c'est-à-dire pour honorer et conserver les morts.

4° Enfin, ce qui achève de démontrer le rapport intime qui existe entre les trois sortes de sépultures (grottes funéraires naturelles, artificielles, et dolmens), c'est la singulière pratique adoptée exceptionnellement dans chacune d'elles, pratique qui consiste à enlever une rondelle osseuse sur le crâne du mort et même de l'homme vivant.

Ainsi, diversité dans le mode de construction des dolmens, diversité de formes et de proportions dans les débris humains qu'on y rencontre, ressemblance de ces débris dans chaque contrée avec ceux des aïeux paléolithiques : tels sont les principaux faits qui amènent M. G. de Mortillet à penser que les dolmens ont été bâtis par des peuples différents entre eux, mais nullement migrateurs. L'identité du mobilier funéraire dans les dolmens et dans les grottes soit naturelles, soit artificielles, prouve que les uns ne sont, pour ainsi dire, que les succédanés des autres, qu'ils leur sont à peu près synchroniques, qu'ils avaient la même destination. MM. de Quatrefages et Broca, qui, à une autre époque, se sont beaucoup occupés des caractères ethnologiques et des migrations du ou des prétendus peuples à dolmens, donnent aujourd'hui leur adhésion complète aux idées émises par leur savant confrère. D'un autre côté , l'apparition constante, si remarquable, des monuments mégalithiques sur les points du globe les plus divers, semblerait aussi sanctionner l'opinion qu'ont soutenue, dès 1869, MM. Westropp, de Londres , et Bastian , de Berlin. (*Matériaux*, année 1869, p. 407 et 444.) A leur avis, l'existence si générale des monuments négalithiques ne serait pas due, ainsi que le pense M. de Mortillet, à un instinct d'imitation renforcé par la nécessité, mais bien à un principe psychologique fondamental qui, avec un certain degré de développement intellectuel, se manifeste, en quelque sorte, fatalement, et se traduit partout avec des nuances locales, dérivant de la variété des mœurs, des croyances et des matériaux mis en œuvre.

᠕'association des idées, le besoin de leur donner une expression naturelle et sensible, le désir de perpétuer le souvenir d'un évènement important : telle serait l'origine toute psychologique des monuments qui nous occupent, soit que l'on ait sous les yeux les *obos* des Mongols, les *Kurgans* de la Sibérie, les *tumuli* des *Mound-Builders*, ou bien les *cromlechs*, les *peulvans*, les *menhirs* et enfin les *dolmens* de la Bretagne, de l'Inde ou de l'Afrique.

Mais chercher un peuple spécial, constructeur de ces monuments mégalithiques, tenter de le suivre dans ses migrations, de préciser ses caractères ethniques, c'est entreprendre une œuvre vaine et sans profit pour la science, car ce peuple-là n'existe pas et n'a jamais existé.

Cette conclusion, à laquelle MM. Bastian et Westropp sont arrivés, en se basant sur des considérations assez analogues à celles qui ont guidé M. de Mortillet, ne résout pas entièrement la question de l'origine des dolmens ; mais peut-être en prepare-t-elle une solution prochaine et vraiment rationnelle.

V

Les sépultures des géants de la Sardaigne.

Sepolture dei giganti (tombeaux des géants) , tel est aussi le nom que les paysans de la Sardaigne donnent encore à des monuments funéraires qui offrent, quant à leur construction, un caractère analogue à celui que présentent les *Nuraghi* dans le voisinage desquels ces tombeaux sont toujours situés (voyez ci-dessus, page 116). On dirait des *Nuraghi* couchés horizontalement (voy. fig. 54 et 56).

Qu'on se figure d'abord une sorte d'amphithéâtre formé de un ou deux rangs de blocs à peine dégrossis (fig. 54). Au milieu s'élève une grande stèle conique, d'un travail grossier (fig. 55 et 57), présentant, à peu près dans le milieu de sa longueur, un

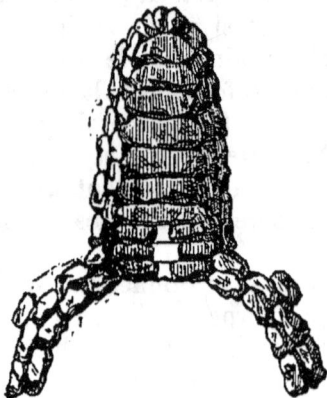

Fig. 54. — Plan d'une tombe de géant de la Sardaigne (d'après l'abbé Spano).

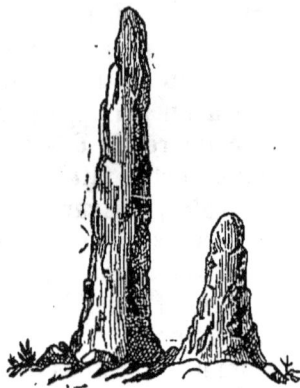

Fig. 55. — Monolithes des tombes de géants de la Sardaigne de l'âge ancien.

trou carré de deux ou trois centimètres, et un autre trou, demi-circulaire ou carré, vers le sommet du cône. Quelquefois la

Fig. 56. — Nuragho situé près d'une tombe des géants de la Sardaigne (d'après l'abbé G. Spano).

Fig. 57. — Monolithes des tombes de géants de la Sardaigne de l'âge le plus récent.

stèle, au lieu d'être monolithe, est formée de deux pierres super-posées.

Derrière le monolithe est disposée la sépulture, longue de 8 à 12 mètres, large de 1 à 2 (fig. 54). Elle se compose de blocs bruts, formant un mur de 3, 4 ou 6 rangées de pierres super-posées comme en échelons, s'inclinant à la partie supérieure, où elle se termine en un cintre couvert de gros moellons d'un mètre ou deux de largeur. En fait, rien de mieux appliqué à ces tombeaux que le nom de *sépultures des géants*, sous lequel les désigne la fantaisie populaire.

Le pavé du sépulcre était fait d'une couche de petites pierres, sur lesquelles on en mettait d'autres plus grosses, polygonales ou brutes. Il est donc à présumer que les cadavres n'étaient point inhumés, mais seulement déposés dans une tombe profonde quelquefois de deux mètres et davantage. Il en est de ces tombes comme des Nuraghi, dans le voisinage desquels elles sont constamment situées. Les unes (celles qui sont formées de pierres brutes) paraissent appartenir à l'âge de la pierre taillée; celles dont les matériaux, mieux agencés, ont subi un travail plus ou moins grossier encore, ne remontent pas au delà de l'âge néolithique, et même de l'âge de transition de la pierre au bronze.

La plupart, pour ne pas dire la totalité de ces tombes, ont été violées, à plusieurs reprises et à des époques plus ou moins lointaines, dans le but d'y recueillir des trésors. Aussi les fouilles de l'abbé Spano n'ont-elles pas été très-fructueuses.

Il n'a pu en retirer que des os humains brisés, calcinés, se réduisant en poussière au moindre contact, et quelques vases en argile, dont pas un seul n'était entier. Mais il s'est convaincu que plusieurs cadavres avaient été ensevelis dans la même tombe, que c'étaient par conséquent des tombeaux de famille. Quand un des membres de la tribu venait à mourir, on enlevait une des grosses pierres transversales qui couvraient 'a longue allée bâtie derrière la stèle monolithe, puis on la replaçait jusqu'à ce qu'un nouveau mort vînt réclamer sa place dans le tombeau.

Le monolithe ou pierre de l'autel (*pietra dell' altare*), ainsi nommé par les paysans sardes parce qu'ils croient qu'on y sacrifiait des victimes humaines, le monolithe regarde toujours le midi ou le levant. Il en est de même de toutes les ouvertures des *Nuraghi*.

L'abbé Spano fait remonter les sépultures de géants de la Sardaigne à la même époque que les *Nuraghi*, c'est-à-dire à l'origine même des premières immigrations venues de l'Orient. Beaucoup d'entre elles sont évidemment antérieures à cette époque.

CHAPITRE VII

L'HOMME PRÉHISTORIQUE AMÉRICAIN

> « Le Nouveau-Monde est exondé depuis des temps
> tellement reculés que, géologiquement parlant, il
> devrait être appelé l'ancien continent. »
> (ALBERT GAUDRY, *Les enchaînements du monde animal.*)

Le vaste continent découvert par Colomb est-il réellement aussi nouveau qu'on le suppose et qu'on le dit généralement? Telle n'est pas l'opinion de MM. Albert Gaudry et Marsh ; telle n'est pas non plus la nôtre. Des faits nombreux, des faits irréfutables semblent nous donner raison.

Non, l'Indien Peau-Rouge vivant à l'état sauvage au moment de la conquête ne pouvait être appelé l'homme primitif américain. Les luxuriantes forêts où il cherchait sa proie n'étaient point non plus *primitives ;* car elles avaient été précédées par plusieurs autres forêts, qui, elles-mêmes, ne méritaient point le nom de *vierges*, puisqu'elles avaient été déjà foulées par l'homme, dont elles recouvrent aujourd'hui les débris mêlés aux leurs. C'est ainsi que l'on a trouvé à la Nouvelle-Orléans, sur les rives du Mississipi, un squelette humain tout entier, enseveli sous quatre forêts superposées. Le docteur Dowler fait remonter à 57,000 ans l'existence de l'individu auquel ces restes appartenaient : nous ne garantissons pas la parfaite exactitude du chiffre indiqué ; mais ce fait, bien constaté, suffirait, à lui seul, pour établir la haute antiquité de l'homme américain.

D'autres découvertes non moins probantes nous confirment dans cette opinion. Telle est, par exemple, celle de l'os du bassin trouvé près de Natchez, dans le *lœss* de la vallée du Mississipi, en compagnie du *mastodonte de l'Ohio*, du *mégalonyx de Jefferson* et d'autres espèces depuis longtemps éteintes. Tels sont surtout les os humains recueillis par Agassiz dans un conglomérat calcaire faisant partie d'un récif de corail de la Floride, conglomérat dont l'âge doit, d'après l'illustre professeur, remonter au delà de 10,000 ans. Si ces preuves ne suffisaient pas, nous citerions, en outre, les débris de ʼnotre espèce trouvés par Lund dans les cavernes du Brésil, avec ceux du *glyptodon*, du *megatherium* et d'une foule d'autres animaux fossiles dont l'homme était alors le contemporain. Nous mentionnerions encore la découverte récente d'un crâne humain, recueilli à Jacksonville, sur les bords de l'Illinois, à cent pieds au-dessus du niveau actuel de ce fleuve, et se distinguant, comme celui du *Neanderthal*, par des impressions musculaires très-pronon-·cées et des arcades sourcilières très-saillantes.

Enfin, plus récemment encore, on a découvert dans la forma-tion *pampéenne* de Mercedes (environs de Buenos-Ayres), à une profondeur d'environ 3 mètres au-dessous de la surface du sol, des ossements humains, associés à des silex grossièrement taillés et à des restes d'animaux ayant appartenu à des genres éteints (genres *Eutatus, Hoplophorus, Reithrodon, Hesperomys*, etc.). Dans une des couches supérieures à la précédente, on a aussi trouvé des os de *Mylodon* et de *Glyptodon* [1].

L'industrie de cet homme, que nous pouvons, à la rigueur, appeler *primitif*, offrait une ressemblance presque parfaite avec celle de l'homme européen en plein âge de la pierre. Seulement, au lieu du silex, rare ou absent dans certaines contrées de l'Amérique, l'Indien employait le granite, la syénite, le jade (?), le porphyre, le quartz et surtout l'obsidienne, roche vitreuse très-abondante au Mexique et ailleurs. Des éclats de cette roche, habilement obtenus par la percussion, lui servaient à fabriquer des couteaux tranchants comme des rasoirs, des pointes de flèche et de lance, des hameçons, des harpons pour la pêche, en un mot une foule d'objets semblables à ceux dont faisait usage l'homme européen contemporain du mammouth ou de l'ours des cavernes. Mais la liste ne s'arrête même pas là. On a également trouvé en Amérique des haches, des mar-teaux de pierre perforés pour recevoir un manche. De ces objets en pierre dure, les uns sont plus ou moins grossière-ment taillés; les autres, parfaitement polis. Témoin les magni-fiques haches du pays des Caraïbes, qui font aujourd'hui partie du *Muséum d'antiquités* de Copenhague. Quelques-unes offrent

<hr>

.. Nous devons la connaissance de cette importante découverte à l'obli-geance de M. Edward D. Cope, de Philadelphie, qui a bien voulu nous adresser, avec d'autres travaux très-intéressants, dont il est l'auteur, une brochure publiée en décembre 1878, brochure dans laquelle le savant paléontologiste américain donne, d'après le professeur Ameghino, la coupe du terrain où s'est trouvé l'homme fossile de Mercedes, ainsi que la liste des animaux éteints dont les os sont mêlés aux siens.

même des formes insolites et un art de la taille par percussion
porté à des limites qui causent à bon droit notre étonnement.
Tels sont, par exemple, ces silex dont nous empruntons les
figures à D. Wilson (*Prehistoric man*), et qui représentent, l'un
une arme dentelée en scie, appointée aux deux bouts, mesurant plus de 16 pouces anglais en longueur (fig. 58); l'autre,
ayant la forme d'un croissant garni de pointes saillantes et
rappelant un peu certaines hallebardes des temps modernes
(fig. 59). Ces deux spécimens de l'art primitif du Nouveau-

Fig. 58. — Arme de silex appointée aux deux bouts, provenant
d'une caverne du Honduras.

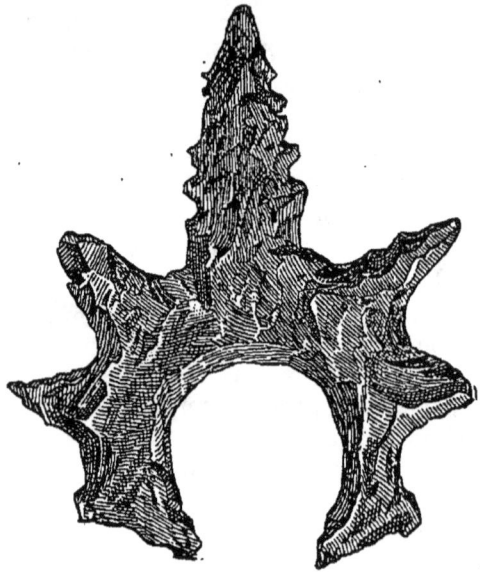

Fig. 59. — Hallebarde de silex en forme de
croissant (caverne du Honduras).

Monde ont été trouvés, en 1794, dans une caverne de la baie
de Honduras. Mais, nous le répétons à dessein, ce qui nous frappe
le plus à la vue des armes et des instruments primitifs trouvés
depuis en Amérique, c'est leur parfaite ressemblance avec ceux
des cavernes de l'Europe : ce sont les mêmes formes avec un
peu moins de variété et, par conséquent aussi, les mêmes appro-
priations. A ces époques lointaines, le travail de l'homme offre
dans les deux Mondes une complète identité. Que faut-il en conclure? N'est-ce pas que l'âge de la pierre n'a été l'apanage d'aucun peuple, mais qu'il représente toute une période de la culture
humaine qui, à une date plus ou moins reculée, s'est étendue à
toute la terre?

Des objets de toilette et de parure, quelques fragments de poterie, évidemment préhistoriques, ont été trouvés au Mexique et dans d'autres contrées du continent américain. On y a aussi recueilli des perles d'*obsidienne*, destinées à être suspendues aux lèvres ; des perles vraies, des dents et des coquilles percées, pour colliers ou pour ornement vestiaire ; des boutons ciselés, en terre cuite ou séchée au soleil ; des miroirs ronds en *pyrite*, etc., etc., remontant à une antiquité géologique et rencontrés sur divers points de ce continent, que nous nous obstinons, malgré tout, à appeler le Nouveau-Monde. Comme si sa *Faune* et sa *Flore* éteintes ne protestaient pas hautement contre cette opinion surannée ! Comme si le grand nombre de races diverses disséminées à la surface de ce même continent, et la multiplicité plus grande encore des langues et des dialectes qu'on y parle (plus de 1,200) ne suffisaient pas pour établir et confirmer la thèse que nous soutenons en ce moment.

L'étude des monuments américains nous fournirait, si nous pouvions l'entreprendre, des preuves nouvelles en faveur de la très-haute antiquité de l'homme du Nouveau-Monde. Indépendamment des palais, dont les ruines grandioses étonnent le voyageur ; indépendamment de ces constructions cyclopéennes, si analogues aux monuments connus chez nous sous la dénomination très-impropre de *tours pélasgiques*, les *Mounds* de l'*Ohio* et de l'*Yucatan* nous ont livré des richesses archéologiques du plus haut intérêt. Quelques détails sur ces tertres à destinations diverses ne seront donc pas ici hors de propos. Mais, auparavant, disons un mot des *Chulpas*.

I.

Les Chulpas du Pérou et de la Bolivie.

On retrouve, au Pérou et dans la Bolivie, des sépultures antérieures aux *Incas*, qui nous rappellent les *dolmens* et les *cromlechs* européens ou les *nuraghi* de la Sardaigne. Elles sont connues dans le pays sous le nom de *chulpas*. Ce sont des cryptes funéraires, formées de grosses pierres placées de champ et supportant d'énormes dalles qui en constituent la toiture. D'autres chulpas, d'une date plus récente que les premiers, sont entourés d'un mur carré ou circulaire, dont la hauteur varie entre 10 et 30 mètres, espèces de tours rétrécies à la base, légèrement renflées au sommet, lequel se termine par une corniche dans le cas où la tour est carrée, par un dôme arrondi lorsqu'elle est circulaire. Les pierres qui entrent dans la construction de ces monuments mégalithiques sont le plus souvent taillées à l'extérieur, et reliées entre elles par une argile très-compacte.

D'autres *chulpas* péruviens, bâtis en pierres brutes, sont garnis de plâtre recouvert de stuc et peint en dedans et en dehors.

Ordinairement, ces tombeaux ne renferment qu'une seule chambre sépulcrale, quelquefois deux, disposées l'une au-dessus de l'autre et voûtées. Des niches plus ou moins nombreuses, en série simple ou double, et creusées dans l'épaisseur des murs, étaient destinées à recevoir les cadavres, que l'on plaçait dans une position assise ou accroupie.

Simples dolmens, cromlechs, ou tours sépulcrales, ces monuments, disséminés sur tout l'immense plateau des Andes, sont néanmoins l'œuvre d'un même peuple, qui s'est perfectionné avec le temps, mais dont le degré de civilisation primitive était tout à fait analogue à celui des constructeurs de monuments mégalithiques de l'Ancien Continent, qu'il semble avoir pris d'abord pour modèles dans l'érection de ses tombeaux. Mais quel était ce peuple singulier? Très-probablement un peuple indigène, qui a précédé la venue des Incas [1].

II

Les Mounds et les Mound-Builders.

Aux âges préhistoriques du Nouveau-Monde appartiennent une série de monuments étranges, aux formes variées, aux dimensions gigantesques, œuvres d'un peuple d'origine mystérieuse, de race inconnue, que les savants anglo-américains désignent ordinairement sous le nom de *Mound-Builders* (constructeurs de tertres). Les *mounds* sont d'immenses ouvrages en terre, souvent mêlés de pierres, des espèces de monticules artificiels, formant, les uns, des travaux de défense militaires ou des enceintes sacrées ; les autres, portant des temples à leur sommet ; ou bien ce sont des *tumuli* destinés à la sépulture des morts ou consacrés à des rites religieux ; certains d'entre eux enfin servaient d'observatoires.

Ces ouvrages de l'art, que l'on serait tenté de prendre, à première vue, pour des collines naturelles, sont répandus presque

1. Pour de plus amples détails, consulter E. G. Squier, *Les monuments primitifs du Pérou comparés à ceux des autres parties du monde*, et *Matériaux*, etc., p. 518, année 1870.

à profusion, dans le Wisconsin, l'Illinois, et surtout dans les riches vallées du Scioto, de l'Ohio et du Mississipi. Tantôt isolés, tantôt réunis par groupes, assez souvent arrondis ou circulaires, quelquefois elliptiques, parfois ils reproduisent, dans leurs contours, la forme de certains animaux (*animal mounds*), quelquefois aussi celle de l'homme, et même celle de plusieurs objets inanimés, parmi lesquels figurent des *pipes* de dimensions gigantesques.

Notons, en passant, que toutes les figures géométriques que représentent les *mounds* sont d'une parfaite régularité (même les cercles de 1,000 pieds de diamètre), et qu'elles semblent avoir été tracées d'après une échelle de proportion exactement établie et fidèlement suivie. Quant à leurs dimensions, les exemples suivants suffiront pour en donner une juste idée.

D'après MM. Squier et Davis, auteurs du splendide ouvrage auquel nous empruntons ces curieux détails [1], quelques-uns de ces monticules ne mesurent pas moins de 550,000 mètres cubes, de telle sorte que, tout calcul fait, quatre d'entre eux surpasseraient en volume le volume total de la plus grande des pyramides d'Egypte, laquelle cube, dit-on, 2,000,000 de mètres.

Le tertre en pyramide tronquée de Calokios, dans l'Illinois, mesure, d'après Lubbock, 700 pieds de long, 500 pieds de large et 90 de hauteur. Son volume total est estimé 20 millions de pieds cubes.

Ces monuments ont fourni aux investigations des archéologues des richesses aussi précieuses qu'inattendues. Leur âge est inconnu ; mais plusieurs d'entre eux remontent, paraît-il, à une période antérieure à l'époque *néolithique* du Nouveau-Monde, puisqu'ils renferment des armes en cornéenne (*Hornstein*) non polie, rappelant, et pour la forme et pour le travail, les haches et les pointes de flèche en silex pyromaque des environs d'Abbeville et d'Amiens.

Mais, le plus souvent, avec les outils en pierre grossièrement taillée, on en rencontre d'autres si bien polis, qu'ils peuvent, sous ce rapport, soutenir la comparaison avec nos silex les plus soigneusement travaillés, circonstance qui semblerait indiquer que les deux âges *archéo* et *néolithique* sont moins distincts en Amérique qu'ils ne le sont en Europe.

Ce qui tend à confirmer cette opinion, c'est que, dans la plupart des *mounds*, on trouve des armes ou des outils en cuivre

---

1. Squier et Davis, *Ancient monuments of the Mississipi Valley*, dans *Smithsonian Institution contrib. to Knowledge*, tome I. Washington, 1868.

pur, fabriqués à l'aide de marteaux de pierre. Preuve évidente de l'emploi simultané de la pierre et du métal à une certaine époque.

C'est dans l'ouvrage de Squier et Davis qu'il faut aller chercher les détails pleins d'intérêt qu'ils donnent sur les différentes sortes de *mounds*. Bornons-nous donc à dire quelques mots des tertres symboliques représentant des animaux (*animal mounds*) et de ceux qui, désignés sous le nom de *sacrificial mounds*, servaient en même temps de tertres funéraires (*burial mounds*), et d'autels pour les sacrifices humains.

TERTRES SYMBOLIQUES. — Nombreux dans l'Etat du Wisconsin, plus rares dans la vallée de l'Ohio et du Scioto, les tertres symboliques offrent des caractères qui leur sont propres : ils représentent à peu près exclusivement l'image de l'homme et de certains animaux, et quelquefois des pipes gigantesques. Mettant à profit les saillies onduleuses de la région des prairies, les artistes antéhistoriques du Wisconsin ont modelé ces immenses bas-reliefs qui reproduisent avec fidélité les contours de l'ours, du renard, de la loutre, du glouton, de l'élan, du buffle, de l'aigle, de la tortue, du lézard, de la grenouille, etc. L'homme lui-même, avons-nous dit, figure dans ces groupes étranges. On y voit aussi des terrassements sous forme de croix, de croissant ; des angles géométriques. La massue de guerre y est également représentée.

. Au nombre des tertres symboliques les plus renommés, nous en citerons deux surtout qui, à bien des égards, méritent de fixer notre attention. L'un, situé dans la vallée du Mississipi, porte le nom de tertre de l'Alligator (*Alligator's Mound*) ; l'autre, le tertre du Grand-Serpent (*Great Serpent's Mound*), occupe le point extrême d'une langue de terre, formée à la jonction de deux rivières qui viennent se jeter dans l'*Ohio* (comté d'Adam). Le premier de ces animaux, très-artistement dessiné, n'a pas moins de 250 pieds de longueur, du bout du nez à l'extrémité de la queue. Des excavations faites sur divers points de l'image ont prouvé que sa carcasse intérieure se compose d'un amas de pierres, sur lequel on a dessiné les contours avec une terre argileuse dont la pâte est très-fine. Le *grand serpent* du comté d'Adam est représenté avec la bouche ouverte, et au moment d'avaler un œuf dont le grand diamètre n'a pas moins de 100 pieds ; le corps du reptile se courbe en gracieuses ondulations, et sa queue s'enroule en un triple tour de spirale. L'animal entier mesure environ 1,000 pieds : c'est là une œuvre unique dans le Nouveau-Monde et sans analogue dans l'Ancien

Continent. Elle a donné naissance à une foule d'opinions bizarres, non-seulement chez les sauvages actuels, qui regardent ce serpent symbolique comme étant l'œuvre du Grand Manitou, mais encore chez les savants modernes, qui croient trouver dans ce symbole le pendant ou l'origine de certaines superstitions répandues en Egypte, en Assyrie, en Grèce, superstitions dont les traces, encore subsistantes, se retrouvent également sur les temples de l'Inde, de l'Amérique centrale, et jusque sur les monuments mégalithiques d'*Avebury* et de *Carnac*

TERTRES FUNÉRAIRES. — Leurs dimensions paraissent proportionnées au rang des personnages dont ils renferment la dépouille. Chacun d'eux contient une ou plusieurs chambres sépulcrales, construites avec d'énormes poutres, que recouvrent la terre et les pierres constituant le tumulus. Le cadavre repose le plus souvent dans un sarcophage formé, sur les côtés, de pièces de bois grossièrement travaillées et, au fond, de planches minces que le temps a décomposées et dont il subsiste à peine quelques traces : vraie poussière de la mort qui se mêle à celle des ossements humains. Ceux-ci sont devenus, en effet, si fragiles, qu'ils se brisent ou se réduisent en poudre au plus léger contact. Quelquefois le sarcophage est formé de pierres brutes posées de champ, et le corps s'y trouve enveloppé d'une natte d'écorce, ou recouvert de plaques de *mica*. Des colliers en os, à un ou plusieurs rangs, des instruments de travail, des urnes en pierre ou en cuivre pur, des plaques de ce métal percées d'un trou de suspension, constituent le mobilier funéraire, associé le plus souvent à des cendres, à du charbon, à des os à demi carbonisés : preuve certaine que les *Mound-Builders* pratiquaient la crémation aussi bien que l'inhumation, et qu'ils immolaient des victimes humaines sur les tombeaux de leurs chefs, coutume, d'ailleurs, très répandue, à une époque postérieure, chez les Aztèques mexicains, et chez les Péruviens du temps des *Incas*.

Lewis H. Morgan a trouvé, dans un *mound* iroquois, des lames de silex rangées côte à côte à la manière des dents, sur un espace d'environ deux pieds de longueur. Cet auteur suppose, avec raison, je crois, que ces lames de silex avaient d'abord été fixées, au moyen de bitume et de cordelettes, dans une rainure pratiquée sur chacun des bords d'une lame de bois en forme d'épée. Il est impossible de ne pas reconnaître dans cette description le *maguahuitl*, ou épée primitive des anciens habitants du Mexique et de l'Yucatan. Seulement, chez les vieux Mexicains, au lieu de dents en silex, l'épée de bois était armée de lames d'obsidienne (*itzli*) tranchantes comme autant de rasoirs, ce qui en faisait une arme vraiment terrible dans les combats. (Voy. D. Wilson, *Prehistoric man*, p. 164. London, 1865).

TERTRES ET AUTELS DES SACRIFICES. — Certains *Mounds* se distinguent des autres par des caractères spéciaux, qui ne permettent pas de révoquer en doute leur destination primitive. Ces caractères, les voici : d'abord les tertres dont il s'agit se trouvent presque exclusivement dans les *enceintes sacrées;* ils sont formés de couches alternatives de gravier, de terre, de sable, de lames de mica, et ils recouvrent le plus souvent un autel de pierre ou d'argile cuite, en forme de bassin, sur lequel ont été déposées des offrandes de nature diverse, portant presque toutes l'empreinte de l'action d'un feu prolongé.

Des couteaux d'obsidienne, des plaques minces de mica, élégamment et géométriquement découpées ; d'autres plus épaisses, rondes ou ovales, et percées d'un trou de suspension ; des colliers fabriqués avec des perles et des dents percées, et même avec des grains d'argent ; des pendants d'oreilles ou des amulettes en hématite, parfaitement polies ; des *gorgerins* et autres insignes de distinction, de formes et de matières variées et d'un très-beau travail ; des pointes de flèche et de lance en quartz, en obsidienne, en silex et même en grenat manganésifère ; des outils de cuivre pur ; des aiguilles en os ou en ivoire ; de la poterie fine ou grossière, des pierres et surtout des pipes sculptées et quelquefois ornées de perles, le tout mêlé à une grande quantité de cendres, de charbon, de coquilles calcinées, d'os humains brisés et à demi consumés, sans compter des restes de vêtements complètement carbonisés, où l'on distingue encore la trame du tissu qui les formait : tels sont, d'ordinaire, les objets qui remplissent les bassins servant d'autels aux anciens habitants des grandes vallées de l'Ohio et du Mississipi. Quelquefois les lames de mica, si fréquentes dans les tombeaux et les bassins sacrés, étaient de forme arrondie, se recouvraient à la manière des écailles d'un poisson, et représentaient, dans leur ensemble, la figure d'un croissant. De là on a conclu, un peu légèrement peut-être, que les *Mound-Builders* rendaient un culte à la lune.

Une autre conclusion, plus vraie sans doute, c'est que les pipes en pierre sculptée que l'on trouve abondamment sur les autels, à l'exclusion de toute autre offrande, semblent prouver que le tabac était employé à des usages sacrés dès l'époque des *Mound-Builders*. Ils s'imaginaient que l'odeur de cette plante narcotique était agréable au Grand-Esprit ; ils en fumaient les feuilles en son honneur. La pipe était la cassolette, la fumée était l'encens.

De ces pipes, les unes étaient en pierre plus ou moins tendre (stéatite, chlorite, schiste argileux, grès ferrugineux, roches calcaires, etc.), les autres étaient d'argile. Toutes offraient une grande diversité de formes et de dimensions. Elles représentent pour la plupart des figures d'animaux, notamment des oiseaux, souvent aussi celle de l'homme ou sa caricature (fig. 60).

Fig. 60. — Pipe de pierre provenant du *Mound* d'Elliot (Ohio).

Les unes ont un tuyau qui fait suite au corps de la pipe, les autres en sont dépourvues, et l'ouverture destinée au passage de la fumée est si étroite, qu'à peine on peut y faire pénétrer une paille ou un tube de faible dimension. Les plus grosses, les plus

Fig. 61. — Spécimen de pipe-portrait des *Mounds*.

ornées d'entre elles, ont reçu le nom de *pipes-calumets*, et servaient probablement dans les assemblées solennelles ou les grandes cérémonies. Enfin, il y a des *pipes-portraits* (fig. 61), ou supposées telles, non sans raison : on peut croire que la fidélité et même le talent avec lequel les artistes de ces temps préhisto-

riques ont reproduit les animaux qu'ils avaient sous les yeux,
sont un sûr garant de l'exactitude qu'ils ont apportée dans la
reproduction des traits de leurs contemporains, lorsqu'ils n'ont
pas voulu, ce qui leur arrivait souvent, faire de grotesques cari-
catures, en plaçant des têtes d'hommes sur des corps d'animaux.
Ainsi, par un singulier hasard, les pipes trouvées dans les
Mounds et sur les autels destinés aux sacrifices nous donnent
tout à la fois une idée de la faune connue des *Mound-Builders* [1],
de nombreux spécimens d'un art pratiqué, depuis, sur une
moindre échelle et peut-être avec moins d'originalité (fig. 62);

F g. 62. — Pipe de Chippeways.

enfin, une représentation, probablement fidèle, de leurs caractères ethniques.

Mais à quelle race appartenaient les constructeurs des tertres de
la Grande Vallée? Les pipes-portraits et même les deux ou trois
crânes trouvés dans les *Mounds* ne suffisent pas pour nous l'apprendre. Le crâne de la vallée du Scioto (fig. 63 et 64), presque
complet, offre les caractères suivants : grande hauteur verticale,
faible diamètre antéro-postérieur, diamètre intra-pariétal prédominant; aplatissement considérable de la région occipitale, front

---

1. Parmi les animaux que représentent les pipes figurent le plus souvent le lamantin, le loup, l'ours, la loutre, la panthère, le chat sauvage,
le raton, le castor, l'écureuil, l'aigle, le hibou, le faucon, le héron, le perro-
quet, le corbeau, le canard, le serpent à sonnettes, la grenouille, le cra-
paud, la tortue, l'alligator, etc.

Tous ces animaux, à l'exception du lamantin, appartiennent à la *faune*
de l'Amérique du Nord, et il est très-probable que les pipes sculptées
dont nous parlons ont été fabriquées dans l'État de l'*Ohio*, et surtout dans
la localité appelée *Mound-City*, à raison du grand nombre de tombeaux
qu'on y rencontre. (Voy. Squier et Davis, *Ancient monuments of the Mississipi Valley*, et Ch. Rau, *The archeological collection of the United States
national Museum*. Washington-City, 1876.

large et arqué, os des pommettes saillants, face élargie, nez proéminent, mâchoires massives et très-développées. Cette tête osseuse, à peu près unique, est-elle, ainsi que le voudrait Morton, le type parfait de la conformation crânienne commune à toutes les tribus, anciennes ou modernes, qui ont occupé ou qui occupent encore le sol américain? *Quien sabé?* qui le sait? comme disent les sauvages indigènes, à qui les archéologues anglo-américains demandent l'histoire de ce lointain passé. Oui, *Quien sabé?* et

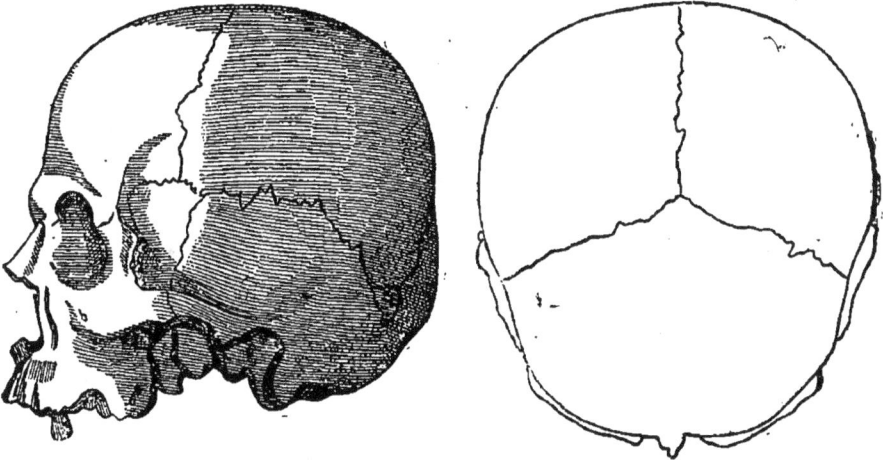

Fig. 63 et 64. — Crâne provenant d'un *Mound* de la vallée du Sciota, vu de côté et de dessus.

cependant Schoolcraft nous affirme que les *Mound-Builders* n'étaient autres que les Alléghans, c'est-à-dire la tribu indienne la plus anciennement fixée dans les vallées de l'Ohio et du Mississipi.

Mais il est bien certain qu'avant eux d'autres populations avaient vécu en Amérique, et que là, comme en Europe, l'homme a été le contemporain d'espèces depuis longtemps éteintes. Par conséquent, là aussi son existence remonte aux temps géologiques.

CHAPITRE VIII

L'HOMME TERTIAIRE

« Nous estimons que les seules propositions d'évidence directe ou rigoureusement logique, peuvent être rigoureusement acceptées comme vérités nouvelles. »
ED. LARTET.

Les os humains du volcan de la Denise. — Les os striés de l'éléphant de Saint-Prest. — Les silex miocènes de Thenay.

Jusqu'à présent, nous nous sommes adressés uniquement aux terrains quaternaires pour y chercher des preuves de la très-antique existence du genre humain. Les terrains tertiaires, à leur tour, vont nous fournir sinon des traces indubitables de son apparition sur la terre dès l'époque miocène ou pliocène, du moins des indices vagues encore, mais dignes néanmoins de la plus sérieuse attention.

Ainsi, en 1844, un naturaliste distingué de l'Auvergne (M. Aymard) annonça la découverte de plusieurs débris humains dans une brèche volcanique de la montagne de la Denise; sur l'autre flanc de la montagne, dans une brèche tout à fait semblable à la précédente, M. Aymard trouva des restes de grands mammifères (éléphant, rhinocéros, cerf, cheval, etc., etc.), d'espèces et même d'un genre éteints (g. mastodonte) : il en conclut que l'homme avait été leur contemporain. Cette conclusion fut repoussée par les géologues de cette époque, notamment par M. Pomel, qui se montra plus tard convaincu de la coexistence de notre race, en Auvergne, non plus avec les mastodontes, que l'on rencontre ici pour la première fois mêlés à des débris d'animaux quaternaires, mais seulement avec le renne et l'éléphant primitif. Il croit, en outre, que l'homme de la Denise a été témoin du dernier évènement qui a modifié le relief du globe terrestre.

L'authenticité des os humains trouvés près du Puy avait été tout d'abord contestée. Elle a été constatée, depuis (1859), par

MM. Ed. Lartet, Albert Gaudry, Lyell et, avant eux, par les membres du *Congrès scientifique* réuni au Puy, en 1856.

L'âge seul [1] de la brèche ou tuf volcanique où sont engagés les débris osseux de l'homme, ou plutôt des deux hommes de la Denise (l'un jeune, l'autre adulte) donne encore lieu à quelques divergences d'opinion parmi les géologues, les uns soutenant que l'homme de la Denise a été contemporain de l'*elephas meridionalis* et même des mastodontes, les autres lui donnant seulement pour compagnons le renne et le mammouth.

On n'a pas encore oublié l'émotion profonde que M. J. Desnoyers fit naître dans le monde savant, lorsque, le 8 juin 1863, il vint annoncer à l'Institut qu'il avait trouvé, dans les sables pliocènes non remaniés de Saint-Prest (près de Chartres), des indices confirmatifs de la contemporanéité de l'homme avec l'*elephas meridionalis* [2], le *rhinoceros leptorhinus* et autres mammifères éteints des terrains tertiaires supérieurs. Ces indices, c'étaient des incisions, des stries variables de forme et de longueur, que M. Desnoyers avait vues sur les os de ces animaux, et qu'il attribuait à l'action d'un homme plus primitif encore que celui des cavernes à ours, et n'ayant eu, comme ce dernier, pour armes et pour outils, que des silex grossièrement travaillés.

Des faits par lui observés, l'auteur de cette communication croyait pouvoir conclure, sinon avec certitude, du moins avec une très-grande apparence de probabilité, que « l'homme a vécu sur le sol de la France en même temps que l'*elephas meridionalis* et les autres espèces pliocènes caractéristiques du val d'Arno, en Toscane ; qu'il a été en lutte avec ces grands animaux antérieurs à l'*elephas primigenius,* et aux autres mammifères dont les débris se trouvent mêlés avec les vestiges ou les indices de l'homme dans les terrains de transport ou quaternaires des grandes vallées et des cavernes ; enfin, que le gisement de Saint-Prest serait jusqu'ici, en Europe, l'exemple de l'âge le plus ancien, dans les temps géologiques, de la coexistence de l'homme et des mammifères d'espèces éteintes [3]. »

1. Est-il *pliocène* ou seulement *quaternaire?*
2. Les paléontologistes distinguent trois espèces principales d'éléphants :
1° L'elephas meridionalis, qui a été trouvé à Chartres et qui, par conséquent, n'est pas du tout méridional ;
2° L'elephas antiquus, qui, malgré le nom qu'il porte, est moins ancien que le précédent ;
3° L'elephas primigenius, le plus récent des trois.
Exemple frappant de l'inconvénient des noms trop significatifs en histoire naturelle.
3. J. Desnoyers, *Sur des indices matériels de la coexistence de l'homme*

Ces conclusions hardies, mais logiques, rencontrèrent, il fallait s'y attendre, une certaine défiance, même au sein de l'Institut. Une odieuse supercherie, bientôt flétrie par l'opinion publique, tenta d'infirmer ou de détruire l'importance de la découverte annoncée par M. Desnoyers. En revanche, le modeste et loyal Ed. Lartet l'appuya de son témoignage et de son autorité.

Cependant, en présence d'une assertion aussi grave que l'était celle de la contemporanéité de l'homme et des espèces pliocènes, les savants scrupuleux demandaient, si possible, des preuves plus convaincantes.

Une autre découverte non moins inattendue vint bientôt exciter, dans le monde savant, un intérêt égal à celui qu'y avait fait naître la communication académique de M. Desnoyers. Je veux parler des silex taillés (pointes de flèches et grattoirs) trouvés à la base des dépôts miocènes de Thenay, près Pontlevoy (Loir-et-Cher). Si extraordinaire et si imprévu que pût paraître ce nouveau fait scientifique, M. l'abbé Bourgeois l'affirma sans la moindre hésitation, au sein du *Congrès préhistorique* réuni à Paris en 1867. « La présence des silex taillés à la base du calcaire de la Beauce, nous dit le docte abbé, est un fait étrange, inouï, d'une haute gravité, mais indubitable pour moi. »

L'auteur de cette découverte va même jusqu'à retracer, au moyen des documents qu'il a recueillis sur les lieux, l'ordre d'apparition des diverses formes animales qui se sont succédé dans la Beauce et dans l'Orléanais, postérieurement aux silex trouvés à la base des terrains miocènes de ces localités.

« Sur les bords du lac de la Beauce, dit-il encore, l'homme vit au milieu d'une faune (*aceratherium, tapir, mastodonte*) qui disparaît totalement. Puis apparaissent tout à coup, avec les sables fluviatiles de l'Orléanais, le singe anthropomorphe (*pliopithecus antiquus*), le *dinotherium Cuvieri*, le *mastodon angustidens*, le *M. tapinoïdes*, le *M. Pyrenaicus*, etc. Ces espèces, qui persistent peut-être pendant l'époque des *faluns*, font ensuite place à la faune quaternaire, que j'ai trouvée près de là, dans la brèche de Villiers (*rhinoceros tichorhinus, hyæna spelæa, felis spelæa*). Vient enfin la faune contemporaine [1]. »

Malgré les affirmations si précises du savant abbé, ses silex

---

avec l'*elephas meridionalis* dans un terrain des environs de *Chartres*, plus ancien que les terrains de transport quaternaires des vallées de la Somme et de la Saône (*Comptes rendus de l'Institut*, 8 juin 1863).

1. En Italie, le professeur Capellini est arrivé aux mêmes conclusions, après avoir vu des incisions, qu'il croit intentionnelles, sur des os de *Cétacés* pliocènes. Mais la nature de ces incisions a été fort contestée.

miocènes excitèrent à Paris et ailleurs une défiance à peu près générale.

Présentés au Congrès préhistorique tenu à Bruxelles en 1872, ils n'ont pas reçu meilleur accueil. Si Worsaaë, Engelhardt, Waldemar Schmidt, Capellini, de Quatrefages, de Mortillet, Hamy, Cartailhac, consentent à voir, dans quelques-uns d'entre eux, des traces manifestes d'un travail humain, Steenstrup, Virchow, Desor ne reconnaissent sur ces pierres aucun indice d'un travail quelconque. M. Van Beneden déclare qu'il ne peut se prononcer. M. Hébert nie d'une manière absolue.

M. G. de Mortillet, au contraire, est résolûment affirmatif. « Les silex de Thenay, dit-il, portent donc bien la trace d'un travail humain… Et puis, les échantillons portent en eux-mêmes le cachet de leur provenance, de leur origine, de leur authenticité. Ils sont en un silex tout à fait différent de celui de la surface. Impossible de les confondre. En outre, comme je l'ai déjà dit, leur mode de taille est tout différent. Jusqu'à présent, nous ne connaissions que les éclats obtenus par percussion : ceux de Thenay proviennent d'un craquelage ou étonnement au feu. C'est là une distinction industrielle bien nette, bien caractérisée, qui dénote une époque préhistorique toute différente, plus ancienne que la quaternaire, puisqu'à cette dernière époque la percussion était déjà généralement et exclusivement employée. » (G. de Mortillet, *Promenades au musée de Saint-Germain*, p. 76. Paris, 1869.)

Très-bien ; mais une petite difficulté nous arrête. Qui donc a allumé ce feu, au moyen duquel on explique le craquelage des silex? Est-ce l'homme lui-même ou la foudre du ciel? Et, dans les deux cas, où sont les cendres et les charbons?

Tout en acceptant l'authenticité des éclats de silex trouvés par l'abbé Bourgeois, M. Albert Gaudry n'admet pas l'existence de l'homme à l'époque miocène, et il faut avouer que les faits sur lesquels il fonde sa manière de voir ne sont pas sans valeur. « Il n'y a pas, dit-il, à l'époque du miocène moyen, une seule espèce de mammifère identique avec les espèces actuelles. Lorsqu'on se place au point de vue de la paléontologie pure, il est difficile de supposer que les tailleurs de silex de Thenay sont restés immobiles au milieu de ce changement universel » [1]. L'éminent professeur fait ici allusion aux modifications qui, depuis l'époque indiquée (*miocène moyen*), se sont opérées dans les faunes successives et dans les phénomènes géologiques.

[1]. Albert Gaudry, *Les enchaînements du monde animal dans les temps géologiques*, p. 240. Paris, 1878.

« Après la faune des calcaires de Beauce et des faluns, il y a
eu la faune du miocène supérieur d'*Eppelsheim*, de *Pikermi*, du
Liberon, qui en est différente; après la faune du miocène supérieur, il y a eu celle du pliocène inférieur de Montpellier; après
la faune de *Montpellier*, il y a eu celle du pliocène de *Perrier*, de
Solilhac, du *Coupet;* après cette faune, il y a eu celle du *forest-
bed* de Cromer; l'époque du *forest-bed* a été suivie par l'époque
glaciaire du *boulder-clay*, qui a dû être longue, à en juger par
les dépôts du Norfolk; l'époque du *boulder-clay* a été suivie à
son tour par celle du diluvium; puis est venu l'âge du renne et
enfin l'âge actuel. (Albert Gaudry, *ouvr. cité*, p. 240.)

Nous concevons très-bien que M. Albert Gaudry ne croie pas
à l'existence de l'homme miocène, puisque nous n'en sommes
pas nous-même entièrement convaincu; mais il nous permettra
sans doute de ne pas penser avec lui que les fameux silex de
Thenay ont été taillés par les *dryopithecus !...*

La question de l'homme tertiaire (pliocène ou miocène) n'est
donc pas encore complètement résolue : « *Adhuc sub judice lis
est;* » mais elle n'implique, selon moi, aucune impossibilité. Du
moment que deux singes anthropomorphes « d'un caractère
très-élevé » (le *pliopithecus antiquus* et le *dryopithecus Fontani*)
ont pu vivre, l'un à Sansan (Gers), l'autre à Saint-Gaudens
(Haute-Garonne), dès l'époque miocène, je ne vois pas de raison
suffisante pour se prononcer contre la présence de l'homme, à
cette même époque, soit dans la Beauce ou l'Orléanais, soit dans
le Languedoc. Mais, en pareille matière, des preuves analogiques
ne sauraient suppléer aux preuves directes, et ces dernières
nous manquent encore.

CHAPITRE IX

HAUTE ANTIQUITÉ DE L'HOMME

« That we must greatly extend our present chrono-
logy with respect to the first existence of man appears
inevitable : but that we should count by hundreds of
thousands of years is, I am convinced, in the present
state of the inquiry, unsafe and premature. »
PRESTWICH.

Tous les peuples ont une tendance innée à se donner une
haute antiquité. Ainsi, les Arcadiens se disaient plus anciens
que la lune, προσέληνοι, et les habitants de l'Attique se vantaient
d'avoir été créés avant le soleil [1].

L'idée que l'espèce humaine a eu des géants pour ancêtres est
aussi une idée assez généralement répandue. Les os de mammouth ou de mastodonte, pris longtemps pour des ossements
humains, semblaient confirmer cette opinion, erronée, s'il en fut.
Plus grande et plus déplorable encore était l'erreur, quand on
attribuait ces os à des saints et que, comme tels, ils étaient pro-
menés en grande pompe, dans les villes et dans les campagnes
(jusqu'en 1789), en vue d'obtenir la pluie du ciel dans les cas de
sécheresse prolongée.

Tout le monde connaît l'audacieuse supercherie au moyen de
laquelle un certain Mazoyer fit accroire à ses contemporains,
Sa Majesté le roi Louis XIII y comprise, que les os d'un mastodonte trouvés, en 1613, près du château de Chaumont, en
Dauphiné, étaient les restes du géant Teutobochus, roi des Cim-
bres, qui, après avoir envahi la Gaule, fut vaincu par Marius,
aux environs d'Aix en Provence.

On sait aussi qu'il ne fallut rien moins que la science et la
sagacité de Cuvier, pour démontrer, de la manière la plus évidente, que le prétendu *homo diluvii testis* de Scheuchzer, trouvé

---

1. Ovide a dit, dans ses *Fastes*, II, vers 289-290 :

> Ante Jovem genitum terras habuisse feruntur
> Arcades, et lunâ gens prior illa fuit.

en 1725, dans les schistes argileux d'*Œningen* (Suisse orientale) n'était rien autre chose qu'une salamandre gigantesque [1].

Vaut-il la peine de mentionner ici le cavalier pétrifié de la forêt de Fontainebleau, au sujet duquel se sont égarées tant d'imaginations plus amies du merveilleux que du vrai?

Pour établir incontestablement la haute antiquité du genre humain, nous avons aujourd'hui des preuves d'une tout autre valeur; on peut même dire que ces preuves surabondent. Sans parler de la fameuse et encore un peu douteuse mâchoire de Moulin-Quignon, les silex taillés du diluvium d'Abbeville et de cent autres lieux ; les os d'animaux éteints portant l'empreinte indéniable de blessures faites par l'homme ou d'un travail humain; les débris de notre propre espèce mêlés, dans les tombeaux, dans les cavernes, les brèches osseuses et les déjections volcaniques anciennes, à ceux des espèces perdues, ou accompagnés des vestiges d'une industrie toute primitive; l'ignorance totale et prolongée de l'emploi des métaux; les changements survenus dans la configuration des continents depuis l'apparition de l'homme à leur surface : voilà certainement plus de preuves qu'il n'en faudrait pour convaincre les esprits les plus rebelles aux accents de la vérité. A ces preuves cependant nous en avons ajouté d'autres, tirées des légendes, des monuments, du degré de civilisation des peuples qui les ont construits, de la chronologie historique elle-même, bien que les temps écoulés depuis la naissance de l'histoire ne soient véritablement qu'un point dans l'immensité.

Que sont, en effet, les 7000 ans révolus depuis la fondation de la Thèbes aux cent portes? Que sont les 5 ou 6000, au plus, assignés par les archéologues à la fondation des pyramides ou aux statues de Schafra et de Ra-em-ké? Que signifie même cette date de 66 siècles, attribués à la grande pyramide de Sakkara?

Toutes ces dates, en les supposant précises et bien démontrées, ne sont rien en comparaison des âges géologiques où l'homme européen laissait les débris de son industrie naissante, et même ses propres débris, dans le diluvium des vallées et des cavernes, peut-être même dans les couches pliocènes ou miocènes des terrains tertiaires.

---

1. Scheuchzer, naturaliste et théologien tout ensemble, accompagne sa description de la pieuse exhortation qui suit :

> « Betrübtes Beingerüst von einem alten Sünder,
> Erwache, Stein, das Herz der neuen Bosheitskinder. »

> D'un vieux damné déplorable charpente,
> Qu'à ton aspect tout pécheur se repente.

Loin de nous cependant la pensée d'ajouter une foi aveugle à ces calculs téméraires, ou du moins prématurés, au moyen desquels certains géologues voudraient fixer, en nombres plus ou moins complaisants, soit la première apparition de l'homme sur la terre, soit la durée respective des âges qu'il a traversés dans notre Europe, pour arriver, de l'état de barbarie le plus complet, au degré de civilisation avancée où nous le voyons parvenu.

Lorsque, de l'aveu des érudits les plus distingués, la science n'est pas encore en mesure de déterminer des dates précises en ce qui touche aux temps initiaux des annales de l'Egypte, lorsque ces mêmes érudits nous disent que, il y a 50 ans, on ne connaissait pas même un seul mot de son histoire [1], n'est-il pas imprudent de vouloir reconstituer d'emblée les archives primitives du genre humain, et de se croire en possession de tous les documents indispensables à l'exécution d'un travail aussi difficile et aussi gigantesque?

Que l'homme ait habité la terre depuis 100,000 ans, comme le prétend un géologue justement célèbre, ou depuis 100,000 siècles, comme d'autres semblent disposés à le croire; que nous importe en ce moment? Mais, des recherches accomplies, des découvertes déjà enregistrées par une science sévère, on peut, dès maintenant, tirer des conclusions d'une portée immense et d'une évidence que l'on ne saurait plus nier.

De ce pays qui devait être plus tard la Picardie, l'homme d'Abbeville ou d'Amiens pouvait alors se rendre dans la Grande-Bretagne sans traverser la Manche. Les Iles-Britanniques étaient jointes à la Gaule par un isthme qui, depuis, a disparu sous les eaux. Les niveaux de la mer du Nord et de la Baltique étaient de 400 pieds plus élevés qu'ils ne le sont aujourd'hui. La vallée actuelle de la Somme n'était point encore creusée dans toute sa profondeur : la Sicile était jointe à l'Afrique, la Barbarie à l'Espagne. L'opulente Carthage, les pyramides d'Égypte, les palais d'Uxmal et de Palenqué n'existaient pas encore, et les hardis navigateurs de Tyr et de Sidon qui, beaucoup plus tard, devaient entreprendre leur périple dangereux autour de l'Afri-

---

1. En pratiquant des sondages dans le sol limoneux de la vallée du Nil, on a trouvé deux briques cuites, l'une à 18 mètres et l'autre à 22 mètres de profondeur. Si l'on évalue à 15 centimètres par siècle l'épaisseur des dépôts annuels formés par le fleuve, on arrive à pouvoir assigner à la première de ces briques une antiquité de 12,000 ans, et l'âge de 14,000 à la seconde. Se basant sur des calculs analogues, Bürmeister fait remonter à 72,000 ans la première apparition de l'homme sur la terre d'Égypte, et Draper attribue à l'homme européen témoin de la dernière invasion des glaciers une antiquité qui dépasserait 250,000 ans!...

que, dormaient encore ensevelis dans les limbes du néant. Ce que l'on sait, de science certaine, c'est que l'homme européen a été le contemporain des espèces perdues des terrains quaternaires (*elephas primigenius*, *rhinoceros tichorinus*, *ursus spelæus*, *felis spelæa*, etc.), c'est qu'il a vu le soulèvement des Alpes et l'extension des glaciers, en un mot, qu'il a vécu des milliers d'années avant toutes les traditions historiques.

La contemporanéité de l'homme avec les mammifères éteints s'étend peut-être même jusqu'à des espèces plus anciennes que celles qui viennent d'être citées, c'est-à-dire jusqu'à l'*elephas meridionalis* des sablières de Saint-Prest, ou tout au moins jusqu'à l'*elephas antiquus*, réputé antérieur au *primigenius*, et trouvé, avec des silex taillés, dans plusieurs cavernes de l'Angleterre, associé au *rhinoceros hemithœcus* et même au *machairodus latidens*, d'une date plus ancienne encore.

Pas plus que nous, M. Ed. Lartet ne voit une impossibilité réelle à reporter l'existence de l'homme jusqu'à l'époque tertiaire. Les observations de M. Desnoyers relatives aux incisions faites sur des os d'*elephas meridionalis*, peut-être même celles de l'abbé Bourgeois sur les silex taillés de la Beauce, tendraient-elles à nous conduire à cette conclusion. Mais l'absence de faits plus nombreux et de preuves plus décisives nous impose le devoir de suspendre notre jugement jusqu'à plus ample informé. Écoutons maintenant un savant très-orthodoxe, un catholique profondément convaincu. C'est M. F. Lenormant qui prend la parole :

« Mais la Bible, vont me dire, sans doute, quelques personnes effrayées de la hardiesse de ces assertions, auxquelles le public n'est pas encore très-habitué, et qui sont cependant pour la Science des vérités certaines et démontrées ; mais les 4,004 ans auxquels les Livres saints réduisent le temps écoulé entre la création de l'homme et la venue du Christ sur la terre ; les 2,348 ans qu'ils comptent seulement depuis le déluge jusqu'à l'Incarnation, comment les faites-vous accorder avec vos dates égyptiennes ? Beaucoup de gens, en présence d'une semblable question, feraient bon marché de l'autorité de Moïse. Je ne suis pas de ce nombre. Catholique profondément convaincu de tout ce qu'enseigne ma religion, je respecte les Livres saints, je m'incline devant leur autorité, et je crois à l'inspiration divine qui les a dictés. Mais il est des choses que ces livres ne disent pas et que seulement les commentateurs ont cru y trouver ; ces choses-là, et la chronologie est du nombre, je ne vois rien qui m'oblige à les admettre comme articles de foi, et, quand je rencontre des faits positifs qui les démentent, je crois plutôt les faits que les plus ingénieuses combinaisons des commentateurs.

« Un des érudits les plus éminents de ce siècle, qui était en même temps un grand chrétien, Sylvestre de Sacy, avait coutume de dire : « On s'inquiète de la chronologie biblique et de « son désaccord avec les découvertes de la Science moderne. On « a grand tort, car il n'y a pas de chronologie biblique. » Rien n'est plus vrai que ce mot, et les catholiques, aussi bien que leurs adversaires, devraient toujours l'avoir présent à la pensée en s'occupant de l'histoire primitive de l'humanité. La chronologie n'existe en effet que là où se rencontrent des éléments réels, là où l'on possède des monuments qui contrôlent l'exactitude des chiffres transmis par les chronographes, et surtout où l'on connaît la mesure du temps employée par le peuple dont il s'agit de reconstituer les annales.

« Ne cherchons donc pas dans les Livres saints ce qui n'y est pas, ce qui ne saurait y être, une chronologie fixe et certaine. » (François Lenormant, *L'Egypte*, p. 61.)

Nous répétons, nous, ce que nous disions au commencement de ce livre : « La Science n'est inféodée à aucune philosophie, à aucune religion. Y a-t-il une géométrie, une physique, une physiologie protestante, une autre catholique? »

Ajoutons, d'ailleurs, à la louange de notre siècle, que l'Eglise catholique elle-même, si longtemps et si cruellement hostile aux découvertes de la Science profane, vient aujourd'hui les confirmer par l'organe et les travaux de ses ministres les plus instruits et les plus intelligents.

Un abbé très-érudit, professeur en Sorbonne, nous déclare aujourd'hui catégoriquement que l'*archéologie préhistorique* et la *paléontologie* peuvent, sans se mettre en opposition avec la sainte Ecriture, découvrir, dans les terrains tertiaires et dans la première partie de la période quaternaire, des traces de *préadamites*. En ne s'occupant pas des créations antérieures à l'avant-dernier déluge (celui qui a produit le *diluvium*, d'après le savant abbé), la révélation biblique nous laisse libres d'admettre l'homme du *diluvium* gris, l'homme pliocène et même l'homme éocène. D'un autre côté, toutefois, les géologues ne sont point fondés à soutenir que les hommes qui auraient habité sur la terre à ces époques primitives doivent être comptés au nombre de nos aïeux. (L'abbé J. Fabre, *Les origines de la terre et de l'homme*, p. 454. Paris, 1873.)

Sur ce dernier point, M. Fabre me permettra, j'espère, de n'être pas de son avis.

De son côté, l'abbé Bourgeois, au courage et à la persévérance de qui M. Broca, président du *Congrès des sciences anthropologiques*, rendait naguère un juste hommage, a travaillé pendant onze ans à recueillir des preuves en faveur de l'existence de l'homme à l'époque miocène. Si une mort imprévue est venue l'arracher à ses travaux avant qu'il ait pu assister au triomphe définitif et aujourd'hui presque certain de cette idée, qui paraît téméraire et qui n'est pourtant que logique, il a du moins donné, dit M. Broca, « ce rare et noble exemple d'un esprit profondément religieux dont la foi est assez solide pour ne pas craindre la vérité scientifique ». (*Discours prononcé à l'ouverture du Congrès des sciences anthropologiques*, à Paris, le 16 août 1878.)

Enfin, le savant abbé Brasseur de Bourbourg, rendant, lui aussi, un éclatant hommage à la vérité scientifique, s'exprime ainsi qu'il suit, à propos des vieilles traditions du Nouveau-Monde :

« Si j'en crois des documents que j'ai été assez heureux pour recueillir, il y a des dates qui feraient allusion à des convulsions antiques de la Nature dans ces régions, à des déluges, à des inondations terribles, à la suite desquelles auraient surgi des montagnes, accompagnées d'éruptions volcaniques.

« Des traditions dont nous retrouvons également des traces au Mexique, dans l'Amérique centrale, au Pérou et en Bolivie, donneraient même à penser que l'homme existait, dans ces différentes contrées, lors du soulèvement gigantesque des Andes, et qu'il en a gardé le souvenir. »

Ainsi, toutes les preuves que nous avons recueillies jusqu'à présent sur la haute antiquité du genre humain, celles que les savants de tous les pays du monde recueillent encore chaque jour, sont, il est vrai, d'inégale valeur ; mais toutes sont parfaitement concordantes, et la plupart d'entre elles ont été contrôlées par des géologues de premier ordre et des juges on ne peut plus compétents, au nombre desquels se trouve notre éminent paléontologiste M. Ed. Lartet. Voici comment il s'exprime à cet égard : « Cette vérité tant contestée de la coexistence de l'homme avec les grandes espèces éteintes (*elephas primigenius, rhinoceros tichorhinus, hyæna spelæa, ursus spelæus,* etc.), nous paraît désormais inattaquable et définitivement acquise à la science. » (Ed. Lartet, *Cavernes du Périgord*, p. 35.)

Répétons donc avec le véritable créateur de l'Archéogéologie : « Dieu est éternel, mais l'homme est bien vieux, » même dans le Nouveau-Monde. Telle sera la conclusion logique de la première partie de cet ouvrage.

DEUXIÈME PARTIE

LA CIVILISATION PRIMITIVE

CHAPITRE PREMIER

LA VIE DOMESTIQUE

1

Les origines du feu dans l'humanité

> « Le feu est vraiment le père de la civilisation. »
> A. REVILLE.
> « Man is a fire making animal. »
> WILSON.

Le feu, tout à la fois source de chaleur, de lumière et de vie ;
le feu, principe actif d'une foule d'industries et surtout de l'industrie métallurgique, est sans contredit une des plus précieuses
conquêtes de l'homme sur la nature.

Sa découverte fut plus qu'un bienfait : ce fut un vrai pas de
géant dans la voie de la civilisation. Avec lui devaient naître la
sociabilité, la famille, les saintes joies du foyer domestique,
toutes les industries, tous les arts et les merveilles qu'ils ont
enfantées et enfantent tous les jours. Aussi conçoit-on sans
peine qu'il ait été et qu'il soit encore, chez un grand nombre de
peuples, l'objet d'un culte particulier (prêtres de Baal, guèbres,
brahmines de l'Inde, vestales à Rome, prêtresses du Soleil au
Pérou, etc.), et qu'il ait souvent figuré dans les rites religieux
ou funéraires des nations les plus éloignées les unes des autres,
et dans le temps et dans l'espace (Chaldéens, Hébreux, Grecs,
Romains, Hindous, Péruviens, Mexicains, etc.). Mais comment
et à quelle époque l'homme est-il parvenu à faire cette grande

découverte, en l'absence de laquelle on ne conçoit guère comme possibles ni ses arts, ni son existence elle-même? Est-il allé, ainsi que le disent les mythes indiens ou helléniques, ravir le feu au ciel, ou bien, comme l'attestent certaines autres légendes, a-t-il su faire tourner à son profit l'incendie spontané des forêts, le frottement mutuel de deux branches sèches violemment agitées par le vent, ou bien enfin s'est-il ingénié, dès l'origine, à trouver un de ces moyens simples et pratiques, à l'aide desquels certaines tribus sauvages ou à demi civilisées se procurent encore le feu nécessaire aux besoins de la vie ?

Malgré bon nombre d'assertions contraires, aussi loin que nous remontions dans l'histoire de l'homme, nous le voyons déjà en possession du feu. La fable de Prométhée, qui va le chercher dans l'Olympe même, n'est rien autre chose que le mythe védique qui nous représente le dieu *Agni*, ou le feu céleste (en latin *Ignis*), comme blotti dans une cachette d'où *Matarichvan* le force à sortir pour le communiquer à *Manou*, le premier homme, ou à *Bhrigu*, le *brillant*, père de la famille sacerdotale du même nom.

Le nom de Prométhée lui-même a une origine toute védique et rappelle le procédé employé par les anciens brahmanes pour obtenir le feu sacré. Ils se servaient, dans ce but, d'un bâton qu'ils appelaient *matha* ou *pramatha*, le préfixe *pra* ajoutant l'idée de *ravir avec force* à celle contenue dans la racine *matha* du verbe *mathâmi*, ou *manthnâmi*, produire dehors au moyen de la friction. Prométhée est donc celui qui découvre le feu, le fait sortir de sa cachette, le ravit et le communique aux hommes. De *Pramanthâ* ou *Prâmâthyus*, celui qui creuse en frottant, qui dérobe le feu, la transition est facile et naturelle, et il n'y a qu'un pas à franchir pour arriver du Prâmâthyus indien au Prométhée des Grecs, qui déroba le feu du ciel pour allumer l'étincelle de l'âme dans l'homme formé d'argile.

Le bâton allumeur ou *pramantha* était muni d'une corde de chanvre mêlé à du poil de vache, et à l'aide de cette corde enroulée autour de sa partie supérieure, le prêtre de Brahma lui imprimait un mouvement rotatoire alternatif de droite à gauche et de gauche à droite. Ce mouvement avait lieu dans une petite fossette pratiquée au point d'intersection de deux morceaux de bois placés transversalement l'un au-dessus de l'autre, de manière à former une croix, tandis que leurs extrémités, recourbées à angle droit, étaient fixées solidement par quatre clous de bronze, afin qu'elles ne pussent tourner ni d'un côté ni de l'autre. L'ensemble de la machine ainsi formée se nommait

Swastika [1]. Le père du feu sacré se nommait *Twastri*, c'est-à-dire le divin charpentier, qui fabriquait le *Swastika* et le *Pramanthâ*, dont le frottement réciproque produisait l'enfant divin *Agni* (en latin, *Ignis*). Sa mère avait pour nom *Maya*. Lui-même se nommait *Akta* (oint, χριστος) lorsque les prêtres avaient répandu sur sa tête le spiritueux *Sôma,* et sur son corps, le beurre purifié du sacrifice.

Dans son intéressant ouvrage sur l'*Origine du feu (Die Herabkunft des Feuers)*, Adalbert Kühn désigne toujours le ⌐⊥⌐

et cet autre signe ⌐⊡⌐ analogue sous le nom d'*arani*, et il les regarde tous deux comme les symboles religieux par excellence de nos vieux ancêtres aryens. Puis il ajoute : « Ce procédé pour allumer le feu devait facilement conduire l'homme de la nature à l'idée de la reproduction sexuelle. C'est ce que nous voyons, en effet, dans un hymne du *Rigvéda*, où le *Pramanthâ* figure évidemment l'organe mâle copulateur, et où sont indiquées, en mesures exactes, les dimensions de l'*arani*, celles des différentes parties qui le composent, et l'endroit précis où il faut placer le *Pramanthâ* pour obtenir le résultat voulu. »

La légende que nous venons d'exposer se retrouve dans le *Zend-Avesta*, ou livre sacré des Perses, et dans les hymnes védiques de l'Inde, sous sa double forme matérielle et métaphysique tout ensemble. Mais les auteurs de ces hymmes témoignent que cette même légende avait été, bien longtemps avant eux, symbolisée dans un grand culte national, dont le fondateur, *Rhibu*, n'est autre qu'Orphée lui-même. Cette tradition

---

1. Chose bien remarquable! le *Swastika* ⌐⊥⌐ de l'Inde est figuré très-fréquemment avec ces deux formes ⌐⊡⌐ ou ⊹ sur les *fusaïoles* ou disques de terre cuite trouvés en si grande abondance, par le docteur Schliemann, sous les ruines de l'antique Ilion [*]. D'où cette conclusion toute naturelle, que les Troyens étaient de souche aryane. Quant aux analogies, aux ressemblances même qui existent entre certaines cérémonies du culte d'*Agni* et certains rites du culte catholique, elles peuvent s'expliquer aussi par la communauté d'origine, du moins jusqu'à un certain point [**].

[*] Voyez Heinrich Schliemann, *Trojanische Alterthümer*, p. 49 et suiv. Leipzig, 1874; et Emile Burnouf, *la Science des religions*.

[**] *Agni*, à l'état d'*Akta* (oint), rappelle le Christ; *Maya*, Marie, sa mère; *Twastri*, saint Joseph, le charpentier de la Bible.

commune aux Grecs, aux Hindous, aux Persans, nous reporte à
ces temps antiques où les rameaux de cette souche non encore
morcelée erraient sur les rives de l'Oxus.

Dans ses *Researches on the early history of Mankind*, M. Tylor
nous donne de précieux détails sur l'invention du feu, et sur les
divers moyens employés à toutes les époques pour se le procurer. Le procédé primitif semble avoir consisté, selon lui, à
frotter deux morceaux de bois secs l'un contre l'autre ; mais ce
procédé s'est perfectionné dans la suite des âges, et en raison du
plus ou moins d'ingéniosité des peuples qui l'ont adopté. Ainsi.
tout d'abord le frottement s'effectue à l'aide d'un bâton que l'on
fait glisser rapidement, par un mouvement de va-et-vient, sur
un morceau de bois tendre et sec placé à terre (*Tahiti, Nouvelle-
Zélande, îles Sandwich, Timor*, etc.). C'est le procédé que Tylor
nomme *stick-and-groove* (voyez fig. 65) (bâton et sillon), par

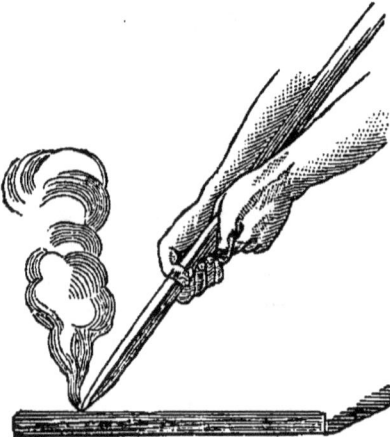

Fig. 65. — Le *stick-and-groove*, procédé employé à Tahiti, à Tonga, à Samoa, aux îles
Sandwich, à la Nouvelle-Zélande, etc. Le
bois dont on se sert pour allumer le feu,
surtout à Tahiti, est l'*hibiscus tiliaceus*, bois
extrêmement léger quand il est sec.

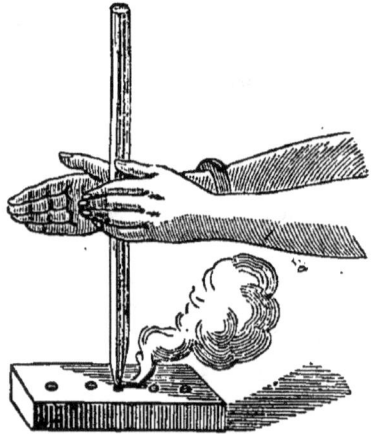

Fig. 66. — Le *fire-drill*, usité en Australie,
en Tasmanie, au Kamtschatka, au Thi-
bet, dans l'Inde, en Afrique, chez les
Guanches des îles Canaries, au Mexique, etc.

opposition au *fire-drill* ou vilebrequin à feu, bien plus généralement employé (fig. 66, 67 et 68). Dans sa forme la plus simple,
le .*fire-drill* consiste en un bâton dont l'une des extrémités
repose sur une cavité creusée dans un morceau de bois sec ; on
le fait tourner entre les deux mains, qui exercent en même
temps sur lui une pression verticale aussi grande que possible.

On retrouve cet instrument non-seulement en Australie, à Sumatra, aux îles Carolines, au Kamtschatka, mais encore en Chine,

dans l'Afrique sud et dans les deux Amériques. Il était usité chez les anciens Mexicains (fig. 67) ; il l'est encore aujourd'hui chez

Fig. 67. — Ancien Mexicain allumant du feu au moyen du *fire-drill* (d'après une peinture ancienne du Mexique reproduite au trait par Tylor).

Fig. 68. — Autre sorte de *fire-drill* usité par les *Gauchos*, peuple pasteur à demi sauvage, qui habite les pampas de l'Amérique.

les Yenadis, dans l'Inde méridionale, chez les sauvages veddas de l'île de Ceylan et les Gauchos de l'Amérique méridionale (fig. 68).

Un progrès de plus s'accomplit ; le bâton servant à allumer le feu tourne sur lui-même à l'aide d'une corde ou d'une courroie

Fig. 69. — Eskimau allumant du feu au moyen du *thong-drill* ou vilebrequin à courrole.

qu'on enroule autour de lui et dont les extrémités sont tirées alternativement en sens opposés. C'est là l'instrument décrit dans les Védas et encore employé par les brahmes de nos jours pour allumer le feu sacré. Car, ainsi que le fait très-bien observer

Tylor, il est assez fréquent de voir, dans les cérémonies religieuses, le feu s'obtenir par les procédés antiques, de préférence aux moyens plus faciles que l'art moderne a inventés. Ainsi, le feu sacré que les Vestales laissaient s'éteindre se rallumait au moyen des rayons du soleil concentrés par une lentille de verre. On sait qu'un moyen analogue était employé par les anciens prêtres du Pérou pour allumer le feu du sacrifice. C'était là un de ces hommages pieux que le cœur se plaît à rendre à la mémoire des ancêtres les plus lointains.

Un instrument qui rappelle jusqu'à un certain point celui dont se servaient les Brahmines de l'Inde, est usité aujourd'hui chez les Eskimaux et chez les habitants des îles Aléoutiennes (voy. fig. 69). Il se compose d'un bâton, appuyé d'une part sur une pièce de bois fixée entre les dents (*mouth-piece*), aboutissant

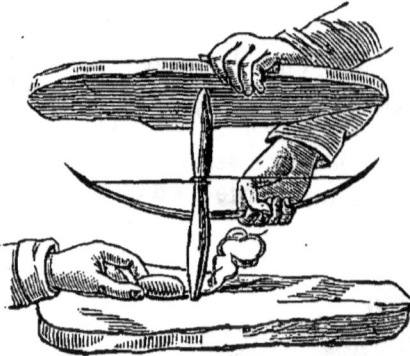

Fig. 70. — Le *bow-drill*, employé, d'après Schoolcraft, par les Sioux, et les Indiens du Canada.

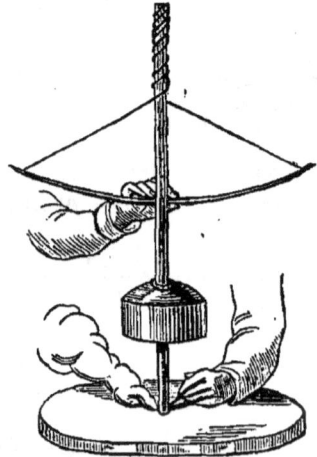

Fig. 71. — Le *pump-drill*, en usage chez les Iroquois depuis un temps presque immémorial.

de l'autre à une fossette creusée dans un autre morceau de bois sec, et mis en mouvement au moyen d'une courroie qui s'enroule deux fois autour de la tige rigide, et que tirent alternativement les deux mains, tantôt à droite, tantôt à gauche.

De légères modifications s'introduisent dans la construction du *fire-drill*, et l'ingéniosité des peuples crée d'autres instruments servant au même usage. Tels sont, par exemple, le *bow-drill*, ou vilebrequin, mû à l'aide d'un archet qui rappelle le foret moderne; et le *pump-drill*, employé tout à la fois pour obtenir du feu et pour percer des trous dans le bois, la pierre ou le métal (voy. fig. 70 et fig. 71).

Parmi les autres moyens d'obtenir du feu, ou du moins des étincelles, nous ne faisons que mentionner, en passant, la percussion réciproque de deux silex, ou d'un silex avec un morceau d'acier ou de pyrite de fer, le choc de deux morceaux de bambou l'un contre l'autre (moyen usité en Chine), la compression de l'air dans un tube d'ivoire ou de bois (procédé adopté par les Malais), etc., etc.

Le parenchyme desséché du bolet amadouvier (*amadou*), l'écorce de cèdre éraillée [1], des feuilles sèches, des fibres végétales préalablement carbonisées, etc. : telles sont les matières combustibles ordinairement employées pour recevoir l'étincelle obtenue par la percussion.

Existe-t-il, a-t-il jamais existé des peuples auxquels l'usage du feu ou la manière de le produire soient restés complètement inconnus? Bien des auteurs se sont déclarés pour l'affirmative. On a dit, par exemple, que les habitants de la Tasmanie connaissent le feu, en font usage, mais qu'ils ignorent le moyen de se le procurer. Aussi, leurs femmes ont-elles pour mission spéciale de porter des torches jour et nuit allumées, et destinées à guider la marche de la tribu à travers les forêts. Si la torche vient à s'éteindre, on entreprend des voyages quelquefois assez longs pour aller la rallumer chez une autre tribu. Presque toujours aussi chaque famille emporte avec elle un cône de *banksia*, dont la combustion lente, comme celle de l'amadou, remplit convenablement le but qu'on se propose d'atteindre.

Ce qui prouve d'ailleurs que les Australiens eux-mêmes ne sont pas, en ce qui concerne l'emploi du feu, aussi ignorants que certains auteurs le disent ou le supposent, c'est qu'ils ont une légende relative à son origine, et cette légende la voici : nous l'empruntons à Wilson qui, dans son livre sur l'homme préhistorique, a consacré un très-intéressant chapitre à la question qui nous occupe.

Un petit *Bandicoat* (animal assez semblable au cochon d'Inde, *guinea-pig*) était d'abord seul possesseur du feu. Malgré les instances des autres animaux, il refusait obstinément de le partager avec eux. Ceux-ci tinrent conseil et résolurent d'obtenir, de gré ou de force, le feu objet de leur convoitise. Le pigeon et le faucon furent députés vers le *Bandicoat;* mais il se montra

---

1. L'écorce de cèdre éraillée et desséchée est, en effet, d'après Paul Kane, la substance dont se servent les Chinooks de la rivière de Colombia pour recevoir les étincelles produites au moyen d'un bâton arrondi, que les deux mains font tourner très-rapidement dans un trou creusé au milieu d'une planche de cèdre.

inébranlable en son refus. Alors le pigeon tâcha de s'emparer du précieux élément : mais le légitime possesseur lança le feu dans la rivière afin de l'éteindre pour toujours. Heureusement, le faucon, à l'œil perçant, vit le brandon au moment où celui-ci allait tomber dans l'eau, et d'un coup d'aile il le lança sur les herbes sèches de la rive opposée. Des flammes jaillirent : l'homme noir sentit le feu et dit qu'il était bon. (Wilson, *Prehistoric man*, p. 86.)

L'homme préhistorique était-il en possession du feu? — S'il fallait en croire l'abbé Bourgeois, l'homme aurait été en possession du feu dès l'époque miocène. Cette assertion s'appuie sur la découverte qu'il a faite, dans les sables de l'Orléanais, d'un fragment pierreux de pâte artificielle mélangée de charbon, et gisant au milieu d'ossements de *mastodonte* et de *dinotherium*. Elle s'appuie encore, mais moins sûrement, sur les silex *craquelés*, trouvés par ce même savant aux environs de Thenay, non loin des rives du lac de Beauce. Ces silex portent, à ce qu'il paraît, des traces évidentes de l'action du feu ; mais cette action n'a-t-elle pas été peut-être celle de la foudre elle-même? Sinon, où sont les cendres, où sont les charbons qui devaient naturellement accompagner ces silex s'ils avaient été réellement soumis à l'action d'un foyer? où est le foyer lui-même? La déduction tirée par l'abbé Bourgeois n'est donc pas impossible, mais elle n'est, à mon avis, rien moins que démontrée.

Mais si l'invention du feu à l'époque miocène peut être mise en doute, on ne saurait nier que cet élément ne fût connu de l'homme quaternaire le plus ancien. De nombreux foyers, des cendres, du charbon, des os en entier ou à demi calcinés, des fragments de poterie grossière noircis par la fumée, etc., ont été trouvés dans les cavernes appartenant à l'âge de l'ours, ainsi qu'à l'âge du renne, et ils indiquent, par cela même, que l'homme qui les habitait soumettait assez ordinairement ses aliments à la cuisson, et en rendait ainsi la digestion plus facile et plus complète.

À l'aide du feu, l'homme préhistorique parvenait facilement à creuser ses pirogues et il préservait d'une destruction trop prompte l'extrémité inférieure des pieux formant l'échafaudage sur lequel il construisait ses habitations lacustres.

Non seulement l'homme des cavernes et des palafittes savait cuire ses aliments et chauffer sa demeure, mais encore il connaissait plusieurs moyens de l'éclairer pendant l'obscurité des nuits. On a trouvé, dans le lac Fimon, du bois résineux carbonisé qui, très probablement, avait servi à ce dernier usage.

De même que les Eskimaux de nos jours éclairent leurs huttes de neige au moyen de lampes alimentées par l'huile de phoque ou de baleine, de même les Danois des *kjökkenmöddinger* employaient, pour se procurer de la lumière, une mèche qu'ils fabriquaient avec de la mousse et dont ils plongeaient l'une des extrémités dans l'estomac d'un grand pingouin (*Alca impennis*) chargé de graisse.

A l'âge des palafittes, l'emploi du silex ou du quartz et de la pyrite de fer, pour se procurer du feu, au moyen du choc mutue de ces substances, est attesté par la découverte faite dans les lacs suisses (à Meilen, à Moosseedorf, à Wangen, à Robenhausen) de morceaux d'amadou provenant du *bolet amadouvier*. Bien plus, si l'on adopte les vues de MM. Ed. Lartet et Christy au sujet des blocs en granite, de forme circulaire ou quadrangulaire, creusés d'une cavité dans leur milieu, qu'ils ont trouvés dans les grottes ossifères du Périgord, il paraîtrait que ces blocs étaient destinés à se procurer du feu, en faisant tourner rapidement dans la cavité centrale un bâton de bois, à la manière des prêtres de Brahma.

Nous le répétons avec une conviction profonde : le feu a dû être connu de très-bonne heure, car on ne comprend pas que l'homme puisse exister sans lui. Aussi, « qui se représentera jamais le bonheur, le ravissement, l'extase radieuse de celui de nos pères inconnus qui, le premier, montra en triomphe à la tribu stupéfaite le tison fumant d'où il avait réussi à faire jaillir la flamme »[1] ?

Ainsi, nous avons vu le feu présider à la naissance de presque tous les arts ou en activer les progrès. Métallurgie, architecture, arts céramiques, agriculture, navigation, commerce, industrie, il anime tout de sa flamme vivifiante. Il a joué et joue encore un rôle important dans les cérémonies religieuses et dans les rites funéraires des peuples, soit sauvages, soit civilisés. Mais, en revanche, et comme si, en vertu d'une loi fatale, le mal devait toujours accompagner le bien, le feu détruit plus vite encore qu'il ne fait naître, en forgeant ces engins formidables, ces instruments de mort, au moyen desquels la fleur des nations est moissonnée en un clin d'œil sur les champs de bataille.

Mais oublions les maux qu'il peut causer pour ne songer qu'à ses bienfaits.

Ils ont été énumérés par Wilson dans une page éloquente que je vais traduire et qui servira de conclusion toute naturelle à cette étude sur l'histoire du feu :

---

[1]. Albert Réville, *Revue des Deux-Mondes*, tome XL, p. 846, année 1862.

« Le minerai de fer, masse noire, disgracieuse, inerte, gisait sous la terre. A côté de lui, dans des couches contemporaines de celles où il se trouve enseveli, la chaleur accumulée pendant les siècles oubliés des temps géologiques s'était condensée pour former le charbon végétal. Et maintenant le feu allait accomplir ses triomphes et faire, des vastes plaines et des grands cours d'eau du Nouveau-Monde, le théâtre de révolutions sans égales depuis que le temps lui-même était né. La houille et le fer se marient ensemble. Les nouveaux fabricateurs de foudres travaillent sans relâche dans les forges rugissantes de Birmingham, de Glasgow, de Wolverhampton et de Woolwich. Watt, Arkwright, Brunel, Stephenson, deviennent les Tubal-Caïns et la Wayland-Smith de notre âge moderne. Leurs steamers couvrent l'Atlantique comme d'un pont de bateaux ; et là où le génie de l'Europe, ce croyant solitaire à un monde occidental, guidait les caravelles de l'Espagne vers un autre continent, à travers les effrayants mystères de l'Océan, les navires marchands de toutes les nations précipitent leur course et défient les vents et les flots, sous l'impulsion de ces nouvelles forces qui sommeillaient, attendant leur réveil d'une faible étincelle allumée par le Prométhée des forêts. Servi par cet esclave volontaire, le génie mécanique remplit, sans se lasser, sa tâche grandiose. L'ouvrage entier des vieux siècles est dépassé en quelques années. Partout et sous toutes les formes, les nouveaux développements de cet élément primitif de la science nous font tressaillir à la vue de ses forces récentes et à jamais inépuisables... Au nord, au sud, dans la solitude de l'horizon occidental de la civilisation, les voies ferrées s'étendent, les chevaux de fer s'élancent essoufflés, hennissant, impatients d'arriver à l'océan Pacifique, et l'émotion qui les agite ne cessera qu'au moment où, de concert avec les navires de commerce qui voguent sur les mers, ils auront formé une ceinture autour du monde entier. » (Daniel Wilson, *Prehistoric man*, tome I, p. 137, London, 1862.)

II

Les aliments et la cuisine.

Exposé aux intempéries d'un climat rigoureux, surtout à l'époque de la grande extension des glaciers qui ont couvert toutes nos montagnes, en butte à toutes les nécessités d'une vie précaire et misérable, obligé de se défendre contre les bêtes féroces et de taille souvent gigantesque dont il était environné, l'homme quaternaire dut songer d'abord à se vêtir et à se procurer sa nourriture, au moyen de la chasse et de la pêche, et se fabriquer des armes et des outils pour assurer son existence et celle de sa famille.

Frugivore par instinct [1], c'est-à-dire en vertu de la conformation de son canal digestif et de son système dentaire, qui le rapproche beaucoup des singes, presque tous exclusivement frugivores dans l'état de nature [2], l'homme est bientôt devenu omnivore par nécessité, et son estomac complaisant s'est accommodé de tous les régimes et de tous les aliments. Aujourd'hui cependant, nos palais délicats se révoltent quand on nous dit que les Australiens se délectent en engloutissant dans leur estomac d'énormes morceaux de chair de baleine en putréfaction. Nous avons peine à croire, et il est vrai pourtant que les Eskimaux se gorgent d'huile de phoque et de cachalot, que les Chinois mangent avec plaisir des chiens, des chats, des rats, des crapauds, des larves et des chrysalides de vers à soie, etc., etc. Enfin, nous sommes près de nous insurger quand des philanthropes, exempts de préjugés, nous proposent d'établir, dans nos grandes villes, des boucheries où la viande du cheval serait vendue à bas prix, au grand avantage de l'alimentation publique.

Nos ancêtres, les Gaulois et les Francs, étaient, sous ce rapport, bien plus raisonnables que nous, et moins difficiles à coup sûr. Sans remonter si loin dans le passé, ne savons-nous pas que non seulement la viande du cheval, mais encore celle du castor se servaient, au x° et vers le commencement du xi° siècle, sur la table des moines de Saint-Gall? Est-il donc étonnant de voir la chair du plus noble des mammifères mangée avec plaisir par l'homme d'Aurignac et de Solutré, pour ne citer que ces deux exemples entre tant d'autres? La chair de l'ours, celle du mammouth et celle du rhinocéros figuraient aussi avec honneur dans la cuisine de nos premiers ancêtres.

L'urus, l'aurochs, le bœuf primitif, le cerf à bois gigantesques, le renne, et plus tard le bouquetin, le mouton, la chèvre, le san-

1. Telle est l'opinion de Flourens, de Schaaffhausen, de H. Milne-Edwards, et c'est aussi la nôtre.

2. Savage nous apprend que les chimpanzés élevés en domesticité, ou plutôt en captivité, refusent d'abord la chair, mais qu'ils en prennent rapidement le goût. Nous avons vu nous-même, dans une ménagerie ambulante, un macaque devenu presque exclusivement carnivore. Cela n'est pas plus étonnant, du reste, que de voir des aigles captifs se nourrir de pain, des pigeons de viande, des lapins de sang coagulé, et les vaches d'Islande de poisson salé ou desséché.

glier, le porc, servaient journellement à leur alimentation. Ils ne dédaignaient ni le chien, ni même le renard, dont l'odeur est si repoussante. En revanche, et à l'exemple des sectateurs de Zoroastre, des anciens Scandinaves, des Bretons de César, des Juifs, des Russes et des Lapons actuels, ils s'abstenaient de manger la chair du lièvre, probablement pour des motifs superstitieux. Telle est du moins l'opinion de M. Ed. Lartet [1].

On sait maintenant, à n'en pouvoir douter, que la moelle des os, à ces mêmes époques, était un des mets les plus recherchés, comme elle l'est encore aujourd'hui chez les Eskimaux, les Groënlandais, les Lapons. Ainsi s'explique l'état fragmenté des nombreux ossements d'animaux, et même des os humains, qui ont été trouvés dans les cavernes, les kjökkenmöddinger, etc., etc. Diverses espèces d'oiseaux aquatiques et autres : en Danemark, le coq de bruyère, qui en a dès longtemps disparu, le cygne sauvage, le grand pingouin, aujourd'hui relégué au Groënland, des poissons (harengs, limandes, etc.), plusieurs mollusques, notamment des huîtres en abondance, des moules, des bucardes, des natices et des colimaçons, fournissaient aussi un appoint considérable à la nourriture des hommes.

Enfin, le lait des troupeaux et le fromage vinrent s'ajouter, notamment chez les habitants des cités lacustres, au régime tiré des deux règnes organiques.

D'abord la chair des animaux fut mangée toute crue; mais, une fois mis en possession du feu, l'homme put faire cuire ses aliments, les rendre, par là, plus faciles à digérer, et même tirer parti d'une foule de substances végétales ou animales qui, sans la cuisson, ne seraient pas comestibles.

Du reste, de très bonne heure et partout, l'homme primitif a dû obéir à la loi des habitudes et des climats, et se contenter des mets que la nature mettait à sa disposition (peuples lotophages, acridophages, ichtyophages, géophages); souvent même, il s'est vu obligé de détruire ses semblables et de se nourrir de leurs chairs palpitantes, comme le font encore les indigènes de la Nouvelle-Zélande, de l'Australie, des îles Viti, etc.

1. Dans l'une des grottes de *Thayngen*, celle du Kesslerloch, près de Schaffouse, outre de nombreux ossements de renne et autres animaux, on a trouvé une grande quantité de débris osseux du lièvre (*Lepus timidus*, Linné). Or, les os de cet animal sont tellement rares dans les grottes ossifères explorées par M. Ed. Lartet, que cet éminent paléontologiste avait d'abord pensé que les habitants primitifs de l'Europe, guidés par des idées superstitieuses ou par une répugnance invincible, s'abstenaient de manger la chair de ce rongeur. La découverte faite dans le Kesslerloch infirme cette manière de voir.

Les habitants des cavernes, les Danois des Kjökkenmöddinger et même les habitants qui ont été les contemporains de l'âge de l'ours et du mammouth, ne connaissaient ni les céréales ni la manière de les cultiver.

Mais les stations de Robenhausen et de Wangen ont fourni non-seulement les céréales dont nous avons donné la liste, mais encore d'assez nombreux échantillons de pain qu'elles servaient à fabriquer. Ce pain, qui se cuisait entre deux pierres rougies au feu, se présente sous la forme de petites galettes arrondies, d'un diamètre de 4 à 5 pouces sur 1 pouce à 15 lignes d'épaisseur. On a même trouvé tout un gâteau carbonisé préparé avec les graines du pavot des jardins. Le pain des cités lacustres est fait sans levain : il renferme souvent des grains entiers ou à peine

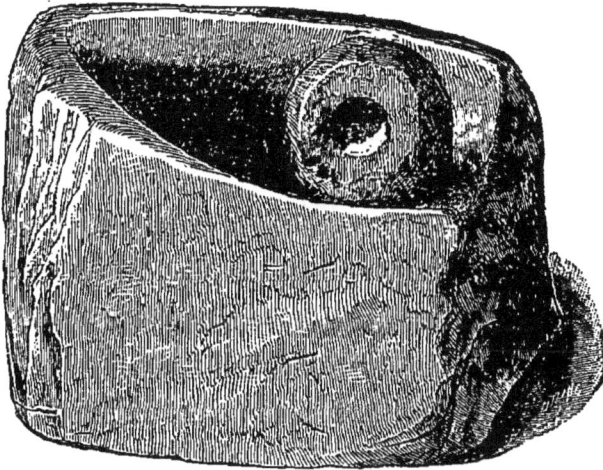

Fig. 72. — Moulin néolithique en forme d'auge trouvé avec son pilon à Ty-Mawr (Holyhead) par M. Stanley (d'après J. Evans).

broyés par la meule à main qui servait à les moudre ou plutôt à les concasser, absolument comme au temps d'Ulysse, roi d'Ithaque, lorsque de pauvres femmes esclaves s'exténuaient à écraser, par la force de leurs bras, le blé destiné à nourrir la chaste Pénélope et ses cinquante prétendants. On voyait à l'Exposition universelle de 1867 un moulin complet de l'époque néolithique. Nous reproduisons ici un spécimen de la même période (fig. 72) aussi rudimentaire que possible. Il ressemble à une auge et il contenait encore, au moment de sa découverte, le pilon cylindrique destiné à écraser le blé.

Enfin, M. Devals a recueilli des glands mêlés à des châtaignes dans les habitations troglodytiques (cryptes d'approvisionnement, Noulet) des environs de Montauban.

M. Ed. Dupont avait émis l'idée que de petites colonies, parmi les populations primitives de la Belgique, se nourrissaient exclusivement, ou du moins en grande partie, de taupes et de campagnols. Mais M. Steenstrup a prouvé que les énormes amas d'ossements provenant de ces animaux que l'on rencontre dans certaines cavernes belges, sont les restes des repas des oiseaux de proie nocturnes, notamment de l'effraie (*strix flammea*) [1]. Lund, le premier, avait observé des faits analogues dans plusieurs cavernes du Brésil, et il les avait aussi rapportés à leur véritable cause, c'est-à-dire, aux résidus des repas rejetés sous forme de pelotes par les oiseaux de proie.

Il est probable, pour ne pas dire certain, que l'usage du sel marin comme assaisonnement s'est répandu de très-bonne heure chez les peuples primitifs. Cet usage, d'ailleurs, est fondé sur une loi naturelle tellement impérieuse, que les animaux eux-mêmes, ou du moins les ruminants domestiques, ne sauraient en être totalement privés sans de graves inconvénients. L'emploi du sel, au contraire, favorise leur croissance, rend la sécrétion lactée plus abondante, le lait plus nourrissant, la chair plus savoureuse et plus aisée à digérer, la laine des moutons plus fine et plus moelleuse.

Le sel marin paraît être aussi pour l'homme un objet de première nécessité. Dans les contrées où il est très rare, il remplace la monnaie et sert de moyen d'échange. Chez les Gallas et chez les habitants de la Côte d'Or, en Afrique, Liebig raconte qu'on donnait un et même deux esclaves pour une poignée de sel.

L'homme primitif a donc pu se procurer ce condiment par voie d'échange, absolument comme il se procurait les coquilles de l'Océan et de la Méditerranée, dans le but d'en orner sa coiffure, son corps ou ses vêtements. Il paraît même que les anciens Danois se procuraient cette substance en incinérant le *Zostera marina* et en arrosant avec de l'eau de mer les cendres de ce végétal, si abondant sur les côtes de la Baltique.

MM. Ed. Lartet et Christy ont trouvé dans les cavernes du Périgord une sorte de spatule ou cuillère en bois de renne, à manche conique élégamment sculpté, élargie et creusée à l'autre bout dans le dessein très-probable de racler la moelle des os

[1]. Voy., dans les *Videnskabelige Middelelser fra den naturh. Forening i Kjobenhavn*, 1872, le mémoire de Steenstrup, intitulé : *Sur les marques que portent les os contenus dans les pelotes rejetées par les oiseaux de proie, et sur l'importance de ces marques pour la géologie et l'archéologie.*

avec cet instrument (fig. 73). D'après M. Cartailhac, l'usage des cuillères remonterait assez haut. Il a figuré des cuillères en poterie provenant de la station néolithique de Chassey, et une autre en os, d'une palafitte suisse [1].

Nous avons dit que dans une foule de circonstances la viande et les autres aliments étaient mangés sans avoir subi la cuisson : mais souvent aussi ils étaient rôtis sur les charbons ardents. Les nombreux foyers trouvés dans les cavernes et les os à demi calcinés sont là pour l'attester. Mais on peut se demander si les hommes qui vivaient à l'époque où la poterie n'était pas encore

Fig. 73. — Cuillère à moelle des cavernes du Périgord (d'après Ed. Lartet et Christy).

inventée savaient se procurer de l'eau bouillante pour les pré-parations culinaires.

Avant leur contact avec les Européens, les habitants de Tahiti n'avaient aucune idée de l'eau bouillante, non plus que de l'eau à l'état de vapeur. Si l'on en croit les récits des voyageurs les plus dignes de foi (Cook, Kotzebue), qui tous attestent que les procédés aujourd'hui chez nous les plus en usage pour obtenir l'ébullition de l'eau, sont ou ont été longtemps inconnus d'une foule de peuplades répandues sur les divers points du globe, il ne serait peut-être pas déraisonnable de répondre par la négative à la question précédemment posée.

D'un autre côté, le manque complet ou à peu près complet de vases de terre pendant la période de la pierre la plus ancienne semble aussi autoriser la même réponse. Cependant il est avéré que beaucoup de tribus sauvages, ou même dans un état assez avancé de civilisation, se procurent de l'eau bouillante en plongeant des pierres rougies au feu dans les vases de pierre ollaire (potstone), de bois, d'écorce, de cuir, qui la contiennent.

1. On sait que les habitants de l'île de Timor se fabriquent des cuillères avec des fragments de la coquille du nautile flambé (*nautilus pompilius*, Linné). Je possède moi-même une de ces cuillères, venue de la Nouvelle-Calédonie, et qui n'est rien autre chose qu'une cloison du test polytha-lame du même animal.

Je possède aussi, dans mes collections, une valve de l'aronde aux perles (*mytilus margaritiferus*, Linné), perforée, près de la charnière, d'un trou à travers lequel passe un cordon de suspension en fibres végétales. Les Nouveaux-Calédoniens portent, dit-on, cette coquille à leur ceinture et s'en servent en guise d'assiette.

Les silex noircis par le feu, que l'on trouve dans les cavernes ossifères à côté des foyers, n'ont-ils pas pu servir au même usage? Tout semble indiquer qu'il a dû en être ainsi avant l'invention de la poterie d'argile. L'art de faire bouillir l'eau dans des vases de terre exposés directement à l'action du feu, est un progrès réel comparativement à l'ébullition obtenue au moyen des pierres rougies[1]. La découverte de la poterie a dû nécessairement faire disparaître ce procédé plus qu'incommode.

Avant l'invention des métaux, les couteaux étaient tout simplement des éclats de silex, parmi lesquels figurait avec honneur, à l'avant-dernière Exposition universelle de Paris, le couteau de Pauilhac (Gers), qui n'a pas moins de 0 mèt. 345 de longueur, sur 0 mèt. 037 de large.

Quant à la manière de manger, l'usure des dents incisives des crânes suisses, aquitains, belges et danois primitifs, prouve que ces peuples mangeaient tout autrement que nous. En effet, leurs incisives, au lieu d'être taillées en biseau, offrent une surface plane, comme les molaires. Cette particularité s'explique peut-être par l'usage des racines ou du pain grossier qui, dès l'époque néolithique, formait une des bases de l'alimentation.

Pendant la mastication, les deux mâchoires étaient superposées, de sorte que les incisives se correspondaient exacte-

---

1. Le procédé (stone-boiling) qui consiste à obtenir de l'eau bouillante au moyen de pierres chauffées directement au feu, puis immergées dans le liquide, est encore en usage de nos jours, avons-nous dit, chez une foule de peuplades que Tylor a passées en revue, sous ce rapport, dans son intéressant chapitre intitulé : *Fire, cooking and vessels*, Voy. *Researches on the early history of mankind*, ch. IX, p. 231.

Citons d'après lui :

1° Dans l'Amérique septentrionale, la tribu des Assinaboins, *stone-boilers* qui se bornent à faire un trou dans la terre, à en revêtir l'intérieur avec la peau encore fraîche de l'animal qu'ils ont tué, à verser de l'eau dans cette sorte de bassin, et à y faire bouillir la viande au moyen de pierres fortement chauffées.

2° Les *Indiens-Serpents*, ceux de la tribu des Esclaves, les Dog-ribs, etc., faisaient ou font encore bouillir leur nourriture, par le même procédé, dans des pots fabriqués avec des racines si artistement entrelacées, qu'ils retiennent l'eau facilement.

3° Les Ostyaks de Sibérie se servent pour le même usage de vases en écorce nattée, quelquefois même de l'estomac de l'animal qu'ils ont tué et dont ils veulent manger la chair bouillie, rappelant ainsi la manière d'agir des anciens Scythes lorsqu'ils manquaient de vases plus convenables. Les Eskimaux, les Kamstchadales, les Australiens, les Nouveaux-Zélandais, certaines peuplades de la Polynésie et, dans notre Europe, les Irlandais au xviie siècle, et même les Finnois actuels, peuvent, à des degrés divers, être aussi rangés parmi les peuples *stone-boilers*, c'est-à-dire qui font bouillir l'eau avec des pierres rougies au feu.

ment, et ne se croisaient pas. Il paraît du reste que les anciens Egyptiens mangeaient de cette manière, comme le font encore les Eskimaux et les Groënlandais actuels.

Par un heureux privilège, que conservent les peuples sauvages de l'Amérique, les dents des races primitives européennes s'usaient assez souvent jusqu'à la racine, sans être atteintes de carie. C'est là, du moins, une observation qui a été faite sur un grand nombre de mâchoires humaines provenant des cavernes de France et de Belgique. Cependant le privilège dont il s'agit n'était pas à l'abri de nombreuses exceptions.

Disons maintenant quelques mots des boissons fermentées. Les fruits du cornouiller recueillis dans le lac de Fimon (près de Varèse) par M. Lioy ont amené ce naturaliste à penser que ces fruits pouvaient servir alors à la fabrication d'une boisson fermentée. De son côté, M. Gabriel de Mortillet estime que les framboises et les mûres de la ronce ont pu être employées au même usage.

S'il est vrai qu'on ait trouvé des raisins dans les Terramares du Parmesan, la connaissance de la vigne et, par suite, celle du vin seraient chez nous de beaucoup antérieures au patriarche Noé. Le fruit du prunellier pouvait être utilisé dans le but d'obtenir une sorte de *piquette*, semblable à celle qu'on boit encore dans notre chère Lorraine. Du reste, le goût des peuples pour les liqueurs fermentées remonte, on le sait, à la plus haute antiquité.

Le breuvage divin des Indous, appelé le *Soma*, s'obtenait en extrayant le suc de l'*asclepias acida* ou du *sarcostemma viminalis*. Les Grecs avaient leur *ambroisie*, les Scandinaves leur *adhrœrir*, les Celtibériens leur *hydromel*, les Germains leur *cervoise* (devenue la *bière* de nos jours). Enfin, les Tartares nomades boivent le *koumiss*, liqueur enivrante extraite du lait de jument. Les Indiens de l'Amérique du Sud ont le *chicha*, sorte de bière qu'ils fabriquent avec le maïs. Les habitants des îles Tonga ou des Amis se délectent en buvant le *kava*, suc d'une sorte de poivrier (*piper methisticum*) mêlé à la salive de ceux qui le préparent, etc. Et nous-mêmes, peuples civilisés par excellence, nous nous brûlons les entrailles, en y introduisant ces liqueurs incendiaires et abrutissantes tout à la fois, qui portent les noms d'*absinthe* ou d'*eau-de-vie*, mieux désignée par nos paysans languedociens sous le nom d'*aïgue arden* (eau ardente), et par les sauvages indiens sous celui d'*eau de feu.*

III

Les vêtements.

Dans les pays chauds, le besoin de se vêtir fait place au désir de se parer ; dans les pays froids, au contraire, ce besoin est réel et même impérieux. Certains peuples de nos jours sont complètement nus. Les chefs seuls portent des nattes ou des ceintures teintes des couleurs les plus variées. et les plus éclatantes. D'autres se bornent à se tatouer le corps (habitants des îles *Marquises*) et même à se le barbouiller avec de la boue (les *Mincopies* ou habitants des îles *Andaman*), ou bien, comme les Hottentots, ils se font des ceintures et des bottines avec des intestins non nettoyés de bœufs et de moutons [1]. Les Lapons, les Samoyèdes, les Eskimaux de nos jours sont enveloppés d'épaisses fourrures. Il devait en être de même des premiers habitants de l'Europe à l'époque glaciaire. L'homme des cavernes et même celui des palafittes employaient, pour se mettre à l'abri du froid, la dépouille des bêtes fauves ou la toison des chèvres et des bêtes ovines, que les constructeurs des cités lacustres surtout avaient su très-certainement réduire à l'état de domesticité.

Les peaux étaient retenues par des épingles ou des boutons en terre cuite ou en os, et cousues, au moins à l'époque du renne et de la pierre polie, à l'aide d'aiguilles d'un travail merveilleux, si l'on songe qu'elles étaient fabriquées seulement au moyen de couteaux et de perçoirs en silex. Les tendons divisés en filaments plus ou moins ténus, le fil fait avec les fibres du lin ou des écorces provenant des arbres de la forêt voisine, servaient à la couture. Les lambeaux de tissus grossiers trouvés à Wangen et à Robenhausen ont eu probablement aussi quelque destination vestiaire.

Parmi les objets découverts dans ces mêmes localités figure un morceau de cuir parfaitement conservé, ce qui suppose évidemment la connaissance des premiers éléments de la mégisserie chez les habitants primitifs de la Suisse orientale. Mais comment préparaient-ils les peaux? quels ingrédients employaient-ils pour les tanner? Nous sommes à cet égard dans la plus complète ignorance, et il n'est pas probable que nous soyons de sitôt renseignés sur ce point.

1. Réaumur, *Mémoires pour servir à l'histoire des insectes*, t. III, p. 219. Paris, 1733.

Nous devons dire, à la louange du bon sens de nos aïeules
des cavernes et des cités lacustres, qu'on n'a trouvé nulle part
aucun vestige de ces machines à haute pression (*corsets*) qui
gênent ou empêchent, chez la femme civilisée de nos jours, le
jeu régulier des organes les plus importants, et dont les jeunes
filles romaines s'efforçaient déjà de justifier l'emploi par le but
qu'elles se proposaient, à savoir, de se rendre minces et souples
comme des joncs : *junceæ puellæ.*

IV

Les ornements et les bijoux.

Théophile Gautier a dit quelque part : « L'idéal tourmente les
natures même les plus grossières. Le sauvage qui se tatoue, se
barbouille de rouge ou de bleu, se passe une arête de poisson
dans le nez, obéit à un sentiment confus de la beauté. Il cherche
quelque chose au delà de ce qui est; il tâche de perfectionner
son type, guidé par une obscure notion d'art : le goût de l'ornementation distingue l'homme de la brute plus nettement que
toute autre particularité. Aucun chien n'a eu l'idée de se mettre
des boucles d'oreilles, et les Papous stupides, qui mangent de la
glaise et des vers de terre, s'en font avec des coquillages et des
baies colorées. »

Dès l'âge de la pierre, et surtout dès l'âge de la pierre polie,
l'arsenal de la parure est presque au complet, tant le goût des
ornements est naturel à l'homme, et plus encore peut-être à la
femme, à qui la coquetterie prête souvent une grâce de plus.

Mais, pour être juste, il faut avouer qu'il est, sous ce rapport,
beaucoup d'hommes qui sont femmes. Témoin, les brillants
colifichets si recherchés de nos élégants, de nos *dandys*, de nos
lions, de nos *petits-crevés*, comme on les appelle aujourd'hui.
Témoin ces parures en plumes, en corail, en coquilles, en ver-
roterie, en pierre, en bois ou en os, usitées chez les peuples
sauvages et même chez certains peuples qui se disent très-
civilisés.

Aussi, dans les cavernes, dans les dolmens et les tumuli, dans
les stations lacustres des âges antémétalliques, trouve-t-on des
colliers formés avec des dents de chien, de loup, de chamois, de
renne, et même de bœuf et de cheval. D'autres colliers se composent de rondelles de bucarde (*cardium edule*) [1], de coquilles

1. Il est à remarquer que la mode des colliers faits de rondelles de
cardium s'est continuée, sans interruption, depuis l'âge de la pierre

marines de divers genres (*natica*, *cypræa*, *littorina*, etc.), les unes provenant d'espèces encore vivantes au moment où elles ont été perforées pour recevoir le cordon de suspension, les autres (celles qu'on trouve dans le Périgord, par exemple) depuis longtemps plus ou moins fossiles, mais encore très-solides et apportées des faluns de la Touraine dans les lieux où on les rencontre aujourd'hui (*cypræa pyrum, pectunculus; glycimeris, arca*). Mais les plus beaux colliers sont faits de jais seul ou allié à l'ivoire (fig. 74 et 75).

Enfin le *coscinospora globularis* (polypier), découpé en disques tout à fait semblables à ceux qu'on a trouvés dans les ruines de Korsabad (Ninive), entrait aussi dans la confection des col-

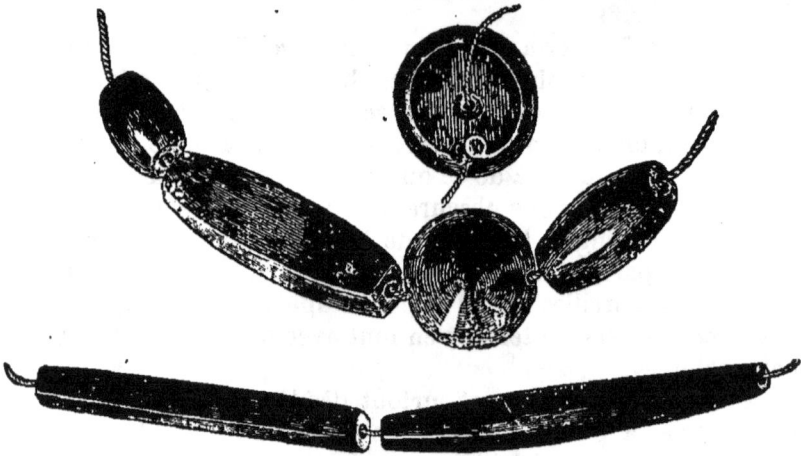

Fig. 74 et 75. — Perles en jais trouvées dans deux tertres tumulaires du Yorkshire (d'après J. Evans).

liers. Les térébratules et les ammonites des terrains secondaires ont été également utilisés comme objets de parure. L'ambre, le jais, la *callaïs*[1], le silex, l'ardoise, le marbre, l'argile durcie, l'os, le bois, etc., ont servi aussi à fabriquer des pendeloques avant et après la découverte du bronze.

Des bracelets, des bagues, des anneaux [2], des boutons de

taillée jusqu'à l'époque du bronze, et peut-être plus tard. De nos jours même, les sauvages habitants de la Nouvelle-Calédonie se fabriquent d'élégants bracelets avec des disques percés, disposés sur plusieurs rangs et empruntés à l'enveloppe solide de plusieurs mollusques marins.

1. Sorte de turquoise d'un vert tendre qu'on trouve quelquefois dans les dolmens du Morbihan, et même dans ceux de la Provence.

2. L'art moderne s'est même déjà inspiré de plusieurs de ces modèles. Il suffit, pour s'en convaincre, de s'arrêter un instant devant les vitrines des joailliers nos contemporains.

formes et de matières variées et agréables à l'œil, des épingles à toilette et à cheveux presque entièrement semblables à celles dont nos dames ornent leur chevelure, des pendants d'une facture élégante, enfin, des peignes en bois d'if complètent la parure.

Il est extrêmement probable, pour ne pas dire certain, que les pointes de flèches en silex, d'un travail très-délicat, que MM. Cazalis et Cartailhac ont exhumées des dolmens du Gard et de l'Aveyron servaient généralement d'amulettes ou d'objets d'ornement. Mais elles servaient également d'armes.

Quant aux coquilles d'espèces vivantes ou fossiles, elles étaient employées non-seulement à faire des colliers, des bracelets, des anneaux, mais encore à orner des résilles pour la tête, ou les vêtements eux-mêmes, comme on l'a vu chez les hommes de Menton et de Laugerie-Basse.

Si le cadre dans lequel nous devons nous renfermer nous permettait de parler des divers ornements usités en Europe pendant les âges du bronze et du fer, nous les verrions offrir les formes les plus diverses, les types les plus gracieux, le travail le plus fini et le plus délicat. Lors du dernier Congrès préhistorique tenu à Bologne, nous avons été saisi de surprise et d'admiration en présence de la riche collection du chevalier Aria. L'art moderne y trouverait, sans aucun doute, plus d'un modèle à imiter : il en serait de même des ornements extraits des lacs de la Suisse, de l'Italie, de la Savoie et même de ceux du Cambodge [1].

1. Dans un tout récent Mémoire *Sur l'âge de la pierre polie et du bronze au Cambodge,* le Dr Noulet a figuré parmi les objets de parure en pierre, de grands anneaux, à bords larges et aplatis, ayant servi de bracelets. Ces anneaux, soit par leur forme générale, soit par leurs dimensions (les plus grands n'ont pas moins de 70 centimètres d'ouverture, et de 13 à 14 centimètres de diamètre total), ressemblent tout à fait à ceux qu'a décrits M. le Dr Marchant, et qui avaient été trouvés en creusant un puits aux environs de Dijon. Il en est de même de plusieurs anneaux plus petits, employés comme bracelets ou en guise de pendeloques par les habitants primitifs du Cambodge. Des anneaux plus petits encore entraient souvent, avec les coquilles marines, dans la confection des ornements d'oreille, des ceintures et des colliers.

CHAPITRE II

L'INDUSTRIE

I

Procédés de fabrication des instruments de pierre.

L'identité des instincts communs à tous les hommes amène nécessairement après elle l'identité des résultats, lorsque les individus sont soumis aux mêmes besoins et placés dans les mêmes circonstances. C'est donc aux procédés actuels de fabrication des peuples sauvages que nous devons nous référer, si nous voulons nous former une idée plus ou moins exacte de la manière dont s'y prenaient les habitants primitifs de nos contrées pour tailler le silex et autres roches plus ou moins dures [1]. Or, il résulte des observations faites par un témoin oculaire (M. Cabot) et transmises à sir Charles Lyell, que les Indiens de la Californie emploient, pour faire leurs têtes de flèches en pierre, le procédé suivant :

Assis à terre et tenant une enclume en pierre sur les genoux, l'ouvrier commence par casser en deux un caillou d'obsidienne, en le frappant de son ciseau d'agate. Puis il applique un autre coup à l'un des fragments et en détache un éclat d'environ un pouce d'épaisseur. Tenant ensuite cet éclat sur l'enclume avec

---

[1]. Quelque dur que soit le silex à l'état naturel, il subit cependant quelquefois, s'il séjourne longtemps dans un sol perméable à l'eau, une altération telle, qu'on peut alors facilement le couper avec un couteau d'acier. Ce changement notable dans la dureté de certains silex tiendrait, suivant M. Meillet, de Poitiers, à leur composition chimique. Ces silex contiennent, en effet, deux variétés de silice, l'une blanche et insoluble dans l'eau, l'autre transparente, semblable à la corne et très-soluble dans ce liquide. C'est celle-ci qui naturellement disparaît à la suite des infiltrations. La silice blanche subsiste à l'état très-divisé, et les molécules qui la composent se désagrègent alors facilement (voy. J. Evans, *ouvr. cité*, p. 498).

le pouce et l'index de la main gauche, il frappe une série de coups dont chacun détache des fragments de plus en plus petits, jusqu'à ce qu'enfin l'arme finisse par avoir la forme voulue pour sa destination. Telle est l'adresse de ces ouvriers, qu'au bout d'une heure, à peu près, ils ont fabriqué une tête de flèche en obsidienne.

Au rapport du capitaine Belcher, les Esquimaux de nos jours font usage d'un procédé différent de celui que nous venons de décrire, mais qui les conduit au même résultat. Il paraît que de fortes pressions appliquées à propos sur la pierre qu'il s'agit d'utiliser, suffisent pour en détacher des éclats et lui donner une forme déterminée. S'il faut en croire l'historien Torquemada, les anciens Aztèques employaient un procédé tout à fait analogue.

De son côté, M. J. Evans affirme que pour fabriquer leurs rasoirs d'obsidienne, presque aussi tranchants que nos rasoirs d'acier, les Indiens du Mexique fixent entre leurs pieds un fragment de la roche susdite, et le pressent avec force au moyen d'un bâton de bois dur appuyé contre leur poitrine; ils détachent ainsi des éclats propres à l'usage qu'ils se proposent.

Comment se fait-il donc que, d'accord en cela avec M. Chabot, M. Courtès, membre de la Commission scientifique française du Mexique, continue à nous dire que, pour obtenir leurs rasoirs d'obsidienne, les Aztèques commençaient par dégrossir la roche près de la carrière d'où ils la tiraient? Puis, après avoir donné à cette roche la forme d'un prisme à deux faces, terminé à l'une de ses entrémités par une pointe obtuse, et à l'autre par une surface plane, l'ouvrier prenait le prisme dans la main gauche et, l'appuyant sur un plan résistant, frappait d'abord à petits coups, puis à coups plus vigoureux, jusqu'à ce qu'enfin il obtînt des éclats tranchants comme un rasoir et destinés, en effet, à tenir lieu de cet instrument.

Du reste, rien ne nous empêche de croire que les deux modes, la pression et la percussion, n'aient été employés par les Aztèques, et même par les ouvriers européens des âges lithiques les plus anciens. Cependant tout nous porte à penser que c'est surtout à l'aide du marteau ou du percuteur que les artisans d'Abbeville, du Périgord et autres lieux façonnaient leurs grossiers instruments. Ce qui est certain, c'est qu'en frappant un *nucleus* de silex pyromaque à l'aide d'un caillou, on obtient, avec un peu d'adresse, des éclats semblables à ceux qu'on rencontre dans le *diluvium*. Bien plus, au moyen d'un morceau de corne d'élan ou de bois dur adapté à un bâton, M. Evans a pu très-

aisément retailler ces éclats, comme les Indiens de l'Amérique
du Nord retaillent leurs pointes de flèches en silex.

L'instrument dont les Esquimaux se servent aujourd'hui pour
tailler le silex a reçu le nom d'*arrow flaker* (outil à éclats pour
les flèches). Il consiste en un manche en bois ou en ivoire fossile (fig. 76-77), dans lequel est creusée une rainure où l'on
introduit un andouiller de bois de renne, qu'on assujettit au
manche au moyen de lanières de cuir ou de tendons tressés,
humides encore au moment où on les emploie, afin qu'en se
desséchant ils se rétrécissent et fixent plus solidement l'andouiller.

« L'établi sur lequel se fabriquent les pointes de flèches consiste, dit-on, en un bloc de bois dans lequel on a creusé une
cavité en forme de cuiller : on place l'éclat de silex sur cette
cavité; puis en pressant l'*arrow flaker* doucement sur le bord,
en ayant soin de le tenir dans la position verticale, d'abord
d'un côté, puis de l'autre, comme on règlerait les dents d'une
scie, on enlève des fragments alternativement de chaque côté,
jusqu'à ce que l'objet présente la forme d'une pointe de flèche
ou d'une tête de lance ayant deux côtés coupants et dentelés[1]. »

Je copie cette description, mais j'avoue ne pas la trouver suffisamment claire pour me donner une idée exacte de la manière
dont l'ouvrier esquimau arrive au résultat désiré.

J'en dirai autant de la plupart de celles que nous ont transmises les voyageurs qui ont séjourné plus ou moins longtemps
chez les peuplades, à moitié ou tout à fait sauvages, dont ils nous
retracent les coutumes et les mœurs. De là, un manque de précision dans les idées; de là, des incertitudes que confesse de
bonne foi M. John Evans lui-même, qui, pourtant, s'est occupé
spécialement du sujet que nous traitons en ce moment. Si,
malgré ses expériences personnelles, il conserve bien des doutes
relativement aux procédés mis en usage par les tribus qui vivent
encore dans un état voisin de l'état sauvage, combien plus grand
encore est son embarras et le nôtre, quand il s'agit de se rendre
un compte exact de la manière dont s'y prenaient nos ancêtres
plus ou moins primitifs pour tailler, scier, perforer les silex ou
toute autre pierre dure.

Comment s'y prenaient-ils, par exemple, pour obtenir, en
Danemark, ces beaux poignards si délicatement, si élégamment
travaillés, qui font l'admiration de tous ceux qui ont eu l'heureuse chance de pouvoir les admirer dans le riche musée de

1. John Evans, *Les âges de la pierre*, p. 40. Paris, 1878.

Copenhague? Par quels moyens les ouvriers de ces temps primitifs détachaient-ils du nucléus, et à l'aide seule du marteau
de pierre, les longs et magnifiques couteaux de Pauilhac ou les
poignards de la grotte Duruthy? Comment surtout parvenaient-
ils à perforer, sans avoir recours à l'emploi du fer ou du bronze,
ces haches, ces marteaux dont le trou d'emmanchure est une
énigme à peu près encore inexpliquée? Nous tâcherons d'en
donner le mot tout à l'heure [1].

Quant au polissage, il est très-facile à comprendre et n'était

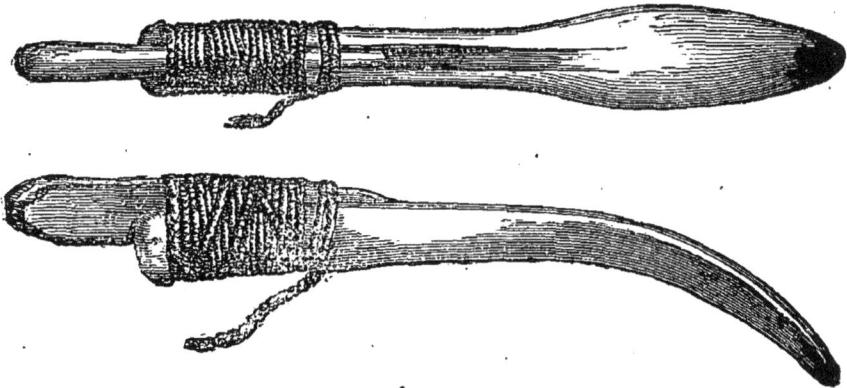

Fig. 76 et 77. — Arrow-flaker esquimau (demi-grandeur) provenant de la collection
Christy, et vu sous deux faces (d'après Sir J. Evans).

pas difficile à exécuter. Une plaque ou meule dormante en grès
plus ou moins compacte, de l'eau, du sable plus ou moins fin
suffisaient pour cette opération. Les polissoirs offrent toujours,
pour peu qu'ils aient servi, des rainures ou fossettes creuses, dans
lesquelles on pouvait polir les faces convexes des haches ou des
gouges, et quelquefois aussi des côtes saillantes et arrondies
ayant sans doute servi à polir la face concave de ces dernières.

La scie en silex, dont le jeu était activé et rendu plus éner-
gique par quelque procédé mécanique encore peu connu, déta-
chait, au bout d'un temps plus ou moins long, les fragments de
bloc à utiliser pour la fabrication des haches ou des marteaux.
Le sable humecté d'eau était souvent employé pour hâter un
peu l'opération. Mais la petitesse relative et la fragilité des scies
parvenues jusqu'à nous, rend difficile à comprendre la réelle

1. Un couteau en silex, provenant du Danemark, ne mesure pas moins
de 0m,46; un autre trouvé en Norwège = 0m,52 de longueur.
Le couteau de Pauilhac = 0m,345.
Les poignards de la grotte Duruthy = 0m,15 à 16.

efficacité de ces instruments. Occupons-nous maintenant du forage du silex et de l'os.

A la vue du trou destiné à recevoir le manche des haches et des marteaux de pierre, à la vue de ceux qui ont été pratiqués dans des plaques d'ivoire, dans les bâtons de commandement en bois de renne, dans les aiguilles en os, dans les dents et les coquilles destinées à orner les colliers, et jusque sur le crâne des vivants et des morts, on se demande naturellement à quels procédés l'homme avait recours lorsqu'il ne possédait que des outils en silex. Le problème a été, en effet, plusieurs fois posé, mais il ne nous semble pas encore tout à fait résolu. On en jugera par les détails qui vont suivre.

Pour percer le *chas* des aiguilles en os, aucune difficulté sérieuse ne se présente. M. Ed. Lartet est parvenu, en se servant d'un *perçoir* ou *foret* en silex trouvé dans une caverne du Péri-gord, à obtenir un trou parfaitement semblable à celui des aiguilles de l'âge du renne. En employant le même procédé, John Evans a pu, en ajoutant de temps en temps un peu d'eau, faire, dans un bois de cerf ou dans des bois ordinaires, des trous ronds et très-réguliers.

Ainsi donc, à l'aide d'un foret en silex appliqué successi-vement sur les deux faces opposées d'une hache en pierre dure (*diorite*, *jade*, *serpentine*), et en faisant exécuter au foret des mouvements de demi-tour en rapport avec ceux du poignet, on arrive à obtenir deux trous coniques dont les sommets se ren-contrent. Telle est en effet la forme assez souvent observée sur les haches polies : tel est le résultat constaté par M. Ed. Lartet. Mais souvent aussi l'on observe, dans les haches dont les trous sont restés inachevés, deux tampons cylindriques, encore adhérents au fond du trou et entourés d'une rainure circulaire. La présence de ces tampons est assez difficile à expliquer, à moins d'admettre l'emploi d'une pointe ou d'un tube métallique mû circulairement autour d'eux. Dans ce cas, les haches dont il s'agit auraient été nécessairement perforées pendant l'âge du bronze, et dès lors nous n'aurions pas à nous en occuper ici.

Elles rentreraient, au contraire, dans la catégorie des instru-ments néolithiques si, comme le prétendent et l'ont prouvé le docteur Keller et John Evans lui-même, on peut arriver au même résultat en imprimant un mouvement circulaire à un morceau de corne de bœuf ou à un bâton de sureau, et en répandant sur la pierre du sable fin et de l'eau, que l'on renou-velle par intervalles.

Toutefois, John Evans avoue que, dans ses expériences avec

le bâton de sureau, il a vu le sable s'accumuler dans la partie creuse ou canal médullaire de la tige et entamer le sommet du noyau central. Tout n'est donc pas dit encore pour expliquer, d'une manière vraiment satisfaisante, la formation du noyau cylindrique que l'on rencontre assez souvent sur les haches polies dont le forage est incomplet.

Un fait qui surprend l'observateur, même le plus superficiel, c'est la ressemblance presque parfaite que présentent partout les diverses catégories d'armes ou d'ustensiles en pierre, quel que soit le lieu de provenance, à quelque période de l'âge de la pierre qu'ils appartiennent. Bien plus, ces armes, ces outils, d'époques et de provenances si diverses, offrent les plus étroites analogies avec l'outillage de certains peuples modernes (Eskimaux, Néo-Calédoniens, Néo-Zélandais, Australiens), restés jusqu'à présent dans l'état voisin de la barbarie où se trouvaient nos ancêtres. Preuve évidente que mû par les mêmes besoins, guidé par les mêmes instincts, entouré des mêmes circonstances, l'homme agit toujours et partout de la même manière, et emploie des procédés empreints d'une très-grande analogie.

De plus, quand on jette un coup d'œil tant soit peu attentif sur l'ensemble des produits ouvrés de l'âge de la pierre, il est facile d'apercevoir un progrès marqué du commencement de cet âge à sa terminaison.

Dans la période la plus ancienne, le silex ou des roches dures de nature variée, est exclusivement employé à la fabrication des engins de guerre, de chasse et de travail. Les haches ne sont jamais percées pour recevoir le manche.

Pendant l'âge du renne, les divers objets travaillés par la main de l'homme sont mieux soignés, mais les haches demeurent toujours imperforées : l'os surtout est habilement mis en œuvre et porte les traces de nouveaux progrès.

Les arts du dessin prennent naissance, et leur premier essor indique quelquefois une sûreté de main qui excite, à bon droit, notre surprise, et même notre admiration.

Avec la période néolithique, le polissage apparaît. Le travail de l'os et la pierre se perfectionne de plus en plus. Le trou, rare encore sur les haches de cette époque, devient fréquent sur celles de l'âge du bronze, dont les formes élégantes rappellent celles des haches de fer, pour la fabrication desquelles elles vont longtemps servir de modèles. Le progrès industriel est encore plus marqué durant l'âge de fer. Ici, nous arrivons au seuil de l'histoire : mais la nature et le but de cet ouvrage nous interdisent de le franchir.

Si imparfaits qu'ils soient relativement aux chefs-d'œuvre des artistes contemporains, « ne dédaignons pas ces premiers essais de nos pères ; ne les repoussons pas du pied. S'ils ne les avaient pas faits, ou s'ils n'avaient pas persévéré dans leurs efforts, nous n'aurions ni nos villes, ni nos palais, ni les chefs-d'œuvre qu'on y admire. Le premier qui frappa un caillou contre un autre pour en régulariser la forme, donnait le premier coup de ciseau qui a fait la *Minerve* et tous les marbres du *Parthénon* » (*Boucher de Perthes*).

II

Usages religieux ou superstitieux des silex.

Appelés *pierres de foudre* (κεραύνια, *ceraunix*) par l'Antiquité grecque et romaine, désignés encore aujourd'hui sous des noms analogues chez les peuples les plus divers, les silex ouvrés sont connus en Picardie sous la dénomination de *langué d'çôa* (langues de chat), à raison d'une certaine ressemblance réelle ou présumée de ces silex avec la langue de l'animal qui a fourni la comparaison.

Dans certaines provinces de l'Italie (les Abruzzes), on les appelle *saette* (flèches) ou *lingue di san Paolo* (langues de saint Paul), et les paysans les tiennent en si grande vénération que, lorsqu'ils en trouvent un par hasard, ils s'agenouillent dévotement pour le saisir avec la langue. Certaines familles se transmettent ces pierres miraculeuses comme un précieux héritage, et les mères les suspendent au cou de leurs enfants avec des médailles de Saintes et de Madones, douées encore de plus de vertus que les pierres tombées du ciel [1].

Aldrovande désigne les pointes de flèche en silex sous le nom de *glossopetra*, à raison de leur ressemblance avec la langue d'un homme. Pline les croit tombées du ciel pendant les éclipses de lune, et il dit que « les magiciens les regardent comme très-nécessaires à ceux qui courtisent les belles dames » (Pline, *Hist. nat.*, lib. XXXVII, cap. x).

Les Japonais les nomment quelquefois *haches du renard*, cet animal étant pour eux le symbole du mauvais esprit, ou bien *haches de Tengu*, le gardien du ciel.

Flèches des *Elfes* ou des *Erles* (en gaélique *sciat-hee*), est une

---

1. Capellini, *L'età della pietra nella valle della Vibrata*, p. 15. Bologne, 1871.

autre dénomination des traits en silex qui rappelle l'œuvre des Lutins écossais ou germaniques, dont le roi (Erlenkönig) a inspiré à Schiller une de ses plus gracieuses poésies. Enfin, les *purgatory hammers* (marteaux du purgatoire) ne sont rien autre chose que les marteaux dont les morts (si l'on en croit une légende encore en vogue à la fin du dernier siècle) se servent pour frapper aux portes du purgatoire.

De nos jours même, non-seulement en Italie, mais encore au sein de nos provinces en apparence les plus civilisées, les haches et les flèches en silex sont regardées comme un préservatif certain contre la foudre, les tempêtes et contre les maladies épidémiques ou les épizooties.

On en fait des battants pour les clochettes que l'on suspend au cou des moutons, ou bien des amulettes auxquelles on attache un grand prix. On les met dans les murs, sur le seuil des étables, dans le berceau des enfants, dans le lit des femmes en couches, etc., etc. Vous ne sauriez, avec tous les raisonnements du monde, empêcher le paysan breton de croire que les *moensourars* (pierres de foudre), jetées à dessein dans un puits, en purifient l'eau; bouillies dans le breuvage destiné aux moutons malades, elles les guérissent infailliblement de tous leurs maux. C'est, dans les Cornouailles, un spécifique souverain contre les rhumatismes, ailleurs contre les ophthalmies, contre les points de côté, les hernies, la teigne des enfants. Réduites en poudre et avalées sous cette forme, les pierres de foudre rendent invulnérables, etc. etc.; tant il est vrai que la superstition a dans le cœur humain des racines profondes, qu'il est bien difficile d'extirper.

Et ces idées superstitieuses remontent elles-mêmes à la plus haute antiquité. Les Hébreux du temps de Moïse, et probablement aussi leurs ancêtres les plus reculés, s'en servaient, dit-on, dans la cérémonie de la circoncision et souvent même pour égorger les animaux dont ils devaient manger la chair.

On connaît le ridicule et abominable usage que les prêtres de Cybèle faisaient, sur leur propre personne, du *religiosa silex* consacré au culte de la déesse. Chez les Grecs et chez les Romains, les têtes de flèches en pierre ornaient assez souvent les diadèmes des dieux. Jupiter lui-même était adoré sous la forme d'une pierre et sous le nom de *Jupiter Lapis*. Au Capitole, il était représenté tenant en main un silex symbolisant la foudre (*Lapis Capitolinus*).

M. de Longperrier nous apprend que Jupiter Labrandeus et Bacchus étaient adorés sous la forme d'une hache (πέλεχυς). Sur les monnaies frappées à Chypre, la Vénus de Paphos elle-même est représentée sous la figure d'une pierre conique assez informe.

Des *lapides sacri* (pierres sacrées) destinées aux sacrifices étaient conservées pieusement dans le temple de Jupiter Férétrius, et les *Féciales* les emportaient avec eux, pour en frapper les victimes solennellement immolées à l'occasion des traités de paix conclus entre les vaincus et le peuple vainqueur.

Une coutume analogue s'observe encore, au dire de Klemm, dans l'Afrique occidentale, quand le dieu *Gimawond*, fendant la nue avec un bruit semblable à celui d'une trompe, daigne, une fois par an, visiter le temple qui lui est consacré. Le bœuf qu'on lui sacrifie est immolé avec une pierre tranchante et non avec un couteau de métal. Même au temps de la conquête, c'est-à-dire en pleine civilisation, les prêtres mexicains ouvraient avec des pierres tranchantes (*obsidienne*) les entrailles des victimes humaines qu'ils sacrifiaient à leurs cruelles divinités.

Au rapport d'Olaus Magnus, cité par M. Em. Cartailhac (p. 81), dans la cérémonie du mariage, les anciens Goths battaient le briquet au-dessus de la tête des époux, voulant indiquer par là que la vie cachée dans les deux sexes se manifeste et se multiplie par l'amour, comme les étincelles du feu latent dans le silex en jaillissent au moyen de la percussion.

L'Eglise catholique elle-même, au moins dans certains pays gardiens fidèles des usages anciens, a recours au choc des silex avec le briquet, pour allumer le feu nouveau le jour du samedi saint. « Ignis de lapide excutitur et cum eo accenduntur carbones, » dit en effet la liturgie.

Les Japonais, plus scrupuleux encore, conservent précieusement dans leurs temples les silex taillés, et ils les considèrent comme étant les armes primitives des *Kumis*, premiers habitants incorporels du pays.

Les silex figuraient aussi, chez un grand nombre de peuples, dans les cérémonies relatives aux funérailles. Les Egyptiens les employaient pour ouvrir les entrailles de leurs morts avant de pratiquer l'embaumement. On en trouve dans les anciens tombeaux péruviens et dans ceux de la vallée du *Mississipi* [1], comme dans les sépultures de l'Egypte et de l'Etrurie. On en rencontre dans les grottes sépulcrales des âges antéhistoriques, dans les dolmens, les tumuli et même dans les tombeaux d'une époque plus

1. M. François Lenormant a trouvé à *Milo* et à *Santorin* (îles Cyclades), et M. Ross, dans les tombeaux tout à fait primitifs d'*Amorgos* et d'*Anaphé*, des fragments d'obsidienne qui offrent avec ceux du Mexique la plus frappante analogie.

récente. On les trouve tantôt isolés, tantôt associés à des objets métalliques et aux autres offrandes destinées aux morts dont les monuments funéraires recèlent les débris. Enfin, chez les *Guanches* des îles Canaries, comme chez les Egyptiens, on ouvrait les cadavres des chefs avec un éclat tranchant d'obsidienne.

Dans l'antiquité, au moyen âge, on attribuait généralement à la foudre la formation des haches, des flèches et des couteaux en silex. Vers le milieu du VIIe siècle, une opinion aussi peu raisonnable que la précédente cherchait à se faire jour. Quelques auteurs admettaient que les prétendues céraunies sont des instruments en fer que le temps a changés en pierre ; mais, dit Boëce, « c'est une renommée si constante et approuvée de l'approbation de tant de personnes, que c'est la flèche de foudre, que si quelqu'un voulait combattre cette opinion communement tenue et y donner son consentement, il paraîtrait fol [1]. »

Telle a été, en effet, telle est encore l'idée prédominante au sein de nos campagnes. Formées par la foudre, au milieu des nuages, les *lapides fulminis* tombent, toutes façonnées, sur la terre, où elles s'enfoncent plus ou moins dans leur chute (de 6 pieds, disent les paysans de l'Aveyron ; de 16 cannes, selon les paysans calabrais, etc., etc.). Mais elles remontent chaque année d'un pied ou d'une canne vers la surface, surtout quand le tonnerre se fait entendre, et elles finissent par apparaître à la superficie du sol ordinairement après sept ans révolus, selon les uns, au bout de dix-huit ans, ni plus ni moins, selon les autres. Alors, on recueille pieusement ces *cuogni di truoni* (coins du tonnerre), et on les conserve comme des talismans précieux contre la foudre. Si, en les suspendant au-dessus du foyer à l'aide d'un fil de couleur bleue, on voit que ce fil ne brûle pas, on a l'indice le plus certain de leur vertu préservatrice *maxima*.

Nous renverrons au mémoire de M. Em. Cartailhac les lecteurs curieux de connaître les idées bizarres au moyen desquelles les savants contemporains de Boëce de Bort prétendaient expliquer la formation des *céraunies* au sein des nues.

Mercati, le premier, vers la fin du XVIe siècle, eut des idées exactes sur la nature des prétendues *pierres de tonnerre*, et il les regarda comme étant les armes d'un peuple primitif, auquel l'usage du bronze et du fer était totalement inconnu [2].

---

1. Cité par M. Em. Cartailhac, l'*Age de la pierre dans les souvenirs et les superstitions populaires*, p. 11. Paris, 1878.
2. L'empereur Auguste avait au moins soupçonné l'usage primitif des silex, car il donnait le nom d'*arma heroum*, armes des héros, aux prétendues *cerauniæ* trouvées par lui dans les grottes ossifères de Capri.

Un peu plus tard (1734), Mahudel se déclare partisan de cette manière de voir. *William Dugdale*, dans son *History of Warwickshire*, et l'évêque Lyttelton, dans ses *Observations sur les haches en pierre*, émirent aussi des idées semblables à celles de Mercati.

Quelques haches en pierre polie, portant des inscriptions grecques ou *runiques*, ont évidemment servi d'amulettes, de *pierres de victoire*, aux guerriers, qui les portaient suspendues à leur cou pendant le combat.

Les pointes de flèches montées en or ou en argent figuraient aussi comme amulettes dans les plus riches colliers de l'antique Etrurie. M. Cartailhac en donne de magnifiques spécimens dans son récent ouvrage *Sur l'âge de la pierre* (Voy. fig. 31, 32, 33).

Notons en terminant que les nombreux silex trouvés dans les circonstances et dans les lieux que nous venons d'indiquer prouvent que l'âge de la pierre a été universel et presque partout préhistorique. Ils démontrent, en outre, jusqu'à l'évidence, cette propension instinctive qui porte tous les peuples à conserver le souvenir des aïeux, à attacher une sorte de culte aux objets dont ils ont fait usage, à leur attribuer une origine céleste et une foule de propriétés merveilleuses, à les regarder même quelquefois comme des divinités.

Ce sentiment, aussi louable en soi qu'il est naturel, engendre la superstition qui, suivant Tylor, « n'est que la continuation des vieilles coutumes au milieu d'un état nouveau et complètement modifié, la persistance des antiques pratiques religieuses, longtemps après que ces pratiques ont disparu dans les actes ordinaires de la vie ». (Tylor, *Early history of Mankind*, p. 221.)

III

Les armes de guerre et de chasse.

Quand on compare les armes de l'homme primitif aux formidables engins de destruction qu'a inventés, dans ces derniers temps, le démon de la guerre, on est tenté de sourire à la vue de ces haches de pierre, de ces pointes de flèches en silex ou en os, si peu redoutables en apparence; ou plutôt on s'attriste profondément en voyant en quelque sorte se vérifier cet adage diabolique : « *Homo homini infensus nascitur :* L'homme naît l'ennemi de l'homme. » Que d'activité, que de peines, que de fatigues, que d'argent, que d'intelligence, que de sang il dépense pour détruire, lui qui ne peut rien créer !

La haine, l'ambition, la vengeance ont été sans doute les premiers mobiles de la guerre ; la faim surtout, peut-être même le plaisir satanique de tuer, ont fait naître la chasse.

Nos premières armes offensives ou défensives furent l'arc, la flèche, le javelot, la lance, la fronde, le couteau de chasse, le poignard, le casse-tête et la massue.

L'arc a existé de tout temps et chez tous les peuples [1]. Une branche de bois flexible, une corde faite avec des tendons, des fibres végétales, ou des lanières de cuir : voilà tout ce qu'il faut pour le fabriquer. Un éclat de pierre dure taillée en pointe, un os aigu, une arête ou une dent de poisson : voilà l'élément essentiel de la flèche, que vient compléter une hampe en bois, un jonc ou un roseau. La lance, le javelot, la fronde ont une origine tout aussi simple. Il en est de même du couteau, du poignard et de la massue : toutes ces armes ont été d'abord fabriquées avec des roches dures ou des os.

Le silex est la roche la plus fréquemment employée dans les pays où il abonde ; mais, là où il est rare ou absent, l'homme y a suppléé par d'autres matériaux analogues et par conséquent propres au même but. C'est ainsi que nous voyons les habitants primitifs de l'île d'Elbe, à défaut du silex, qui manque à leur patrie, employer, pour la fabrication des instruments de jet, le *quartz ordinaire*, le *jaspe*, le *quartz hyalin*, la *diorite*, la *phtanite*, l'*eurite*, le *calcaire compact* et la *serpentine*, qu'ils avaient sous la main. Ils empruntaient à la France, peut-être à la Sardaigne, à Naples, le *silex pyromaque*, diverses variétés de *silex calcédoine* et de *jaspe*, et même l'*obsidienne noire*, très-abondante en Sardaigne, comme l'a prouvé M. de Marmora. D'autres peuplades employaient la *hornblende*, le *jade* et ses variétés, le *porphyre*, le *basalte noir*, la *néphrite*, etc.

A partir du simple éclat (voy. fig. 78), le silex a reçu les formes les plus diverses. De là, pour les flèches, par exemple, des types assez nombreux, trop nombreux peut-être, admis par les auteurs. Ainsi l'on en distingue qui ont la forme d'une amande,

---

1. C'est là du moins l'opinion la plus généralement répandue. Mais John Evans, et avec lui d'autres auteurs prétendent que l'arc est inconnu aux peuples tout à fait sauvages (les Australiens et les Maoris ne le connaissaient pas), et que cet instrument « semble appartenir à un état de civilisation assez avancée » (p. 352). Mais le savant que nous venons de citer ajoute que l'usage de l'arc remonte, en Europe, à une époque très-reculée, puisque les flèches en silex et en os sont très-nombreuses à partir de l'âge du renne. On sait que des débris d'arc en bois d'if ont été trouvés dans la station lacustre de Clairvaux, appartenant à l'âge néolithique.

d'une feuille de laurier ou d'olivier (fig. 79), d'autres sont triangulaires ou en losange; d'autres sont plus ou moins échancrées

Fig. 78. — Eclat de silex du Danemark (d'après Lubbock).

à la base (fig. 80, 81, 82 et 83). On en voit qui sont munies
d'un *pédoncule* ou *soie*, d'une ou deux *oreillettes*, d'*ailerons* ou

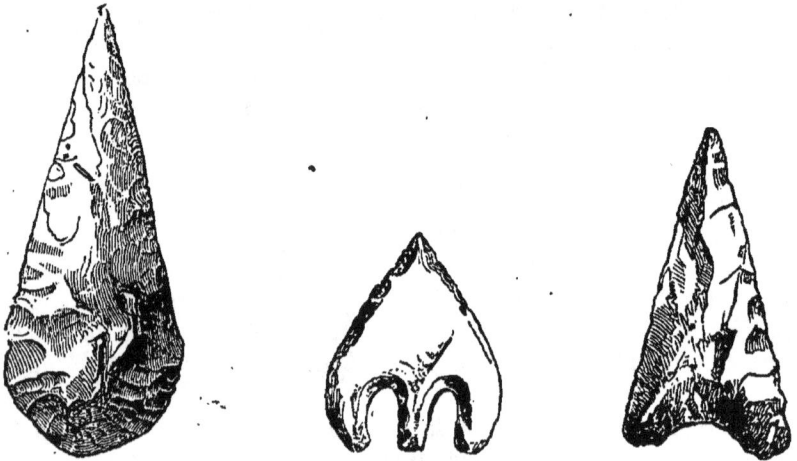

Fig. 79, 80, 81. — Pointes de flèches en silex (Irlande), (d'après Lubbock).

barbes (fig. 80 et 81); d'autres n'ont que des ailerons sans pédoncule (fig. 84). Il est des flèches délicatement taillées, dente-

Fig. 82. — Pointe de
flèche en silex préhisto-
rique (France).

Fig. 83. — Pointe de
flèche moderne en silex
(Terre-de-Feu).

Fig. 84. — Pointe de flèche
à ailerons sans pédoncule
ou soie (d'après Lubbock).

lées sur les bords et d'un travail tellement parfait, que l'on ne
conçoit guère qu'elles aient pu être ainsi festonnées sans l'aide

d'un instrument de métal. Ces jolies flèches datent surtout de l'âge de la pierre polie; on les rencontre principalement dans les dolmens et les grottes sépulcrales.

On trouve aussi dans ces mêmes grottes et dans les dol-mens des pointes de lances ou de javelots d'un travail très-délicat.

Cette élégance dans la forme, ce fini dans le travail, le temps considérable qu'a dû coûter leur fabrication, font soupçonner un autre usage que celui de projectiles destinés, le plus souvent,

Fig. 85. — Hache du type de St-Acheul
taillée sur ses deux faces.

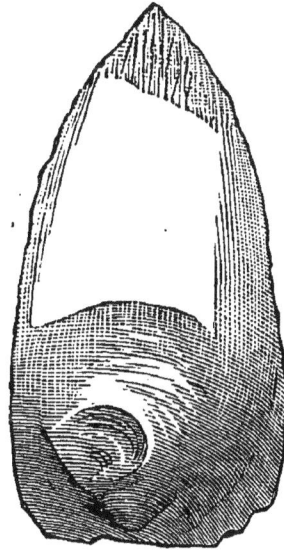

Fig. 86. — Pointe de lance
du type du Moustier.

à ne servir qu'une seule fois. Ne seraient-ce pas plutôt des bijoux, des ornements, des amulettes, en un mot tout ce qu'on voudra, excepté des flèches de chasse ou de combat ? Les dimensions de quelques-unes de celles que Raffaelli Foresi a trouvées dans les cavernes de l'île d'Elbe, et qui n'avaient pas plus de 7 millimètres de long. sur 4 millimètres de large, viennent encore fortifier les doutes que l'on peut concevoir touchant l'usage réel des pointes de flèches minuscules dont il s'agit. Du reste, on sait que les silex taillés en forme de haches et d'armes de jet figurèrent plus tard dans les superstitions des peuples ou dans le culte religieux, et qu'ils ornèrent même les diadèmes des rois.

D'autres flèches ou lances (Solutré) (fig. 18, p. 65), de dimensions beaucoup plus grandes que les précédentes, se distinguent

aussi par leur forme élégante et le fini de la taille, perfection
d'autant plus remarquable qu'elle succède au travail relativement grossier et d'un style tout différent dont les silex ouvrés
de Saint-Acheul et du Moustier nous ont laissé des types nombreux (voy. fig. 85 et 86).

C'est dans quelques tourbières seulement, en Irlande et en
Suisse, qu'on a trouvé des pointes de flèche en silex encore
adhérentes à la hampe au bout de laquelle elles étaient fixées
(fig. 87 et 88). Or il résulte, de leur examen, qu'elles avaient été
insérées, par leur pédoncule ou soie, dans la tige qui les por-

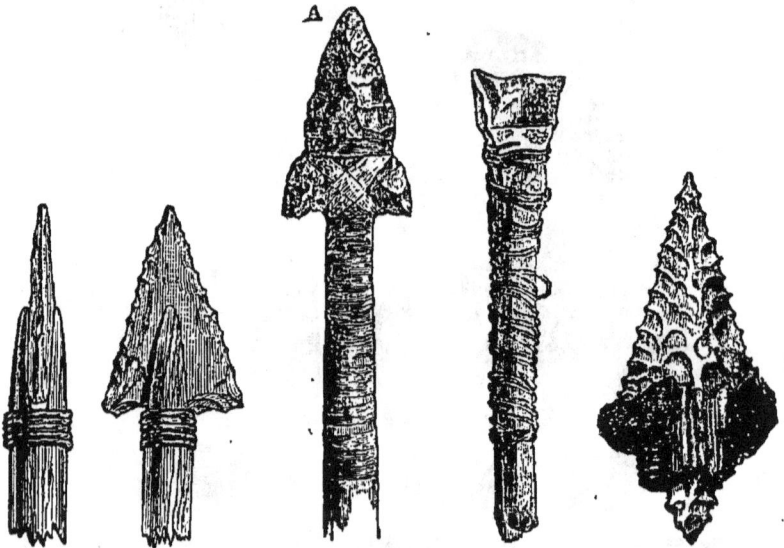

Fig. 87. Fig. 88.
Flèche emmanchée trouvée
dans un marais tourbeux
de la Suisse et vue sous
deux faces (d'après J.
Evans).

Fig. 89. — Flèche
emmanchée de
l'Amérique sep-
tentrionale (d'a-
près Lubbock).

Fig. 90. —
Flèche-ciseau à
tranchant trans-
versal, trouvée
emmanchée
(d'apr. J. Evans).

Fig. 91. — Pointe
de flèche avec bi-
tume, de la palafitte
de St.-Aubin (Suisse
(d'après de Mortillet).

tait encore, et qu'elles y avaient été fixées au moyen d'une
ficelle ou de tendons entourés de bitume. Comme ce même
bitume garnissait aussi certaines flèches en silex trouvées dans
les plus antiques palafittes de la Suisse (fig. 91), on peut en conclure que le mode d'emmanchement adopté alors pour les projectiles de cette nature, était déjà le mode constaté plus tard à
l'époque plus récente des tourbières. Il est très-probable que les
pointes de lance et de javelot étaient attachées à leur hampe de
la même manière. Cette probabilité devient presque une certi-

tude quand on considère les procédés employés par les sauvages
actuels pour emmancher leurs armes de jet (flèches, harpons,
javelots). (Voy. fig. 89.)

On s'est souvent demandé à quel usage pouvaient servir les
flèches à tranchant transversal (fig. 90). Les uns ont prétendu

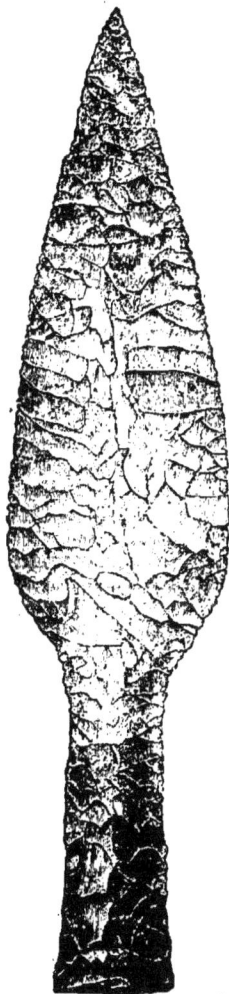

Fig. 92. — Pointe de
lance en silex (d'après
Lubbock).

Fig. 93. — Dague ou
poignard en silex
(d'après Lubbock).

Fig. 94. — Dague en
silex dont la pointe
est cassée.

qu'elles étaient employées à la chasse aux oiseaux, pour les tuer
par simple percussion, afin de ne pas ensanglanter leur plumage.
Mais ce qui prouve qu'elles étaient aussi employées à la guerre,
c'est la présence de l'une d'elles dans une vertèbre humaine

exhumée par M. de Baye d'une caverne appartenant à l'âge de la pierre polie.

Nous ne dirons non plus qu'un mot des poignards en silex, dont les dimensions et la forme ressemblent quelquefois tellement à celles des lances (fig. 92, 93, 94) et des plus grands couteaux, qu'on les a très-souvent confondus avec eux. A l'âge du renne, le poignard en os devient l'objet d'un travail très-soigné, et reçoit

Fig. 95. — Harpon en bois de renne avec barbelures unilatérales (d'après Broca).

des ornements sculptés que nous décrirons ailleurs avec détails. Cette arme reçoit, dans l'âge néolithique, et même un peu auparavant, des perfectionnements nouveaux. Vers la fin de cet âge, la taille des silex arrive à un tel degré de fini, qu'il pour-

Fig. 96. — Flèche à barbelures bilatérales, en os de renne (d'après Lubbock)

rait être difficilement atteint de nos jours avec notre outillage métallique si complet [1].

Les chasseurs de renne savaient fabriquer, avec l'os, des harpons (fig. 95) et des flèches barbelées, dont les barbes étaient

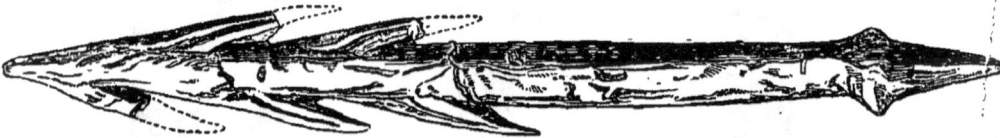

Fig. 97. — Flèche barbelée en os (France) (d'après Lubbock).

souvent creusées d'un sillon destiné, a-t-on dit, à recevoir le poison qui servait à envenimer la blessure (voy. fig. 96 et 97). Notons que les flèches barbelées n'étaient employées que pour tuer le renne et les animaux d'une forte taille ; on se contentait

1. Au nombre des lames de poignard en silex, nous pouvons citer, comme exemple d'un travail des plus remarquables, celle que notre jeune et savant collègue Louis Lartet a trouvée dans la grotte de Sordes (voir son intéressant *Mémoire sur une sépulture des anciens troglodytes des Pyrénées*. Paris, 1874, fig. 25, 3 *a*, 3 *b*, 3 *c*), et qui offre une frappante ressemblance avec un beau poignard égyptien, à manche en bois, conservé dans la collection Hag du *British Museum*.

de lancer contre les oiseaux et les petits mammifères des flèches en os de forme conique très-pointue, et non barbelées sur les bords (voy. fig. 98).

Le poignard donnait le coup de grâce à la bête expirante ; enfin la marque de chasse et le sifflet d'appel et de ralliement complétaient l'appareil du chasseur de l'âge de la pierre, auquel

Fig. 98. — Pointe de flèche, en bois de renne, non barbelée sur les bords (d'après Broca).

le renne a donné son nom. Les massues ou casse-tête étaient fabriquées avec des cailloux anguleux enchâssés dans des manches de bois, ou même liées au manche par des lanières de cuir. Les cailloux en quarzite de l'Infernet ont dû servir à cet usage (Noulet). De vraies massues, tout en bois, et passablement con-

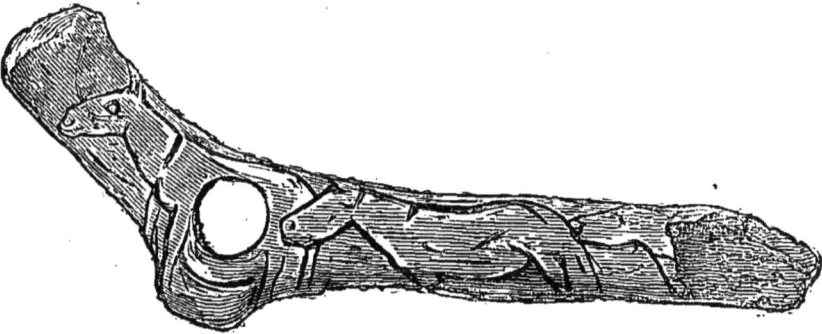

Fig. 99. — Bâton de commandement à un seul trou (réduit au $\frac{1}{3}$.)

servées, ont été retirées du sein des eaux. L'une d'elles a été trouvée à Glasgow dans un canot primitif.

Quant à la hache de combat, elle était fabriquée comme la hache de travail, qui faisait souvent l'office de la première. Le mode ou plutôt les modes d'emmanchure étaient les mêmes pour toutes les deux.

Bien des incertitudes règnent encore au sujet de quelques instruments en os de l'époque du renne, que MM. Christy et Lartet ont figurés dans leurs *Reliquiæ Aquitanicæ* et qu'ils désignent sous le nom de *sceptres* ou de *bâtons de commandement* (fig. 99 et 100).

Ces instruments n'ont peut-être été que des trophées de chasse,

comme les cornes d'*urus* ornementées, chez les Germains du
temps de César. Mais, en comparant ces prétendus trophées ou

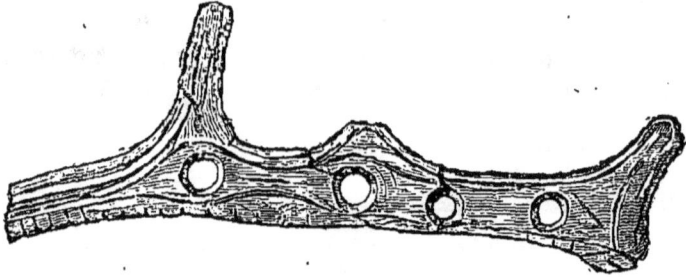

Fig. 100. — Bâton de commandement à quatre trous.

marques de distinction avec le *pack-a-mogan* (voy. fig. 101), massue
des Indiens du Canada, nous sommes tenté d'en faire des armes
de chasse ou de combat. De même que les sceptres du Périgord, le *pack-a-mogan* ou *pogamagan* des Indiens de la rivière de

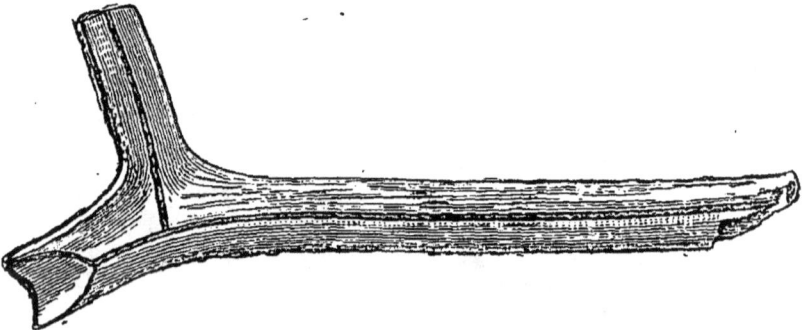

Fig. 101. — Le pogamagan des Eskimaux, réduit au $\frac{1}{4}$ (d'après Broca).

Mackensie est fait avec un bois de renne, dont on a préalablement enlevé tous les andouillers, sauf celui de l'extrémité inférieure ou premier andouiller.

Pigorini a récemment émis l'idée que les soi-disant *bâtons de
commandement* ont aujourd'hui pour analogue l'une des pièces
en bois de cerf dont les habitants de la Sardaigne se servent
habituellement pour confectionner les chevêtres de leur attelage
(fig. 102). Mais, après avoir lu attentivement la description qu'il
donne et les arguments qu'il invoque en faveur de son opinion,
je ne suis pas encore convaincu au point de la partager.

Au nombre des armes de jet figurent les pierres de fronde, employées à la chasse et à la guerre depuis l'âge archéolithique le plus

reculé jusqu'aux premiers temps de l'âge du fer. Confondues souvent avec les poids de filets, les pierres de fronde n'ont dû être, à toutes les époques, rien autre chose que les cailloux plus ou moins polis, charriés par les eaux des fleuves ou des torrents. Cependant on s'accorde assez généralement à regarder aussi comme pierres de fronde des cailloux en silex, de forme à peu près lenticulaire, et assez grossièrement taillés, que l'on trouve en abondance dans les kjökkenmöddinger danois, en Angleterre, en Écosse, et partout [1]. Quant aux frondes elles-mêmes, elles étaient probablement formées d'une lanière de cuir étroite et

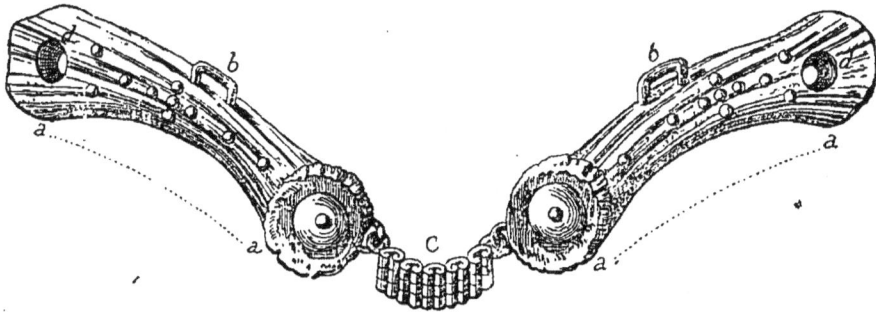

Fig. 102. — Chevêtre en bois de cerf (Sardaigne) (d'après Pigorini).
a, a'. Bâtons en bois de cerf de 20 centimètres de longueur.
b, b'. Anneaux en fer fixés à ces bâtons, pour la courroie de suspension.
C. Chaîne métallique, unissant les deux bâtons, qui sont placés horizontalement sur la face du cheval.
d, d'. Trous dans lesquels on fait passer une courroie servant de bride.

longue ; ou bien, comme celles des Nouveaux-Zélandais et des Néo-Calédoniens, elles consistaient en une corde nattée, fabriquée avec des filaments d'écorce, et plus large au milieu qu'à ses extrémités ; ou bien enfin c'était un simple bâton de bois, semblable à ceux qui ont servi aux jeux de notre enfance, c'est-à-dire, fendu à son bout supérieur, ou percé d'un trou destiné à recevoir le projectile.

Du reste, nos conjectures quant à l'existence des frondes pendant l'âge néolithique et même à l'époque archéolitique, s'appuient sur une découverte relative à une époque postérieure aux précédentes. Il s'agit ici d'une fronde, ou plutôt de la poche d'une fronde admirablement nattée et tricotée avec la partie de la corde (en chanvre) qui la soutenait. Cette vraie fronde a été trouvée à Cortaillod (Suisse), et bien qu'elle date probablement

1. Cependant, de nos jours, les pierres de fronde sont polies avec le plus grand soin par les peuplades encore barbares de la Nouvelle-Zélande, de la Nouvelle-Calédonie, et par d'autres encore.

de l'âge du bronze, peut-être même d'un âge encore plus récent, nous avons cru devoir la mentionner ici, comme l'une des découvertes les plus curieuses qui aient été faites dans les lacs de l'antique Helvétie.

Nous ne devons point passer sous silence les balles incendiaires trouvées dans les lacs suisses. Formées de charbons pétris avec de l'argile, elles étaient rougies au feu, puis lancées sur les demeures de l'ennemi. C'est ainsi que les Norriens, dit-on, incendièrent le camp de César ; c'est ainsi que, longtemps avant cette époque, furent détruites, à plusieurs reprises, un grand nombre d'habitations lacustres.

On a quelque peine à comprendre comment, avec des armes

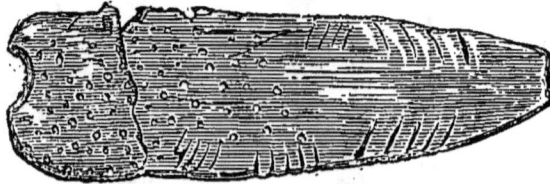

Fig. 103. — Marque de chasse (d'après Broca).

aussi peu puissantes, en apparence, que l'étaient celles que nous venons de décrire, les hommes encore sauvages de la Scandinavie, de la Belgique, de la France, de l'Italie, etc., pouvaient venir à bout de l'*éléphant*, du *rhinocéros,* sans compter l'ours et le grand chat des cavernes (*felis spelœa*).

Cependant on apprend d'Hérodote que les Ethiopiens de l'armée de Xercès tuaient les éléphants, et, de nos jours, Bruce

Fig. 104. — Registre de comptes (d'après Broca).

affirme que les Schangallas terrassent le rhinocéros avec des armes aussi débiles que l'étaient celles des peuples primitifs.

Du reste, ces peuples avaient probablement recours, pendant leurs chasses aventureuses, à des pièges ou fosses couvertes de branchages, analogues à celles que nous décrit César, fosses dans lesquelles ils cherchaient à faire tomber les animaux qu'ils poursuivaient, et qu'ils achevaient alors à coups de massue ou de marteau, ou bien à l'aide du feu mis aux branchages.

Mentionnons, en passant, les marques de chasse et les registres de comptes dont nous donnons ici le dessin (fig. 103 et 104).

IV

Les instruments de pêche

Chasseur ou pêcheur, et souvent l'un et l'autre à la fois, tel a été l'homme à l'état primitif. De même que la faim ou le besoin de se défendre lui avait fait inventer l'arc, la flèche, la lance, la hache, la fronde, elle lui suggéra aussi l'idée de fabriquer des hameçons, des harpons et, plus tard, des filets.

Rappelons-nous, en effet, qu'on a trouvé, dans certaines habitations lacustres de la Suisse (à Wangen, lac de Constance), des filets faits avec art, ainsi que les poids en argile pour les faire enfoncer dans l'eau, et même des flotteurs de bois pour les maintenir à la surface.

On rencontre assez souvent, dans ces mêmes lacs de la Suisse, des nasses en osier, et plus fréquemment encore des hameçons,

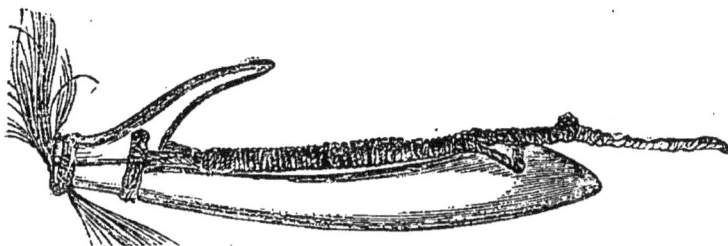

Fig. 105. — Hameçon de la mer du Sud (d'après Lubbock).

des harpons en silex, en tests de coquillage, en os ; d'autres, que l'on croirait avoir été fabriqués par les sauvages actuels des îles Kouriles ou du Groënland (voy. fig. 105), ont été découverts sur divers points de la Scandinavie, de la France et de l'Italie.

On voit que, dès l'origine, ces engins de pêche ont été merveilleusement appropriés au but que le pêcheur voulait atteindre, c'est-à-dire que, comme les nôtres, ils étaient munis de crochets destinés à retenir la proie dans le palais de laquelle ils s'étaient enfoncés. Sven Nilsson a représenté des *poids de ligne* en silex à rainure circulaire, simple ou multiple, et d'un très-beau poli (*Les habitants primitifs de la Scandinavie*, pl. II, fig. 31 à 35).

Au moins autant que l'hameçon, le harpon est utile à la pêche : il est même souvent employé à la chasse des oiseaux ou des mammifères aquatiques, qu'il ne tue pas toujours, mais dont il retarde la fuite, après qu'il a été enfoncé dans leurs chairs par un jet vigoureux. Les harpons en os des troglodytes de la Vézère

sont toujours garnis latéralement d'une seule rangée de dentelures ou barbes recourbées, ce qui les distingue parfaitement
des flèches en os barbelées, qui ont deux rangs de dentelures
latérales et avec lesquelles on les a longtemps confondus (voyez
plus haut fig. 96). Autour d'un petit renflement pratiqué à la
base du harpon s'enroulait le bout de la corde, au moyen de
laquelle le pêcheur devait le retenir après l'avoir lancé [1].

Les cavernes situées le long des bords de la Vézère renferment
une énorme quantité d'os de saumons : preuve évidente que les
habitants de ces cavernes pêchaient, ou plutôt harponnaient ces
poissons à chair délicate dans la rivière voisine de leur demeure,
et dans les autres cours d'eau du Périgord qui se déversent
dans l'Océan.

Connaissaient-ils l'usage des filets? Rien ne l'indique d'une manière indubitable.

V

Les outils

Les outils sont les organes supplémentaires de l'homme, les
instruments indispensables au développement de son génie ou,
ce qui revient à peu près au même, de ses instincts artistiques
et industriels. Sans les outils, en effet, l'homme serait réduit à
une sorte d'inertie, condamné à une enfance perpétuelle. Aidé
par eux, il peut tout et il fait tout. Avec ses dents et ses ongles,
l'homme tenterait en vain de scier un arbre aussi vite et aussi
bien que le castor. Mais quel animal pourrait couper le bois
aussi facilement et aussi nettement que l'homme une fois en
possession de la scie? Quel animal, sans en excepter le pic ou le
taret, sera capable de percer un trou aussi parfaitement arrondi
que l'est celui que nous faisons avec la tarière ou le vilebrequin? Aussi l'homme a-t-il cherché de bonne heure à multi-
plier ses moyens d'action, à donner à ses organes, à ses mains,
à ses yeux, à ses oreilles, les suppléments que pouvaient lui four-

---

1. Les harpons en os des habitants des îles *Kouriles* ressemblent
beaucoup à ceux des troglodytes de la Dordogne. Tantôt à pointe mobile,
tantôt à pointe fixe, ils sont munis d'une hampe en bois percée d'un
trou pour le passage d'une corde ou d'une lanière de cuir fixée, d'une
part à la hampe, de l'autre à la pointe, laquelle se détache naturellement
quand l'animal est harponné. Enfin, une vessie, fixée à l'extrémité libre
de la corde et flottant à la surface de l'eau, indique la direction que la
proie a prise en fuyant.

oir les produits de son intelligence. De là sont nés les outils, tous ces merveilleux instruments connus aujourd'hui sous les noms de télescopes, microscopes, ophtalmoscopes, téléphones, phonographes, etc., etc.

Il fut un temps où l'homme ignorait l'art de polir la pierre au moyen de la pierre. Son outillage alors était grossier et des plus restreints; cependant il possédait déjà les instruments les plus indispensables : le *percuteur*, le *couteau*, la *hache*, le *marteau*, le *ciseau*, la *scie* (fig. 33, page 104), la *gouge*, le *grattoir* ou *râcloir*, le *lissoir*. Le *polissoir* est un outil d'une date infiniment plus récente.

Dès l'âge du renne, et même avant cet âge, il savait se fabriquer des poinçons en pierre et en os (fig. 106 et 107), des alènes

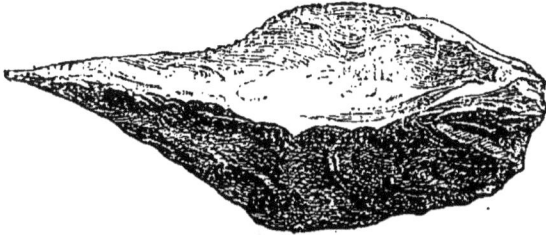

Fig. 106. — Poinçon en pierre des kjœkkenmœddinger du Danemark (d'après Lubbock).

pour percer le cuir, des épingles et des aiguilles en os. Ajoutons à cette nomenclature les pics, les douilles et les manches de hache, enfin les marteaux en bois de *cervidés*.

Quand il sut polir ses haches et ses marteaux, l'homme eut

Fig. 107. — Poinçon en os (Ecosse) (d'après Lubbock).

l'idée de les percer afin d'y adapter un manche : mais cette idée lui vint assez tard, et, pendant toute la durée de l'âge néolithique, il en fit assez rarement l'application. Au contraire, le forage de la pierre devient fréquent à l'âge du bronze, l'usage habituel du foret en métal le rendant, d'ailleurs, plus facile.

Nous commençons par les outils les plus fréquemment employés, le *percuteur* et le *polissoir*, le premier pendant toute la durée des âges archéolithique et néolithique, le second pendant ce dernier âge et les âges subséquents.

PERCUTEUR. — Il était formé d'une pierre très-dure et résistante (quartz, grès quartzeux), mais jamais de gneiss ou de silex.

Ordinairement, plus ou moins irrégulièrement arrondis sur leur contour, plus ou moins aplatis sur leurs faces latérales, qui sont légèrement excavées en une fossette unique ou multiple pour la place des doigts, les percuteurs offrent, sur leurs bords contondants, les traces manifestes des chocs auxquels ils ont été soumis; d'autres, perforés ou non de part en part sur leurs faces latérales, sont creusés sur leur pourtour d'une cannelure que Nilsson croit avoir été destinée à recevoir une courroie qui les suspendait à la ceinture, afin qu'ils fussent toujours à la disposition du chasseur ou de l'ouvrier, pour retailler le tranchant de ses armes ou de ses instruments de travail.

Le trou qu'on remarque sur un certain nombre de percuteurs sans cannelure avait le même but que celle-ci, c'est-à-dire qu'il servait au passage d'un lien de suspension.

Enfin de simples cailloux très-durs, aplatis, par conséquent faciles à tenir entre les doigts, ont pu servir de percuteurs.

Tous les archéologues n'admettent pas comme démontré l'usage que nous venons, avec Nilsson, d'attribuer aux percuteurs. Troyon croit que ces pierres discoïdes ont été employées à un jeu analogue au *chungke* des Indiens, jeu qui consiste à faire rouler ces disques et à courir après eux en lançant des perches ornées de bandelettes, sur l'une desquelles la pierre s'arrête. La position du disque sur la bandelette détermine la victoire ou la défaite de l'un des deux joueurs. De son côté, M. Evans dit positivement que les peuples préhistoriques paraissent s'être surtout servis de marteaux de pierre pour fabriquer leurs engins de guerre, de chasse, de pêche ou de travail. Mais, sans nier l'emploi tout primitif du marteau, qui nous empêche d'admettre en même temps celui du percuteur, inscrit, pour ainsi dire, sur l'instrument lui-même? Certains archéologues, cependant, ont regardé les disques dont il s'agit comme étant des *molettes* pour les tisserands, des poids pour les filets, des poulies et même des casse-tête, usages variés auxquels ils ont pu, en effet, être employés quelquefois.

Polissoir. — Vers l'époque où se formaient, sur les bords de la Baltique, ces énormes tas de débris de cuisine que l'on a désignés, en Danemark, sous l'interminable nom de *kjökkenmöddinger*, les habitants primitifs de l'Europe songèrent à polir leurs armes et leurs outils de pierre et à en aiguiser le tranchant, au moyen d'une roche analogue ou semblable à celles que nous faisons maintenant servir au même usage (grès quartzeux, schiste siliceux, etc.) pour nos outils métalliques.

La forme de ces pierres est ordinairement celle d'un polyèdre oblong, rétréci vers le milieu, renflé à ses extrémités. L'une de leurs faces, tantôt concave, tantôt convexe, tantôt plane, est le plus souvent sillonnée d'encoches qui indiquent l'usure produite par le frottement répété d'un instrument de plus petite dimension (gouge, hache, ciseau, etc.). Les plus gros polissoirs, ceux dont le poids considérable empêchait ou gênait le transport, sont restés à la place qu'ils occupaient jadis. Telle est la *pierre cochée* de Chauvigny, encore marquée aujourd'hui de vingt-cinq entailles ou coches, indiquant clairement l'usage auquel elle a servi. Tel est encore le polissoir trouvé à Cérilly (Yonne), qui offre à sa surface onze entailles aussi distinctes que celles de la *pierre cochée*. Dans ces rainures s'appliquaient le tranchant des haches, des couteaux, gouges, ciseaux, etc., et des frottements répétés, par des mouvements de *va-et-vient*, donnaient à l'instrument le fil et le poli convenables. D'autres polissoirs, plus petits et commodément portatifs, étaient souvent ornés de festons sur leurs angles et perforés de part en part d'un trou de suspension. Ces derniers offrent la plus complète ressemblance avec ceux dont les femmes du Groënland font usage pour appointer et polir leurs aiguilles en os. Enfin d'autres ressemblaient à ceux dont nous nous servons encore pour aiguiser nos faux et nos faucilles.

COUTEAU. — C'est, sans aucun doute, un des outils les plus anciens. Nous pourrions, si la chose semblait nécessaire, entrer dans des détails très-circonstanciés sur la forme et les dimen-

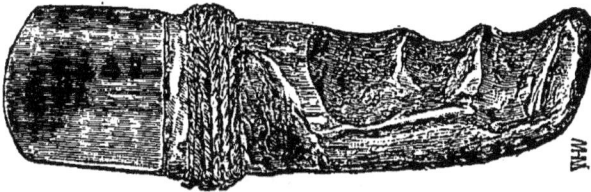

Fig. 108. — Couteau eskimau emmanché (d'après Lubbock).

sions de ces instruments, dont la nature et l'usage ont été si longtemps méconnus, bien que, dès la plus haute antiquité historique, ils aient figuré dans les cérémonies religieuses des Hébreux, des Egyptiens, des Grecs, des Romains, peut-être même des Scandinaves.

Les couteaux en silex affectaient des formes très-variées : tantôt le tranchant de la lame était droit (fig. 108), tantôt, mais bien plus rarement, il était courbé (fig. 109). Les uns avaient un manche en pierre arrondi ou prismatique, continua-

tion de la lame elle-même; d'autres étaient munis d'un manche
en bois dans lequel la lame était probablement fixée à l'aide
d'un ciment noir, identique à celui que nous avons vu employer
par les sauvages de la Scandinavie pour les flèches, les lances
et les javelots, et très-analogue à celui qu'emploient encore les
Nouveaux-Zélandais. La lame de quelques-uns de ces couteaux
n'était ni plus longue ni plus large que celle d'un canif: quelquefois aussi elle avait une longueur considérable : c'étaient
alors de vrais couteaux de chasse. Tels étaient, parmi ces derniers, ceux qu'ont décrits MM. Noulet et Bischoff, l'un, dans
les *Mémoires de l'Académie des sciences, inscriptions et belles-lettres de Toulouse;* l'autre, dans la *Revue de Gascogne*, dirigée par

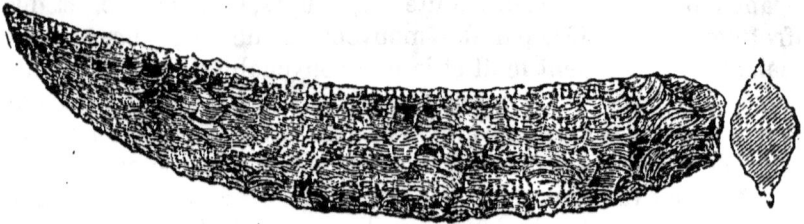

Fig. 109. — Couteau courbe préhistorique en pierre.

l'abbé Caneto (24 août 1865). La lame du premier de ces couteaux, trouvé à Vénerque (Haute-Garonne) par M. le professeur
Noulet, est incomplète; et pourtant elle ne mesure pas moins de
145 millimètres de long sur 45 de large. Celle du couteau en
silex pyromaque, découvert à Pauilhac (Gers) par M. Bischoff,
était beaucoup plus longue encore. Malheureusement, elle était
brisée en trois morceaux; mais les fragments se raccordent parfaitement entre eux, et tous trois réunis mesurent 0 m. 345.
Ces deux spécimens, les plus beaux que l'on connaisse, ont
la forme d'un prisme triangulaire très-aplati : l'une des faces
est plane et même un peu concave. La face opposée, à pans
obliques, est parcourue dans son milieu par une arête dont la
largeur va en diminuant et se perdant vers le sommet arrondi
du couteau.

Comment, avec de simples percuteurs en pierre, pouvait-on
obtenir d'aussi grands éclats de silex? La chose était possible
toutefois, et nous en avons la preuve sous les yeux. D'ailleurs,
M. Evans affirme et démontre, *ipso facto*, qu'on peut tailler le
silex avec un autre caillou aussi bien qu'avec le plus solide
marteau d'acier.

HACHES. — Polies ou non polies, employées à la guerre, à la

chasse et aux usages domestiques, les haches de l'âge de la pierre affectent des formes très-diverses, dont plusieurs rappellent tout à fait nos haches modernes. Les plus anciennes ont générale- ment la forme d'un coin ou d'une poire très-aplatie, à faces légè- rement convexes, à tranchant large et formé d'un double biseau égal des deux côtés, à sommet comprimé, tantôt assez large, tantôt terminé en pointe. Celles de Saint-Acheul (Somme) repré- sentent un type bien connu (voy. fig. 13 et 14, page 63).

Les haches varient beaucoup dans leurs dimensions. Quel- ques-unes, polies avec soin, provenant du Danemark et de la

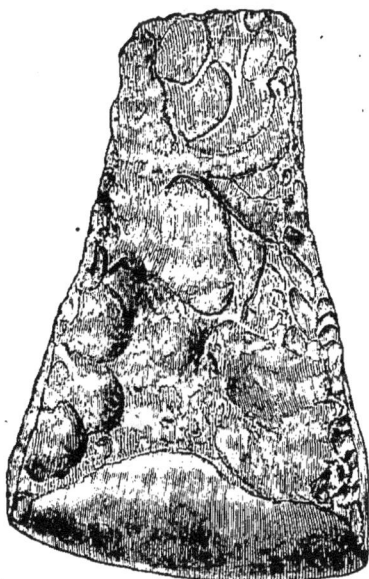

Fig. 110. — Hache en pierre de la Nou- velle-Zélande (d'après Lubbock).

Fig. 111. — Hache en pierre polie des lacs suisses.

Suède, n'ont pas moins de 0 m. 33 de longueur sur une largeur, à la partie moyenne, de 0 m. 85 à 0 m. 87, et une épaisseur de 0 m. 35 à 0 m. 38. Celles de France et de Suisse ne sont pas ordinairement aussi grandes. Cependant M. Bischoff en a fait connaître une, en jade vert antique ou *axinien*, qu'il a trouvée dans la vallée du Gers et qui n'a pas moins de 0 m. 278, soit près de 10 pouces de longueur. On sait que les habitants de la Nou- velle-Zélande (voy. fig. 110) et de la Nouvelle-Calédonie fabri- quent avec ce jade des haches de même forme, susceptibles d'un beau poli, très-résistantes et d'un tranchant si bien affilé, que nous avons pu nous-même, avec l'une de ces haches, couper nettement de gros éclats dans une bûche de chêne très-dur. Ces haches en coin étaient emmanchées de diverses manières. Tantôt, comme celles de plusieurs peuples encore sauvages (*Nouveaux-Calédoniens*), elles étaient insérées dans une sorte d'entaille ou de coulisse pratiquée à l'extrémité la plus courte d'un manche en bois naturellement coudé; et là, elles étaient maintenues ou avec des courroies disposées en sautoir, ou avec une cordelette plusieurs fois enroulée autour du sommet de la hache et de son emmanchure. Quelquefois, du bitume consolidait le tout. Au besoin, un simple bâton percé, bifurqué ou fendu, pouvait servir de manche. Dans son ouvrage intitulé *De l'homme antédiluvien et de ses œuvres*, M. Boucher de Perthes a représenté plusieurs de ces modes d'emmanchement pour les haches simplement éclatées. Pour les haches polies, John Evans a donné aussi de très-curieux dessins. Nous ne pouvons nous dispenser de dir

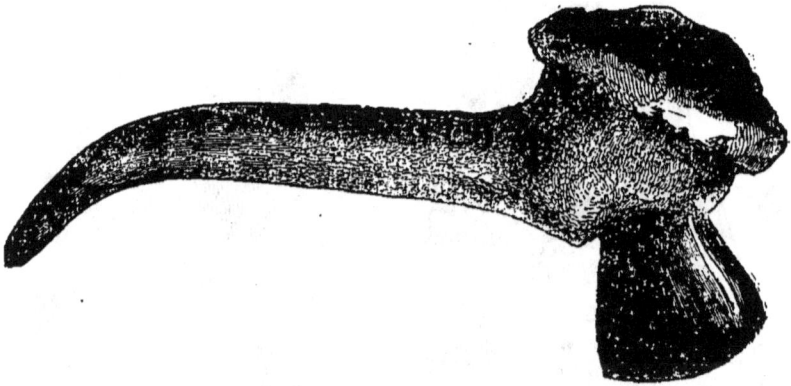

Fig. 112. — Hache emmanchée dans un bois de cerf. Palafitte de Concise
(d'après G. de Mortillet).

un mot de la manière dont les habitants de nos cavernes de l'âge du renne et ceux des cités lacustres de la Suisse emmanchaient le plus souvent leurs hachettes.

Après avoir détaché, au moyen de la scie en silex, un tronçon de bois de renne ou de cerf, ils creusaient ce tronçon de manière à pouvoir y introduire le bout non tranchant de la hache. Ce tronçon, qui servait de douille ou de gaîne protectrice, était lui-même fixé dans un trou pratiqué vers l'extrémité renflée d'un manche de bois en forme de massue. Une sorte de rebord ou d'épaulement pratiqué à la partie inférieure de la douille empêchait la hache de s'enfoncer dans le manche de manière à le faire éclater. D'autres fois, on se contentait d'insérer directement la hache polie dans le trou du manche claviforme, et de l'y retenir sans doute au moyen de cordelettes et d'un mastic approprié (fig. 112).

Un autre mode d'emmanchement consistait à placer la hache dans une douille en corne de cerf, puis à percer celle-ci d'un trou transversal dans lequel on adaptait le manche en bois.

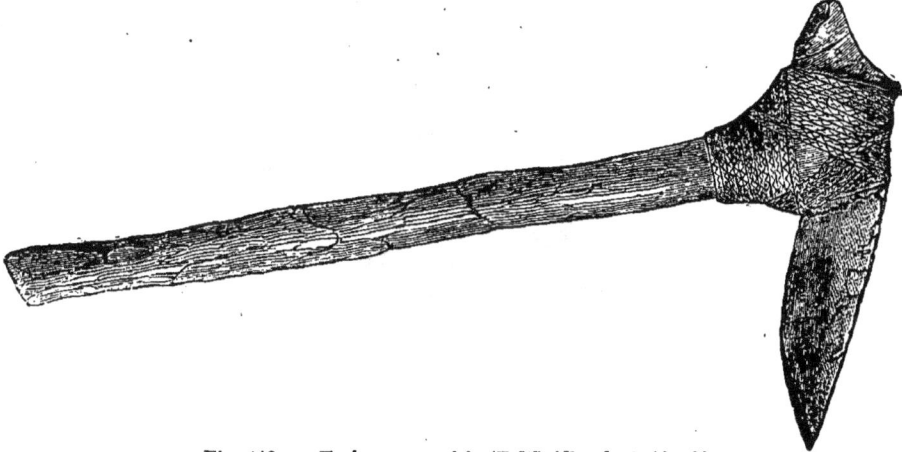

Fig. 113. — Hache emmanchée (Taïti) (d'après Lubbock).

D'autres fois, on choisissait une tige de coudrier munie de sa racine et formant avec elle un angle droit. On fendait ou perçait cette racine, on plaçait le celt dans la fente ou le trou, et on l'y fixait avec des cordes et du bitume (fig. 113 et 114) [1].

Fig. 114. — Hache en pierre polie, avec son manche, trouvée à *Solway-Moos* (Angleterre) (d'après J. Evans).

Quelques-uns de ces manches, en bois de frêne, de coudrier ou de pin, sont parvenus jusqu'à nous. Tels sont, par exemple,

1. Voy. John Evans, ouvr. cité, p. 157, fig. 100 et 101. Il est à remarquer que les divers modes d'emmanchement que nous venons de décrire, sont encore pratiqués par les sauvages actuels de la Nouvelle-Calédonie, des îles Fidji et de plusieurs contrées de l'Amérique.

celui d'une hache trouvée à Robenhausen et figurée par F. Keller; celui de la hache découverte dans le comté de Monaghan
et conservé dans le Musée de l'Académie royale irlandaise; la
hachette de Solway Moos (fig. 114), aujourd'hui au *British Museum*, et quelques autres encore. Malheureusement, ces manches, dès qu'ils sont sortis de l'eau des lacs ou du sein de la terre
humide, se déforment, se fendent ou se brisent en se desséchant, et leur conservation dans les vitrines des musées est assez
difficile [1].

On l'a déjà dit, les haches perforées (fig. 115 et 116) sont assez
rares à l'époque de la pierre polie, très-communes au contraire

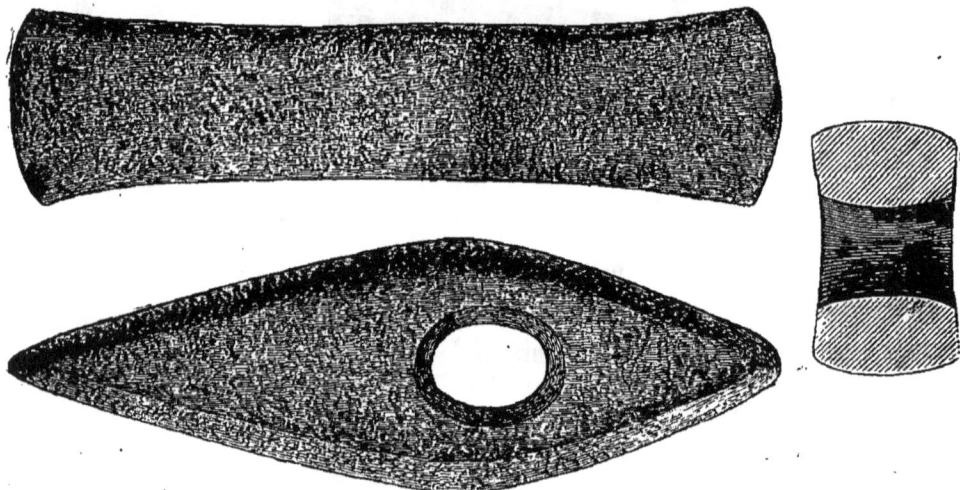

Fig. 115 et 116. — Hache polie perforée, à double tranchant (Yorkshire)
vue sous deux faces (J. Evans).

à l'époque du bronze. Quelques-unes de ces dernières, à tranchant simple ou double, présentent même des formes extrêmement élégantes et très-semblables à celles de nos haches métalliques [2]. Nous nous contenterons de rappeler, en passant, celles
qui sont généralement connues sous le nom de *haches d'ama-
zones*, dont le côté le plus étroit, échancré en double croissant,
était percé d'un trou qui recevait le manche, et dont les deux

1. Pour conserver les manches de hache ou de marteau, ou les autres
objets en bois extraits des lacs ou des tourbières, M. Engelhardt a mis
en pratique un procédé qui paraît avoir donné de bons résultats. Ce
procédé consiste à placer d'abord les objets en question dans un lieu
commode, puis à les tremper et même à les faire bouillir dans une solution concentrée d'alun. On fait sécher lentement, et le bois conserve
alors sa forme primitive.
2. Voy. John Evans, *les Ages de la pierre*, fig. 91, 93, 94, 95, 98 et 100.

extrémités, supérieure et inférieure, se terminaient par un tranchant à double biseau et presque demi-circulaire.

Nous nous bornerons aussi à signaler les *haches-marteaux* (fig. 117), dont le nom indique la forme et la destination.

Les haches de plus petites dimensions, surtout celles qui sont fabriquées avec des roches étrangères à la contrée où on les rencontre, étaient simplement insérées perpendiculairement dans un andouiller servant de manche. Mais ces prétendues haches sont plutôt des tranchets que des haches proprement dites. D'autres, sans manche, se tenaient à la main, comme le ciseau à briques de nos maçons, et présentaient même, sur leur longueur, une rainure circulaire destinée à faciliter la préhension et à les rendre plus solides.

Jusqu'à présent, les haches dont nous avons parlé sont des haches de combat, de luxe ou de travail; toutes ont leur tran-

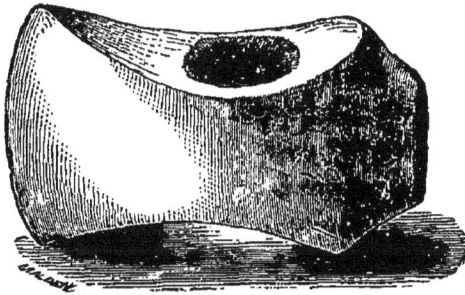

Fig. 117. — Hache-marteau en diorite (d'après J. Evans).

chant dirigé parallèlement au manche. Il en est d'autres où ce tranchant est perpendiculaire à l'axe de support : ce sont les doloires, dont l'usage et la forme générale rappellent les erminettes de nos charpentiers. D'autres outils, assez massifs, dont l'une des faces est fortement convexe et l'autre plus ou moins concave, et le tranchant arrondi, ont été considérés comme les houes primitives, employées en agriculture.

Parmi les instruments à tranchant longitudinal, on peut citer encore les prétendues *haches de jet*, qui paraissent n'avoir pas été autre chose que des coins à manches grêles, que l'on tenait de la main gauche et sur l'extrémité supérieure desquels on frappait à coups de maillet (Nilsson, ouvr. cité, fig. 183, 184).

Nous ne ferons également que mentionner :

1° Les *ciseaux* de pierre, avec ou sans manche, si parfaitement semblables à ceux dont se servent les habitants d'Otahiti et de la Nouvelle-Zélande;

2° Les *gouges*, ou ciseaux à tranchant arrondi et plus ou moins large, destinées à creuser le bois, et tout à fait identiques aux gouges qu'emploient encore les sauvages de l'Amérique du Nord pour creuser les troncs d'arbres dont ils se font des canots;

3° Les *grattoirs* ou *racloirs* et les *lissoirs* en silex et en os, destinés à épiler les peaux ou à lisser le cuir (fig. 118 et 119), ins-

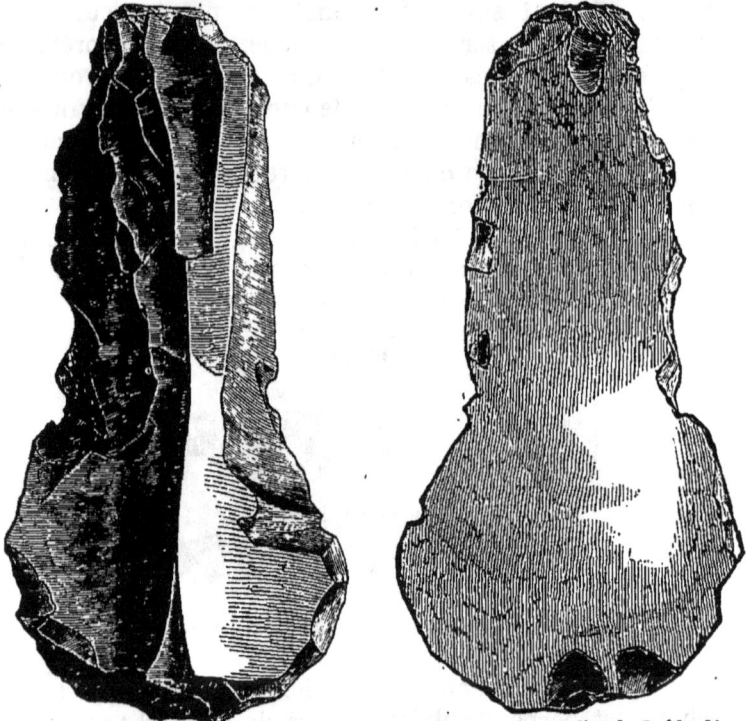

Fig. 118 et 119. — Racloir en silex taillé vu sur deux faces (d'après Lubbock).

truments qui rappellent parfaitement ceux dont se servent aujourd'hui, dans le même but, les Eskimaux et les Groënlandais (fig. 120 et 121);

4° Les *perçoirs* à tranchant transversal, comme celui d'un ciseau, sorte de mèche en *basalte*, en *diorite*, en *serpentine*, rarement en *silex*, cette roche étant trop sujette à se briser dans l'opération du forage;

5° Enfin, je mentionnerai, pour prévenir des erreurs d'âge très-possibles, les outils polis, transformés en d'autres outils grossièrement taillés (ex. : hache polie transformée en ciseau, couteau devenu scie ou pointe de lance). A quelle époque rapporter ces outils d'un travail ambigu, si l'on peut aisément méconnaître la métamorphose qu'ils ont subie?

6° Parmi les instruments les plus utiles, nous ne devons pas oublier de mentionner la *scie à main*, si souvent employée pour la fabrication des instruments en os. Cette scie en silex, le plus souvent de très-petite dimension, était reçue, avons-nous dit, dans un manche, en bois ou en corne de cerf, pourvu d'une rainure longitudinale, où elle était retenue par un bitume analogue à de la poix de cordonnier. Mais que de fois elle devait se briser! Quelle patience et quelle adresse ne fallait-il pas pour obtenir ces fines dentelures qu'on admire sur les spécimens des Musées de la Suisse, de Saint-Germain-en-Laye, etc.! (Voyez ci-dessus, page 104, fig. 33.)

Comme beaucoup d'autres instruments en pierre, les scies ont été rencontrées en assez grand nombre dans certaines cavernes

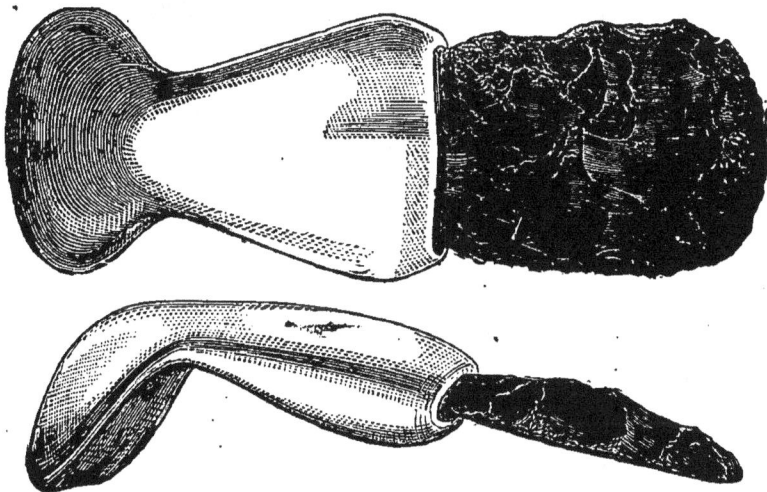

Fig. 120 et 121. — Grattoir ou racloir eskimau vu de face et de profil (d'après J. Evans).

de l'âge du renne (celle de *Bruniquel* par ex.), plus rarement dans d'autres cavernes de la Dordogne. On en a trouvé aussi quelquefois dans les sépultures néolithiques de la France (dolmens du Poitou); mais elles y sont en général assez rares. Il en est de même pour l'Irlande et pour l'Angleterre.

Au nombre des instruments destinés à des usages domestiques et employés dès l'âge de la pierre polie, il faut inscrire les mortiers et les pilons destinés à broyer les grains, et particulièrement les céréales.

Les mortiers de ces anciens temps ressemblent déjà beaucoup aux nôtres. Ce sont des pierres dures, granite, diorite, gneiss, plus ou moins excavées à leur surface supérieure, dans laquelle

on faisait mouvoir le pilon également de pierre et de forme
sphérique, ovale ou allongée en massue. Des creux peu profonds étaient pratiqués sur les pilons sphériques, dans le but
de les mieux saisir (fig. 122).

Si l'âge de plusieurs de ces *mortiers* est parfois douteux, il ne
saurait en être de même des *meules à moudre* qu'on a trouvées

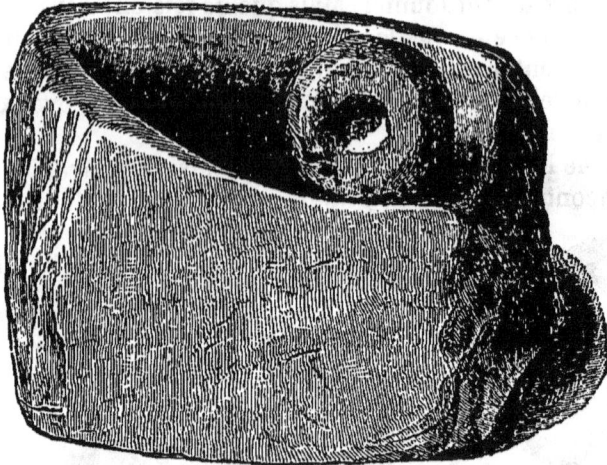

Fig. 122. — Mortier en pierre avec son pilon, trouvé à Ty-Mawr (Holyhead)
par M. Stanley (d'après J. Evans).

dans les lacs suisses : elles appartiennent incontestablement
aux palafittes les plus anciennes. Nous avons dit qu'elles servaient à écraser le grain destiné à la fabrication des pains ou
galettes circulaires qu'on a trouvées à Robenhausen. On faisait quelquefois bouillir dans l'eau les céréales qui devaient les
fournir, probablement en vue d'obtenir plus aisément la farine.

VI

Le tissage et la couture.

Après la nourriture vient le vêtement : aussi la filature et
le tissage remontent-ils à une haute antiquité (fig. 123 et 124).
On a trouvé des fuseaux en bois et des tissus de lin ou d'écorce
dans les habitations lacustres de la Suisse. Les disques percés,
en pierre ou en argile, ayant servi de pesons de fuseaux y sont
extrêmement communs (fig. 123). L'un d'eux était encore adapté
au fuseau lorsqu'on l'a découvert.

Le fil de lin ou d'écorce servait à coudre les vêtements en

toile ou les peaux dont se couvraient les habitants des palafittes. Ceux des cavernes employaient un fil fabriqué avec des tendons divisés, peut-être même des cordes à boyaux.

Fig. 123. — Morceau de tissu trouvé à Robeuhausen (d'après Lubbock).

Nul doute que la couture ne fût depuis longtemps en usage, puisqu'on a trouvé des aiguilles dans les cavernes de la France et de la Grande-Bretagne appartenant à l'âge archéolithique

Fig. 124. — Molette de tisserand, âge de la pierre polie (d'après Lubbock).

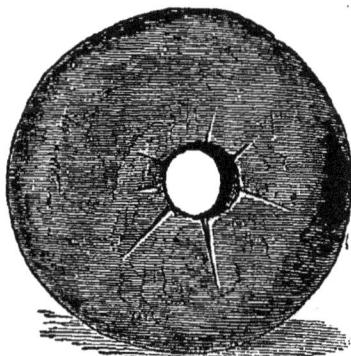

Fig. 125. — Peson de fuseau en grès rouge trouvé en Angleterre, à Holyhead (d'après J. Evans)

(âge du renne), aussi bien que dans les lacs de l'Helvétie [1]. Quelques-unes de ces dernières, appointées aux deux bouts, étaient percées d'un trou dans le milieu renflé de leur longueur et ressemblaient, sous ce rapport, à certaines aiguilles de

[1]. On a trouvé des aiguilles en os dans presque toutes les cavernes de la Dordogne, à Massat (Ariège), à Lourdes (Hautes-Pyrénées), à Veyrier, au pied du mont Salève; sur divers emplacements des palafittes de la Suisse, et même aux environs de Bethléem, celles-ci entièrement semblables à celles de nos stations de l'âge du *renne*.

bronze, qui n'en étaient, sans aucun doute, que l'exacte copie. D'autres aiguilles en os ont leur chas percé à leur plus grosse extrémité. Quelques-unes d'entre elles, trouvées à Bruniquel, sont tellement fines, qu'elles ont dû être employées à des usages plus délicats que la couture des peaux.

Les aiguilles en os du Périgord (fig. 126 et 127) sont remarquables par la délicatesse et le fini du travail. Sous ce double rapport, elles l'emportent sur celles des anciens Gaulois et sur les aiguilles en ivoire des Eskimaux actuels, à plus forte raison sur celles des Kamtschadales, qui ne sont que de simples arêtes de poissons. Dans tous les cas, ce qu'on admire surtout dans les aiguilles en os des cavernes du Languedoc et du Périgord, c'est l'habileté qu'il a fallu pour forer le trou (le *chas*) de ces aiguilles avec un perçoir en silex; mais, avec un peu d'adresse et beaucoup de patience, M. Ed. Lartet a parfaitement réussi dans cette opération [1].

Dans tous les cas, comme les meules à moudre, comme les fuseaux à filer, elles indiquent déjà des occupations essentielle-

Fig. 126 et 127. — Aiguilles en os des cavernes du Périgord (d'après Broca).

ment domestiques, un coin du feu, un rôle spécial dévolu à la femme, la constitution de la famille et, par suite, un état social en voie de civilisation.

Des poinçons, des alènes, des épingles en os, destinées à retenir le vêtement ou la chevelure, peut-être même à lui servir d'ornement, ont été rencontrés aussi fort souvent dans les cavernes et dans le mobilier lacustre le plus ancien. Instruments bien modestes sans doute, comme les aiguilles qui les accompagnent, et sur l'utilité desquels un long usage nous a blasés. Mais l'importance en est mieux sentie quand on réfléchit au rôle essentiel qu'ils ont joué au sein des sociétés primitives, et à celui qu'ils remplissent encore dans notre industrie actuelle. Songeons aux millions de bras qu'occupe aujourd'hui leur fabrication et leur fonctionnement. Rappelons-nous enfin que les aiguilles dont elle s'était munie, pour les distribuer à propos, ont protégé une illustre et intrépide voyageuse, Ida Pfeiffer, contre la dent des cannibales de l'archipel malais.

1. Voir, dans les *Reliquiæ Aquitanicæ*, les détails intéressants que MM. Ed. Lartet et Christy ont donnés sur la fabrication des aiguilles.

CHAPITRE III

I

L'agriculture primitive.

Si nous étions encore à ces temps heureux où la vive imagination des peuples se plaisait à poétiser tous les symboles, nous pourrions représenter la Civilisation sous la forme d'une femme belle et forte, tenant un épi d'une main et un livre de l'autre, l'épi donnant à l'homme la nourriture matérielle, qui entretient et fortifie son corps, le livre lui fournissant l'aliment intellectuel et moral qui complète et ennoblit sa nature avide de science et de progrès.

Ce n'est donc pas sans raison que Cérès et Triptolème, réputés les inventeurs de la charrue et de l'agriculture, furent regardés, au même titre qu'Orphée et Amphion, comme les premiers instituteurs du genre humain.

Quand on songe aux bienfaits de tous genres qui résultent de la culture des champs, on conçoit sans peine que les Scythes barbares, ainsi que nous l'apprend Hérodote, aient cru à l'origine céleste de la charrue. Chez les premiers habitants de la Germanie, une herse tombe aussi du ciel, et un temple s'élève là où la herse est tombée. Enfin une vieille et naïve légende germanique nous raconte que la fille d'un géant, étonnée à l'aspect d'un homme qui cultivait un champ, s'approche du laboureur et emporte, dans l'un des plis de sa robe, le pygmée, sa charrue et ses bœufs. Le père de la jeune fille entre en fureur et lui ordonne de replacer là où elle l'a trouvé ce *ver de terre*, sous les efforts intelligents duquel il prévoit que la race des géants devra bientôt succomber.

Or, dans la série des âges qui se sont succédé à la surface du globe, les géants, pasteurs et nomades, ont précédé les nains,

c'est-à-dire les hommes adonnés aux travaux de l'agriculture
et à l'extraction des métaux.

Les premiers représentent la force matérielle et les instincts
sauvages; ils appartiennent à l'âge de la pierre. Les nains, au
contraire, que la légende germanique met en opposition avec
eux, sont le vivant symbole de l'intelligence aux prises avec la
barbarie, les premiers pionniers de la civilisation; ils font partie
de l'âge du bronze.

Je ne parle pas du divin laboureur des Chinois, chez lesquels
l'agriculture est si fort en honneur, que l'empereur lui-même
trace chaque année le premier sillon.

Mais à quelle époque la culture des champs prit-elle naissance? Nulle tradition, nulle histoire écrite ne saurait nous le
dire. Semblables à l'enfant, qui ne garde aucun souvenir de ses
premières années, les peuples ont perdu la mémoire des étapes
successives qu'ils ont traversées avant de sortir des langes de
l'ignorance et de la barbarie. Aucun d'eux ne peut même nous
apprendre l'origine du plus simple instrument aratoire et encore
moins le nom de son inventeur. Mais, là où l'Histoire se tait, la
Mythologie fait entendre sa voix persuasive, et elle infuse dans
les esprits ces mensonges poétiques qui traversent les âges en
tenant lieu de vérité.

La Science arrive à son tour : elle pénètre dans les forêts
vierges de ce Nouveau-Monde, qui est peut-être l'ancien, et elle
y trouve, au milieu des ruines gigantesques d'Uxmal ou de
Palenqué, des monuments qui lui rappellent l'Egypte et ses
lugubres splendeurs. Elle interroge les *tumuli* de l'Ohio, les dolmens de la Bretagne, les *longs barrows* de l'Ecosse, et la cendre
des morts lui répond. Elle fouille les cavernes habitées par
l'homme des premiers âges; elle sonde les lacs au sein desquels
il a bâti ses plus anciennes demeures, et, avec les débris souvent
mutilés qu'elle y rencontre, elle fait revivre à nos yeux tout un
monde avec sa physionomie, ses coutumes, ses arts, son industrie
et son agriculture.

Pour trouver les premières traces un peu régulières de la culture des champs, il faut remonter jusqu'aux constructeurs des
cités lacustres de l'âge néolithique. Ni les habitants des cavernes
de l'âge de l'ours ou du renne, ni les mangeurs d'huîtres des
kjökkenmöddinger du Danemark, n'ont connu l'agriculture.
En Suisse, au contraire, en Italie peut-être, la plupart de nos
céréales étaient déjà cultivées avant l'âge du bronze, le maïs
toutefois excepté. On a trouvé à Wangen plusieurs boisseaux
d'orge et de froment. Robenhausen a également fourni des épis

d'orge et de blé, carbonisés lors de l'incendie des bourgades lacustres, et devant à cette circonstance leur parfait état de conservation. Ce qui doit surtout nous surprendre, c'est de voir, à ces époques si éloignées de nous, le froment et l'orge offrir déjà plusieurs variétés à la culture. Ainsi, le professeur Heer a distingué les *triticum vulgare, dicoccum* et *monococcum*. Il a reconnu l'*hordeum distichum*, ou orge à deux rangs, plus rare en Suisse cependant que l'*hordeum hexastichum*, variété qu'on trouve assez fréquemment dans les tombeaux de la Grèce et de l'antique Egypte. Au nombre des céréales, il faut inscrire aussi les deux espèces de millet (*setaria italica* et *panicum milliaceum*) qui servent encore à la nourriture de l'homme dans différents pays.

Parmi les légumineuses figuraient les pois, les lentilles et la petite fève de marais (*faba vulgaris celtica*). Des fruits du pommier sauvage ou cultivé, des poires, des prunes, des prunelles, des cerises, des fraises, des framboises, des mûres sauvages, des noisettes, des faînes et des glands, etc., conservés dans des vases grossiers et faits sans l'aide du tour, ont aussi contribué à l'alimentation végétale des plus anciens habitants de l'Helvétie. Il en est de même des fruits du prunier de Sainte-Lucie, de ceux des pins sylvestre et des marais, du cormier rouge, de la châtaigne d'eau et même des nénuphars.

On a observé que les poires et les pommes avaient été coupées par quartiers, pour être plus facilement séchées. Parmi les fruits comestibles, nous n'avons pas mentionné ceux du noyer. Peut-être cet arbre n'était-il déjà plus indigène en Europe, comme il l'était à l'époque des grands mammifères contemporains de l'homme primitif. Le noyer avait disparu sans doute, comme le *thuya* et le *liquidambar*.

Nous ne finirons pas ce chapitre, consacré à l'agriculture et à ses produits, sans dire un mot des plantes textiles.

Le chanvre était inconnu; mais le lin était cultivé par les habitants des cités lacustres. Non-seulement on a trouvé sa graine en abondance, mais encore les filets et les toiles tissées ou nattées à la confection desquels il était employé. Le métier et la navette du tisserand, le fuseau de la fileuse existaient avec leurs accessoires, tels que pesons, molettes, pour tendre les fils de la chaîne, etc. Des fibres, de certaines écorces, associées à celles du lin, on confectionnait des câbles et des cordages; enfin la paille et l'osier étaient utilisés, la première pour la fabrication des nattes, le second pour celle des paniers et des nasses destinées à la pêche.

Le matériel aratoire était, on le conçoit, des plus simples et des plus rustiques, à peu près tel qu'il est encore actuellement chez plusieurs insulaires de la Polynésie.

Certains auteurs (M. Boucher de Perthes, MM. F. Garrigou et H. Filhol) ont émis l'idée que des bois de cerf réduits à un seul andouiller, des demi-mâchoires inférieures d'*ursus spelæus*, privées de leur branche montante, de simples branches d'arbre formant entre elles un angle plus ou moins ouvert, etc., pouvaient servir de pics et de hoyaux à une époque où le sol, vierge encore, devait être partout d'une grande fécondité sans avoir besoin d'un labour profond.

Ce qu'il y a de certain, c'est que plusieurs peuplades encore sauvages, et même adonnées à l'anthropophagie, emploient actuellement, pour cultiver la terre, des outils tout aussi primitifs et aussi peu perfectionnés que ceux dont les premiers habitants de l'Europe centrale faisaient probablement usage. Ainsi, les Fidjiens ont pour bêches des côtes de baleine ou des rondins façonnés en forme de cure-dents. Une petite masse sert, en guise de rouleau, à émietter les mottes que soulève le bâton. Leur sarcloir est une écaille d'huître ou de tortue, fixée solidement au bout d'une tige quelconque. Une écaille tranchante leur tient lieu de serpette.

On n'a pas encore trouvé en Europe d'outils agricoles non métalliques rappelant ou la pelle ou la bêche. J. Evans a signalé seulement en Angleterre des houes en silex. Mais dans l'Amérique du Nord, au sud de l'Illinois et sur les bords du Mississipi, on a découvert des silex taillés de très-grandes dimensions et d'un âge inconnu, que l'on soupçonne avoir servi de *bêches* aux indigènes pour labourer leurs champs. Ces intruments avaient la forme de disques ovales ou elliptiques, aplatis d'un côté, légèrement convexes de l'autre, tranchants et régulièrement échancrés sur les bords, et mesurant quelquefois plus d'un pied anglais de longueur sur 5 ou 6 pouces de large, et 3/4 de pouce d'épaisseur au milieu. M. le professeur Rau a figuré et décrit des houes et des pelles analogues, trouvées aussi dans l'Amérique du Nord. (*Archæological Collection of the United States national Museum,* by Charles Rau. Washington City, 1876, p. 16, fig. 54 et 55.)

Qu'il y a loin pourtant des instruments grossiers que nous venons de mentionner, aux faucheuses, aux moissonneuses et aux charrues conduites par la vapeur ! Mais aussi est-il une preuve plus éclatante des immenses progrès qu'a faits l'humanité ?

II

La domestication des animaux.

Quand on songe aux difficultés inouïes que l'homme primitif a dû éprouver pour soumettre à sa puissance, ou plutôt à sa faiblesse native, un animal aussi fort que le taureau sauvage, aussi rapide que le cheval, aussi féroce que le chien dans l'état de nature, on a tout lieu d'être surpris qu'il ait pu dompter ces animaux farouches et s'en faire non-seulement des auxiliaires utiles, des serviteurs dévoués, mais encore d'excellents amis [1].

Ce qui rend singulièrement difficiles les jugements à porter sur les questions relatives à l'origine de la domestication [2] des espèces animales qui nous sont assujetties, c'est la presque impossibilité de savoir, quand nous nous trouvons en face d'ossements fossiles portant des traces plus ou moins évidentes de modifications quelconques, si ces modifications sont dues à l'action de l'homme ou bien à celle de la nature. Elles peuvent, en effet, avoir été produites ou par l'un ou par l'autre. Mais quelle sagacité, quel tact divinatoire ne faut-il pas pour les attribuer sûrement à leur véritable cause efficiente ! Aussi que de doutes, que d'incertitudes, que d'erreurs règnent encore sur les questions qui vont nous occuper !

On l'a dit avec raison, « les animaux pourraient vivre (et ils ont vécu) sans l'homme : l'homme ne saurait vivre sans les animaux. » Mais on oublie trop les difficultés sans nombre qui ont dû s'opposer, plus ou moins longtemps, à l'entière prise de possession des animaux que nous appelons maintenant domestiques. Aujourd'hui que l'œuvre est accomplie, rien ne nous paraît plus simple que la domestication, c'est-à-dire, que cette associa-

---

1. On sait que lord Byron a dit, en parlant des amis :

Je n'en connus qu'un seul, il est sous cette pierre.

Le sombre poète désignait son chien, sur la tombe duquel il avait fait graver cette épitaphe, peu flatteuse pour l'humanité.

2. Ce mot paraît avoir été créé par M. Dureau de La Malle dans son intéressant mémoire intitulé : *De l'influence de la domesticité sur les animaux depuis le commencement des temps historiques jusqu'à nos jours.* (*Annales des sciences naturelles*, 1re série, t. XXI, p. 50.) Le savant académicien s'exprime à cet égard ainsi qu'il suit : « J'ai hasardé ce mot, qui exprime l'action de la domesticité, parce qu'il m'a paru manquer à la langue des sciences. L'italien *domesticazione* et les mots *équitation*, *personnification*, admis dans le discours, sont un exemple et une excuse. » (*Loc. cit.*, en note.)

tion de la bête à l'homme, devenu maître d'elle, son chef et, trop souvent aussi, son tyran.

Cette association, il est vrai, n'a rien de volontaire de la part de l'animal, et, comme le dit M. H. Bouley avec autant d'esprit que de justesse, l'innocent agneau n'est pas venu de lui-même,   .

..... Victime obéissante,
Tendre au fer de Calchas une tête innocente,

ni le taureau chercher volontairement le joug, ni le cheval ouvrir la bouche pour accepter le mors.

Aujourd'hui même, ces esclaves, que nous croyons complètement asservis à nos volontés, ont conservé un instinct inné d'indépendance, et ce n'est que par des efforts sans cesse renouvelés, que l'homme parvient à effacer chez certains d'entre eux cet amour de la liberté très-développé chez tous.

Mais, à côté de l'instinct d'indépendance, il a trouvé, chez la plupart des animaux qu'il s'est assujettis, un instinct de sociabilité qui les prédisposait en quelque sorte à la domestication, et dont il a su habilement profiter. Cette fois encore, son intelligence le créa Roi; et son autorité absolue fut acceptée, à la place de celle du chef que la nature elle-même avait assigné à l'association jouissant encore de sa pleine liberté.

Cette même intelligence lui fit discerner, parmi les animaux de la forêt, ceux qui pouvaient lui être les plus utiles, en lui donnant leur chair, leur lait, leur force musculaire, leurs moelleuses et chaudes fourrures, toutes les ressources de leurs facultés instinctives et intellectuelles. Sous ce rapport, l'œuvre de nos premiers ancêtres est si parfaite, que les siècles nombreux qui se sont succédé depuis ont ajouté très-peu de richesses nouvelles à celles qu'ils avaient conquises.

Mais quelle est donc l'espèce sauvage sur laquelle leur choix se porta tout d'abord? A quelle époque cette espèce fut-elle soumise pour la première fois?

C'est là une question déjà bien souvent débattue, mais sans aucun résultat véritablement décisif. Cependant la paléontologie semble ajouter aujourd'hui un argument de plus en faveur de l'opinion de ceux qui pensent que le chien fut le premier soumis à notre empire. Le professeur Steenstrup, de Copenhague, a prouvé, de la manière la plus originale, que le chien chassait avec l'homme et partageait ses repas à l'époque lointaine où les sauvages habitants du Danemark entassaient, sur les côtes de la Baltique, les immenses kjökkenmöddinger.

M. Ed. Dupont, à son tour, a rencontré le *canis familiaris* dans les cavernes paléolithiques de la Belgique, c'est-à-dire dans des gisements plus anciens que les *kjökkenmöddinger*.

Il est vrai que le savant directeur du Muséum d'histoire naturelle de Bruxelles n'affirme pas, mais simplement soupçonne que cet animal a dû être réduit de très-bonne heure à l'état domestique. On conçoit, en effet, l'utile et indispensable secours que le chien devait prêter à l'homme, armé seulement de la hache, de la massue ou de la flèche de pierre, pour frapper la proie qu'il poursuivait dans sa fuite ou qu'il attaquait corps à corps. L'instinct éminemment sociable du chien, les innombrables variations qu'il a subies, les races plus ou moins nombreuses qu'il a formées, les qualités précieuses, naturelles ou acquises, qui le distinguent, tout semble prouver qu'il a été l'un des premiers associés de l'homme, que depuis il n'a plus quitté, qu'il a suivi partout, et dont il constituerait même la *meilleure part*, s'il fallait s'en rapporter au spirituel auteur du livre sur l'*Esprit des bêtes* (Toussenel).

C'est encore Toussenel qui a dit : « Le chien est la plus belle conquête que l'homme ait jamais faite, n'en déplaise à M. de Buffon. Le chien est le premier élément du progrès de l'humanité. Sans le chien, l'homme était condamné à végéter éternellement dans les limbes de la sauvagerie. C'est le chien qui a fait passer la société humaine de l'état sauvage à l'état patriarcal en lui donnant le troupeau. Sans le chien, pas de troupeau ; sans le troupeau, pas de subsistance assurée, pas de gigot ni de rosbif à volonté, pas de laine, pas de burnous, pas de temps à perdre ; par conséquent, pas d'observations astronomiques, pas de science, pas d'industrie. C'est le chien qui a fait à l'homme ses loisirs. » (L'*Esprit des bêtes*, p. 149. Paris, 1868.)

Il y a beaucoup de vrai dans ce badinage ingénieux. Une fois soumis à l'influence toute-puissante de l'homme assisté du chien, transportés avec lui dans tous les climats, nos animaux, esclaves d'abord, privés ensuite, domestiques à la fin, ont subi, dans la série des âges, une foule de modifications relatives aux formes extérieures, à la taille, aux proportions des membres, aux téguments, aux organes intérieurs et à leurs fonctions, aux instincts et à l'intelligence. L'histoire de ces variations étonnantes et presque à l'infini, a été traitée de main de maître dans un livre devenu bientôt classique, traduit dans plusieurs langues, et dans lequel on ne sait ce qu'il faut admirer le plus, ou la science profonde, ou le génie de l'observation, ou le grand nombre de faits intéressants qui lui servent de base, ou bien enfin la justesse des déductions et la hauteur de vues, malheureusement quelquefois

entachées d'hypothèses voisines de la témérité. On conçoit que
je veux parler de l'important ouvrage de Darwin, intitulé : *De
la variation des animaux et des plantes dans la domestication.*
C'est à ce livre plein de faits et d'idées que je me permets de
renvoyer ceux d'entre mes lecteurs qui seraient désireux d'apprendre jusqu'à quel point peut s'étendre le pouvoir de l'homme
sur la nature vivante, sans préjudice, bien entendu, de l'immense influence qu'il exerce sur la nature inorganique. Qu'il me
suffise de rappeler ici les races si diverses de chiens, de chevaux,
de bœufs, de moutons, de porcs, de poules, de pigeons, etc.,
que l'homme est parvenu à façonner, et qu'il façonne encore
tous les jours au gré de son utilité, quelquefois même au gré de
ses caprices. Rapprochez le chien de Terre-Neuve du carlin,
dont la race se perd ; le chien turc à peau nue du havanais à la
fine toison ; le lévrier aux longues jambes, au museau effilé, du
dogue aux formes trapues, au museau large et brusquement
tronqué ; comparez le cheval arabe, si rapide à la course, avec
le lourd, mais vigoureux percheron ; le bœuf *niata* d'Amérique,
à la tête monstrueuse, avec notre vache garonnaise ou bretonne,
les moutons loutres ou ancons du Massachussetts avec nos moutons Dishley ou mérinos, et dites-moi, je vous prie, si l'homme
ne s'est pas fait, en quelque sorte, créateur à son tour. Que
d'exemples dans le même sens offriraient nos races gallines,
colombines, ansérinas, etc., si j'avais le loisir et l'intention de
les passer toutes en revue ! Que serait-ce donc si nous faisions
entrer en ligne de compte les instincts acquis ou perdus, la fécondité accrue ou diminuée, le régime alimentaire complètement changé, l'acclimatement et la naturalisation des espèces
exotiques, etc., etc.

Je sais bien qu'il est des savants, peu nombreux, il est vrai,
qui prétendent encore, en présence de ces faits pourtant très-
significatifs, que chacune de nos races domestiques a été créée
telle et tout exprès pour l'homme, dès l'origine des choses, et
qu'elle est restée, depuis, absolument invariable.

Système au moins singulier, qui n'a même plus besoin d'être
sérieusement réfuté.

Concluons donc que :

1º Considéré au point de vue des effets obtenus par la domestication, le pouvoir de l'homme est immense. Mais, quelque
grand qu'il soit, pour obtenir des formes nouvelles, il faut qu'il
appelle à son aide l'influence non moins puissante des milieux
ambiants.

2º Tous les animaux domestiques doivent à un instinct natif

de *sociabilité* le joug qu'ils ont subi de la part de l'homme, en l'acceptant pour chef.

III

Origine et patrie des principaux animaux domestiques.

Une remarque importante due à M. Pictet, c'est qu'en Suisse, comme partout, on voit la faune diluvienne passer graduellement à la faune actuelle. Ainsi, l'*urus* (*bos primigenius*) est associé, dans les charbons feuilletés de *Dürnten* (canton de Zurich), avec le *rhinoceros leptorhinus* et l'*elephas antiquus*. Plus tard, il vit en compagnie du mammouth dans la vallée du Rhin; plus tard encore, avec le renne et la marmotte; enfin, à Robenhausen, on le rencontre avec l'aurochs, et il se trouve en butte aux attaques de l'homme, qui finira par l'anéantir. « A l'époque de César, l'urus, l'élan, le bison (*aurochs*) paissaient encore dans la forêt hercynienne. Les sept siècles suivants ont suffi pour reléguer ces deux derniers dans le Nord. Sans doute, ce changement s'est opéré en dehors de toute modification de climat; mais il faut probablement recourir à un changement de température, pour expliquer comment deux espèces qui vivaient jadis ensemble dans les vallées suisses, le renne et l'éléphant, sont séparées aujourd'hui l'une de l'autre par la moitié du méridien terrestre.[1]. »

Ce passage graduel de la faune diluvienne à la faune de nos jours porte avec lui plus d'un enseignement. D'abord, il nous permet de faire remonter certains types spécifiques à des époques plus éloignées de nous qu'on ne l'admet généralement. Ensuite, il nous autorise à chercher dans ces mêmes types les souches de la plupart, sinon de la totalité de nos races domestiques. Or, comme chacun des genres qui ont fourni ces dernières se rencontre à l'état fossile, soit dans les terrains tertiaires, soit dans les terrains diluviens de l'Europe, aussi bien que dans ceux de l'Asie, il y a déjà là une forte présomption en faveur de l'origine européenne des races que nous possédons aujourd'hui.

---

1. *Bibliothèque univ. de Genève, Archives*, t. XII, 1861, p. 299. Il est vrai de dire que l'Afrique et même l'Amérique pourraient revendiquer l'avantage de nous avoir fourni certaines espèces domestiques. Marsh va même plus loin : il prétend que toutes les espèces réduites chez nous à l'état de domesticité ont eu le Nouveau-Monde pour patrie primitive.

Carl Vogt, au contraire, se déclare en faveur de l'Afrique. La question est donc encore à l'étude, mais nous ne doutons pas que des découvertes paléontologiques ultérieures ne parviennent tôt ou tard à l'élucider.

Dès lors, n'est-il pas naturel de regarder les genres diluviens dont nous venons de parler comme ayant survécu à la grande inondation qui a couvert une partie de l'Europe au commencement de l'époque quaternaire, et comme ayant donné naissance aux animaux domestiques de la pierre polie, qui seraient eux-mêmes les ancêtres de nos animaux domestiques actuels ?

Comment, d'ailleurs, pourrait-on encore faire venir de l'Asie des animaux que l'homme européen avait su réduire en domesticité dès l'âge des palafittes les plus anciennes, et même, nous le prouverons, dès l'époque de la pierre taillée, c'est-à-dire longtemps avant les premières migrations des Aryas mentionnées par l'histoire ? Du reste, les plus antiques monuments nous ont conservé la preuve qu'à l'époque où ils ont été construits, c'est-à-dire plus de soixante siècles avant Jésus-Christ, plusieurs de nos races actuelles, ou du moins des races très-analogues aux nôtres, s'étaient déjà formées. On n'en saurait douter lorsqu'on voit, par exemple, sur les monuments de l'Égypte, des chiens de chasse à museau court, à oreilles tombantes, et des chiens lévriers à oreilles droites, qui, par leur forme générale, rappellent presque exactement ceux dont se servent les chasseurs égyptiens de nos jours.

M. Is. Geoffroy Saint-Hilaire lui-même, partisan déclaré et promoteur zélé de l'opinion qui fait venir de l'Orient la plupart de nos mammifères domestiques actuels [1], M. Is. Geoffroy Saint-Hilaire regarde les races de chiens ci-dessus indiquées comme des races déjà très-modifiées par la culture, « si bien, dit-il, qu'il est impossible de ne pas en faire remonter la domestication à une époque très-ancienne, même relativement aux temps très-reculés où nous les voyons sous la main des chasseurs égyptiens. » (*Acclimatation et domestication des animaux utiles*, 4e édition, p. 214.)

Or que sont ces temps reculés en comparaison de ceux qui nous reportent à l'âge de la pierre, pendant lequel nous trouvons à Solutré (âge du renne), le cheval ; en Danemark, le chien des Kjökkenmöddinger, et, en Suisse, un chien de chasse ressemblant à notre épagneul, ainsi que plusieurs bœufs portant les caractères non équivoques de l'état domestique ?

Autre réflexion. Si le chien, le bœuf, le cheval, etc., nous ont été importés de l'Asie par les Aryas émigrants, il n'est guère probable que ceux-ci n'aient pas été accompagnés par l'éléphant des Indes et par le chameau de la Bactriane. Nous devrions donc

1. Nous exceptons, bien entendu, le *dindon* et le *cobaye* ou *cochon d'Inde*, auquel on a donné ce nom précisément parce qu'il nous vient d'Amérique !

trouver les ossements de ces deux espèces mêlés à ceux des chiens, des bœufs, des chevaux, des chèvres, des moutons et des porcs, qu'ils avaient, nous dit-on, amenés avec eux. Or, jusqu'à présent, nulle découverte de ce genre n'a été faite en Europe. Bien plus, aucune mythologie européenne ne nous parle ni du chameau, ni de l'éléphant, qui, pourtant, a donné lieu, dans l'Inde, à de nombreuses légendes.

Nos animaux domestiques peuvent donc avoir une origine européenne, et cette origine remonte, comme celle de l'homme lui-même, beaucoup plus haut qu'on ne l'avait d'abord soupçonné.

CHIEN. — De Blainville nous dit en effet, dans son *Ostéographie*, qu'aucune des espèces sauvages actuelles n'a donné naissance au chien domestique, mais qu'il faut peut-être en chercher la souche dans une espèce qui aurait vécu à l'époque diluvienne, et que les paléontologistes désignent sous le nom de *canis familiaris fossilis*.

Les débris de cette espèce se trouvent, en plus ou moins grande abondance, dans les cavernes de la France, de la Belgique, de l'Allemagne. Il n'est nullement irrationnel d'admettre que ce chien a pu être utilisé par les premiers hommes qui ont habité notre continent, et que de leurs mains il ait passé entre celles des constructeurs des palafittes et des dolmens, absolument comme le renne de l'âge des cavernes est devenu domestique chez les Lapons. M. G. de Mortillet admet, lui aussi, que le *canis familiaris fossilis* peut très-bien être considéré comme la souche de notre chien domestique.

Nous avons dit que les plus anciennes traces de la domestication du chien avaient été rencontrées par le professeur Steenstrup dans les Kjökkenmöddinger [1].

Frappé de ce fait que tous les os d'oiseaux mêlés aux autres restes de cuisine n'avaient conservé que leur diaphyse, c'est-à-dire leur partie moyenne et la plus dure, tandis que les extrémités ou têtes de ces mêmes os avaient, pour la plupart, entièrement disparu, Steenstrup fit ronger des os d'oiseaux par des chiens domestiques : ils ne laissèrent subsister que la diaphyse, sur laquelle on voyait l'empreinte de leurs dents, absolument comme sur les os extraits des Kjökkenmöddinger. Steenstrup en conclut que l'homme primitif du Danemark avait déjà le chien pour compagnon de chasse et pour commensal.

---

1. Aujourd'hui, l'illustre professeur danois est porté à penser que le chien était domestiqué en Belgique dès l'âge du mammouth.

On pourrait objecter, il est vrai, à l'illustre professeur, que les os d'oiseaux qui faisaient partie de ces mêmes débris de cuisine ont été plus vraisemblablement rongés par des chiens sauvages, des loups ou des renards : mais le fait est trop général et trop conforme à l'expérience entreprise en vue de le prouver, pour que la conclusion de Steenstrup ne mérite pas quelque créance.

S'il était rigoureusement démontré qu'elle est exacte, la domestication du chien remonterait donc jusqu'à une époque très-ancienne, c'est-à-dire à une époque à peu près contemporaine des palafittes de l'âge néolithique et même un peu plus haut. Or, dans les cités lacustres, on a trouvé, nous l'avons vu, deux races de chiens domestiques nettement caractérisées : l'une, intermédiaire, pour la grosseur et pour la forme extérieure, entre le chien de garde (*Wachthund*) et le chien d'arrêt; l'autre, plus récente que la première, rappelant notre chien de berger.

On est surpris de ne pas voir le chien mentionné dans les plus anciens récits de la Bible. Moïse n'en parle pas; son nom n'est pas inscrit dans le livre de Josué, ni dans celui des Juges.

« Nous devons donc croire qu'avant l'époque des rois, les Hébreux ne possédaient point le chien, bien qu'ils eussent dû voir cet animal en Égypte, où il était domestiqué bien longtemps avant Abraham. On trouve le nom du chien dans la Bible pour la première fois, croyons-nous, au second livre de Samuel, qui ne nous apprend pas autre chose, sinon que l'expression *tête de chien* était une injure du temps de David [1]; puis l'auteur du second livre des Rois nous parle des chiens, mais seulement pour nous apprendre qu'ils ont dévoré le cadavre de Jézabel.

« Il paraîtrait que les Hébreux n'avaient pas su apprécier les qualités de cet animal, ce qui ne ferait pas leur éloge [2]. »

Le chien, avons-nous dit encore, est fidèlement représenté sur les plus anciens monuments de l'Égypte. On l'y voit même en laisse et le cou entouré d'un collier. Il est donc certain que les Égyptiens avaient réduit cet animal à l'état de domesticité, et qu'ils avaient obtenu des races distinctes de la souche originelle, quelle qu'elle soit [3].

Nous disons de la souche, et non des souches originelles, car,

---

1. κυνῶπα, *face de chien*, est aussi une injure fréquemment employée dans Homère.

2. *Biblioth. univ. de Genève*, t. XXXV, p. 568.

3. D'après M. Toussaint, les races de chiens représentées sur les plus anciens monuments de l'Égypte seraient un lévrier à oreilles étroites, un doguin, un lou-lou et un chien à oreilles tombantes. (Voyez E. Toussaint, *Étude sur l'origine du chien domestique*.)

tout en admettant qu'elle a pu être multiple pour la généralité des races canines, nous la croyons unique pour l'ensemble des chiens européens, et nous répétons que cet ancêtre unique est le *canis familiaris fossilis* (Blainville) et non pas un chien quelconque venu de l'Orient. Du reste, en ce qui concerne la plupart des races domestiques européennes, l'unité du type sauvage ancestral est la règle, et la multiplicité, l'exception [1].

CHEVAL. — « Il est présumable, dit M. H. Milne Edwards, que la domestication de chacune des espèces chevalines a eu lieu dans le pays qu'elle habite à l'état sauvage et que, par conséquent, la domestication de l'âne a été effectuée en Afrique, tandis que celle du cheval a dû avoir lieu dans la région occupée par les peuplades indo-germaniques. » Mais ce même savant a soin d'ajouter : « Le cheval paraît être une espèce originaire de l'Asie centrale et d'une partie de l'Europe. » (*Comptes-rendus de l'Institut*, 13 décembre 1869.)

M. Milne Edwards admet donc pour le cheval une origine européenne aussi bien qu'une origine asiatique [2]. Comment, en effet, se refuser à croire à la première, au moins autant qu'à la seconde, quand on voit le cheval si souvent figuré sur les bois de renne sculptés ou gravés par les artistes chasseurs des cavernes du Languedoc et du Périgord? Si ces artistes ont représenté aussi fidèlement qu'ils l'ont fait, non-seulement le renne, mais encore le mammouth, le bœuf, le saïga, le cheval, le porc, etc., n'est-ce pas une preuve péremptoire qu'ils avaient ces animaux sous les yeux, et presque sous la main, puisqu'ils se nourrissaient de leur chair et leur faisaient une chasse active? Pourquoi ces chevaux, d'abord sauvages, de la période quaternaire, ne seraient-ils pas devenus un peu plus tard domestiques, c'est-à-dire, faisant partie de la société humaine, abrités, soignés, utilisés par elle, au fur et à mesure qu'elle faisait quelques pas vers une vie moins inculte, moins précaire et moins aventureuse? Conçoit-on que les aborigènes de l'Europe, soumis aux mêmes besoins, doués des mêmes instincts, guidés par les

1. Nous ne nous expliquons pas comment, après avoir posé ce principe, qui nous semble l'expression de la vérité, Ernest Hæckel a pu dire, presque immédiatement après, que « jamais une race domestique ne descend d'une espèce correspondante sauvage et unique ». (*Histoire de la création des êtres organisés d'après les lois naturelles*, p. 127 et 129.)

2. Il faudrait même attribuer au cheval une origine africaine, s'il était vrai qu'il existe un type à cinq vertèbres lombaires, que M. Sanson dit propre à l'Afrique, tandis que le type asiatique en aurait six. Enfin M. Marsh dit carrément : « Il est maintenant généralement admis que l'Amérique est la vraie patrie du cheval. » (*Revue scientifique*, 1878, p. 1071.)

mêmes sentiments auxquels obéissaient les peuples asiatiques, aient précisément attendu la brusque invasion de ceux-ci pour songer à s'assujettir un animal dont ils avaient pu apprécier, aussi bien qu'eux, l'intelligence, la force, l'élégance et la rapidité d'allures, sans oublier sa peau résistante et sa chair savoureuse?

De son côté, M. Toussaint croit avoir trouvé des indices de la domestication du cheval à l'époque de Solutré (âge du renne) [1]; et, longtemps avant lui, Marcel de Serres avait signalé, en parlant des os du même animal recueillis dans les cavernes de Bize et de Lunel-Viel, des modifications qui l'amenaient à la même conclusion pour un âge antérieur à celui de la station de Solutré. On sait que la caverne de Lunel-Viel et probablement aussi celle de Bize appartiennent à l'âge de l'*ursus spelæus* et de l'*hyæna spelæa* [2].

M. le professeur Gervais fait remonter la domestication du cheval jusqu'à l'époque glaciaire.

Enfin, dans un travail tout récent [3], que nous avons le regret de connaître seulement par la brève analyse que vient d'en faire M. Camille Viguier, A. Ecker a émis, sur l'origine de nos chevaux domestiques, des idées qui se rapprochent beaucoup des nôtres. Ce savant prétend, en effet, que le cheval quaternaire européen a pu donner naissance à cette race petite, trapue, à grosse tête, à chanfrein arrondi, à encolure courte, que l'on trouve fossile à Solutré, et qui compte encore des

---

1. A l'appui de ses conjectures, M. Toussaint fait remarquer, avec raison, la ressemblance à très-peu de chose près complète des os du cheval de Solutré avec ceux de nos chevaux actuels. La seule différence consiste dans l'absence de soudure des métacarpiens et des métatarsiens latéraux ou rudimentaires (*stylets*) avec les métacarpiens et les métatarsiens principaux (*canons* des vétérinaires) chez l'immense majorité des individus adultes retirés du *Cros-Charnier*. La soudure dont il s'agit s'observe constamment chez l'*equus caballus* de nos jours.

Le grand nombre des os entassés, leur âge de quatre, cinq ou six ans, la réunion au même endroit de toutes les pièces du squelette, sont, d'après M. Toussaint, des indices qui tendent à prouver que les chevaux de Solutré étaient tués, dépecés et mangés sur place comme animaux domestiques, et non chassés, poursuivis à l'état sauvage et transportés de loin, et par portions seulement, comme ils l'ont été dans les cavernes plus anciennes de l'époque archéolithique (E. Toussaint et l'abbé Ducrost, *Du cheval dans la station préhistorique de Solutré.*)

2. Quelques archéologues rapportent la caverne de Bize à l'âge du renne.

3. *Das europæische Wildpferd und dessen Beziehungen zum domestieirten Pferde.* (*Globus*, Bd. XXXIV, Braunschweig, 1878.) Voy. *Revue scientifique,* 5 avril 1879, p. 940.

représentants dans les chevaux sauvages de la Camargue et des *Trapans* des steppes de la Russie. Mais il ajoute que cette race primitive a été supplantée, presque totalement, par une race asiatique plus grande, plus robuste, avec laquelle elle a pu se mêler et produire notre cheval domestique actuel; ce qui nous semble fort probable, sinon entièrement démontré.

Ajoutons à tout ce qui vient d'être dit que, de l'aveu même de M. Pictet, les anatomistes les plus exacts ont reconnu que la plupart des débris fossiles de chevaux trouvés en Europe ont de si grands rapports avec ceux de l'*equus caballus* actuel, qu'il est presque impossible de distinguer les uns des autres. La conclusion se déduit d'elle-même. Nous voilà donc bien loin de l'opinion de beaucoup de naturalistes, bien loin surtout de celle de l'émir Abd-el-Kader, lequel prétendait que c'est Abraham qui a dompté le premier cheval arabe, et que ce cheval est la souche de tous ceux qui sont répandus à la surface de la terre!... Tant l'orgueil national, joint à l'ignorance des faits acquis, altère facilement l'histoire de la nature !

Nous ne savons sur quels documents précis se fonde M. Petermost pour avancer que, dès l'année 19350 avant Jésus-Christ, les Aryas possédaient le cheval ; ce qui paraît certain, c'est qu'il existait en Chine 2350 ans avant notre ère.

ANE. — Nous avons vu que M. H. Milne Edwards le croit d'origine africaine. C'est aussi l'opinion de M. F. Lenormant. Il va chercher ses preuves dans les arcanes de la philologie. L'âne, en effet, a un nom tout sémitique, ATON (pluriel ATNOT), *l'animal lent*, tandis que le cheval a un nom emprunté à la langue sanscrite, AÇVA, *le rapide* [1].

« Ces faits, révélés par la philologie, se joignent à ceux que nous avons cru pouvoir tirer des représentations monumentales de l'ancienne Égypte et des textes de la Bible, pour confirmer l'opinion qui regarde le cheval et l'âne comme originaires de deux patries absolument opposées. Le cheval a été réduit à l'état domestique sur les plateaux de la haute Asie, et les migrations aryennes ont été le véhicule le plus puissant de sa diffusion dans le monde; il n'a été adopté que tard par les Sémites et

---

1. Le pluriel *atnot* a donné naissance à la forme grecque primitive ἄτνος, à laquelle a succédé ὄνος, qui a formé *asinus, asellus, asilus* (gothique). *asel* (anglais ancien), *esil* (vieux allemand), *esel* (allemand moderne). puis enfin ὄνος. M. François Lenormant nous apprend, en outre, que le mot sémitique *atnot* dérive lui-même de *atuna*, marcher lentement, et caractérise ainsi parfaitement la démarche un peu flegmatique de maître Aliboron.

n'a fait son apparition en Égypte que 2500 ans environ avant l'ère chrétienne. L'âne est une espèce africaine, qui a dû être primitivement domestiquée sur les rives du Nil. D'Egypte, elle a passé de très-bonne heure chez les Sémites, qui l'ont transmise plus tard aux tribus aryennes, d'un côté dans la Grèce, et de l'autre dans la Perse. Et cet animal, dans sa diffusion, qui a fini par devenir universelle, a suivi la marche précisément contraire à celle que suivait le cheval. C'est ainsi que, partis de deux points opposés, ils ont fini par se rejoindre et être partout simultanément en usage. » (*Comptes-rendus de l'Institut*, 7 février 1870, p. 279.)

Mais outre que les étymologies, quelque savantes qu'elles soient, n'ont pas toujours, tant s'en faut, une valeur probante en histoire naturelle, nous avons à faire, à propos de l'âne, une remarque analogue à celle que nous avons déjà faite à l'égard du cheval. L'âne se trouve à l'état fossile dans la caverne d'Aurignac, en Belgique et ailleurs. Pourquoi, lui aussi, n'aurait-il pas été réduit en domesticité par l'homme quaternaire européen?

Bœuf. — Après un examen très-attentif des os de cheval, de bœuf, de chèvre, de mouton et de porc, trouvés dans les cavernes de la Belgique, qui datent de l'âge du renne et du mammouth, M. Steenstrup a cru pouvoir conclure de cet examen que les animaux auxquels ces os avaient appartenu étaient réduits à l'état de domesticité complète, ou tout au moins de demi-domesticité. Il admet donc pour eux tous une origine purement européenne ; c'est aussi l'opinion que Cuvier a émise dans ses derniers travaux.

Outre l'*urus*, que les habitants des cités lacustres de l'âge néolithique chassaient dans leurs forêts, et qui s'y trouvait encore du temps de César, les palafittes nous ont conservé les restes de plusieurs espèces de bœufs, auxquelles le professeur Rütimeyer, si connu par ses beaux travaux sur la Faune de l'antique Helvétie, Richard Owen, le Cuvier de l'Angleterre, et Darwin, son illustre compatriote, rapportent plusieurs des races de la Grande-Bretagne et de la Suisse contemporaines. Carl Vogt et Cuvier lui-même assignent aussi au bœuf une provenance européenne. Toutes nos races bovines domestiques (sans bosse) descendent, d'après Darwin, de trois espèces dont on trouve les restes à l'état fossile, mais qui n'existent plus à l'état sauvage ; ce sont :

1° Le *bos primigenius*, domestiqué en Suisse dès l'époque de la pierre polie, et assez semblable au bœuf actuel de la Frise ;

2° Le *bos longifrons* (*B. brachyceros*, R. Owen), observé en Suisse à la même époque que le précédent, encore domestique, en Angleterre pendant la domination romaine; cette espèce est regardée par R. Owen comme la souche probable des bœufs à pelage foncé du pays de Galles et des *Highlands* d'Écosse ;

3° Enfin, le *bos frontosus* (Nilsson) de la Scandinavie, compagnon du *bos longifrons*, à l'époque du quaternaire ancien, et réduits, depuis, l'un et l'autre à l'état de domesticité [1].

Quant à l'histoire monumentale de l'espèce bovine, les peintures des salles funéraires de l'ancienne Égypte (peintures qui remontent presque jusqu'à l'âge de la *pierre polie*) nous représentent déjà diverses races de bœufs portant le joug et attelées à la charrue. On y voit même des vaches sans cornes et dont on a lié les jambes, afin de pouvoir les traire, malgré la présence de leur veau, laissé à côté d'elles.

CHÈVRE. — Les raisons qui font attribuer une origine européenne à nos chiens, nos chevaux et nos bœufs, militent aussi en faveur de cette même origine pour la chèvre, le mouton, le porc, le chat et le lapin. Assez rare dans les cavernes à l'âge de la pierre taillée, commune dans les habitations lacustres de l'époque néolithique, représentée dans les peintures de la IVe dynastie égyptienne avec des oreilles pendantes, comme celles de la race caprine actuelle du pays des Pharaons, mentionnée par les Aryas primitifs, la Genèse, Homère et la mythologie des Grecs (*chèvre Amalthée*, nourrice du maître des dieux), la chèvre a donc été réduite à l'état domestique dès la plus haute antiquité. Rien n'empêche donc d'admettre pour elle, comme pour le chien, le cheval et le bœuf, plusieurs souches primitives, dont les principales paraissent être le bouquetin de nos montagnes, peut-être la *capra hispanica*, découverte par Schimper; l'ægagre des montagnes d'Asie, ou *paseng* des Persans ; enfin, la *capra Falconeri*, originaire de l'Inde.

MOUTON. — Moins ancien que la chèvre, le mouton se retrouve pourtant avec elle dans les habitations lacustres, mais il est plus rare que la chèvre dans les palafittes qui datent de l'âge de la pierre polie. Dans celles du bronze, il ne diffère de nos moutons actuels que par la forme de ses cornes, assez semblables à celles de la *capra hircus*. D'après M. Roger de Guimps, on ne le voit point figurer dans les peintures égyptiennes de la IVe dynastie, où, comme nous l'avons déjà dit, la chèvre se trouve assez

---

1. Carl Vogt considère le *bos longifrons* et le *bos frontosus* comme étant de simples variétés du *B. primigenius*.

souvent représentée. Domestique sous le nom d'*ovi* (d'où *ovis*, ὄις)
chez les anciens Aryas, le mouton était bien connu des Hébreux,
ainsi que des Grecs qui firent le siège de Troie. Il en est souvent
question dans Homère.

Mais quelle est la souche originelle de notre mouton domestique? Est-ce, comme on l'a prétendu longtemps, comme plusieurs naturalistes le soutiennent encore, est-ce le *mouflon* actuel
de Sardaigne ou de l'Afrique septentrionale? est-ce une ou plusieurs espèces diluviennes aujourd'hui complètement éteintes [1]?
M. le professeur P. Gervais et M. Fitzinger admettent cette dernière opinion, et je l'adopte à mon tour.

Porc. — La multiplicité des souches des porcs aujourd'hui
partout domestiques ne semble pas douteuse. Outre le sanglier
de nos forêts, qu'on trouve dans les cavernes, et dont la domestication a dû être des plus faciles, on rencontre dans les habitations lacustres les plus anciennes :

1° Une espèce plus petite, qui a été désignée sous le nom de
porc des tourbières (*sus scrofa palustris*) et qui paraît être le
type de la race porcine du canton des Grisons ;

2° La grande espèce trouvée à Concise, très-analogue, sinon
identique à notre porc actuel. Notez que ces deux espèces, en
supposant toutefois qu'elles ne sont pas de simples variétés du
sus scofa ferus, appartiennent au sol européen.

Réputé immonde par les Egyptiens, le cochon ne figure point
dans leurs peintures sépulcrales. Personne n'ignore que les Juifs
l'avaient exclu aussi de leur alimentation. Les Grecs et nos ancêtres, les Gaulois, le faisaient entrer, au contraire, dans la leur
pour une très-large part. Enfin, les Aryas primitifs connaissaient le porc domestique et en mangeaient la chair.

D'après Nathusius, toutes les races porcines devraient être
rapportées à deux types principaux, ostéologiquement différents : le *sus Indica*, d'une part, autrefois répandu à partir de
l'extrême Orient de l'Asie, où il existe encore (*Siam*, *Chine*,
Japon), jusqu'à l'Europe occidentale; à ce type paraît appartenir le *cochon des tourbières;* d'autre part, le *sus scrofa*, ou sanglier sauvage, dont l'habitat s'étend de l'Europe occidentale
jusqu'aux Indes, et qui a, selon nous, bien que certains naturalistes disent le contraire, donné naissance à notre porc actuel.
On assure, et M. de Guimps répète que, croisés entre eux,
ces deux types sont indéfiniment féconds, et qu'ils ont produit

1. M. Gervais compte *six*, et M. Fitzinger *dix* espèces primitives de
moutons !!

en s'unissant toutes les races les plus perfectionnées de l'Angleterre.

Tous les naturalistes modernes sont donc à très-peu près d'accord pour regarder notre porc domestique comme provenant du sanglier de nos forêts. Seul, M. Sanson prétend le contraire, et il se fonde sur ce que le sanglier n'a que *cinq* vertèbres lombaires, tandis que, suivant lui, le porc en a toujours *six*. Le cochon asiatique des Chinois n'en a que *quatre*. La domesticité, s'écrie-t-il, pourrait-elle faire pousser ou retrancher des vertèbres? Pourquoi pas? N'a-t-elle pas fait pousser un orteil de plus chez certains individus de l'espèce canine? N'a-t-elle pas notablement modifié le système dentaire de certaines variétés (*lévrier, dogue,* etc.) appartenant à cette même espèce? N'a-t-elle pas retranché les cornes chez une race de bœufs toute moderne? N'y a-t-il pas des moutons domestiques à deux et même à quatre paires de cornes? Enfin, chez plusieurs de nos races de pigeons, le squelette entier n'est-il pas tellement modifié qu'on pourrait, surtout si on les rencontrait à l'état sauvage, les considérer comme autant de genres distincts? D'ailleurs, ne sait-on pas que les organes en série, et les vertèbres plus que tout autre, sont sujettes à de fréquentes variations numériques? Les arguments que fait valoir M. Sanson ne me semblent donc pas de nature à changer l'opinion généralement admise sur l'origine du cochon domestique européen.

CHAT. — Les instincts sauvages du chat s'opposaient à ce qu'il fût réduit de bonne heure à l'état domestique. D'ailleurs, sa chair est très-peu appétissante, et son utilité est très-bornée. Aussi le voit-on pour la première fois en Égypte, faisant partie d'un groupe de statuettes en bronze, qui représentent trois divinités, aux pieds desquelles est couchée une chatte qui allaite ses petits [1]. Or, ce groupe, d'après M. Roger de Guimps, ne remonte pas au delà de 630 ans avant l'ère chrétienne.

Au dire du même auteur, les chats-momies des tombeaux de l'antique Égypte appartiennent tous à des espèces alors sauvages dans le pays, et dont deux au moins, le *felis caligulata* et le *felis bubastis*, ont, depuis, conservé leur indépendance.

Au moyen âge seulement, le chat domestique, inconnu des Aryas, de Moïse, d'Homère, d'Aristote et de Pline, s'est répandu dans notre Europe.

D'un autre côté, M. Is. Geoffroy Saint-Hilaire affirme que le chat était domestique en Égypte dès la plus haute antiquité.

1. R. de Guimps, *loc. cit.,* p. 579; t. XXXV, *Bibl. Genève.*

D'après le même savant, son berceau serait l'Afrique nord-est et l'orient de l'Asie, et toutes nos races félines seraient issues du chat ganté (*felis maniculata*) de Nubie et d'Abyssinie, et peut-être aussi d'une espèce asiatique encore indéterminée.

Mais pourquoi aller chercher si loin ce qui se trouve peut-être près de nous? Pourquoi ne pas regarder le *catus ferus* des terrains quaternaires comme l'ancêtre du *catus ferus* de nos forêts, et celui-ci comme la souche de notre chat domestique européen? Puisque le renne, contemporain de l'ours des cavernes et du mammouth, est arrivé jusqu'à nous, conservant son identité spécifique, pourquoi n'en serait-il pas de même du chat et de beaucoup d'animaux dont l'homme a fait la conquête et dont les représentants typiques, maintenant modifiés, ont mêlé leurs débris avec les siens, ou avec les produits de sa primitive industrie?

LAPIN, LIÈVRE. — Parmi nos animaux domestiques, il en est un surtout auquel on ne peut attribuer une provenance orientale : c'est le lapin (*lepus cuniculus* [1], Linné). Ignoré d'Aristote, qui ne le mentionne nulle part, et même de Xénophon, quoi qu'en ait dit Cuvier, le lapin était encore très peu connu en Grèce et en Italie vers le commencement du IIᵉ siècle avant notre ère. Dans la période géologique actuelle, c'est en Espagne qu'il paraît avoir été d'abord domestiqué. Il ne le fut que plus tard en France ; mais il s'y multiplia bientôt à un tel point, surtout dans le Midi, que « ce pernicieux animal », au dire de Strabon, étendit ses ravages depuis l'Espagne jusqu'à Marseille. Du temps de Pline, sa race était devenue si nombreuse, que les habitants des îles Baléares se virent réduits à implorer un secours militaire contre les lapins : *Auxilium militare à divo Augusto petitum.*

Les débris du lièvre et du lapin se rencontrent abondamment dans les terrains diluviens de la France ; rien n'empêche donc de regarder le lapin trouvé fossile dans toute l'Europe centrale (*lepus priscus*, Piette) comme la souche des premiers lapins domestiques. Mais cette domestication a dû être tardive, s'il est vrai que l'homme primitif européen ait longtemps dédaigné comme impure la chair du *lepus timidus*, L. [1]. Ce qui est certain, c'est qu'aucun os de lièvre n'a été rencontré par Ed. Lartet dans les cavernes des Pyrénées exclusivement habitées par

---

1. On sait que les Hébreux regardaient aussi comme impures la chair du lièvre et celle du lapin. Les Romains étaient loin de partager leur répugnance à cet égard ; car le poète Martial lui-même rend au lièvre un hommage mérité en disant : *Inter quadrupedes gloria prima lepus.*

l'homme, et qu'on n'en a pas observé non plus dans les *Kjök-kenmöddinger* du Danemark. De nos jours encore, les Lapons et quelques autres peuples de l'Europe ont en horreur la chair du lièvre et du lapin.

RENNE. — La question de savoir s'il a été, oui ou non, domestiqué par l'homme quaternaire, reste encore indécise. Mais qui pourrait songer à chercher le berceau primitif de cet animal sur les bords de l'Oxus ou du Gange ? N'est-il pas plus naturel de penser qu'il a été, au moins en partie, domestiqué vers la fin de l'âge qui porte son nom, et sur les lieux mêmes où l'on retrouve ses débris osseux ? C'est l'opinion de Virchow et de Fraas [1], qui font remonter la domestication du renne, en Germanie, à peu près à l'époque de la Madelaine. MM. Gervais et Piette admettent aussi que le renne a été domestiqué en France dans les derniers temps de la période paléolithique. Notre savant collègue, le docteur Noulet lui-même, semble disposé à croire que, dès les temps quaternaires, le renne a rempli un rôle important dans la vie des familles *qui en avaient pris possession;* mais ce sujet, comme tant d'autres qui nous occupent, réclame encore de nouvelles et plus précises investigations.

Au dire de Rütimeyer, la caverne du Kesslerloch n'a fourni aucune preuve que ses habitants étaient en possession des animaux domestiques. L'absence à peu près complète du chien donne à cette idée un haut degré de probabilité. Cependant l'attitude si calme du cheval, si vraie du porc, représentés par eux, donne beaucoup à penser en faveur de l'idée contraire.

Quoi qu'il en soit, nous avons sous les yeux les débris d'une Faune antique réunissant dans un même lieu des animaux disséminés aujourd'hui sur divers points du globe, et dont la contemporanéité, comme le fait très-bien remarquer Mlle J. Mestorf, n'était pas même soupçonnée autrefois.

OISEAUX. — Nous ne dirons rien des oiseaux, des reptiles, ni des poissons trouvés dans les cavernes, dans les *Kjökkenmöddinger* ou sous les constructions lacustres, puisque, de l'aveu de

---

1. M. Fraas appuie son opinion sur des considérations linguistiques dont nous n'oserions garantir la rigoureuse exactitude. *Rindvieh*, en allemand, dit-il, signifie le gros bétail. Or, ce mot a pour racine *rennen*, courir, d'où *Rennthier*, l'animal agile à la course par excellence. De là, il conclut, un peu légèrement peut-être, que la domestication du renne a précédé celle du bœuf, qui l'a remplacé à son tour, mais dont la souche sauvage a conservé le nom d'*Urochs*, bœuf primitif. Même après que le bœuf eut commencé à partager les travaux de l'homme, les troupeaux de gros bétail continuèrent à être désignés sous le nom de *Rindvieh*, c'est-à-dire, troupeaux de rennes

tous les auteurs qui se sont occupés de ce sujet, aucune espèce
de ces trois classes n'avait été domestiquée par les Européens
primitifs ou, pour parler plus justement, antérieurs aux Aryas.

ANIMAUX INVERTÉBRÉS. — Rien ne prouve que l'homme quaternaire européen ait tiré parti d'aucun d'eux. Il pouvait cependant récolter le miel de l'abeille, devenue depuis domestique ;
mais il est évident qu'il ne connaissait pas le ver du mûrier,
que les Chinois élevaient en domesticité, et dont ils savaient
filer la soie 2,700 ans avant notre ère.

CONCLUSIONS. — En résumé, la plupart de nos animaux
domestiques, regardés habituellement comme originaires de
l'Asie centrale, ont, au contraire, une origine européenne. Leur
souche primitive, unique ou multiple, peu importe, remonte
pour beaucoup d'entre elles, à une antiquité géologique, c'est-
à-dire aussi loin, au moins, que la période quaternaire.

« Il est peu probable, dit M. de Quatrefages, qu'antérieurement à notre époque, l'homme ait toujours vécu seul, sans
aucun des auxiliaires qu'il s'est donnés de toute antiquité. Il
n'est pas plus vraisemblable que ces premiers compagnons aient
péri en totalité lors de la dernière révolution de notre globe,
tandis que leur maître seul y survivrait. Il est donc fort possible
que quelques-uns du moins de nos animaux domestiques aient
leur souche parmi les espèces contemporaines des premiers
hommes, et, par conséquent, leur point de départ dans une
période géologique antérieure à celle où nous vivons. » (*Revue
des cours scientifiques*, juillet 1868.)

On comprend donc que cette même souche puisse ne plus
exister qu'à l'état fossile. Celle du chien, du cheval, du bœuf, etc.,
serait dans ce cas.

A force de diriger nos regards vers l'Orient, lorsqu'il s'agit de
problèmes analogues à celui qui nous occupe, nous en sommes
venus à ne pas voir ce qui est à nos portes et peut nous donner
plus simplement la solution cherchée.

Nous ne prétendons pas, toutefois, que plusieurs espèces ou
variétés, très-analogues ou semblables aux nôtres, n'aient pu, à
une certaine époque, nous venir de l'Orient et n'aient formé,
avec nos races déjà existantes, des mélanges et des produits
variés.

La provenance orientale de certaines espèces, aujourd'hui
domestiques chez nous, ne peut même fournir matière à aucun
doute. Tels sont, par exemple, le paon, originaire de l'Inde; le
faisan commun, ramené des bords du Phase, à la suite de l'ex-

pédition des Argonautes ; le coq peut-être, et le ver à soie du mûrier, domestiqué en Chine depuis près de trois mille ans.

Quelques animaux seulement nous viennent d'Afrique. Exemples : la pintade, le serin des Canaries, et peut-être aussi le furet. D'autres, enfin, ont été importés d'Amérique, à une époque relativement très-moderne. Ce sont : le prolifique cobaye, ou *cochon d'Inde*, le dindon, le canard musqué, appelé improprement canard de Barbarie ; l'oie du Canada, et la cochenille du *Nopal*.

A l'Europe appartiendraient, selon nous, le chien, le chat, le cheval, l'âne, le cochon, le bœuf, la chèvre, le mouton, le lapin ; parmi les oiseaux, le pigeon, le coq [1], le canard, l'oie ordinaire, le cygne et, parmi les insectes, l'abeille (*apis mellifica*, Linné).

Nous ne terminerons pas ce chapitre sans mentionner un fait d'une très-haute importance, que nous a révélé la paléontologie. C'est la découverte des débris du cheval, et même de plusieurs espèces ou variétés de chevaux [2], dans les terrains post-pliocènes ou quaternaires de la Caroline du Sud, à Buenos-Ayres, au Brésil [3], au Chili, etc. Or, tout le monde sait que, avant la conquête, les chevaux étaient tellement inconnus aux Américains, que ceux des *conquistadores* leur causèrent une surprise mêlée d'effroi. On a aussi trouvé, dans les mêmes localités, des ossements de chiens, de porcs, de bœufs et de moutons, dont les formes rappellent, à s'y méprendre, celles de nos animaux domestiques. Ceux-là venaient-ils aussi de l'Orient, ou bien faut-il admettre pour eux, avec le professeur Agassiz, un centre de création spécial et tout à fait indépendant ? Faut-il croire que ces espèces, en apparence identiques aux nôtres, ont vécu simultanément dans l'ancien et dans le nouveau continent, au commencement de l'époque quaternaire, mais qu'elles se seraient éteintes en Amérique, sans y avoir été domestiquées, tandis que la domestication de ces mêmes espèces aurait eu lieu en Europe et en Asie, et que là elles auraient survécu jusqu'à nos jours à leurs congénères américains ? Ceux-ci auraient-ils disparu de leur pays longtemps avant l'époque où nous y avons transporté nos races de chiens, de chevaux, de bœufs, de moutons, de chèvres, de porcs, etc., qui s'y sont multipliées, depuis, presque à l'excès et si étonnamment modifiées ?

1. M. Piette dit avoir trouvé dans la caverne de Gourdan (époque paléolithique) des os d'oiseaux qu'il rapporte à une variété de poules domestiques.

2. *Equus neogœus, major,* etc.

3. D'après Lund, les chevaux des cavernes du Brésil sont tout à fait semblables aux chevaux actuels. Voy. *Bibliothèque univ. de Genève,* archives, t. V, p. 37, 1859.

Ou bien, enfin, devons-nous supposer, comme l'abbé Brasseur de Bourbourg est disposé à le croire, que c'est le Nouveau-Monde qui a civilisé l'ancien, surtout l'Égypte et la Libye, en y transportant ses animaux domestiques, son industrie, son écriture hiéroglyphique, et jusqu'à sa religion, si manifestement empreinte de zoomorphisme et d'anthropomorphisme ?

Que de points obscurs! Que de voiles jusqu'à présent impénétrables sur ces questions qui dominent toute l'histoire de l'humanité!

IV

Origine des plantes cultivées.

Attribuer une origine étrangère ou exotique à toutes nos plantes actuellement cultivées, serait émettre une grave erreur. En effet, l'un des botanistes les plus éminents de notre époque, Oswald Heer, proclame, comme un fait à l'abri de toute discussion, que les plantes qui vivent aujourd'hui dans le canton de Zurich, à l'état sauvage, sont la continuation de la *Flore diluvienne.* Il en est de même, suivant lui, de la moitié des plantes alpines, c'est-à-dire, qui croissent sur les hauts sommets des montagnes de la Suisse. L'autre moitié provient des types alpins échappés de la Scandinavie, avec les immenses blocs erratiques que les glaciers diluviens amenèrent sur les montagnes de la Germanie, sur les Alpes, alors depuis peu émergées, et jusque sur les Vosges et le Jura.

Quant aux végétaux cultivés qui, avec ceux de la plaine et les types alpins proprement dits, forment les trois éléments constitutifs de la flore helvétique actuelle , voici comment Oswald Heer s'exprime à leur égard : « Les ancêtres de beaucoup de nos végétaux cultivés ont été anciennement indigènes chez nous. Les grandes révolutions qui ont bouleversé leur patrie et l'ont transformée les en ont chassés, et ce n'est que plus tard que leurs descendants ont fait leur rentrée sans s'être modifiés. Ils semblent aujourd'hui des étrangers parmi nous, et pourtant ce sont les descendants des vrais autochtones, qui témoignent ainsi des profondes modifications que peut subir le tapis végétal. » (*Ann. sc. nat.*, 5e série, t. III, 1865, p. 183.)

Citons quelques exemples, empruntés à l'auteur de cette remarquable étude de botanique antédiluvienne.

Notre noisetier a vraisemblablement pour ancêtre une espèce très-voisine (le *Corylus Mac-Quarrii,* Forb.), qui vivait à l'époque miocène. Le *Fagus Deucalionis* (Unger), très-commun en Suisse à la même époque, mais encore inconnu en Danemark, et même en Normandie pendant l'*âge de la pierre*, est regardé comme le type primitif du hêtre de nos jours. Un platane, qui se distinguait à peine de celui d'Amérique; le cyprès chauve, le liquidambar, ont encore vécu jadis dans les forêts de l'Helvétie. Un noyer, qui rappelait le nôtre, disparu de la Suisse après le dépôt des terrains tertiaires miocènes, se conserva en Perse et sur les montagnes de l'Asie, au moyen d'une espèce homologue. Plus tard, il revint d'abord en Grèce, puis à Rome, sous les Rois, et s'introduisit de nouveau dans les vallées alpines.

M. Gaston de Saporta, si connu par ses beaux travaux de paléontologie végétale, rapporte aussi de nombreux exemples qui prouvent la possibilité de faire dériver des types autochtones antédiluviens une foule de végétaux cultivés, auxquels on attribue ordinairement une provenance exotique et une origine relativement très-moderne. Je me bornerai à en mentionner ici quelques-uns.

Que Noé ait planté la vigne en Judée, je ne le nierai pas; mais il est certain que cet arbuste précieux a une origine de beaucoup antérieure à Noé, puisqu'il faut remonter, pour en trouver la souche primitive, jusqu'aux terrains tertiaires les plus anciens.

Notre laurier-rose (*Nerium oleander*, Linné) date, par ses ancêtres (*Nerium Rohlii*), de l'époque où se déposait la craie supérieure, et, pour arriver à sa forme actuelle, il a dû revêtir successivement celles du *N. Parisiense* (éocène du bassin de Paris); du *N. Sarthacense* (éocène moyen, grès de la Sarthe); du *N. repertum* (éocène supérieur, gypses d'Aix); du *N. Gaudryanum* (miocène inférieur); du *N. oleander pliocenicum* de la Provence (pliocène inférieur) : toutes formes qui différaient très-peu entre elles et dont la dernière (*N. oleander pliocenicum*) ressemble tellement à notre laurier-rose actuel, qu'elle se confond spécifiquement avec lui.

Des modifications analogues se sont opérées dans la souche paléocène (*Laurus Omalii*) du laurier noble ou des poètes (*L. nobilis*), dont les ascendants successifs sont : 1º le *L. Canariensis*, du pliocène inférieur de Meximieux, race encore subsistante dans les îles Canaries; 2º le *L. princeps*, du miocène supérieur; 3º le *L. primigenia*, des gypses éocènes supérieurs des environs d'Aix; 4º le *L. Decaisneana* (éocène moyen); 5º enfin e *L. Omalii*, l'ancêtre le plus lointain (paléocène).

Notre lierre européen (*Hedera helix*) remonte aussi au delà des temps tertiaires, à l'*H. primordialis*, de la craie, lequel, pour produire notre lierre commun, a passé par la forme des *Hedera prisca*, de Sézanne; *Philiberti*, des gypses d'Aix; *Kargii*, d'Œningen; *acutelobata*, de Dernbach; *Mac-Quarrii*, du Groënland; *Strozzi*, de la Toscane.

N'oublions pas de dire, en terminant, que bien des types végétaux qui occupent aujourd'hui les régions chaudes ou tempérées de notre Europe, proviennent des types polaires qui s'y sont répandus pendant toute la période miocène. Divers *Sequoïa*, le liquidambar, le hêtre, le tilleul, les saules, les aunes, les. bouleaux, les ormes, les charmes, les érables, les frênes, les noyers, etc., sont dans ce cas.

Essayer de fixer d'une manière précise l'origine de tous nos végétaux aujourd'hui cultivés, et les suivre à travers toutes leurs variations, serait sortir du cadre de ce livre. J'en ai dit assez pour prouver qu'il faut chercher cette origine plus loin dans le temps, et plus près dans l'espace, qu'on ne le pensait autrefois, que beaucoup ne le pensent encore.

CHAPITRE IV

LA NAVIGATION ET LE COMMERCE

I

Navigation.

Il devait avoir, comme le dit Horace, un triple airain autour de la poitrine, celui qui, le premier, osa se confier aux vagues de l'Océan sur un tronc d'arbre creusé à l'aide de la hache et du feu, ou sur une embarcation construite avec l'écorce du bouleau, le roseau des rivages ou la peau des veaux marins.

La *pirogue* ou canot *monoxyle*, de μονος, *seul*, et ξυλον, *bois*, formé d'un seul tronc, fut le premier type du grand navire à trois mâts et du vaisseau cuirassé. De forme tantôt aiguë à ses deux extrémités, tantôt pointue à l'avant et carrée à l'arrière [1], les pirogues servaient, sans nul doute, aux Danois de l'âge de la pierre pour aller chercher leur nourriture jusqu'en pleine mer, ainsi que l'attestent les nombreux mollusques et les poissons marins dont les débris gisent encore entassés sur les côtes de la Baltique. Les habitants des plus anciennes palafittes de la Suisse s'en servaient, dans le même but, sur leurs lacs pittoresques et poissonneux.

Du reste, on ne saurait douter que les premiers essais de navigation ne remontent jusqu'à l'âge archéolithique, quand on trouve à 20 ou 30 mètres au-dessous du lit actuel des rivières de l'Écosse, de l'Angleterre, même en France, en Italie et ailleurs, des canots renfermant encore la hache de pierre qui les a creusés, et gisant à côté d'ossements humains et d'*elephas primigenius* (mammouth), dont ils étaient les contemporains.

1. Malgré leur haute antiquité, les canots des palafittes de l'Helvétie ressemblent tout à fait à ceux des sauvages de l'océan Pacifique.

Quelques-unes de ces pirogues, appartenant à l'âge de la pierre polie, avaient des dimensions considérables. Telles étaient, par exemple, celles qu'on a trouvées à Robenhausen, à Glasgow, à Saint-Valéry (Somme), et qui ne mesuraient pas moins de 10 à 50 pieds de longueur sur 2 à 4 de largeur. Toutes étaient en bois de chêne, formées d'un seul tronc, et plus ou moins bien travaillées, soit à l'intérieur, soit à l'extérieur. Inutile de dire que toutes aussi étaient mises en mouvement par des rames, et non point par des voiles. Car l'usage des voiles demeura long-temps inconnu à l'homme européen comme aux habitants du Nouveau-Monde, à l'exception toutefois des anciens Péruviens.

On a extrait du sol des Iles-Britanniques plusieurs de ces pirogues qui n'avaient pas moins de 12 pieds de longueur sur 3 pieds de large ; elles étaient munies, à leurs deux extrémités, de sortes d'anses ou poignées qui donnent à penser que ces canots se portaient à la manière des canots d'écorce, aujour-d'hui en usage dans les contrées avoisinant les grands lacs de l'Amérique du Nord.

Bien qu'ils aient abordé l'Espagne et s'y soient établis avant l'époque d'Homère, les Phéniciens ne peuvent donc plus être regardés comme les premiers navigateurs dans nos contrées. A une époque infiniment plus reculée, une navigation au moins rudimentaire apportait, de la Sardaigne à l'île d'Elbe et sa voisine Pianosa, l'obsidienne noire, étrangère à ces îles, avec laquelle leurs premiers habitants fabriquaient des couteaux aussi tranchants que le sont encore ceux du Mexique. Les nom-breux instruments en silex, trouvés dans ces mêmes îles, leur venaient du pays qui fut plus tard la France.

On conçoit facilement que, avec de pareilles embarcations, des voyages lointains, entrepris dans un but commercial, étaient alors impossibles. Mais on a peut-être eu tort d'affirmer que l'Océan formait une barrière infranchissable pour cette navi-gation des plus rudimentaires. Des faits authentiques, cités par des auteurs bien dignes de foi (Al. de Humboldt, Kane, Wilson), prouvent que cette assertion est beaucoup trop affirmative. Ainsi, l'on conserve au Musée d'Aberdeen le *kayak* d'un pêcheur eskimau, qui fut rencontré vivant sur la côte d'Angleterre. D'autres Eskimaux du Groënland et du Labrador ont été trans-portés plus d'une fois, par des courants marins, du Nouveau-Monde dans l'Ancien Continent. Enfin, Wilson cite l'exemple récent d'une jonque japonaise qui fit naufrage dans l'Orégon, et dont l'équipage fut retrouvé captif chez les Indiens du territoire de la baie d'Hudson. (*Prehistoric man*, p. 100.)

Rien ne s'oppose donc à ce que nous admettions chez nos ancêtres de l'âge de pierre une navigation fort simple, fort hasardeuse, et nécessairement très-circonscrite.

Cependant, de nos jours même, avec leurs haches de pierre si artistement emmanchées, les Indiens Clalam du détroit de Fuca creusent, dans des troncs de cèdre, des canots qui n'ont pas moins de 50 pieds de longueur, et sont en état de porter un équipage d'une trentaine de personnes. Avec ces canots, ils bravent les eaux tempétueuses de l'océan Pacifique et ne craignent pas même de harponner la baleine, qu'ils empêchent de s'enfoncer sous les flots au moyen de peaux de phoques gonflées d'air et attachées aux harpons par de longues cordes. Plus simples sont les pirogues en stipe de palmier dont se servent les Indiens Yurucarès pour voyager, avec leurs enfants et leurs meubles. Ils mettent les uns et les autres dans le canot, et, le mari nageant d'un côté, la femme de l'autre, ils font ainsi 10 à 12 lieues par jour. Qui nous dit que nos barques primitives n'aient pas servi au même usage et n'aient pas été souvent manœuvrées de la même manière?

Chose plus étonnante encore! les habitants des vastes contrées, coupées de lacs et de rivières, qui s'étendent du golfe Saint-Laurent à l'océan Pacifique, construisent aujourd'hui avec une mince carcasse en bois de cèdre, habilement recouverte d'écorce de bouleau (*Betula papyracea*), des embarcations très-légères et très-élégantes, qu'ils transportent d'un lac ou d'une rivière à l'autre, comme un voyageur français transporte quelquefois sa valise d'une station de chemin de fer à la station voisine [1].

Enfin, l'on connaît les *balsas* ou radeaux insubmersibles des anciens Péruviens, construits à l'aide d'un assemblage de poutres en bois poreux et léger, recouvertes d'un plancher de roseaux. Elles étaient munies de deux mâts supportant une grande voile de laine ou de coton, d'un gouvernail et d'une quille mobile. Des *balsas* beaucoup plus simples et employées aujourd'hui sur le lac de Chiquito (Bolivie) sont uniquement formées de deux

---

[1]. On donne le nom de *portage* aux parties de la terre ferme sur le parcours desquelles les voyageurs sont obligés de transporter eux-mêmes, sur leurs épaules, leur canot et tout ce qu'il contient. Quelques-unes de ces embarcations, qui ont au moins 4 mètres de longueur, pèsent à peine 15 kilogrammes. Celles qu'on appelle *canots de maître* sont beaucoup plus longues et plus larges, et pèsent, par conséquent, davantage *.

* Les Egyptiens du temps de Juvénal, et même ceux de nos jours, lancent sur le Nil des radeaux faits avec des vases de terre, reliés entre eux par des cordes, recouverts de joncs, et mus par des rames le long du fleuve. Arrivés à destination, ils brisent le radeau et vendent les vases au bazar. (Wilson, *Prehistoric man*, p. 98.)

gros faisceaux de joncs, longs de 5 à 6 mètres. On les fait manœuvrer à l'aide d'une voile fabriquée aussi de joncs liés ensemble, ou bien à l'aide de rames ordinaires. Ces canots d'écorce ne rappellent-ils pas tout naturellement à l'esprit les *coracles* des anciens Bretons, les *baydars* des îles Aléoutiennes, et mieux encore les *kayaks*, à l'aide desquels les Eskimaux et les Groënlandais bravent, dans une complète sérénité, les flots, les vents et les tempêtes [1].

Mais quelle énorme distance sépare les pirogues primitives, les *coracles*, les *baydars*, les *kayaks* et les *balsas*, de nos vaisseaux à voiles, et surtout de ces navires formidables que la vapeur fait mouvoir avec une puissance que la science moderne augmente ou modère à son gré !

C'était à grands renforts de bras, grâce à un triple rang de rameurs, que, même du temps de Darius et de Xerxès, les trirèmes fendaient les vagues de l'Hellespont.

« On installe aujourd'hui, dit M. Michel Chevalier, sur nos navires de guerre, des machines dont la force nominale est de 14,000 chevaux ; mais la puissance possible, celle qu'elles déploient quand la nécessité s'en fait sentir, allant jusqu'au quintuple, ce sont réellement des machines de 70,000 chevaux de vapeur. Comme le cheval de vapeur a le double de la puissance du cheval de chair et et d'os, que la machine travaille 24 heures par jour, tandis que le cheval qu'emploie le roulier, ou que le cultivateur attelle à la charrue ne peut aller communément au delà de 8 heures, un cheval de vapeur rend les mêmes services que 6 de ces animaux, que nous regardons cependant comme de si utiles et si commodes serviteurs. Voilà donc un appareil qui, à lui seul, représente 420,000 chevaux à l'œuvre. A l'exception de l'armée sans pareille à laquelle Napoléon Ier fit passer le Niémen, dans l'été de 1812, pour la conduire à Moscou, je ne crois pas qu'il y ait eu, dans les temps modernes, une seule armée qui ait réuni un pareil nombre de chevaux. »

1. Les *kayaks* sont des barques formées d'une légère charpente, revêtue à l'extérieur de peaux de phoques gonflées d'air, solidement cousues et enveloppant étroitement le milieu du corps du navigateur solitaire, et pour ainsi dire amphibie, qui les occupe.

Les *baydars* sont aussi des canots faits d'une seule ou de plusieurs peaux cousues l'une à l'autre, et servant aux habitants des îles Aléoutiennes pour traverser l'Océan qui sépare l'Asie de l'Amérique.

II

Commerce.

Jusqu'à quel point s'étendaient les relations commerciales des peuplades primitives de l'Europe, et par quelles voies avaient-elles lieu? C'est là une question pour la solution de laquelle, comme pour tant d'autres, nous ne possédons encore que de simples indices. Cependant la présence de l'ambre de la Baltique [1] et du corail blanc de la Méditerranée en Suisse, en Italie et ailleurs; celle des silex taillés, si nombreux à l'île d'Elbe, où cette roche n'existe pas à l'état naturel; les flèches en obsidienne noire de Sardaigne trouvées dans la même île et dans celle de Pianosa (Foresi); la hache en jade axien, découverte à Pauilhac (Gers); celles en fibrolite de l'Auvergne, rencontrées en Bretagne, la callaïte de Bretagne, observée dans plusieurs dolmens du Midi: tous ces objets, dont la matière première est inconnue dans les pays où on les trouve, ne prouvent-ils pas qu'il a existé, dès les premiers âges, des relations de commerce plus ou moins étendues entre les plus anciens habitants de notre Europe? Rien de plus naturel, en effet, que ces échanges opérés de peuplade à peuplade habitant des contrées voisines ou contiguës. Les haches en néphrite trouvées sur un assez grand nombre de points du continent européen, à Concise et Meilen, par exemple, ont même fait supposer, entre ce continent et les régions orientales de l'Asie, des échanges qui ne pouvaient avoir lieu qu'à la suite de longs et périlleux voyages, peu en rapport, selon nous, avec l'enfance de la navigation.

Mais, avant d'admettre cette hypothèse, est-on bien sûr que les haches en néphrite viennent de l'Orient, et qu'elles aient été fabriquées avec du jade oriental? M. G. de Mortillet se déclare résolument pour la négative : il pense que ce prétendu jade oriental est tout simplement une roche serpentineuse, plus ou moins imprégnée de silice, et jadis assez commune dans les Alpes suisses et dans les Apennins. Les Européens primitifs ont pu se transmettre, par voie d'échange, grâce à des voyages exécutés par terre ou, tout au plus, sur les grands fleuves, ces

---

1. Bien des objets en ambre trouvés en France, en Allemagne, en Suisse, en Espagne, en Italie, sont indigènes dans ces pays : ce qui n'empêche pas que l'ambre de la Baltique n'ait pu y être importé, et devenir ainsi une denrée commerciale que nos ancêtres se procuraient par voie d'échange.

haches en prétendue néphrite orientale, fabriquées tout simplement avec une roche quartzo-serpentineuse indigène.

Il résulte d'ailleurs de recherches de M. Damour (*Comp. rend.*,
t. LXI, p. 337) qu'on a confondu sous le nom de *néphrite* les
matières les plus diverses, telles que l'*agate*, le *jaspe*, la *diorite*,
la *serpentine*, le *petro-silex*, etc., et généralement toutes les
roches dures, tenaces et compactes dont la nature minéralogique n'était pas bien connue. Ceux qui nous parlent de jade
oriental trouvé chez nous ont peut-être commis la même erreur?

M. de Quatrefages est du nombre de ceux qui pensent que les
haches en néphrite ou jadéite, trouvées en France et sur d'autres points, y sont venues d'Asie par voie d'échange commercial. Le fait n'est pas absolument impossible. Mais où trouver
des preuves convaincantes à l'appui d'une opinion tout aussi
peu démontrée que l'opinion contraire?

M. Nicolucci contredit formellement les assertions de M. G. de
Mortillet. Il disait, en 1871, au congrès préhistorique de Bologne :

« Parmi les instruments polis des provinces napolitaines, nous
en possédons plusieurs fabriqués d'une pierre verdâtre (*néphrite*)
qui, d'après les dernières études de M. Damour, a pris le nom
propre de *jadéite*. Cette pierre n'a été, jusqu'à présent, trouvée
ni en Calabre, ni dans les Apennins, ni dans les Alpes; au contraire, elle abonde dans l'Asie centrale; c'est pourquoi elle ne
pouvait arriver en Italie qu'à l'aide d'un commerce préhistorique existant entre l'Asie et l'Europe. »

Mais, si la néphrite est de provenance orientale et indique
un commerce suivi avec l'Orient, comment les Orientaux qui
nous l'apportaient n'ont-ils pas apporté aussi le bronze et le
fer, dont ils faisaient alors un usage à peu près journalier?

La chimie, consultée à son tour, a fourni son contingent de
preuves. Se basant sur une série d'analyses auxquelles il a soumis
des haches de néphrite trouvées à Concise, à Meilen et à Moosseedorf, et comparant le résultat de ces analyses avec ceux qu'a
obtenus M. Scherer en étudiant la vraie *néphrite orientale*,
M. de Fellenberg se range à l'opinion de M. Desor, et dit que
l'hypothèse de l'origine orientale de la néphrite helvétique est
celle qui lui paraît la plus juste et la plus vraisemblable. Mais
cette solution, de l'aveu même de son auteur, n'en reste pas
moins à l'état d'hypothèse, puisque les preuves directes et con-
cluantes nous font défaut.

Qui croire dans ce conflit d'opinions opposées et même tout
à fait contradictoires? La première manière de voir de M. de

Mortillet serait, à mon avis, la plus plausible. Mais il avoue lui-même, après avoir dit jadis le contraire, qu'on n'a pas encore trouvé en Europe les gisements de néphrite qui auraient servi à fabriquer les haches dont il s'agit, ce qui infirme singulièrement la valeur de ses premières assertions. La grande analogie de la néphrite orientale avec celle des haches trouvées sur le continent européen, et l'absence bien constatée de cette roche dans nos pays pourraient seules trancher la question. Encore resterait-il toujours la difficulté de se rendre compte de relations commerciales aussi lointaines, à l'aide d'une navigation nécessairement rudimentaire.

La même difficulté n'existe pas pour les coquilles de différents genres qui servaient à l'ornementation du corps et des vêtements, et que l'on a rencontrées dans les cavernes, les grottes sépulcrales et les dolmens. Ces coquilles témoignent évidemment de relations commerciales beaucoup moins étendues et, par cela même, possibles entre les populations primitives de l'Europe. Ainsi, les *cyprea pyrum* et *lurida* trouvées à Laugerie-Basse indiquent un commerce d'échange entre les habitants des bords de la Vezère et ceux des côtes de la Méditerranée, de même que les *littorina littorea* recueillies à *Cro-Magnon*, aussi bien que les coquilles provenant des *faluns* de la Touraine observées dans d'autres cavernes, peuvent être l'indice de rapports commerciaux avec les habitants des côtes de l'Océan.

Enfin, les silex du Grand-Pressigny, trouvés en Belgique, et les objets, en obsidienne verte, recueillis dans la vallée de la *Vibrata*, par Nicolucci, nous amènent à conclure que des relations commerciales existaient entre la France et les Pays-Bas, entre la Bohême et l'Italie. Mais c'est se baser sur de simples conjectures, démenties par les faits, que d'attribuer aux peuplades de l'âge de la pierre des relations commerciales étendues.

CHAPITRE V

LES BEAUX-ARTS

I

Les arts du dessin dans les cavernes.

Dans leur bel ouvrage sur les Reliques de l'Aquitaine (*Reliquiæ Aquitanicæ*), reliques profanes, s'il en fut, mais parfaitement authentiques, MM. Ed. Lartet et Christy nous ont donné la description des objets gravés et sculptés qu'ils ont recueillis dans les cavernes ossifères du Périgord [1].

En jetant un coup d'œil sur les dessins qui accompagnent cet ouvrage, surtout en se rappelant les originaux réunis en 1867 dans les vitrines de l'exposition universelle, et ceux qui ont figuré en 1878 dans l'une des salles du Trocadéro, on se sent tout surpris du degré de perfection relative auquel les arts du dessin étaient arrivés chez un peuple sauvage encore, vivant dans les cavernes, ignorant l'agriculture et l'usage des métaux.

Examinons quelques-uns de ces objets, d'une valeur très-contestable aux yeux du vulgaire ignorant, d'un prix infini pour l'homme de science, pour l'homme de goût et surtout pour le véritable artiste [2].

Voici d'abord une plaque d'ivoire fossile, trouvée dans la grotte de la Madelaine par MM. Ed. Lartet et Christy; sur cette plaque (fig. 128), un artiste antédiluvien a gravé le portrait du mammouth (*elephas premigenius*, Blum.), parfaitement reconnaissable à son front large et bombé, à ses oreilles petites et

---

1. N'oublions pas toutefois que c'est dans les cavernes d'Aurignac, de Savigné et de Massat qu'ont été trouvés les premiers essais de gravure et de sculpture sur os.

2. Au dire de M. G. de Mortillet, un amateur d'antiquités offrit, en 1867, d'acheter un million le contenu de la vitrine renfermant les cinquante et une pièces relatives à l'histoire de l'art pendant l'époque du renne.

velues à ses longues défenses recourbées en dessus, aux longs

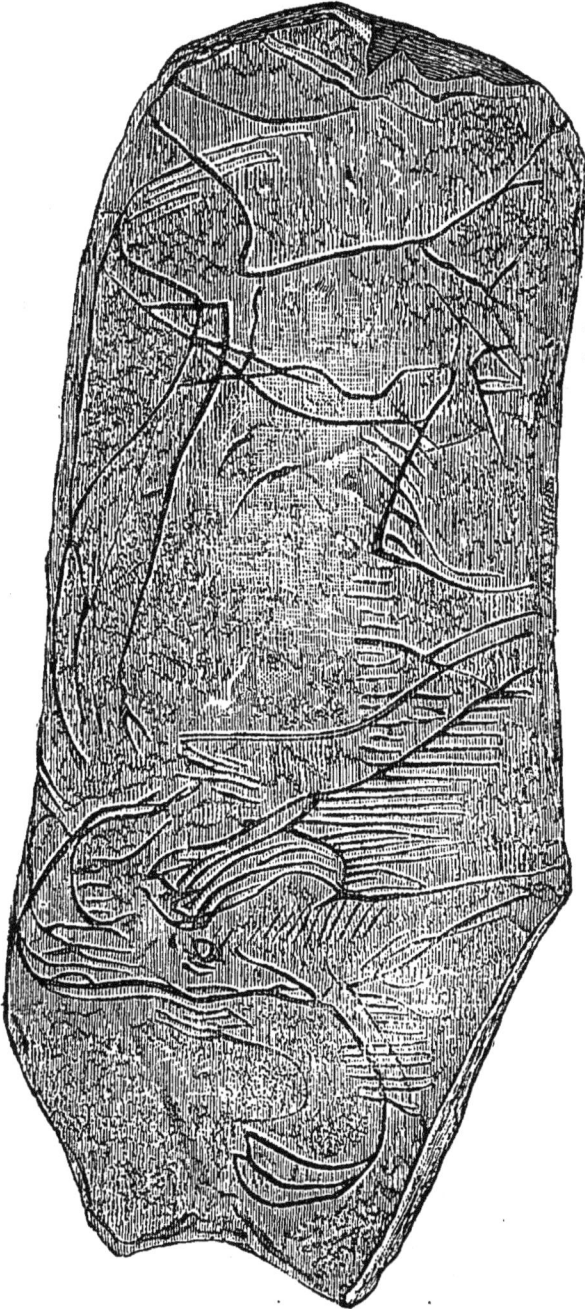

Fig. 128. — Eléphant mammouth, gravé sur une plaque d'ivoire (grotte de la Madelaine).

poils qui couvraient sa tête et son corps, enfin à la crinière épaisse et brune qui bordait son cou et son dos et qui, paraît-il, ressemblait à celle du bison. Nul doute que le graveur n'ait vu l'animal dont il reproduisait l'image. Son dessin est même plus exact que celui de l'artiste moderne, simple commerçant, il est vrai, qui a représenté, d'après nature, l'éléphant trouvé, en 1806, avec sa peau, sa chair et ses os, près de l'embouchure de la Léna dans la mer Glaciale. En comparant les deux dessins, reproduits l'un et l'autre dans le *Bulletin de l'Académie impériale de Saint-Pétersbourg*, et en lisant la juste critique que le professeur Brandt a faite de ce dernier, on pourra facilement se convaincre de la supériorité de l'artiste de l'âge de la pierre sur le commerçant russe contemporain, du moins en ce qui tient à l'exactitude des détails morphologiques [1].

A ce premier portrait du mammouth, dû au burin d'un chasseur de rennes, il faut en ajouter un autre tout récemment signalé par M. Louis Lartet, qui l'a trouvé dans la collection de son illustre père. La provenance précise de ce curieux morceau est inconnue ; mais tout porte à croire qu'il vient du Périgord. Toujours est-il qu'il représente un *elephas primigenius*, gravé à la pointe de silex, par un artiste qui a dû être d'abord gêné dans son œuvre par les mouvements de l'animal qui posait devant lui. On s'expliquerait ainsi les tâtonnements du graveur pour établir nettement les contours de son premier dessin.

Aussi l'a-t-il bientôt abandonné pour tracer deux images, assez fidèles cette fois, du colossal proboscidien, dont la trompe est abaissée vers la terre dans l'une d'elles, reployée vers le

1. Dans une série de *Mémoires* publiés, en allemand, par l'*Académie impériale de Saint-Pétersbourg*, t. **X**, 1866, le professeur Brandt a fait une étude aussi instructive que complète du *mammouth* (en russe *memout*), et il en a donné, p. 115, une figure un peu idéale, dont il reconnaît loyalement les imperfections. Il dit, par exemple, que la queue, telle qu'il l'a représentée, est trop longue ; que la crinière ne s'étend pas assez loin sur le dos ; que les poils de cette crinière ne sont pas assez longs, puisqu'ils pendaient jusqu'aux genoux de l'animal ; enfin que, d'après les renseignements qui lui ont été fournis, ils étaient, non de couleur noire, comme il l'a dit, mais de couleur brun-roux. Ceux de la tête étaient doux au toucher, de couleur brun-rougeâtre, comme ceux du corps, et avaient deux *werschock* (0m,98) de longueur. Indépendamment de ces longs poils ou soies, le mammouth était pourvu d'une espèce de toison laineuse, épaisse et frisée.

Toutes les corrections faites par Brandt lui ont été suggérées par les documents qu'il a pu recueillir, soit au sujet du mammouth conservé à Moscou (celui de 1806), soit au sujet des restes de l'individu trouvé en 1864, non pas près de la baie de Tas, comme on l'avait annoncé d'abord, mais bien dans le voisinage de la baie de Jénisséi. Brandt s'est aussi inspiré avec confiance du dessin gravé par l'artiste inconnu de la Dordogne.

corps dans l'autre. Toutes deux sont burinées sur les deux faces d'un fragment d'os, poli des deux côtés, et elles représentent le profil presque entier de l'animal [1].

Un autre dessin, assez bien exécuté, représente probablement le glouton, animal émigré dont la présence dans les cavernes du Périgord est un fait digne d'être noté.

Voici maintenant une roche schisteuse, sur laquelle le graveur a représenté une scène d'amour dont les rennes sont les héros (fig. 129). L'un d'eux relève fièrement la tête, après avoir terrassé son rival, et sollicite les faveurs de sa femelle pour prix

Fig. 129. — Combat de rennes gravé sur une roche schisteuse.

de la victoire qu'il vient de remporter. « Cette composition compliquée, dit M. G. de Mortillet, rendue avec un véritable sentiment des situations, est pourtant exécutée avec une extrême naïveté. Chaque animal est tracé comme si les autres n'existaient pas. Ainsi, des pattes du renne terrassé qui devaient être masquées par le corps de la femelle sont bel et bien représentées, quand même. » (*Prom. préhistor. à l'Exp. univ.*, p. 28.)

Le renne est l'animal le plus souvent gravé ou sculpté sur les armes ou ornements divers des chasseurs du Périgord. Le cheval, au repos ou au galop, est aussi figuré très-fréquemment; mais son image n'est pas toujours bien réussie. L'aurochs, le bouquetin, le chamois, le cerf commun, le bœuf, le renard,

---

1. Voy. dans les *Matériaux*, année 1874, une note de M. Louis Lartet, intitulée : *Gravures inédites de l'âge du renne, paraissant représenter le mammouth et le glouton.*

l'hippopotame et le rhinocéros se voient aussi sur quelques os sculptés. L'antilope saïga, aujourd'hui confinée dans l'Oural et la Tartarie, a été aussi quelquefois représentée.

Nos cavernes pyrénéennes ont aussi apporté leur contingent à l'histoire de l'art primitif : celle de Bruniquel, dont les richesses inappréciables appartiennent maintenant à l'étranger, a fourni à M. Brun, le zélé directeur du Musée d'histoire naturelle de Montauban, un fragment de bois de renne façonné en bâton de commandement. Le trou de suspension est ébréché sur une partie de son pourtour. Mais on reconnaît sur cet instrument, quel qu'en ait été l'usage, la figure d'un animal dont le dessin, d'une exécution moins parfaite que ceux du Périgord, ne permet malheureusement pas une détermination bien précise du mammifère qu'il représente.

Mentionnons encore la figure d'un ours des cavernes, parfaitement reconnaissable à son front bombé, que M. le Dr Garrigou a observé sur un galet trouvé par lui dans la grotte inférieure de Massat. (*Bull. de la Soc. géol. de Fr.*, 1867, p. 473.)

Ce dessin, gravé au trait, comme celui du mammouth de la Madelaine, représente un animal d'espèce depuis longtemps éteinte. L'artiste ariégois qui nous a dessiné ce portrait si ressemblant a donc vu cet animal à l'état de vie ; il était son contemporain, comme l'artiste du Périgord était celui du mammouth dont il nous a transmis le dessin original.

Enfin, sur l'extrémité d'un andouiller de bois de cerf, cassé à l'endroit où se trouvait un trou de suspension, et provenant de la grotte de Massat, M. Ed. Lartet a vu la tête de l'ours actuel des Pyrénées très-exactement représentée. Des hachures, nettement tracées, indiquent les ombres : progrès réel relativement aux figures précédentes, simplement dessinées au trait.

La grotte Duruthy, habitée d'abord à l'âge du renne et pendant sa période artistique, a servi de sépulture dans un temps très-voisin de l'âge néolithique. En effet, plus de trente squelettes ont été découverts dans la partie supérieure et remaniée de cette grotte. Au-dessous du foyer sous-jacent à cette sépulture, on a trouvé un crâne et des ossements humains associés à des dents d'ours et de lion, gravées et sculptées. L'une de ces dents montre, sur l'une de ses faces, l'image d'un poisson, et, sur la face opposée, des lignes ornementales et une flèche barbelée.

Nous retrouvons donc ici l'habileté, les procédés et jusqu'aux détails d'ornementation des artistes primitifs du Périgord. Les gravures exécutées par les artistes basques ou béarnais portent néanmoins leur cachet d'origine, et la flèche barbelée leur sert de signature. Au lieu d'être faites sur des ossements de renne, ce sont, comme à Aurignac, les dents d'ours qui les portent. Les traits barbelés, symétriquement disposés, munis d'un nombre variable de barbelures qui constituent l'ornement le plus fréquent, n'ont pas encore été signalés, à notre connaissance, sur les objets gravés du Périgord et des Pyrénées [1].

Ajoutons que les artistes qui ont gravé ces dessins étaient des chasseurs d'ours, comme à Aurignac, et non des chasseurs de rennes, comme ceux du Périgord. Le phoque gravé sur une dent d'ours semblerait indiquer que l'un de ces artistes, avant de

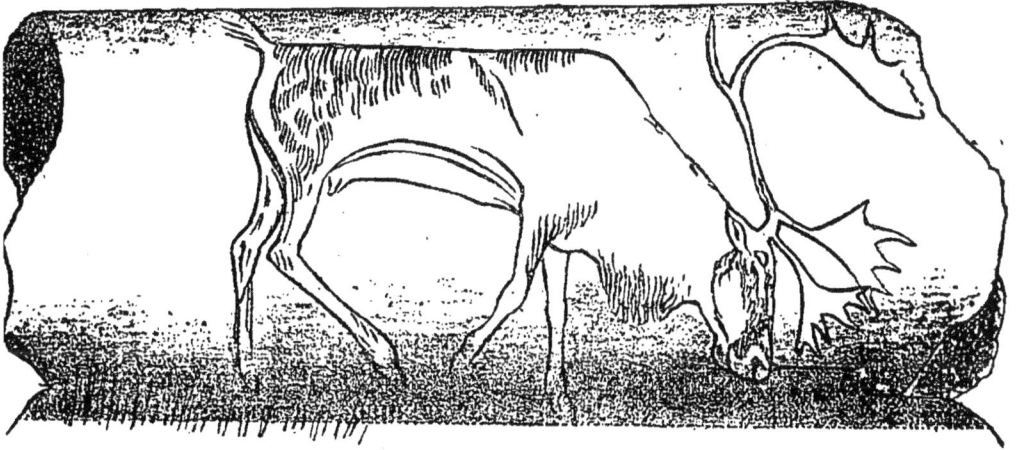

Fig. 130. — Renne de la caverne de Thayngen (d'après le professeur Merk).

s'établir aux environs du Gave, avait habité ou visité les bords de la mer, car il avait certainement vu des phoques.

La sculpture elle-même a des origines très-reculées ; elle remonte, comme l'art du dessin proprement dit, à l'époque du silex taillé : car c'est sculpter, c'est modeler la matière que de la transformer en un instrument usuel et vulgaire, aussi bien qu'en un objet d'art du plus grand prix.

La Suisse, comme la France, a eu ses artistes préhistoriques ; quelques-uns même ont fait preuve d'une grande habileté. Tel est, par exemple, celui qui a gravé à la pointe du silex, sur un bois de renne, le portrait d'un renne au pâturage, qu'il avait certainement sous les yeux (fig. 130). M. Hain a fait remarquer,

1. Louis Lartet et Chapelain Duparc, *Une sépulture des anciens troglodytes des Pyrénées, superposée à un foyer contenant des débris humains associés à des dents sculptées de lion et d'ours.* Paris, 1874.

avec raison, l'exactitude et même la hardiesse de ce dessin préhistorique. Très-certainement, dit-il, l'artiste n'en était pas à
son coup d'essai, et son œuvre peut soutenir la comparaison
avec celles de ses émules du Languedoc et du Périgord.

Seulement le professeur Hain estime que la tête de l'animal
est trop large et ses oreilles trop petites. Il est tenté de voir
dans ces deux particularités un effet des conditions misérables
au milieu desquelles vivait ce renne au pâturage. Le ventre
efflanqué de la pauvre bête semblerait indiquer, en effet, que sa
faim n'était pas toujours satisfaite, et donnerait ainsi raison à
l'opinion du savant professeur de Zurich.

Ce spécimen remarquable de gravure sur bois, trouvé dans la
grotte de Thayngen, près de Schaffouse, prouve à la fois deux
choses :

1° L'existence certaine, bien que longtemps contestée, du
renne en Suisse, aux époques préhistoriques ;

2° L'existence, à l'état florissant, des arts du dessin dans ce
même pays et à ces mêmes époques.

Outre le renne représenté par les artistes graveurs du *Kesslerloch*, on a trouvé, dans cette caverne ossifère, de nombreux
dessins et des sculptures non moins bien réussies, qui prouvent
que ces artistes suisses avaient un talent qui pouvait aller de
pair avec celui des chasseurs de rennes du Périgord ou de nos
Pyrénées. Nous citerons, parmi les sculptures, une tête de cheval
et une tête d'*ovibos* (fig. 131) parfaitement reconnaissable, et,
parmi les gravures sur os, le cheval (fig. 132), le porc, dont les
contours et les attitudes sont d'une vérité qui laisse peu de
chose à désirer [1].

Et cependant les habitants du Kesslerloch vivaient à une
époque bien antérieure à l'établissement des cités lacustres, et
l'on n'a trouvé chez eux aucune trace ni de poteries ni de tissus.
Absence également complète d'animaux domestiques, le chien
y compris.

Notons, comme un fait digne de remarque, la grande rareté de
dessins ou sculptures dans les cavernes à ossements de l'Angleterre, bien qu'on ait trouvé, dans plusieurs d'entre elles, habitées
à l'âge du renne, des poinçons, des épingles et même des aiguilles
en os habilement fabriquées. Même infériorité artistique chez
les troglodytes de la Belgique, sans excepter ceux de la caverne
de Chaleux, appelée, avec emphase, *une petite Pompéi quater-*

---

1. Voir dans les *Matériaux*, etc., t. XI, année 1876, p. 102 et suivantes,
les figures 40, 43, 53, 54, 55, 56, 57 et 58, dont nous reproduisons ici les
principales.

naire. C'est à eux pourtant que l'on doit un des plus anciens monuments de l'art sculptural. Il s'agit d'une figurine [1] en bois de renne, très-grossièrement sculptée, sorte d'ébauche informe qui dénote l'enfance de l'art et qui remonte, en effet, à ses premiers

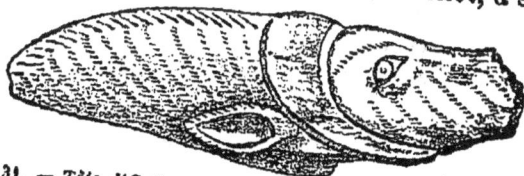

Fig. 131. — Tête d'*Ovibos moschatus* de la caverne de Thayugen.

commencements, car le terrain où elle a été trouvée appartient aux couches supérieures de l'âge du mammouth [2].

Je ne connais, en fait de monument iconique scandinave se

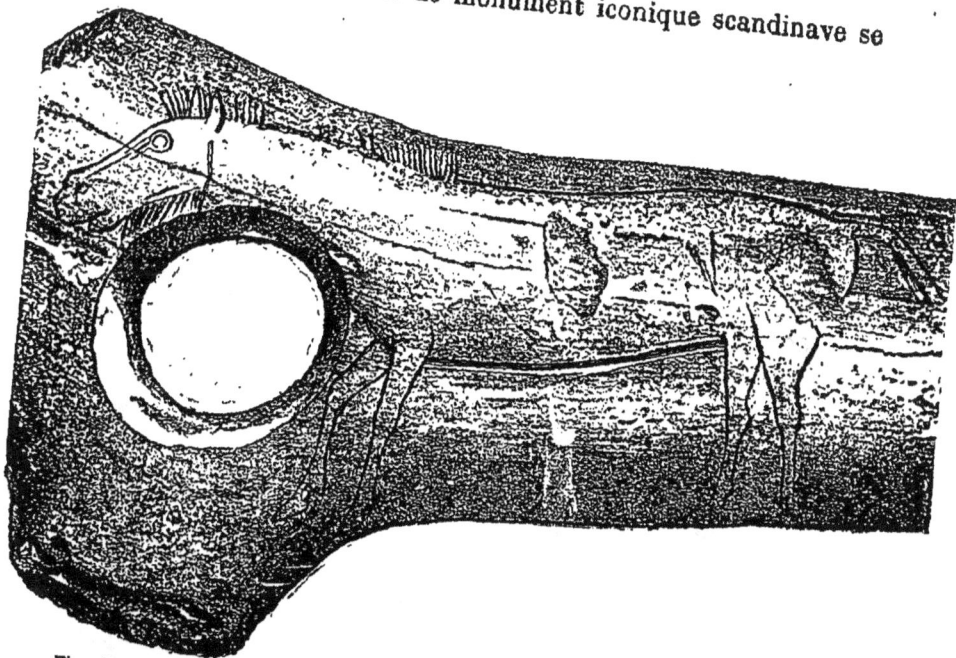

Fig. 132. — Cheval gravé au trait sur un bois de renne (bâton de commandement).

référant aux époques antéhistoriques dont nous nous occupons, qu'un seul dessin représentant une biche gravée à la pointe du silex sur un bois de cerf ouvré [3].

1. Avec cette figurine, on a trouvé à Pont-à-Lesse (Trou Magrite) un dessin gravé sur un bois de renne, mais difficile à déchiffrer.
2. La faune fossile de ce terrain forme une transition entre l'âge du mammouth et l'âge du renne.
3. Nilsson, *Habitants primitifs de la Scandinavie*, pl. XV, fig. 258, 259.

Faut-il rapporter à l'époque de la pierre polie ou bien **à l'âge**
du bronze les singulières sculptures (navires avec leur équipage)
que l'on voit sur les rochers de la Suède et de la Norwège? La
question est encore indécise, bien qu'un auteur, M. G. Brunius,
qui a fait une étude spéciale de ces monuments de l'art primitif,
les attribue à l'âge de la pierre. D'autres, au contraire, leur
refusent tout caractère d'antiquité.

Chose singulière! tandis que les artistes préhistoriques rendaient avec une naïveté charmante, en même temps qu'avec
une vérité parfaite, les scènes de la nature qu'ils avaient sous les
yeux (combat de rennes, chasse à l'aurochs); tandis qu'ils re-
produisaient au trait, avec une habileté que nous n'atteindrions
peut-être pas nous-mêmes sans avoir appris le dessin, la figure
des animaux qui vivaient à cette époque lointaine, on les voit
embarrassés, contraints, gauches ou inhabiles, quand il s'agit

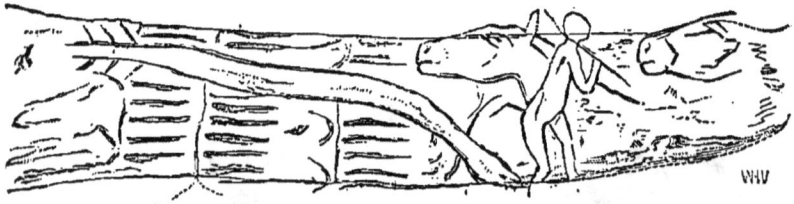

Fig. 133. — Homme nu entre deux têtes de chevaux (d'après Ed. Lartet et Christy).

de reproduire la forme humaine. Ces dessins primitifs ressemblent à ceux du prétendu *Livre des sauvages*, qui sont, en réalité, l'œuvre de malins écoliers préludant d'instinct à devenir
peut-être un jour de grands artistes.

C'est à la Madelaine, et sur un bâton de commandement, que
MM. Ed. Lartet et Christy ont vu, pour la première fois, la
forme humaine représentée au trait, entre deux têtes de chevaux et un poisson paraissant très-voisin des anguilles (fig. 133).
Mais, dans cette gravure, la face est sans expression, et les
membres, bien qu'assez nettement dessinés, ne sont pas complètement finis, l'artiste n'ayant modelé ni les pieds ni les mains.

Un bras tatoué peut-être, ou du moins marqué d'entailles
obliques en zigzag, et terminé par une main à quatre doigts
seulement (le pouce n'est point représenté), se voit sur les deux
faces d'une pointe de dard de la même provenance que l'objet
précédent. (*Reliquiæ Aquitanicæ*, pl. II, fig. 86; pl. XVIII, fig.
1 et 10.)

C'est aussi à Laugerie-Basse que M. Elie Massénat a découvert

deux gravures antédiluviennes représentant, l'une une tête
d'éléphant munie de sa trompe, l'autre une chasse à l'aurochs,
où l'on voit l'animal fuyant précipitamment devant un homme
nu qui semble lui lancer des traits. Au dire de M. Massénat,
« c'est le plus beau et le plus parfait dessin de forme humaine,
de l'époque des grottes, qui ait été trouvé jusqu'à ce jour, »
sans même en excepter le pêcheur armé du harpon barbelé

Fig. 134. — Fragment d'omoplate trouvé à Laugerie-Basse, sur lequel est gravé
une femme enceinte.

que M. Broca nous a fait connaître dans sa remarquable conférence faite à Bordeaux en 1872.

Voici la description qu'en donne M. Massénat :

« L'homme est nu... La forme de la tête est brachycéphale,
les cheveux raides et en touffes sur le sommet de la tête ; le
menton est orné d'une barbiche très-apparente ; le col, un peu
long ; la partie du bras, du coude à l'épaule, relativement

courte ; les mains, mal dessinées ; le bras droit, rejeté en arrière, semble vouloir lancer un trait dont il est armé, tandis que le bras gauche paraîtrait vouloir saisir l'aurochs par la queue. La poitrine est très-bombée ; le ventre, bien dessiné ; les parties sexuelles, volumineuses et fortement accentuées ; la colonne vertébrale, un peu longue et, par sa forme arquée, se rapprochant de celle du singe marchant droit sur ses jambes ; les cuisses, assez bien dessinées, mais annonçant un fémur de longueur trèscourte ; le bas des jambes et le pied, réguliers et bien faits. La tête est légèrement rejetée en arrière ; la physionomie a une certaine expression de joie qui frappe dès l'abord. » (*Matériaux*, 1869, p. 333.)

Enfin, à Laugerie-Basse, M. l'abbé Landesque a trouvé un fragment d'omoplate sur lequel l'artiste a gravé, au trait, le corps d'une femme nue qui paraît être dans un état de grossesse avancée (fig. 134) et sur les goûts vicieux de laquelle M. Piette émet des conjectures qui semblent aussi injurieuses que hasardées. Cette femme porte des bracelets, et son cou est orné d'un collier formé de perles de dimensions considérables. Sur ce même fragment d'omoplate, on aperçoit les deux pattes antérieures d'un renne dont le reste du corps a disparu avec le morceau enlevé.

Le lecteur a pu voir, dans les vitrines de la galerie d'anthropologie à l'Exposition universelle, des dessins grossiers trouvés par M. Rivière sur les rochers du val d'Enfer, non loin du lac des Merveilles. Ces dessins, dit-on, ressemblent tout à fait à ceux que les Guanches, anciens habitants des îles Canaries, ont gravés sur les rochers de ces îles, à l'époque où, le détroit de Gibraltar n'existant pas, l'Afrique se trouvait unie à l'Espagne et aux Canaries, dont elle n'est pas actuellement très-éloignée. A cette même époque, dit-on encore, les Guanches ont donc pu occuper et ont occupé réellement le sud de l'Europe occidentale, leurs caractères crâniens offrant une similitude parfaite avec ceux de Cro-Magnon, et il en est de même de certains ornements trouvés auprès de ces derniers : donc, conclut-on enfin, les dessins des rochers du val d'Enfer ont été gravés par les Guanches. C'est aller, ce me semble, un peu vite en besogne, surtout si, comme quelques archéologues le soupçonnent aujourd'hui, les crânes de Cro-Magnon doivent être considérablement rajeunis. Que faudrait-il penser alors de leur identité prétendue avec ceux des habitants primitifs des îles Canaries ?

Des dessins beaucoup plus authentiques et beaucoup mieux réussis figuraient aussi dans les vitrines de la colonie anglaise du Cap de Bonne-Espérance. Ces dessins, qui représentent des scènes auxquelles l'homme et les animaux du pays prennent part, sont, du moins en ce qui concerne le modelé et les attitudes données au corps humain, bien supérieurs à ceux des cavernes du Périgord; aussi sommes-nous tenté de leur attribuer une date plus moderne que celle de ces derniers. Mais ils n'en sont pas moins très-remarquables en tant que produit de l'art pictural chez une des races les plus inférieures de l'humanité (la race boschismane).

Nous avons vu la forme humaine, dans sa nudité primitive, représentée au trait, sur des os de renne provenant des grottes du Périgord, par des artistes qui vivaient dans cette contrée à une époque dont il est impossible de fixer la date certainement très-reculée. Nous allons voir cette même forme humaine reproduite en relief par ces artistes inconnus, parmi lesquels nous devons peut-être chercher nos premiers aïeux.

La statuaire antédiluvienne montre, en effet, à nos yeux un peu scandalisés une sorte de Vénus impudique, qui a été trouvée à Laugerie-Basse par M. de Vibraye. « C'est, dit M. G. de Mortillet, un corps de femme maigre et allongé, dont les parties sexuelles sont très-prononcées et le derrière fort proéminent. La tête et les pieds manquent, par suite d'anciennes fractures. Les bras n'ont jamais existé. »

Enfin M. l'abbé Landesque a découvert, à Laugerie-Basse, une statuette en bois de renne et d'un travail très-informe, dans laquelle, l'imagination aidant, on peut voir un être humain accroupi nu dans une posture de suppliant. (*Matériaux*, 1874, p. 276.)

Entre autres richesses très-précieuses, Laugerie-Basse a aussi fourni à M. le marquis de Vibraye une tête de mammouth habilement sculptée sur un bâton de commandement, malheureusement brisé, dont la partie aujourd'hui perdue devait représenter le corps de l'animal. Le mammouth a été aussi reproduit en relief, mais fort grossièrement, sur un fragment de bois de renne trouvé à Montastruc par M. Peccadeau de L'Isle.

On doit également à M. Peccadeau de l'Isle la découverte de deux manches de poignard sur lesquels l'artiste a représenté le renne, dont le bois lui a fourni la matière de ce remarquable travail.

Dans leurs *Reliquiæ Aquitanicæ*, MM. Ed. Lartet et Christy ont aussi figuré un manche de poignard sculpté, qui représente un renne ayant le mufle relevé de manière que les bois de l'animal retombent sur les épaules, tandis que les pattes de devant, repliées sans effort sous le ventre, contribuent avec eux à former la poignée (fig. 135). Les jambes postérieures, au contraire, allongées dans la direction de la lame, la rattachent ainsi au manche du poignard. Bien que cette sculpture soit restée à l'état d'ébauche, elle n'en indique pas moins un artiste vraiment digne de ce nom, par l'intelligence avec laquelle il a su adapter la posture de l'animal, sans la violenter, aux nécessités de son programme.

L'homme et les mammifères ont fourni aux artistes graveurs ou sculpteurs de l'époque du renne leurs plus nombreux sujets de composition. Cependant ils ont reproduit quelquefois des oiseaux (coq de bruyère, cygne, oie), des reptiles (serpents), des batraciens (têtards de grenouilles); des poissons (anguille, carpe, barbeau, truite).

Il semble que, grâce aux faibles dimensions de la plupart d'entre eux, les animaux invertébrés n'attiraient pas l'attention

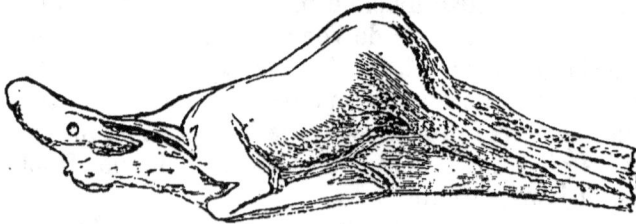

Fig. 135. — Manche en bois de renne sculpté (d'après Ed. Lartet et Christy).

de nos artistes troglodytes; car on n'en a encore trouvé aucun reproduit soit par la gravure, soit par la sculpture.

Les végétaux eux-mêmes, malgré la taille et le port imposants des uns, malgré l'élégance du feuillage ou des fleurs des autres, ont été aussi très-rarement représentés par la gravure, et jamais, que je sache, par la sculpture. Trois fleurs seulement figuraient dans les vitrines de l'Exposition de 1867. A ce nombre est venu s'ajouter, depuis, la fougère gravée sur un bâton de commandement trouvé, dans la station du Mont-Salève, par MM. Favre et Thioly.

Enfin, M. Cazalis de Fondouce a vu à la Salpêtrière (Gard) la figure d'un sapin (*abies excelsior*, Linné), dessinée à la pointe de silex sur un os plat de *cervus tarandus*. Soit dit en passant, ce fait, joint à d'autres observés par le même auteur, prouve donc que l'homme a chassé le renne en plein Bas-Languedoc, sur les confins de la Provence, à quelques lieues seulement de la mer Méditerranée.

On croyait naguère encore que les arts du dessin avaient subi en France une éclipse totale à l'époque de la pierre polie. C'était une erreur. Dans les cavernes qu'il a découvertes en Champagne et qui remontent à l'âge néolithique, M. de Baye a trouvé des vestiges de scuplture ; mais, loin d'être en progrès, l'art indique une véritable décadence.

Notons toutefois que, dans l'une de ces grottes artificielles creusées dans la craie à l'aide de la hache polie en silex, on voit une figure sculptée et d'un dessin grossier. Le nez proémine d'une manière exagérée ; les yeux sont indiqués par deux trous remplis d'une matière noire ; la figure rappelle celle d'un oiseau. Un collier retombe sur la poitrine du sujet représenté ; le médaillon placé au milieu du collier est peint en jaune, sans doute avec du fer hydraté délayé dans l'eau.

Deux seins très-proéminents ont été modelés dans une situation peu naturelle par le sculpteur champenois, évidemment très-peu versé dans la science anatomique. Quant au reste du corps, ni les bras ni les membres inférieurs ne sont nettement accusés. Cette forme, qui se retrouve toujours la même sur les parois de plusieurs grottes, représenterait-elle un dieu à forme humaine, une divinité féminine, comme le pense M. de Baye? S'il en était ainsi, nous aurions là un premier indice sur les idées religieuses, sur le culte même de ces antiques populations de la Champagne. Nous reviendrons plus loin (p. 311) sur ce sujet [1].

Malgré leurs imperfections faciles à reconnaître, ces dessins, ces sculptures de nos artistes primitifs n'ont pourtant pas la raideur de ceux des Égyptiens des premières dynasties.

Quant à la race à laquelle appartenaient nos artistes de la Vézère et aux descendants qu'elle a pu laisser parmi nous, MM. de Quatrefages et Hamy la considèrent comme un type qu'ils désignent sous le nom de race de Cro-Magnon, et ils voient dans les Guanches des îles Canaries, et surtout dans certains Kabyles des Béni-Menasser et du Djurjura, les types les mieux conservés de cette race antique douée d'aptitudes si remarquables pour les arts du dessin. En France, ils retrouvent ses descendants parmi les Basques actuels de Zaraus, parmi les Parisiens du cinquième siècle, et même chez certaines Parisiennes des temps modernes.

1. Nous sommes involontairement frappé de la ressemblance des figurines de la Marne avec l'image de la Minerve aux yeux de chouette (γλαυκῶπις 'Αθήνη) et aux seins proéminents que l'on voit représentée sur un grand nombre de vases en terre retirés des ruines de Troie par le Dr Schliemann.

II

La peinture et la musique.

Rien n'indique que les hommes de l'âge du renne aient cultivé la peinture au même degré que le dessin proprement dit. Cependant ils connaissaient certaines substances colorantes; il paraît même qu'ils se peignaient le corps avec un mélange de graisse et d'hématite rouge ou d'oxyde de manganèse, comme le firent plus tard les Pictes de la Grande-Bretagne, comme le font encore actuellement plusieurs peuplades sauvages de l'Amérique, chez lesquelles la poudre de chica est fréquemment employée pour cet usage.

De l'hématite ou *sanguine*, réduite en poudre et parfaitement conservée dans une coquille de *cardium*, a été découverte à Bruniquel par M. Brun, directeur du Musée d'histoire naturelle de Montauban. A côté de la matière colorante dont il s'agit se trouvait un instrument en os qui pourrait bien avoir servi au tatouage, le genre de parure le plus à la mode chez les peuples sauvages de nos jours.

De l'hématite également pulvérisée a été rencontrée aussi, à Montastruc, par M. Peccadeau de L'Isle; dans la Dordogne, par MM. Ed. Lartet et Christy; et, en Belgique, par M. Ed. Dupont.

Enfin, M. Cazalis de Fondouce a trouvé dans une caverne des bords du Gardon, celle de la Salpêtrière (âge du renne), une coquille marine contenant aussi de l'hématite. Tout près de la coquille était la meule qui avait servi à réduire la substance colorante en poudre fine et à l'incorporer à de la graisse, pour en faire une pommade destinée tout à la fois à peindre le corps en rouge et à préserver la peau contre les influences atmosphériques (*L'homme du Gardon*, p. 44, Paris, 1872).

Nous hésitons à faire figurer les sifflets parmi les instruments de musique, tant le son qu'ils rendent est aigu et généralement désagréable. Mais, à raison de leur acuité même, ces notes sifflantes pouvaient servir d'appel aux chasseurs.

Ce qu'il y a de sûr, c'est qu'on a rencontré plusieurs fois, dans les cavernes du Périgord ou ailleurs, des instruments fabriqués avec des phalanges de renne percées d'un trou et propres encore à rendre un son plus ou moins retentissant. Ces instruments sont de vrais sifflets. Bien plus, M. Piette a trouvé récemment, dans nos cavernes pyrénéennes, des tubes façonnés avec des os d'oiseaux, qui lui semblent avoir fait partie d'une flûte semblable à celle de Pan, c'est-à-dire à l'une de ces flûtes composées de plusieurs roseaux d'inégale longueur, et reliés entre eux par des fils ou de petites baguettes de bois placées transversalement.

D'autres tubes, pareils à ceux des Pyrénées et trouvés à Laugerie-Basse par l'abbé Landesque, à Rochebertier (Charente) par M. Fermond, semblent venir à l'appui de l'idée émise par M. Piette. L'invention des flûtes composées, si elles méritent vraiment ce nom, remonterait donc à l'âge du renne.

III

La céramique.

> « La céramique est, après l'art de fabriquer des armes pour leur défense, quelques tissus grossiers pour leur vêtement, celui que les hommes ont cultivé le premier et qui a été comme la première ébauche de la civilisation. » (ALEX. BRONGNIART, *Traité des arts céramiques*, t. I, p. 2.)

L'empreinte du sabot d'un cheval dans la terre glaise, un morceau d'argile durci sur la cendre d'un foyer ou simplement desséché par les feux du soleil, auraient pu donner l'idée d'employer la terre pour en faire des vases destinés à contenir de l'eau, des fruits, des provisions de toute espèce. Cette idée, quelque naturelle qu'elle soit, paraît cependant s'être présentée relativement assez tard à l'esprit de nos aïeux préhistoriques. L'industrie du silex florissait depuis longtemps, le vase en bois était probablement inventé ; la corne du bœuf primitif, de l'aurochs, servait sans doute de coupe à l'homme européen, lorsque la pensée lui vint d'avoir recours à l'argile humide et pétrie de ses mains pour créer une industrie nouvelle. Cette industrie est devenue l'une des plus utiles, et même un art dont les produits, perfectionnés et embellis par la science, fournissent des modèles à beaucoup d'autres arts, et rivalisent, pour la beauté des formes, la richesse de l'ornementation, l'éclat des couleurs, avec les œuvres les plus estimées de la sculpture, de la peinture et de l'architecture.

Une foule d'objets naturels ont pu d'abord suppléer et suppléent encore de nos jours à l'usage de la poterie.

Tels sont certains produits végétaux, les noix de coco, les spathes de palmiers, les tiges du bambou. Tels sont encore les cornes et les sabots, les crânes des mammifères, celui de l'homme y compris. On sait que les Malgaches actuels emploient les œufs de l'*Æpyornis maximus* en guise de marmites.

Suivant Tylor, le vase en bois ou la corbeille de jonc ou d'osier aurait été, à proprement parler, le premier substratum de la *céramique*[1] ou de l'art du potier. Enduit, soit à l'intérieur, soit à l'extérieur, d'une couche d'argile destinée à mieux protéger le contenant ou le contenu, puis consumé par une combustion volontaire ou par un incendie purement accidentel, le bois détruit aurait laissé intact le revêtement argileux. De là à l'idée de faire des vases avec la terre seule et de la durcir au feu, il n'y avait réellement qu'un pas à franchir : le pas fut franchi en effet, et l'art du potier prit naissance. Le procédé indiqué par M. Tylor paraît avoir été employé de temps immémorial par les sauvages du Nouveau-Continent.

Le moulage direct, d'après M. Alexandre Brongniart, date en effet des âges les plus reculés. Il a été appliqué d'abord sur des fruits qui, en se putréfiant, laissaient intacte l'argile moulée sur leurs contours. Les habitants actuels des îles Fidji moulent encore leurs vases de terre sur des fruits à coque plus ou moins résistante. On trouve des traces incontestables de ce procédé dans les vases, en forme de calebasse, qui contiennent encore les débris du péricarpe de ce fruit, et que l'on rencontre assez souvent dans les anciens *tumuli* de l'Ohio. Ces mêmes tombeaux américains ont fourni aussi des fragments de poterie portant l'empreinte des sacs en toile grossière ou en écorce nattée, dans lesquels ils avaient été primitivement moulés, et dont leur surface extérieure reproduit fidèlement les mailles. On a même trouvé dans une tombe péruvienne un panier destiné à contenir les liquides, lequel, au moment de sa découverte, était encore propre à cet usage. Enfin, des paniers de paille tressée servent aux Chinocks actuels pour contenir l'eau destinée à cuire, au moyen de pierres rougies au feu, le saumon, qui constitue leur principale nourriture.

L'argile a dû naturellement attirer l'attention des hommes par sa plasticité, par la facilité avec laquelle elle garde toutes les formes et se prête à tous les genres d'ornementation.

Une autre propriété précieuse de l'argile, surtout lorsqu'elle est mise au feu, c'est de durcir presque autant que la pierre,

---

1. L'étymologie du mot *céramique* est assez singulière pour que nous prenions le soin de la rappeler ici. Le mot κερας, d'où vient *céramique*, a signifié d'abord la corne des animaux dont on se servait en guise de vase à boire : ce mot n'indique donc pas la matière employée, mais la forme et la nature originelles des vases à boire.

malgré sa grande plasticité, d'où les documents nombreux et
importants qu'elle peut fournir à l'histoire de l'art et à celle de
la civilisation.

Aussi M. Alexandre Brongniart a-t-il pu dire, sans exagéra-
tion, que « les poteries, en se multipliant, ont rendu à peu près
les mêmes services, dans les temps d'obscurité, que l'a fait l'imprimerie dans ceux de lumière. »

Considérées sous le point de vue spécial qui nous occupe, les
poteries sont, au moins dans un grand nombre de cas, « les
équivalents géognostiques des ossements humains » (de Christol), à la condition toutefois que les gisements où on les trouve
soient déterminés d'une manière précise et ne présentent l'indice d'aucun remaniement postérieur à leur enfouissement.

On a trouvé des traces indubitables des produits de l'art céramiques à Cagliari (Sardaigne), dans un terrain post-pliocène contenant des restes d'animaux éteints et ayant évidemment formé
le fond d'une ancienne mer, bien qu'il soit situé aujourd'hui à
90 mètres au-dessus du niveau actuel de la Méditerranée.

Horner affirme avoir recueilli dans les dépôts du Nil, et à une
très-grande profondeur au-dessous de la surface du sol, des
poteries et des briques dont il fait remonter la date à 12 ou
13,000 ans.

Enfin, M. Raynaud, ingénieur des mines, a signalé des débris
de poterie associés à des coquilles fluviatiles, elles-mêmes ensevelies dans un dépôt de sable calcaire qui recouvrait les côtes
granitiques de l'île Bréhat, séparée de la côte de la Bretagne,
granitique comme elles, par un canal d'environ 2,000 mètres.
Or ce dépôt fluviatile n'a pu évidemment se former qu'à une
époque antérieure à l'ouverture du canal interposé entre l'île et
le continent, c'est-à-dire à une époque où l'homme révélait
déjà son existence en ces lieux par les produits d'une industrie
céramique.

On a rencontré, mais rarement, des poteries grossières dans
les cavernes de l'âge le plus ancien : cavernes de Nabrigas (Lozère), d'Aurignac (Haute-Garonne), de L'Herm (Ariège), de Bize
(Hérault), de Souvignargues (Gard), de Rochebertier (Charente),
de Chiampo et de Luglio, dans le Vicentin.

M. Ed. Dupont en a recueilli des débris dans toutes les stations de la Belgique qu'il a explorées avec le plus grand soin.
M. Roujou a trouvé des silex grossiers et des poteries presque
informes dans les limons jaunes de la Seine, aux environs de
Choisy-le-Roi, limons qu'il considère comme antérieurs à l'âge
de la pierre polie. (*Congrès de Bologne*, 1871, p. 83.) Des pote-

ries très-grossières ont aussi été trouvées dans la caverne de Hohefels, près d'Ulm (Würtemberg), avec de nombreux ossements de rennes, d'ours et de mammouths. Enfin l'abbé Spano considère comme archéolithiques les fragments de poterie qu'il a trouvés dans le voisinage des plus anciens nuraghi (voyez plus haut, p. 118). Mais des doutes ont été émis sur la contemporanéité de plusieurs de ces produits céramiques avec les os des animaux éteints au milieu desquels on les a découverts [1]. Les poteries deviennent un peu moins rares à l'époque du renne; elles sont presque communes dans l'âge néolithique.

MM. Em. Cartailhac et Cazalis de Fondouce ont même prétendu que toutes les poteries trouvées soit dans les cavernes, soit dans un grand nombre de dolmens, appartiennent exclusivement à l'âge de la pierre polie. Ils n'exceptent pas même le fragment si curieux que nous avons retiré de la caverne de Nabrigas, et de la haute antiquité duquel MM. Ed. Lartet et Christy doutaient si peu que ce dernier en a fait exécuter le moulage pour en enrichir les musées d'Angleterre [2].

Comme nous, M. de Quatrefages repousse l'opinion trop absolue émise par MM. Em. Cartailhac et Cazalis de Fondouce, surtout en ce qui concerne les poteries préhistoriques de la Belgique, notamment celle du *Trou du frontal*. « Ce serait, dit-il, reculer bien loin l'âge de la pierre polie que de le reporter à une époque où le chamois, le bouquetin, l'antilope *saïga* vivaient en Belgique, avec le *rat de Norwège* et le *lagopède des neiges*. Il y a peut-être là une question à étudier; mais la réunion de ces espèces aux environs de Dinant est pour nous une preuve que les temps quaternaires duraient encore. » (De Quatrefages, *L'espèce humaine*, p. 253, Paris, 1877.)

1. Entre autres par MM. de Mortillet et Cartailhac, qui ne croient pas à l'existence de la poterie pendant la période paléolithique. M. Hamy se déclare en faveur de l'opinion contraire, que nous sommes aussi tout enclin à partager. Enfin, M. Flouest a trouvé, dans le camp de Chassey (Saône-et-Loire), un fragment de poterie grossière dont la pâte intérieure, de couleur noire, presque friable, renferme des grains siliceux qui lui servent de liant. Il est vrai que la station de Chassey est considérée aujourd'hui comme appartenant à l'âge néolithique.

2. Un spécimen provenant de ce moulage a été déposé au Muséum d'histoire naturelle de Toulouse. L'original, qui est en notre possession, constitue le fond d'un vase à fond plat, irrégulièrement circulaire, évidemment fait à la main, puisqu'on distingue parfaitement, soit à l'intérieur, soit à l'extérieur, l'empreinte des doigts qui ont façonné l'argile et en ont orné la surface externe de sillons parallèles assez profonds, rappelant, pour le dessin, ceux des saladiers de terre encore usités dans nos campagnes. Ce fragment de poterie a été trouvé par nous dans un limon ossifère qui contenait de nombreux ossements d'*Ursus spelæus*.

Presque toujours réduits à de simples fragments, les vases les plus anciens (voyez ci-dessus, fig. 34, p. 104), et même souvent ceux d'un âge plus récent, sont formés d'une argile grossière, mélangée de sable, de spath calcaire, de quartz ou de

Fig. 136, 137, 138, 139. — Fragments de poterie trouvés dans le tumulus anglais de West Kennet (d'après Lubbock).

mica [1], imparfaitement cuite au feu ou séchée au soleil, mais non façonnée par le tour du potier, instrument dont l'invention est comparativement très-moderne.

Cependant la forme de ces vases souvent ne manque pas d'une certaine élégance. Il suffit, pour s'en convaincre, de jeter un

1. MM. G. de Mortillet et Ed. Dupont prétendent que les poteries de l'âge néolithique ne contiennent que du spath calcaire associé à l'argile; dans celles de l'âge archéolithique, on trouverait tout à la fois du spath, du sable et du mica. Je ne sache pas qu'on ait trouvé dans la poterie d'Europe de grands fragments de *mica* mêlés à l'argile, comme dans les poteries d'Amérique de l'âge des *mounds-builders*.

coup d'œil sur les poteries retrouvées, plus ou moins intactes, dans certains *tumuli* (voyez ci-dessus, fig. 52 et 53, p. 143) et dans les plus anciennes palafittes de la Suisse ou de l'Italie.

L'ornementation en est des plus simples et des plus uniformes. Elle se compose de dessins en relief ou en creux, faits avec l'ongle ou le bout des doigts, avec des morceaux de bois, des os appointés, des cordelettes, et enfoncés plus ou moins dans l'argile encore molle. Sur les plus récentes, on voit ordinairement des lignes droites ou en zigzag, des points ou des sillons parallèles, des carrés, des triangles, rarement des lignes circulaires (fig. 136, 137, 138, 139). Ces combinaisons ornementales rappellent les figures que les Kabyles actuels gravent ou sculptent sur la lame et le fourreau en bois de leurs yatagans. Des espèces de torsades appliquées à la main, des anses peu fréquemment, et quelquefois, près des bords, des tenons ou proéminences percées de trous destinés à laisser passer des cordons de suspensière, jamais de goulots : tels sont les caractères qui distinguent les poteries durant les âges préhistoriques.

Sur aucun des vases trouvés en France, quelle que soit l'époque à laquelle ils appartiennent, l'artiste n'a représenté ni plantes ni animaux [1]. Cette absence d'ornements est un des traits caractéristiques de la céramique primitive. Et cependant, dès l'âge du renne, c'est-à-dire à l'époque où la poterie commençait, les arts du dessin avaient déjà pris un certain essor : les gravures et les sculptures exécutées sur os, sur ivoire et sur pierre par les artistes du Languedoc et du Périgord sont là pour le prouver. Il y a donc ici un nouveau problème à résoudre : malheureusement, nous ne possédons pas encore tous les éléments nécessaires pour en donner la solution complète.

Chose bien digne de remarque ! l'instinct d'imitation, si peu développé chez les premiers potiers européens, l'était beaucoup, au contraire, chez les divers peuples du nouveau continent. Leurs poteries les plus anciennes reproduisent, plus ou moins fidèlement, la forme des fruits (celle de la calebasse est la plus commune) et des animaux du pays (voyez plus haut, page 158). Chez certaines tribus américaines, la poterie moderne a conservé le même caractère, malgré le contact des Européens.

Une grande similitude s'observe dans les poteries des âges archéo et néolithiques. Cette similitude est même quelquefois assez complète pour occasionner un réel embarras, lorsqu'il

---

1. Sur un vase trouvé à Wangen (Suisse), on voit figurer des tiges ou les nervures d'une feuille.

s'agit de rapporter à telle ou telle époque les produits céramiques que l'on a sous les yeux. Aussi des erreurs nombreuses ont-elles été commises à cet égard et se commettent-elles encore tous les jours.

On se saurait nier toutefois que les vases à fond courbe ne soient plus anciens que les vases à fond plat. Ceux-ci marquent un progrès dans la céramique. D'autres, plus récents encore que ces derniers, sont terminés en cône à leur base et avaient besoin, pour se tenir debout, d'un support ou anneau en argile, que l'on trouve fréquemment avec eux. Mais cette forme conique est propre à l'âge du bronze; nous n'avons donc pas à nous en occuper.

Quant au tour du potier, connu depuis bien longtemps en Chine, il est représenté sur les peintures murales de Thèbes et sur les murs des tombeaux de Beni-Assan, dont la date remonte à dix-neuf ou vingt siècles avant Jésus-Christ. Mais son emploi général en Europe est de beaucoup plus récent.

Une remarque qui s'applique à presque tous les produits de l'industrie primitive a été faite à propos des poteries : c'est qu'elles se ressemblent d'autant plus, chez tous les peuples, qu'elles appartiennent à une civilisation moins avancée. Elles diffèrent beaucoup, au contraire, par la forme, l'ornementation, le fini du travail, dès que la culture artistique et intellectuelle de ces mêmes peuples est arrivée à un degré de développement supérieur, et que le génie individuel de chacun d'eux, affranchi des entraves de l'imitation instinctive, a pu prendre librement son essor.

Les poteries les plus anciennes, comme celles de nos jours, servaient aux usages les plus variés. Vases à boire, vaisselle culinaire de forme cylindrique ou très-ventrue, et offrant, par suite, une grande surface de chauffe; vases à provisions, amphores, vases à faire égoutter le fromage presque identiques à ceux qui servent encore au même usage dans le midi de la France; lampes, prises quelquefois pour des vases à crème (?); urnes funéraires même, rien ne manque à la céramique de ces temps reculés, si ce n'est le luxe effréné et les ruineuses inutilités de nos jours. Il est même très-rare de voir les poteries préhistoriques enduites d'un vernis quelconque, pas même de ce vernis noir que l'on obtient si facilement au moyen du graphite et du sel marin

CHAPITRE VI

LE LANGAGE ET L'ÉCRITURE

> « L'homme est un être naturellement pensant ; or la parole est connexe avec la pensée et naît en même temps qu'elle. Toutes deux sont donc contemporaines. »
>
> E. RENAN, *Origine du langage.*

> « Le langage est ce qu'il y a dans l'homme de plus fondamentalement important, de plus hautement caractéristique, ce qui est le plus visiblement le produit et l'expression de la raison. »
>
> W. D. WITHNEY, *La vie du langage.*

I

L'origine du langage.

L'homme primitif avait-il, oui ou non, un langage articulé ? Avait-il du moins la faculté de le créer ?

Déclarer l'homme primitif privé de la parole (*Pithecanthropus alalus*), comme l'a fait Russel Wallace et comme le font encore certains darwinistes [1], c'est, à mon avis, commettre une grande erreur. « Le langage a dû apparaître sur la terre en même temps que l'homme, nous dit excellemment M. Emile Burnouf, et il n'a point été précédé d'un long silence ; car la raison qui eût produit ce silence l'eût nécessairement fait durer, et il eût fallu un miracle pour y mettre un terme. » Or, nous l'avons dit plus d'une fois, nous ne croyons pas aux miracles de ce genre ; mais nous avons foi dans les lois admirables que

---

1. De ce que les microcéphales humains ne parlent pas, Carl Vogt en conclut qu'ils présentent, par cela même, un fait d'atavisme, un retour vers la souche simienne d'où l'espèce humaine tout entière est sortie. La microcéphalie est un fait anormal qui s'explique très-bien par la théorie des arrêts de développement, sans qu'il soit nécessaire de recourir à l'atavisme pour s'en rendre compte, et encore moins à un retour au prétendu type simio-humain.

la Science moderne nous a révélées et qui président, selon elle, à la naissance et à l'organisation des langues comme à celles des sociétés. Nous croyons que les langues sont elles-mêmes des organismes qui ont leur vie embryonnaire, leur enfance, leur âge adulte, leurs métamorphoses, leurs émigrations lointaines, incessantes, leur déclin et leur mort. Nous sommes fermement convaincu que la parole est un attribut natif de notre être intellectuel, une faculté inhérente à notre nature, une néces- sité psychologique et physiologique tout ensemble. Nous par- lons non-seulement parce que nous possédons tous les organes adaptés à l'émission des sons articulés, mais encore, et surtout, parce que nous sentons le besoin de parler. Témoin les petites filles qui parlent à leur poupée, les petits garçons à leurs soldats de carton rangés en bataille, la jeune mère à son enfant qui vient de naître. Le besoin de communication avec nos sem- blables est si bien l'une des sources originelles du langage, que l'enfant élevé dans une solitude absolue restera complètement muet. Le sauvage de l'Aveyron en a donné la preuve.

Nous parlons presque comme le rossignol chante au temps des amours, comme le cheval hennit, avec cette différence tou- tefois que, chez eux, cette sorte de langage est purement ins- tinctive et transmissible par voie d'hérédité physiologique, tandis que le nôtre est en partie l'œuvre de l'instinct, mais pour une plus grande part celle de l'intelligence [1], et ne se transmet que par voie d'instruction des ascendants aux descen- dants. En un mot, comme le fait très-bien remarquer John Lubbock, « les langages sont humains, en ce sens qu'ils sont l'ouvrage de l'homme ; divins, en ce sens que l'homme, en les créant, s'est servi d'une faculté dont la Providence l'a doué. » Autre différence profonde et très-essentielle encore : le langage naturel des animaux n'est compris, ou peu s'en faut, que par la seule espèce à laquelle ils appartiennent. Nous avons, nous, des langues universelles, la musique, la peinture, la sculpture, etc., par exemple. En outre, nos langues sont d'une variété et sou- vent d'une complexité presque infinies (langue basque, langues américaines [2]). On compte 600 dialectes en Europe, plus de

1. Les savants travaux de MM. Ch. Darwin, Taine, B. Perez, etc., ten- dent à démontrer que c'est chez l'enfant et non chez l'homme adulte qu'il faut étudier les origines et le développement du langage.

2. On connaît l'idée de M. Carl Vogt, laquelle consiste à expliquer cer- taines différences des langues au moyen des formes du crâne et, par conséquent, de l'encéphale lui-même. Aux peuples à front saillant, indice d'un développement considérable des lobes cérébraux antérieurs, appar- tiendraient les idiomes renfermant beaucoup de termes abstraits, fruits

1,200 en Amérique (Wilson), et nous sommes loin de connaître tous les idiomes de l'Asie, de l'Afrique et de la Polynésie. Enfin, la même langue humaine subit des variations sans nombre suivant les temps et les lieux. Le chant des rossignols de Thrace, bien qu'un peu perfectionné, dit-on, par la lyre d'Orphée, devait ressembler presque en tous points à celui du rossignol de nos bocages. Au contraire, la langue de Marot n'est pas celle de Ronsard, et encore moins celle de Lamartine.

Outre les cris, les modulations de la voix (chant sans parole), les gestes, les mouvements et les attitudes du corps, la prosopose (mouvements des muscles de la face), qui expriment nos émotions, nos désirs, nos passions, nos idées, comme chez les animaux, nous avons de plus qu'eux le rire [1], expression de la gaieté, le langage muet et pourtant si émouvant des beaux-arts (musique, peinture, sculpture, architecture). Nous parlons avec la pierre, le marbre, le bronze, les couleurs, les sons musicaux ; avec les hiéroglyphes, l'écriture, les rubans (*quipus* du Pérou), les fleurs, les chiffres, les signes de l'algèbre, et même au moyen des fils électriques, qui transportent en un clin d'œil notre pensée à travers les solitudes du désert et les immensités de l'Océan. Depuis peu, nous faisons mieux encore : nous transportons au loin notre parole, non plus en la peignant aux yeux par des signes alphabétiques ou conventionnels, mais bien avec toutes ses intonations, toutes ses nuances, toutes ses tendresses, tous ses chuchotements. Bien plus, nouveau miracle de la science! nous reproduisons à volonté non-seulement les sons de notre propre voix, mais encore ceux de la voix d'autrui. Quel singe anthropomorphe a jamais eu l'idée de ces prodigieuses inventions ?

Tout en reconnaissant que le langage articulé est spécial à l'homme, Darwin ne croit pas impossible qu'il lui ait été transmis par un ancêtre simien. Mais quelle misérable preuve

d'une grande puissance de réflexion. Les langues des peuples à occiput bombé (indice d'un grand développement du cervelet, organe coordinateur des mouvements) se distingueraient par la variété de leurs intonations et leur richesse en termes concrets. L'idée du savant naturaliste suisse est très-certainement originale ; reste à savoir si elle est vraie, et je doute fort, pour ma part, que la langue des Grecs ait moins d'intonations que celle des Hottentots. Le cervelet a reçu, Dieu merci! de la part des physiologistes, assez d'attributions pour qu'il ne nous paraisse pas nécessaire de lui en donner encore une qui n'est rien moins que démontrée.

1. Si un ancêtre pithécoïde nous a réellement transmis le germe des facultés que nous possédons aujourd'hui, comment a-t-il pu nous donner ce qu'il n'avait pas lui-même, le rire, le langage articulé, l'aptitude aux beaux-arts, etc., etc. ?

il donne à l'appui de cette assertion si hasardée ! Ecoutez plutôt : « Les singes comprennent certainement beaucoup de ce que l'homme leur dit, et, dans l'état de nature, pouvant pousser des cris, signalant un danger pour leurs camarades, il ne semble pas incroyable que quelque animal simien, plus sage, ait eu l'idée d'imiter le hurlement d'un animal féroce pour avertir ses semblables du genre de danger qui les menace. Il y aurait dans un fait de cette nature un premier pas vers la formation d'un langage. » (*La descendance de l'homme*, p. 59.) Fort bien : mais qu'est devenu cet ancêtre, ce *précurseur* si avisé, et pourquoi aucun singe anthropomorphe de nos jours ne se sert-il encore du langage articulé?

II

Caractères présumés des langues primitives

On ne croit plus à l'antériorité de l'hébreu par rapport aux autres langues humaines. Le sanscrit lui-même a été détrôné par le *Zend Avesta*, livre sacré des mages.

En ce qui concerne l'Europe, le finnois et le basque, ou *euskara,* ont longtemps joui d'une grande faveur, comme langues primitives européennes, aux yeux des philologues les plus érudits. Guillaume de Humboldt a même avancé que le basque est la *seule* langue, à proprement parler, *européenne*, celle qui a subi le moins de changements, qui est restée le plus conforme à sa structure originelle : preuve évidente, selon lui, de la haute antiquité du peuple ibère qui la parlait.

La manière de voir de l'illustre philologue allemand a été assez généralement adoptée. Whitney lui-même regarde a langue *euskara,* qui ne ressemble, dit-il, à aucune autre dans le monde, comme le dernier témoin d'une civilisation ibérienne bien antérieure à l'invasion des Celtes de la grande famille indo-européenne, qui l'ont détruite. (*Vie du langage*, p. 212.)

Or M. Bladé a démontré que les Basques n'étaient point un peuple *ibère*, puisque ce mot est une appellation purement géographique et non ethnologique, applicable seulement à cette partie de la population de la péninsule espagnole qui s'était fixée sur les bords de l'*Ibérus* (Ebre). M. Bladé a fait voir, en outre, et cela contrairement aux assertions de G. de Humboldt, que la langue basque s'est tellement modifiée depuis le xve siècle, qu'il n'est pas possible d'expliquer les textes qui remontent à cette époque. Or les textes dont il s'agit sont les

plus anciens monuments littéraires de cette langue, beaucoup
plus ancienne qu'eux, il est vrai, mais assez récente pourtant,
puisqu'on ne la signale au delà des Pyrénées qu'à partir du
XIIᵉ siècle, et qu'à partir du XIIIᵉ, en deçà.

M. Broca n'en continue pas moins à affirmer, avec G. de Humboldt, que le basque est la seule langue européenne qui soit
vraiment autochtone, et il la considère comme la plus ancienne
de toutes celles qui sont encore parlées sur notre continent.
Le finnois, qu'on a voulu rattacher au basque, n'aurait avec
lui aucune analogie, si ce n'est par ce caractère négatif bien
connu de n'être pas une langue à flexions. Quoi qu'on en ait
dit, l'euskara n'offre non plus aucune analogie avec les langues
américaines, ni avec le berbère du nord de l'Afrique. M. Broca
considère le basque comme un idiome ibérien, parlé jadis, avec
des dialectes de la même famille que lui, en Aquitaine, dans
toute la péninsule espagnole, et même dans toute l'Europe occidentale.

L'introduction des langues aryennes de l'Asie avec les peuples
qui les parlaient fit successivement disparaître ces dialectes
ibériens ; le basque seul résista, et voilà pourquoi, de nos jours
encore, il forme une sorte d'îlot isolé au milieu du domaine
occupé en Europe par les langues aryennes ou touraniennes, de
provenance certainement asiatique.

Au contraire, se fondant sur la similitude qu'il croit avoir
constatée entre les crânes des Guanches des îles Canaries et les
crânes des Basques actuels, M. Virchow est disposé à penser que
les Basques et leur langue appartiennent à la race propre à l'ancienne Atlantide, dont les îles Canaries elles-mêmes ne seraient
plus qu'un dernier vestige. Mais, outre que de la ressemblance
des crânes on ne peut logiquement conclure à l'identité des
langues, et réciproquement, le savant prussien fait lui-même
observer que l'heure n'est pas venue pour se prononcer en parfaite connaissance de cause entre des opinions si diverses. Le
problème reste donc encore à résoudre, et je crains fort qu'il ne
soit pas résolu de longtemps.

Quant à la question de savoir s'il y a eu, soit en Europe, soit
dans les autres parties de l'ancien continent, une langue *unique*,
mère de toutes les autres, nous croyons pouvoir, avec MM. Em.
Burnouf, Renan et Whitney, nous prononcer catégoriquement
pour la négative. « Aucun fait, scientifiquement analysé, ne
prouve que les langues ont eu d'abord une même origine : des
centaines de faits indiquent qu'il s'est formé à la surface de la
terre, soit en Asie, soit en Europe, soit ailleurs, certains centres

de langage, probablement assez nombreux, desquels ont rayonné les langues et les dialectes des temps postérieurs. »(Em. Burnouf). Schleicher, Max et Frédéric Müller émettent aussi la même opinion.

On peut, en effet, très-bien concevoir que, même avant la formation des races actuelles les plus fortement caractérisées, des migrations en divers sens aient eu lieu, et que, grâce à des conditions nouvelles d'existence, de nouvelles races et de nouveaux idiomes se soient formés, dont les divergences, de plus en plus accentuées, auront donné naissance à cette diversité de langages qui est aujourd'hui pour nous un juste sujet d'étonnement et l'un des plus beaux privilèges de l'humanité. Rappelons cependant ici, comme un fait très-remarquable, qu'il n'y a pas toujours concordance entre le type linguistique et les caractères ethniques de la race à laquelle il appartient. Ainsi, les Berbères, par exemple, de race évidemment caucasique, parlent cependant une langue sémitique, l'arabe, et l'on sait qu'il est impossible de rattacher l'arabe à aucun des idiomes indo-européens. Les Esthoniens et les Lettons [1] parlent une langue aryenne et sont pourtant d'origine finnoise, au dire de M. de Quatrefages. Les Iroquois, les Dacotas et les Algonquins paraissent appartenir à une même race ; mais leurs langues n'ont rien de commun entre elles, du moins quant au vocabulaire [2].

Mais, si la communauté des langues n'a pas toujours une grande valeur ethnique, il n'en est pas de même de leur irréductibilité, c'est-à-dire de l'impossibilité de les ramener toutes à une souche identique et commune. Cette irréductibilité semble surtout déposer en faveur de la multiplicité des centres de création linguistiques. Personne ne songerait, par exemple, à faire dériver le chinois de l'hébreu, et encore moins du sanscrit ; ces langues sont tout à fait irréductibles entre elles.

1. Le letton paraît être la langue indo-germanique la plus anciennement parlée en Europe. Plus que tous les autres idiomes européens, il se rapproche encore du sanscrit, ou langue sacrée de l'Inde antique. Il a donc précédé sur notre sol le grec, le latin, le celte, le germain, et même le slave, qui offre cependant, lui aussi, de nombreuses affinités avec la langue des Védas.

2. C'est là un principe que Whitney s'attache à mettre en lumière, quand il nous déclare catégoriquement que « l'incompétence de la science linguistique pour décider de l'unité ou de la diversité des races humaines paraît être complètement et irrévocablement démontrée, » et quelques lignes plus bas, que « des langues complètement différentes sont parlées par des peuples que l'ethnologiste ne sépare pas, et des langues de la même famille sont parlées par des peuples complètement étrangers les uns aux autres. » (Whitney, *La vie du langage*, p. 222.)

Il y a donc eu non pas une seule, mais plusieurs langues pri- mitives, œuvres de l'homme obéissant à l'une des lois les plus impérieuses de sa nature, au besoin de communication.

Il est impossible, on le conçoit, de ressusciter leur grammaire ou leur vocabulaire, car elles sont toutes depuis longtemps éteintes. Mais on s'accorde assez généralement à penser que toutes les langues ont dû commencer par être monosyllabiques, comme l'est encore le chinois. Du monosyllabisme, elles ont passé à l'agglutination (immense majorité des idiomes améri- cains; l'*otomi* peut être excepté) ou simple juxtaposition des élé- ments, souvent nombreux, qu'elles font entrer dans la forma- tion des mots, équivalant ainsi à une phrase tout entière (de là le nom de *polysynthétiques*, d'*holophrastiques*, d'*agglutinatives*, qui leur a été donné). Enfin les langues ont passé à la flexion (langues classiques). Telles sont les trois étapes successives que parcourt le langage pour arriver à son état de développement complet [1].

Nous l'avons déjà dit et nous ne saurions trop le répéter, l'homme crée les mots de l'idiome qu'il parle, en vertu de l'activité incessante de son esprit, en vertu du besoin qu'il éprouve d'un nom nouveau pour exprimer une idée nouvelle, en vertu de la faculté qu'il possède de se déterminer par des mo- tifs, d'adapter les moyens au but, et par là d'atteindre ce but. Mais la langue dans son ensemble n'est pas, cela se conçoit, une œuvre *individuelle*, presque inconsciente souvent, quoique vo- lontaire : c'est une œuvre *collective* de la société tout entière à laquelle cette même langue sert d'instrument. Nous fabriquons nos mots comme nous fabriquons nos outils, quand la nécessité ou la commodité nous le commandent : l'idée précède le mot, comme la conception de l'outil à dû en précéder la confection. « Il est aussi impossible de méconnaître que l'idée précède le mot, qu'il l'est de méconnaître que l'enfant existe avant d'avoir un nom, bien que l'évidence en soit moins palpable. » (Whitney.) Rien n'est plus vrai, et nous ne concevons pas qu'on ait jamais pu soutenir la thèse opposée.

1. La classification des langues en *monosyllabiques*, *agglutinatives* et *à flexions* avait joui jusqu'à présent d'une très-grande vogue; mais voilà que Whitney lui-même, une si grande autorité en pareille matière, juge cette classification peu exacte et peu naturelle. « Les trois degrés se sui- vent, dit-il, mais se mêlent. Prendre ce caractère pour base d'une classi- fication des langues, c'est comme si l'on faisait de la couleur des cheveux la base d'une classification ethnologique, ou du nombre des pétales ou des étamines celle d'une classification botanique. » (Whitney, *Vie du lan- gage*, p. 227.)

Sans prétendre le moins du monde deviner l'énigme qui exerce encore la sagacité de nos plus savants linguistes, nous pouvons, avec quelque apparence de raison, nous figurer l'homme quaternaire comme exprimant ses sensations par des cris analogues ou semblables à des interjections, et ses perceptions les plus vives par des onomatopées. Son vocabulaire était pauvre de mots[1], dépourvu presque entièrement de termes abstraits ; mais son langage était riche en métaphores, exubérant d'images, réfléchissant, comme un miroir ou comme un écho fidèle, les vives émotions de son âme au sein d'une nature vierge encore.

Ajoutons que des gestes nombreux devaient accompagner l'expression, encore bien imparfaite, du sentiment et de la pensée. Mais, si nous pouvons nous faire une idée plus ou moins exacte des procédés primitifs du langage, nous n'avons, malheureusement, jusqu'à cette heure, aucun moyen de connaître la langue ou les langues depuis longtemps éteintes de nos premiers ancêtres. Tant il est vrai que l'esprit humain est à lui-même un problème éternel et cependant toujours nouveau.

Disons toutefois, avec un certain orgueil, que la paléontologie du langage, associée à la philologie comparée, a déjà conduit les Jacob Grimm, les Max Müller, les Frédéric Schlegel, les Schleicher, les Ad. Pictet, les Whitney, les Hovelacque, les Burnouf, etc., à de fort curieux résultats, et l'avenir nous réserve très-probablement bien des surprises inattendues. Ne prenons donc pas trop à la lettre ces paroles un peu décourageantes de M. Caro : « L'expérience n'a pas qualité pour traiter

1. Un de nos orientalistes les plus distingués, M. P.-G. de Dumast, de l'Institut, dit : « Plus une langue est antique et primitive, sauvage ou non, cela n'y fait rien, plus elle est riche et belle de richesse et de beauté intrinsèque. » Cité par Fée, *Etudes philosophiques sur l'instinct et l'intelligence des animaux,* p. 131. Strasbourg et Paris, 1853.
Cette assertion n'est évidemment pas concordante avec les nombreux exemples de langues très-imparfaites que sir John Lubbock cite chez les sauvages actuels. Le chinois lui-même, le plus immobile et le plus anciennement fixé de tous les idiomes connus, est loin de se distinguer par la richesse de ses formes grammaticales ou de son vocabulaire. La langue des Boschismans, des Botocudos et des Australiens est cent fois plus imparfaite encore.
Le capitaine Burton dit même que certaines tribus indiennes de l'Amérique du Nord, les Arapahos, par exemple, ont un vocabulaire si pauvre, qu'ils ne peuvent converser entre eux dans l'obscurité, privés qu'ils sont alors de la ressource du langage des gestes, indispensable pour suppléer à cette pénurie verbale.

la question d'origine; elle ne peut rien avancer, sur ces grands
sujets, qui puisse être expérimentalement vérifié [1]. »

Quoi qu'il en soit, l'homme n'a jamais été, selon nous, ce *Pithecanthropus alalus* (muet) dont Hæckel nous trace le portrait,
comme s'il l'avait vu et connu, dont il nous donne même la
généalogie bizarre et tout hypothétique, à partir de la monère,
simple masse de *protoplasma* vivant, jusqu'à l'homme doué de
la parole et d'une civilisation analogue à celle des Australiens
et des Papous, dont le savant prussien reporte l'origine au commencement de la période diluvienne.

III

Origine de l'écriture.

L'homme naît dessinateur et sculpteur, comme il naît orateur,
poète ou musicien. Un instinct d'imitation inné le porte à reproduire la forme des objets qui l'entourent, et s'observe déjà très-développé chez l'enfant. Les figures grossières qu'il trace sur les
murailles, sur le sable ou sur le papier, dès qu'il peut tenir une
pointe quelconque, une plume ou un crayon, témoignent hautement de cette impulsion native et commune à tous les peuples.
Que l'on compare les dessins au moyen desquels certaines
tribus sauvages de l'Amérique du Nord représentent l'homme,
les animaux, les plantes, etc., et l'on sera frappé de l'extrême
ressemblance de ces dessins avec ceux que nous tracions nous-mêmes à l'âge de sept ou huit ans.

Cette ressemblance est telle, que des érudits d'un certain
mérite ont pu s'y tromper. ——

Tout le monde connaît l'histoire du fameux *Livre des sauvages*, que l'abbé Domenech, qui avait passé plusieurs années au
milieu des Peaux-Rouges, considère comme étant l'œuvre authentique de ces derniers, comme un document d'une grande
importance au point de vue ethnologique, tandis qu'il est
prouvé aujourd'hui que ce prétendu *Livre des sauvages* est tout
simplement un cahier d'images grossières dessinées par la main
inhabile du fils d'un colon allemand.

Cette similitude des produits, en ce qui touche aux premiers
développements de l'esprit humain, nous a déjà frappés quand
nous avions sous les yeux les armes et les outils en silex recueillis sur les points du globe les plus distants les uns des

1. Caro, *Comptes rendus de l'Académie des sciences morales*, juillet 1868.

autres. Elle n'est pas moins étonnante quand on étudie l'écriture des peuples sauvages, et même celle des peuples parvenus à un degré de civilisation déjà très-avancé. En inventant l'art graphique, tous ont eu pour but de donner un corps à leur pensée, de la matérialiser, de la fixer, s'il était possible, à perpétuité; tous ont voulu, par là, suppléer la parole absente, et même encore la peindre aux yeux dans le présent, surtout pour l'avenir.

De l'identité du but est née l'identité des moyens, et l'écriture, multipliée par le génie de Guttenberg, est devenue l'un des plus puissants instruments de civilisation et de progrès [1].

D'abord *idéogaphique* et uniquement *picturale*, comme elle l'est encore chez plusieurs tribus indiennes de l'Amérique du Nord, elle est devenue plus tard *phonétique*, puis *syllabique*, enfin *alphabétique*. C'est l'apogée du progrès scriptural.

Mais les lettres alphabétiques elles-mêmes, celles dont le Phénicien Cadmus est réputé l'inventeur, avaient, dans l'origine, un caractère pictural bien prononcé. L'*aleph* et le *beth*, dont la réunion a composé le mot *alphabeth*, avaient, le premier, la forme d'une tête de bœuf; le second, celle d'une maison ou d'une tente. Le gimel (Γ des Grecs) représentait un chameau; le daleth (Δ grec), une porte [2]. Il y a donc du vrai dans ces vers un peu fantaisistes de l'un de nos poètes, Barthélemy :

L'A, comme un chevalet, sur ses pieds se balance.
Le B sort du bissac : avec un bon coup d'œil,
On voit l'E qui se roule en forme d'écureuil.
L'O parait de rigueur dans toute chose ronde,
Une pomme, un obus, une boule, le monde.
Le P comme un piton se plante dans un mur;
Sur la lettre qui suit jetons un voile obscur.
L'R est majestueuse; on croit voir une Reine
Serrant par la ceinture une Robe qui traîne, etc.

Dans le premier procédé (*écriture idéographique*), l'homme se borne à représenter purement et simplement les êtres ou

1. Bacon a comparé l'écriture à un navire qui traverse le vaste Océan des âges, et les fait participer tous aux lumières, à la sagesse, aux inventions des temps antérieurs.

2. Nous-mêmes, en astronomie, nous employons encore des sortes d'hiéroglyphes pour désigner les signes du *zodiaque* : ♈ = le *Bélier;* ♉ = le *Taureau;* ♊ = les *Gémeaux;* ♐ = le *Sagittaire;* ♎ = la *Balance;* ♒ = le *Verseau.* Notez que ces lignes horizontales ondulées sont le signe représentatif de l'eau dans les hiéroglyphes égyptiens.

Fig. 140. — Exemple d'écriture idéographique (d'après Lubbock). — Pétition d'Indiens adressée au Président des États-Unis pour obtenir la possess[ion] de quatre petits lacs (n° 8) se déversant dans un grand, qui est le Lac Supérieur (n° 10). — Le n° 1 représente Oshcabawis, le chef de la tribu ré[cla]mante, dont le clan a pour symbole la grue. — Les n°ˢ 2, 3, 4, 5, 6, 7, représentent les symboles ou *totems* des autres pétitionnaires (marte, ours, tort[ue,] chat marin, etc.). Les yeux de tous les pétitionnaires sont reliés aux yeux du chef, pour exprimer l'unité de leurs vues, et leurs cœurs à son cœur p[our] exprimer l'identité de leurs sentiments. — Enfin, un trait spécial rattache la tête du chef aux lacs réclamés pour indiquer l'objet de la pétition. — [La] ligne onduleuse s'élançant de la tête de la grue représente l'idée de la demande au Président des États-Unis.

les objets dont il veut rappeler l'idée, un arbre, un ruisseau, un lion. C'est l'*idéographisme* proprement dit ou concret.

Nous reproduisons ici deux spécimens d'écriture idéographique. Le premier est une pétition indienne contemporaine (fig. 140); le second représente un chant d'amour indien (fig. 141) recueilli par Shoolcraft.

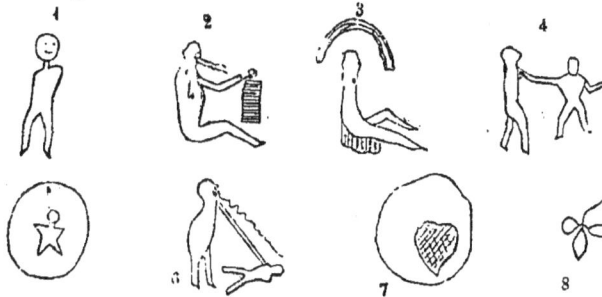

Fig. 141. — Exemple d'écriture idéographique. — Chant d'amour.

Le n° 1 représente l'amoureux debout. — 2. Le même assis et battant du tambour magique. — 3. L'amant s'enferme dans une loge secrète, par l'effet de sa nécromancie. — 4. Son amante et lui se tiennent par le bras, signe de leur affectueuse union. — 5. *Elle* est représentée dans une île. — 6. Elle est endormie, son amoureux lui parle, et son pouvoir magique touche le cœur de la belle endormie. — 7. Figure son cœur. — 8. Fleur de sa virginité. — Un vers correspond à chaque numéro, excepté au n° 8. En voici la traduction : 1. C'est mon talent de peintre qui fait de moi un dieu. — 2. Ecoutez le son de ma voix, de mon chant : c'est bien ma voix. — 3. Je me couvre en m'asseyant auprès d'*elle*. — 4. Je puis la faire rougir, car j'entends tout ce qu'elle dit de moi. — 5. Fût-elle dans une île éloignée, je pourrais nager vers elle. — 6. Fût-elle bien loin, même dans un autre hémisphère. — 7. Je parle à votre cœur.

A côté de lui se place naturellement le symbolisme pur, qui consiste à exprimer les idées abstraites par des figures qui les font naître dans l'esprit d'autrui : un oiseau signifiant la vitesse; un renard, l'astuce; un serpent qui se mord la queue, l'éternité; un sceptre, le pouvoir.

De là à l'écriture *phonétique*, il n'y a qu'un pas, mais un pas immense, à franchir. Ici, l'image ou le symbole va devenir un son. C'est le *rébus*, qui n'est réellement qu'une transition entre la forme idéographique et la forme phonétique.

Les sauvages de l'Amérique nous fournissent des exemples nombreux de ces divers modes d'écriture et, dans son *Histoire primitive de l'homme*, Tylor en cite de très-frappants.

Chez les Chinois, l'écriture s'est arrêtée, dans son développement, à la forme syllabique; elle n'est donc point alphabétique. Les caractères (très-modifiés par le temps et l'usage du pinceau) dont cette écriture se compose se divisent en deux catégories : 1° les *phonétiques*, qui donnent le son; 2° les *déterminatifs*, qui indiquent le sens. Ainsi le signe *porte*, accompagné du déterminatif *oreille*, représente le mot *écouter*. Le même signe (*porte*) joint au déterminatif *cœur* exprime le mot *chagrin*.

Les caractères chinois, purement symboliques, peuvent s'employer avec une égale facilité en Cochinchine, au Japon, en Corée, et à chacun d'eux il est possible d'attacher les mots exprimant la même notion, mais mutuellement inintelligibles pour les peuples qui les emploient.

Les chiffres arabes et les chiffres romains donnent une idée de ce genre d'écriture : ils lui ressemblent en ce que les concepts qu'ils représentent sont les mêmes dans tout le monde civilisé; mais le mot qui les exprime varie suivant les nationalités. Les signes X ou 10, par exemple, indiquent partout une dizaine; mais les vocables destinés à énoncer ce nombre diffèrent entre eux d'une manière assez sensible : δεκα (grec), *decem* (latin), *zehn* (allemand), *ten* (anglais), *dieci* (italien), *dix* en français.

L'écriture hiéroglyphique des Egyptiens est beaucoup plus savante, mais moins compliquée que celle des Aztèques, ainsi que le prouvent les tablettes de Palenqué, comparées à l'inscription de Rosette ou à celles des obélisques. Les caractères employés dans les inscriptions mexicaines paraissent, en effet, avoir été formés d'un ensemble de portions de symboles primitivement usités dans leur forme intégrale. Le peuple qui les a tracés semble s'être inspiré du principe polysynthétique, qui donne aux langues américaines leur caractère distinctif par excellence (l'*agglutination*, l'*encapsulation*, les mots en touffe, *bunch-words*, comme disent les Anglo-Américains). Mais il est douteux que ces hiéroglyphes de Palenqué, dont le sens est resté si mystérieux, aient jamais eu une valeur phonétique, comme ceux des Egyptiens et des Chinois [1].

On le voit, d'un usage à peu près général chez des peuples très-éloignés les uns des autres dans le temps et dans l'espace (Égyptiens, Chinois, peuples de l'Anaduac), l'écriture hiéroglyphique offre chez tous un caractère essentiellement pictural.

A-t-on trouvé de véritables traces d'écriture dans les lieux où sont ensevelis les restes osseux de l'homme quaternaire?

---

1. On cite cependant des exemples qui tendraient à prouver que, au moment de la conquête, les Mexicains étaient en voie de donner à leurs hiéroglyphes une valeur phonétique. Témoin le nom de *Itzli-coatl*, quatrième roi du Mexique, représenté par un serpent (*coatl*) du dos duquel sortent des couteaux d'obsidienne, *itzli;* d'où *Itzli-coatl*, à la manière de nos rébus (voy. Tylor, *Early history of mankind*, et John Evans, *Revue scientifique*, 1873, p. 657).

Jusqu'à présent, la réponse ne peut qu'être a peu près négative. Cependant le docteur F. Garrigou dit avoir observé des
espèces de signes hiéroglyphiques sur plusieurs fragments de
bois de renne, recueillis par lui dans les grottes de la Vache et de
Massat (Ariège). L'auteur de cette découverte y voit, peut-être
avec un peu trop de complaisance, la première trace de l'écriture dans nos contrées.

Faut-il aussi considérer comme des caractères graphiques les
signes tracés sur les plaques de grès trouvées à Chaleux, dont
parle le professeur Van Beneden? Rien n'est moins certain.

En admettant même que, dans les deux cas ci-dessus men-
tionnés, il s'agisse réellement d'hiéroglyphes, quelle en serait la
signification? Peut-être un jour la trouvera-t-on? « Lorsque
Grotefend entreprit, le premier, de déchiffrer les signes qui se
trouvent sur les monuments assyriens, « on ignorait s'ils constituaient réellement une écriture, ou si ce n'étaient que des ornements; on ne savait pas un mot de la langue à laquelle ils
pouvaient appartenir; on ne savait même pas de quelle époque
ils provenaient. L'alphabet était-il phonétique, syllabique ou hiéroglyphique? On l'ignorait. Or nous connaissons à présent les
inscriptions cunéiformes de Cyrus, de Darius, de Xercès, d'Ar-
taxercès Ier, etc.; nous en avons des traductions, des grammaires
et des dictionnaires. » (F. Garrigou, *L'âge du renne dans la grotte
de la Vache, près de Tarascon [Ariège]*, p. 5.)

En fait de monuments des âges antéhistoriques, l'archéogéologie n'a pas dit son dernier mot. A en croire Grote, l'écriture
aurait été inconnue du temps d'Homère et d'Hésiode (850-776
av. J.-C.). Or voilà que les fouilles exécutées, à grands frais, par
M. Schliemann dans les ruines de l'antique ville de Troie, ont
mis au jour un vase d'argile, fabriqué sans l'aide du tour, et portant une inscription en caractères probablement troyens. Homère chantait les malheurs de Troie 700 ans environ après la
prise de cette ville. Donc l'écriture existait en Troade longtemps
avant Homère : conclusion tout opposée à celle de Grote.

N'oublions pas toutefois que John Evans, juge bien informé
s'il en fût, affirme que l'écriture était inconnu à l'âge de la
pierre, et, jusqu'à présent, aucun fait vraiment certain n'est
venu le contredire.

CHAPITRE VII

LA RELIGION

« Les discussions, qu'on les permette ou non, sont un
aliment nécessaire formant le pain quotidien de l'esprit,
et amènent irrévocablement la division, au moins dans les
opinions. On ne pourra y mettre un terme qu'en suppri-
mant la pensée. » (FRANCK, *Journal des Savants*, 1865,
p. 667.)

I

Les idées religieuses de l'homme primitif.

Je déclare d'abord, pour éviter toute équivoque, que je mets
complètement à part tout dogme révélé. Le dogme révélé
commande la foi et soumet la raison ; la science exige le libre
examen et en appelle aux faits. Or les faits positifs, en ce qui
concerne les idées et les rites religieux de nos premiers ancêtres,
sont encore très-peu nombreux, si peu nombreux même, que
l'on n'en connaît pas un seul, à mon avis, d'où l'on puisse tirer
une conclusion certaine. On en est donc réduit à procéder par
induction, par voie d'analogie, et l'un et l'autre de ces moyens
de preuves sont bien souvent trompeurs. On ne saurait nier
toutefois que Dieu s'est toujours révélé à l'homme dans ses œuvres, et, quoi qu'en ait dit Stace, la crainte seule n'a pas fait
les dieux. L'esprit, comme le cœur, a eu sa part dans la notion de
l'existence divine, de la cause suprême ; mais, chez l'homme primitif, cette notion s'est développée lentement, progressivement,
par degrés presque insensibles, et par un élan, en quelque sorte,
instinctif et spontané.

« De même que la connaissance de notre *moi* et celle du monde
extérieur ne s'acquièrent pas de prime saut, sans travail, sans
réflexion, sans expérience, de même l'idée de l'existence divine,
d'abord embryonnaire, pour ainsi dire, exige, pour arriver à son
complet développement, des efforts lents et successifs de la part

de l'esprit humain, qui la conçoit. Ici, il n'y a pas encore d'intuition *directe*, il n'y a qu'un travail lent et pénible, qui, d'induction en induction, de réflexion en réflexion, nous conduit jusqu'à cette affirmation suprême : Dieu est. » (*Compayré.*)

M. Ampère a retracé l'intéressante histoire d'une jeune fille, Laura Bridgman, sourde-muette devenue aveugle peu de temps après sa naissance, et par conséquent réduite aux sens du goût, de l'odorat et du toucher. Le docteur Howe et sa digne compagne se chargèrent de l'éducation de cette enfant. Par un prodige de patience et d'humanité, leurs efforts réunis parvinrent à enseigner à Laura la lecture, l'écriture et même les deux opérations les plus élémentaires de l'arithmétique, l'addition et la soustraction.

Elle acquit même l'idée de Dieu, et cela, comme les philosophes, *par l'idée de causalité.* « Il y a des choses que les hommes ne peuvent faire, disait-elle, et qui pourtant existent : la pluie, par exemple. » Ici, observe avec raison M. Ampère, « ce n'est pas le spectacle de la nature qui parle à l'entendement ; elle est voilée, et la foudre est muette ; il a suffi de l'impression produite par une goutte d'eau pour faire naître dans son esprit cette question de la CAUSE, que l'homme pose nécessairement et à laquelle il n'y a qu'une réponse : DIEU. »

L'homme primitif n'a pas dû procéder autrement. Le sauvage de nos jours réfléchit peu, mais il sent beaucoup et vivement. Les grandes scènes de la Nature qui se passent à chaque instant sous ses yeux, les périls incessants qui menacent sa vie rude et misérable, la conviction si souvent acquise de sa propre faiblesse, le besoin impérieux d'un appui, cette tendance innée vers l'inconnu [1], cet amour du mystérieux qui a de si profondes racines dans le cœur humain : en voilà plus qu'il n'en faut pour amener l'homme à la notion de Cause suprême, au concept de l'existence divine.

L'idée de Dieu est d'abord individuelle, *infinitésimale*, si je puis ainsi dire, quelquefois bizarre, enfantine ; elle s'épure et s'agrandit en raison de l'intelligence naturelle et de l'instruction acquise de celui qui l'a conçue ; puis, d'individuelle, elle devient collective ; enfin, de transmission en transmission, de progrès en progrès, elle aboutit à cette formule où l'abstraction touche à l'incompréhensible :

> La puissance, l'amour avec l'intelligence,
> Unis et divisés, composent son essence.

[1]. « Oui, c'est un Dieu caché que le Dieu qu'il faut croire, » disent les catholiques eux-mêmes.

L'homme, sortant des mains de la Nature, était donc doué d'une intelligence trop débile pour arriver d'emblée à une connaissance nette et précise de la divinité ; encore moins aurait-il pu comprendre le dogme épuré et souvent mystique des religions supérieures, car le dogme est l'œuvre de la science, de la raison, l'énoncé de leurs résultats.

Dans l'origine, il ne fut que l'expression de la pensée d'un seul, pensée bientôt soumise par d'autres à un examen plus ou moins sévère, adoptée d'abord par le plus grand nombre, et passée ensuite à l'état de croyance collective. On conçoit donc qu'il puisse avoir existé, qu'il existe même encore des peuples à l'état sauvage, sans dogmes généralement reconnus, et par conséquent sans religion, en donnant à ce mot sa signification le plus communément usitée.

Sur ce point essentiel, nous ne pouvons nous empêcher d'attribuer une grande valeur aux affirmations si précises de Livingstone, de Samuel Baker, du docteur Monnat, de Dalton, de Lichstenstein et de tant d'autres voyageurs aussi instruits que dignes de foi. Or ces voyageurs nous assurent qu'il est, dans l'intérieur de l'Afrique, en Amérique et ailleurs, des populations entières qui n'ont aucune idée de la divinité, aucun temple, aucune religion, aucun pressentiment d'une vie future, on pourrait même dire aucune notion morale.

Le docteur Monnat dit en parlant des Mincopies, ou habitants des îles Andaman : « Ils se couvrent de boue et se tatouent, mais ne portent point de vêtements. Ils semblent, en effet, dépourvus de tout sentiment de pudeur, et beaucoup de leurs habitudes ressemblent à celles de la brute. Ils n'ont ni idée d'un Être suprême, ni religion, ni croyance à une vie future... Ils ne possèdent ni chiens ni animaux domestiques. »

Un autre voyageur moderne, Samuel Baker, affirme que le nègre de l'Afrique centrale n'a pas la plus légère notion de l'Être suprême, cause première de l'Univers, et son intelligence se refuse à la concevoir. Le sentiment de l'adoration lui est inconnu. Il ne possède aucune idée ou représentation d'une divinité quelconque. Pour lui, l'immortalité est purement généalogique ; la survivance de l'être individuel n'a lieu que par les enfants. S'il se livre à quelque acte superstitieux, s'il immole des oiseaux, c'est pour chercher dans leurs mouvements convulsifs des pronostics relatifs aux intérêts vulgaires de la vie ; mais aucune idée essentiellement religieuse ne se rattache à ces pratiques, que l'imagination d'un magicien a inventées et qu'une aveugle tradition a maintenues.

Livingstone affirme que, « chez les Béchuanas et chez tous les peuples de l'Afrique centrale, il y a absence absolue de culte, d'idoles et de toute idée religieuse. » (*Bull. de la Soc. d'anthr. de Paris*, p. 227, 1864.)

Plus récemment encore, sir Messenger Bradley parlait d'une tribu australienne qui vit sur les bords du lac, dans une contrée située par 35° lat. S. et 139°,30 de long. E. et dont la langue est monosyllabique, « consistant, dit-il, en cris plus ou moins comparables à ceux des animaux... Ils n'ont de superstitions d'aucune sorte et n'ont pas la moindre idée d'une vie future. » (*Revue scientifique*, 15 novembre 1873, p. 473.)

Enfin, la Commission scientifique du Mexique nous apprend que les Indiens des environs de Santiago, dont les caractères physiques rappellent ceux des Mongols et des Chinois, n'avaient aucune idée religieuse avant l'arrivée des *conquistadores*

« Beaucoup d'écrivains qui font autorité dans la matière, dit John Lubbock, considèrent qu'aucun peuple n'est dépourvu de religion. Cependant cette doctrine ne s'accorde pas avec les témoignages de nombreux observateurs dignes de foi. Des marins, des commerçants et des philosophes, des prêtres catholiques, des missionnaires protestants, dans les temps anciens et modernes, dans toutes les parties du globe, s'accordent tous pour constater qu'*il y a des peuples privés de toute espèce de religion*. Ces témoignages ont d'autant plus de poids que, dans bien des cas, ce fait a profondément étonné l'observateur et se trouvait en opposition absolue avec toutes ses idées préconçues. D'un autre côté, il faut bien l'avouer, des voyageurs ont nié l'existence d'une religion, parce que les croyances qu'elle professait étaient entièrement contraires aux nôtres. La question de l'existence universelle d'une religion parmi les hommes est, en somme, dans une grande mesure, une affaire de définition. S'il suffit, pour constituer une religion, d'une simple sensation de crainte, de la seule idée, chez l'homme, qu'il y a très-probablement d'autres êtres plus puissants que lui, on pourra, je crois, admettre que la race humaine tout entière a une religion. »

De son côté, dans un écrit plein de bon sens et de loyauté scientifique, M. le professeur Broca, d'accord en cela avec plusieurs des membres les plus distingués de la *Société d'anthropologie de Paris*, s'exprime ainsi qu'il suit : « Il est pour moi hors de doute qu'il existe, dans les races inférieures, des peuples sans culte, sans dogmes, sans idées métaphysiques, sans croyances collectives et, par conséquent, sans religion. » (*Bull. Soc. anth. de Paris*, 1866, p. 53.)

Il va sans dire qu'après un tel aveu M. Broca, loin de considérer la *religiosité* comme un fait général et inséparable de la
nature humaine, ne voit en elle, lorsqu'elle existe, qu'une
simple forme de la soumission à l'autorité, qu'un effet des enseignements reçus dans l'enfance, mais non point une faculté
primitive et caractéristique.

Cette opinion a trouvé, avons-nous dit, de nombreux adhérents au sein de la *Société anthropologique* de Paris. M. de Quatrefages n'en persiste pas moins à penser que la religiosité est
un des caractères essentiels et primitifs de l'humanité, et il fait
rentrer dans la catégorie des peuples non athées, et même religieux, les Australiens, les Mélanésiens, les Hottentots, les
Cafres, les Béchuanas, les Yébous, les Mincopies, en un mot
tous les peuples chez lesquels les auteurs que nous avons cités
nient l'existence de toute idée religieuse. (*L'Espèce humaine,*
p. 349.)

Si, avec l'abbé Lamennais, on définit « la religion l'ensemble
des lois nécessaires de la création », il est clair que, ainsi en-
tendue, la religion n'est accessible qu'aux philosophes qui auront longtemps étudié ces lois; mais si, avec le même auteur, on
la définit « l'union des hommes avec Dieu et des hommes entre
eux », il n'est pas moins évident qu'elle pourra être comprise,
sentie et pratiquée par le sauvage comme par l'homme parvenu
à un très-haut degré de civilisation.

Pour traiter convenablement la question qui nous occupe,
M. de Quatrefages recommande avec raison d'étudier scrupu-
leusement et de très près les religions inférieures; car, dans
toutes, on trouvera, pour ainsi dire, à l'état embryonnaire, les
deux formules générales qui suivent, et dans lesquelles se résu-
ment, en définitive, toutes les doctrines et tous les dogmes des
grandes religions aujourd'hui répandues à la surface du globe
(brahmanisme, bouddhisme, judaïsme, mahométisme, christianisme) :

1º Croire à des êtres supérieurs à l'homme, pouvant influer
sur sa destinée, soit en bien, soit en mal;

2º Croire à une vie future, à un avenir au delà du tombeau.

« Tout peuple, tout homme croyant à ces deux choses, est
religieux, et l'observation démontre de plus en plus l'universa-
lité de ce caractère. » (*L'Espèce humaine*, p. 356.)

M. Émile Burnouf, à son tour, nous fait justement observer
que si l'homme, quelque sauvage qu'on le suppose, « n'avait
pas jeté quelque regard pensif sur la Nature qui lui apporte
ses joies et ses maux; s'il n'avait pas cru saisir en elle des forces

invisibles et souveraines, il n'aurait pas eu l'idée de condenser, en quelque sorte, toutes les puissances de l'Univers dans un morceau de bois, dans une pierre, dans quelque reste de tissu grossier. »

C'est là du fétichisme, me dira-t-on. J'en conviens sans peine ; mais le fétichisme est précisément l'expression naturelle la plus infime, la plus rudimentaire du sentiment religieux; c'est le culte des peuples les plus bas placés sur l'échelle sociale. Du fétichisme au culte rendu à des idoles souvent fabriquées à l'image de l'homme, au culte de l'homme lui-même, il n'y a vraiment qu'un pas à franchir. Cette tendance à l'*anthropomorphisme* est manifeste dans les religions qu'on désigne, à bon droit, sous le nom d'inférieures. On la retrouve même, plus ou moins visible, plus ou moins déguisée, dans les grandes religions de nos jours.

Qu'il nous suffise de rappeler le *lamaïsme*, où l'homme, le *grand lama*, est devenu l'objet des adorations de tout un peuple. Est-il besoin de citer ici les héros et les dieux de l'Olympe, si semblables, sous tant de rapports, aux plus simples mortels? Il y a un fond de vérité dans cette plaisanterie. Si Dieu a fait l'homme à son image, il faut convenir que l'homme le lui rend bien. Jehovah lui-même n'est-il pas souvent représenté dans nos temples sous la figure d'un vieillard vénérable et plein de majesté? Au dire de Lubbock, les Tartares de l'Altaï en font aussi un vieillard à longue barbe blanche, mais ils l'affublent en même temps d'un uniforme d'officier de dragons russes. (*Les origines de la civilisation*, p. 227.)

Egaré par la crainte ou l'horreur que lui inspirent certains animaux, par les services que d'autres lui rendent ou les idées fausses qu'il s'en fait, l'homme leur a souvent adressé des hommages religieux. Ce zoomorphisme, si florissant dans l'Inde et dans l'antique Égypte (bœuf Apis, Anubis, Ibis sacré), a laissé des traces, sous une forme, il est vrai, toute symbolique, jusque dans le christianisme lui-même (Agneau pascal, colombe blanche figurant le Saint-Esprit), tant l'homme est *un*, malgré d'apparentes diversités.

Si l'homme est moralement *un*, si l'humanité actuelle tout entière sympathise dans certaines idées, certains sentiments, certaines tendances que l'on retrouve partout les mêmes, il est infiniment probable que, dès l'âge quaternaire le plus ancien, et à plus forte raison dans l'âge subséquent, nous pourrons trouver des indices de croyances collectives à des êtres supérieurs, bons ou mauvais, et à une vie future. Se rendre favorables les uns, tâcher de se soustraire à la puissance nuisible des autres est un élan tout naturel. De là naîtront la prière, l'adoration, le culte, les sacrifices, les offrandes et les pratiques superstitieuses de toute sorte. Mais, dès que l'idée de Dieu est nettement conçue, les grandes religions monothéistes en découlent, comme la conséquence découle des prémisses. Dans toutes, la base fondamentale, c'est-à-dire le dogme, est foncièrement le même ; le rite, le culte, l'appareil religieux, c'est-à-dire les touches accessoires seules varient (judaïsme, mahométisme, christianisme).

II

Le culte et les amulettes.

Entrons maintenant dans quelques détails plus spécialement relatifs à l'homme préhistorique. M. Piette a trouvé dans la grotte de Gourdan (âge du renne) une espèce d'amulette qui donne beaucoup à penser. Il s'agit ici d'une plaque percée à son centre d'un trou du pourtour duquel partent des rayons divergents. L'auteur de cette découverte a observé le même emblème gravé trois fois sur un bâton de commandement, et il le considère comme l'image du dieu solaire, adoré, selon lui, par nos troglodytes pyrénéens. Cette interprétation paraît assez plausible, mais elle aurait besoin de preuves plus nombreuses et plus décisives pour être universellement adoptée.

Les croissants des palafittes suisses, dans lesquels on avait d'abord voulu voir des symboles religieux (culte de la lune), paraissent n'avoir été rien autre chose que des chevets destinés à appuyer la tête pendant le sommeil, et peut-être même à protéger l'édifice d'une coiffure artistement arrangée. Les habitants des îles Fidji se servent encore de chevets en bois dans le même but, et aussi pour se donner un occiput saillant et arrondi. M. de Quatrefages n'est pas éloigné de voir dans l'os de mammouth trouvé par M. Ed. Dupont dans le trou de Chaleux (Belgique) une espèce de fétiche, objet de la vénération des habitants de cette station. Le mammouth était alors depuis longtemps disparu, et il est probable qu'on avait pris l'un de ses os pour celui d'un géant, et qu'à raison de cette méprise, on lui avait rendu un culte quelconque.

Quoi qu'il en soit, l'usage des amulettes, à peu près généralement répandu à la fin de l'âge du renne et pendant toute la période néolithique, indique au moins des superstitions très-analogues à celles qui règnent encore au sein de nos campagnes, et même au sein de nos villes soi-disant les plus civilisées : souvenirs des temps anciens perpétués jusqu'à nous, et qui rappellent d'une manière indubitable l'une des premières étapes qu'ait parcourues l'humanité.

Dans son intéressant travail sur les *nuraghi* de la Sardaigne, l'abbé Spano considère les monolithes (sortes de *menhirs* ou de *stèles*) placés devant ces habitations comme représentant le soleil créateur et vivificateur des êtres, autrement dit *Baal* ou le *Melarth* des Sidoniens. Quelques-uns de ces monolithes, plus petits que les précédents et travaillés de manière à présenter deux mamelles vers la partie conique, ne seraient rien autre chose que des figures d'Astarté, la lune, la compagne inséparable de Baal, laquelle, par l'humidité qu'elle répand sur les êtres de la nature, en favorise l'accroissement (fig. 57, p. 148). Si l'on en croit l'abbé Spano, ce culte de *Baal* et d'*Astarté* aurait été importé en Sardaigne par les premiers immigrants partis des plaines de Sennaar.

D'après les paysans sardes, au contraire, ces monolithes représentent les humains qui, au lieu de suivre la vraie religion, adoraient jadis le soleil et la lune ; Dieu les aurait punis en les changeant en pierre, après les avoir privés de la tête et des mains.

Qui a raison ? le docte abbé ou les paysans sardes ? Ni l'un ni les autres probablement, car les hommes de l'âge archéolithique et même néolithique sont de beaucoup antérieurs aux émigrants de la Chaldée.

Si, comme le suppose M. de Baye, les figures de femmes grossièrement sculptées sur les parois crayeuses des grottes artificielles de la Marne représentent réellement une divinité, il faudrait en conclure que les habitants de la Champagne, à l'époque de la pierre polie, avaient, eux aussi, un culte voisin du fétichisme ou de l'anthropomorphisme.

Les amulettes crâniennes et l'immortalité de l'âme. — Nous avons décrit déjà (voy. p. 80), d'après M. Broca, les procédés employés pour la trépanation des crânes d'enfants et d'adultes à l'époque néolithique. Cette opération se pratiquait tantôt sur le vivant, notamment chez les enfants et les adolescents (*trépanation chirurgicale* [1]), et tantôt sur le cadavre, au moment même des funérailles (*trépanation posthume*).

1: M. Broca lui-même fait observer que la *trépanation chirurgicale* ne mérite pas ce nom, puisque l'ouverture pratiquée dans les parois et sur divers points du crâne ne s'obtenait point au moyen d'un instrument mû par rotation, mais bien par le simple *raclage* de l'os au moyen d'une lame aiguë en silex.

A toutes les époques, même de nos jours, la superstition, compagne fidèle de l'ignorance, s'est alliée à la pratique médicale ou chirurgicale. De tout temps, certaines maladies nerveuses, notamment les convulsions, le délire, l'épilepsie, la

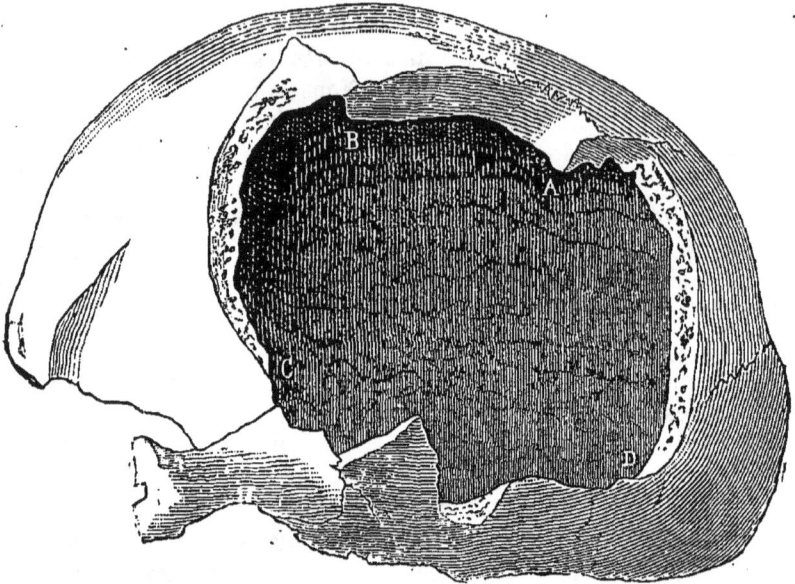

Fig. 142. — Crâne trépané pendant la vie et après la mort, provenant d'un des dolmens appelés *Cibournios* ou *Tombeaux des Poulacres*. Donné par M. Prunières à l'Institut anthropologique de Paris. — AB, bord cicatrisé (trépanation chirurgicale). — BC, AD, bords sciés ou coupés après la mort (trépanation posthume). — Ce crâne, vu ici de côté, est représenté plus haut, page 80, vu de dessus.

folie, ont été considérées, les unes comme sacrées, les autres comme indiquant la prise de possession du corps et de l'âme par les démons ou autres esprits malfaisants. Dès lors, quoi de plus naturel que de leur ouvrir une porte pour les en faire sortir! De là, l'origine mystique de la trépanation sur le vivant.

Et, comme les convulsions et l'épilepsie (maladie prétendue sacrée) sont plus fréquentes chez les enfants que chez les adultes, de là, un plus grand nombre de crânes perforés ou trépanés chez les jeunes sujets. L'opéré lui-même était considéré comme l'ami des dieux, s'il survivait à l'opération, s'il guérissait du mal à l'occasion duquel on l'avait pratiquée. La substance osseuse de son crâne était réputée jouir de propriétés merveilleuses au point de vue thérapeutique ; elle éloignait les maléfices et préservait des maladies. Il n'en fallait pas tant pour engager nos ancêtres néolithiques à se procurer des fragments *trépanés*, objets de leur vénération, et à les porter sur eux comme autant d'amulettes ou de précieux talismans.

Après la mort des individus soumis pendant leur vie à la trépanation chirurgicale, on pratiquait donc sur eux une sorte de trépanation posthume, qui consistait à enlever sur leur crâne des rondelles ou des fragments de formes et de grandeurs diverses, en ayant soin toutefois de conserver, sur l'un des bords de la portion osseuse enlevée, une partie du bord *cicatrisé* de l'ouverture primitive (fig. 142). C'était là, en quelque sorte, la signature authentique, la marque de fabrique du talisman tant convoité et, par cela même, si précieux pour son heureux possesseur.

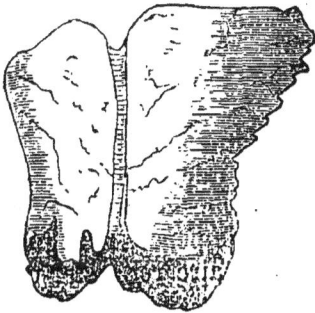

Fig. 143. — Amulette crânienne avec encoche destinée à recevoir un cordon de suspension. Provient du dolmen appelé *La cave des fées* (Lozère). Collection Prunières (grandeur naturelle).

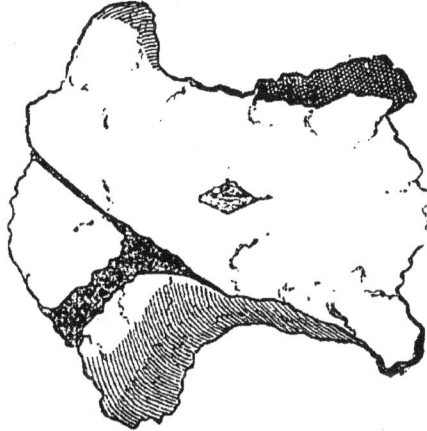

Fig. 144. — Amulette crânienne irrégulière avec un trou préparé au milieu pour y passer un cordon de suspension (Grandeur naturelle). Collection Prunières.

Le bord cicatrisé dont nous parlons existe en effet sur presque toutes les amulettes posthumes : ce qui prouve incontestablement que l'individu trépané pendant sa vie avait survécu longtemps à l'opération. Ce bord est lisse, mais il se distingue des autres bords de l'amulette, même lorsque ceux-ci ont été artificiellement polis, en ce que la substance osseuse de nouvelle formation recouvre les cellules du diploë, tandis que ces cellules restent visibles par l'effet même du polissage (fig. 143 et 144).

Ces rondelles polies sur les bords étaient, paraît-il, des amulettes de luxe, et sont beaucoup plus rares que les amulettes non polies. Les unes et les autres néanmoins étaient taillées dans les parois crâniennes, avec la scie ou la pointe en silex, au moment même des funérailles.

Nous avons dit que les rondelles les plus artistement travaillées et, par conséquent aussi, celles qui sans doute avaient le plus de prix, ont été trouvées dans des crânes sur lesquels la trépanatien *posthume* avait causé d'énormes pertes de substance. Evidemment elles y avaient été placées à dessein.

Mais, se demande naturellement M. Broca, « quel était le but des amulettes intra-crâniennes? N'étaient-elles qu'un symbole, qu'une représentation en petit de la grande portion de crâne enlevée par la trépanation posthume? C'est peu probable, car un fragment crânien quelconque aurait pu servir à cet usage : on n'aurait pas fait pour si peu le sacrifice d'une précieuse amulette. L'amulette intra-crânienne était certainement plus que cela. C'était un viatique, un talisman que le défunt emportait avec lui dans une autre vie pour lui porter bonheur et le préserver de l'influence des mauvais esprits qui avaient tourmenté son enfance. Mais, quand même on admettrait la première hypothèse, il en résulterait toujours qu'une nouvelle existence attendait le mort, car sans cela la cérémonie de la restitution eût été absolument sans motif.

L'étude des trépanations préhistoriques et des cérémonies qui s'y rattachent prouve donc, sans réplique, que les hommes de l'époque néolithique croyaient à une autre vie, *dans laquelle les morts conservaient leur individualité.* C'est, je pense, l'époque la plus reculée à laquelle on puisse jusqu'ici faire remonter cette croyance » (Broca, *Mémoire cité*, p. 219).

Notons, en terminant, que les trépanations préhistoriques ont été en usage dans le pays qui plus tard fut la France, pendant toute la durée de l'âge néolithique ; on retrouve des traces indubitables de cette même coutume dans les dolmens d'Afrique, et même, en vue d'un autre but, il est vrai, au Mexique, au Pérou et dans les *Mounds* du Michigan.

Culte des morts. — Mais qui nous dira la signification de ces femmes au nez pointu, aux seins proéminents que l'on rencontre dans les grottes artificielles de la Champagne, et qui nous rappellent, jusqu'à un certain point, ces figures de la Minerve au visage de chouette, γλαυκῶπις Ἀθήνη, que des artistes inconnus ont modelées sur les grands vases en argile exhumés des ruines de l'antique Ilion par le docteur Schliemann [1]? Quelle signifi-

---

1. D'après M. Em. Burnouf et d'après Schliemann lui-même, les vases dont il s'agit représenteraient, en effet, la déesse Minerve et rappelleraient son culte primitif dans la Hellade. Quant aux *swastikas* qui les accompagnent presque constamment, ils seraient, si l'on en croit les auteurs que nous venons de citer, de véritables symboles religieux, analogues,

cation donner à ces faits? Quelle corrélation existe entre eux?

S'il était vrai, comme le prétend Herbert Spencer, que le culte des ancêtres et des morts soit l'origine première de toutes les religions, les grottes sépulcrales de la Marne et d'un grand nombre d'autres localités, les sépultures dolméniques, les monolithes de la Sardaigne auraient à cet égard une grande signification. Rien ne nous empêche, en effet, tout, au contraire, nous porte à voir dans ces monuments mégalithiques une idée religieuse, un culte pour les morts, fondé sur la notion

mais de beaucoup antérieurs à la croix des Chrétiens. D'autre part, l'abbé Brasseur de Bourbourg nous apprend que les Indiens du Mexique rendaient hommage à la croix bien longtemps avant la conquête, et qu'ils l'invoquaient dans le but de faire succéder la pluie à la sécheresse qui désolait leurs champs. Au dire de Wilson, la croix de Malte décore souvent les poteries antiques du Pérou; on la retrouve sur les sculptures de Mitla et de Palenqué, circonstance qui a donné lieu aux déductions les plus extravagantes, aux explications les plus ridicules de la part des archéologues, qui, ne voulant pas remonter au delà de Jésus-Christ, voient dans la croix figurée sur les monuments non chrétiens un symbole religieux formé par la réunion de quatre *gammas* grecs. Or on sait aujourd'hui, à n'en pouvoir douter, que ces prétendus *gammas* ne sont rien autre chose que le *swastika* de l'Inde brahmanique, c'est-à-dire l'image de l'instrument en bois du même nom employé, concurremment avec le *pramantha* (ou bâton allumeur), pour produire le feu sacré (*agni*). Ce signe est représenté (dans le *Ramayana*) sur la poupe du navire du roi *Rama*, qui certainement ne savait pas le grec : il l'est aussi sur une foule de monuments bouddhiques. On sait enfin que les sectateurs de Vishnou se tracent encore ce signe sur le front, comme le faisaient les chrétiens de la primitive Eglise.

Enfin M. Gabriel de Mortillet a démontré que le signe de la croix, employé comme emblème sacré, est antérieur de plus de mille ans à l'introduction du christianisme dans les Gaules. On l'observe, en effet, sur les poteries trouvées dans le lac d'Aix en Savoie, sur plus de la moitié des vases provenant des terramares de l'Emilie (âge du bronze), enfin sur toutes les tombes des cimetières de Golasecca, près du lac Majeur, et de *Villanova*, aux environs de Bologne (âge du fer).

La croix est donc partout, dit fort justement M. Em. Burnouf; mais a-t-il raison d'ajouter : et *uniquement* dans la race aryenne? Les sculptures de Mitla et de Palenqué, les poteries noires du Pérou, signalées plus haut, nous permettraient d'en douter. Mais ce qui est aujourd'hui bien démontré, c'est que le signe de la croix était connu et employé comme symbole religieux bien longtemps avant la naissance de Jésus.

Que veut dire le signe ressemblant à une croix de Saint-André, que MM. Christy et Ed. Lartet ont observé sur une tête de flèche en bois de renne (*Rel. Aquit.*, pl. X, fig. 6), trouvée par eux dans une des grottes ossifères du Périgord? Nous n'essayerons pas d'y voir le signe de la croix datant de l'âge de l'ours ou du mammouth, et notre réserve trouvera sans doute beaucoup d'imitateurs.

plus ou moins nette ou plus ou moins vague d'une vie future.

Que signifient, d'ailleurs, ces armes, ces vases à provisions, ces urnes funéraires, etc., trouvés dans ces tombeaux gigantesques, dans les cavernes et les grottes sépulcrales, si ce n'est un respect affectueux pour les morts, si ce n'est l'idée toute matérielle, toute grossière encore d'une vie future, assez semblable à la vie présente et soumise aux mêmes nécessités ?

La fameuse grotte d'Aurignac (Haute-Garonne) paraissait avoir fourni une preuve inattaquable en faveur de l'existence d'idées, de pratiques religieuses, d'un culte pour les morts à une époque qui remonterait jusqu'à l'âge de l'ours des cavernes. A la vue des ossements humains qui s'y trouvaient ensevelis, on parlait de cérémonies funèbres, de festins des funérailles, de croyances religieuses bien définies, dans des temps de beaucoup antérieurs à toute histoire et à toute tradition. On ne se trompait que sur la date, car les recherches de MM. Cartailhac et Trutat, postérieures à celles de M. Ed. Lartet, ont démontré que c'est à l'époque néolithique seulement qu'il faut rapporter toutes ces pratiques.

Notre savant confrère, le Dr Noulet, est arrivé au même résultat en explorant, avec le soin et la sagacité qui le caractérisent, la sépulture de l'Herm, réputée beaucoup plus ancienne qu'elle ne l'est en réalité. D'un autre côté, les cadavres humains couchés sur les antiques foyers de Solutré attestent que, dès l'âge du renne, la peuplade qui avait établi sa demeure dans cette station du Mâconnais rendait les honneurs funèbres à ses morts, et qu'elle avait, sur la vie future, des idées à peu près semblables à celles qui se révèlent à nous dans l'âge de la pierre polie (voy. plus haut, p. 128).

Des considérations et des faits qui précèdent, il semble résulter que nous ne possédons, jusqu'à présent, que bien peu de preuves et de faits positifs en faveur de l'existence d'une religion quelconque chez nos ancêtres antérieurs à l'âge néolithique. Mais, s'il est vrai que tout être tend vers Dieu, tend à s'unir à Dieu au degré où le permet sa nature, comme le dit Lamennais, si la religion elle-même n'est que cette union réalisée par la pensée et par le cœur, si l'idée d'une vie future n'est qu'une aspiration spontanée vers l'infini, l'homme primitif lui-même n'a pu échapper à cette impulsion de la nature humaine

III

L'anthropophagie et les sacrifices humains

Il est extrêmement probable, mais rien ne prouve jusqu'à présent, d'une manière tout à fait certaine, que les peuples primitifs de l'Europe étaient adonnés à l'anthropophagie. Cependant, quand on songe que cette barbare coutume est encore très-répandue dans toute la Polynésie, dans la Nouvelle-Zélande, l'Australie, les îles de la Sonde, Sumatra, l'Afrique centrale et méridionale, chez quelques peuplades de l'Inde et de l'Amérique ; quand Strabon et Pline nous affirment que les Germains et les Celtes étaient d'abord de vrais cannibales ; enfin, lorsque César nous dit que, de son temps, les Vascons étaient encore anthropophages, il n'y aurait pas lieu de s'étonner si des recherches ultérieures mettaient tout à fait hors de doute que l'homme européen quaternaire ressemblait sous ce rapport aux Vascons.

Il existe même, dès à présent, certains indices qui paraîtraient confirmer cette hideuse ressemblance. C'est la découverte faite, dans certaines cavernes, d'ossements humains plus ou moins carbonisés ou fendus, comme ceux des animaux, probablement dans le but d'en extraire la moelle regardée alors comme un mets très-délicat. Quelques-uns de ces os portaient même, sur leurs extrémités spongieuses, des stries rares, mais bien visibles, et même des empreintes de dents qui, d'après certains paléontologistes, pourraient bien avoir été faites par des dents humaines.

A la station de Saint-Marc (âge du renne), près d'Aix en Provence, M. Marion a observé, parmi des restes de foyers, des os humains calcinés, entaillés, et fendus de manière à faciliter l'extraction de la moelle. Il n'hésite pas à voir dans ce fait la preuve évidente que les populations de l'époque archéolithique se nourrissaient parfois de chair humaine. Notez que tous ces os carbonisés et fendus en long appartenaient à de jeunes individus, et que la station d'Aix n'a présenté nulle part les traces d'une sépulture.

Enfin, M. Capellini dit avoir trouvé récemment, dans l'île de Palmaria, les premières traces de l'anthropophagie en Italie.

Des observations analogues à celles qui. précèdent avaient déjà été faites, sur des os de femmes et d'enfants, en Écosse, par Richard Owen ; en Belgique, par Spring, et ces deux savants avaient conclu à des habitudes cannibales. M. Worsaë lui-même

croit à l'existence de l'anthropophagie et des sacrifices humains
chez les anciens Danois.

Il serait possible toutefois que les stries ou empreintes en
question fussent tout simplement l'ouvrage de certains rongeurs,
les souris et les rats, par exemple. C'est à eux, en effet, que
M. Noulet attribue des empreintes toutes semblables observées
sur trois portions d'humérus humain extraites par lui d'une
sépulture datant de l'âge de la pierre polie et rapportée à tort,
paraît-il, à l'âge de l'*ursus spelæus* (sépulture de la caverne de
l'Herm) [1].

Que l'on adopte ou non cette manière de voir, est-il déraisonnable de penser que la faim des premiers occupants du sol
européen n'ait pas toujours été satisfaite, et que la sauvage
âpreté de leurs passions les ait portés à se nourrir, au moins
accidentellement et localement, de la chair de leurs semblables?
Partout les mêmes causes ne produisent-elles pas les mêmes
effets? Aussi M. Schaaffhausen n'hésite-t-il pas à dire : « Nous
ne nous étonnons plus lorsqu'on nous dépeint un peuple adonné
à l'anthropophagie. On peut retrouver chez tous les peuples la
trace de cette barbarie primitive ; c'est en quelque sorte une
nécessité qu'ils ont tous subie. » (*Revue scient.*, 1872, p. 1064.)

Carl Vogt est encore plus explicite sur ce point important.
« Il n'y a, dit-il, aucune race, aucun peuple considérable, aucun
groupe géographique important de l'humanité, chez lesquels
n'existaient jadis l'anthropophagie et les sacrifices humains.
Hommes noirs, bruns, jaunes ou blancs; ulotriques (à cheveux
crépus et laineux) et léiotriques (à cheveux lisses) ; Européens,
Asiatiques, Africains, Américains, Australiens et Polynésiens,
Sémites et Chamites, tous, sans exception, ont sacrifié et dévoré
leur semblable, et les os fendus et rongés parlent clairement là
où les documents historiques et écrits font défaut. » (*Congrès
préhistorique de Bologne en 1871, Compte rendu*, p. 328.)

Loin de souscrire à ce paradoxe de J.-J. Rousseau, qui prétend que tout est parfait sortant des mains de la nature,
M. H. Bouley (*Revue scient.*, 1875, p. 131) voit dans le cannibalisme primitif la preuve d'une assez grande imperfection.

« L'homme, dit-il, au moment où il sortait des mains de la
nature, pour parler le langage de Rousseau, n'était pas absolument scrupuleux dans sa lutte pour l'existence, et, s'il man-

1. Voyez, dans les *Mémoires de l'Académie des Sciences, Inscriptions et
Belles-Lettres de Toulouse*, année 1874, p. 497, le travail du Dr J.-B. Noulet, intitulé : *Étude sur la caverne de l'Herm, particulièrement au point de
vue de l'âge des restes humains qui en ont été retirés.*

geait les bêtes que la chasse pouvait lui procurer, un morceau de ses semblables ne lui répugnait pas. Qu'on me pardonne le jeu de mots : la *faim* alors justifiait le moyen.

« Mais, si ce moyen de se restaurer s'explique et même s'excuse par la nécessité des temps où il était communément en usage, on ne saurait l'invoquer comme une preuve bien convaincante de la perfection de l'humanité primitive.

« **Un grand progrès**, au contraire, se trouve réalisé, et l'humanité marche vers un état meilleur le jour où, par la conquête des animaux domestiques, elle assure son existence du lendemain. Ce point de vue grandit singulièrement les services dont nous sommes redevables à nos frères inférieurs, comme les appelle saint François de Sales, qui ont sauvé l'homme contre lui-même, c'est-à-dire contre les fureurs de son appétit inassouvi qui le poussait à faire sa proie de son semblable. »

En effet, dès qu'un peuple se livre à l'agriculture, dès qu'il possède des animaux domestiques, il est bien rare qu'il ne renonce pas à manger de la chair humaine, en admettant qu'il en ait eu l'habitude autrefois. Témoin les indigènes des Iles de la Société, dont l'admirable climat et la végétation plantureuse ont merveilleusement favorisé cette transformation. Témoin un très-grand nombre de tribus errantes et sauvages du Nouveau-Monde, retirées de l'état de barbarie le plus complet et maintenant attachées au sol, grâce à ceux qui leur portèrent, avec des paroles de paix, les premiers animaux domestiques et les premières notions d'agriculture. Ces peuplades, jadis canni-bales, ont vu leurs mœurs s'adoucir : la vie d'autrui est devenue sacrée pour elles, comme elle doit l'être pour tous les membres de la grande famille qui s'appelle l'humanité.

Les légendes relatives aux temps fabuleux de la Grèce et de l'Égypte ne sont pas des mythes créés à plaisir par l'imagination brillante de ces peuples anciens. Cérès et Triptolème, en inventant la charrue, ont réellement enfanté la civilisation.

Mais la faim n'est malheureusement pas le seul mobile qui porte ou ait porté certains peuples à l'anthropophagie, qui les ait même engagés à en faire une institution nationale. L'abus du pouvoir suprême, la vengeance, la superstition et le préjugé revendiquent aussi une très-large part dans cette barbare coutume, dans ce crime de lèse-humanité.

Ainsi, par exemple, aux îles Viti, sous un admirable climat, chez un peuple qui cultive l'*igname* et le *taro*, qui sait fabriquer des tissus et des poteries d'un travail remarquable, l'anthropophagie existait encore en 1854 à l'état d'institution nationale, à

Mbau, capitale de l'île et résidence du roi Çakombau; la chair humaine s'y vendait publiquement; les marmites et les fours destinés à la cuire ne refroidissaient pas, et l'on voyait, sur divers points de l'île, des abattoirs où journellement, surtout à l'occasion de certaines solennités, on immolait sans pitié des victimes humaines. C'est ainsi que, d'après le récit très-dramatique de MM. Seeman et Pritchard, témoins oculaires des faits qu'ils racontent, lorsque le fils du roi, arrivé à l'âge de puberté, allait revêtir le *maro*, on égorgeait en son honneur des centaines de coupables et de prisonniers réservés pour la circonstance.

« Les cadavres devaient être ramassés en un vaste monceau, sur lequel était jeté un esclave vivant. Le jeune initié, nu jusque-là (car les hommes seuls portent un lambeau de vêtement), se séparait de ses compagnons d'enfance, escaladait l'épouvantable échafaud de cadavres, et, les pieds sur la poitrine de l'esclave vivant, il agitait un glaive ou un casse-tête pendant que les prêtres invoquaient pour lui la protection des génies et les priaient de le faire sortir vainqueur de tous les combats. La foule avait coutume de mêler à ces imprécations d'horribles applaudissements. Ensuite deux oncles du prince escaladaient, à leur tour, le monceau des victimes : c'étaient ceux qui avaient mission de le ceindre du *maro*, ceinture de *tapa*, étoffe du pays, blanche comme la neige, large seulement de six ou huit pouces, mais longue de deux cents mètres, en sorte qu'il en était complètement enveloppé. »

Tout récemment (juin 1878), un des officiers supérieurs les plus instruits de la marine française, M. Henri Jouan, qui a longtemps résidé en Océanie, entretenait la *Société linnéenne* de Normandie du sujet que nous traitons en ce moment. Nous regrettons de ne pouvoir reproduire en entier le mémoire si plein de faits et d'idées qu'il a bien voulu nous communiquer et qui confirme, par de nouvelles preuves, les idées que nous avions déjà émises dans la *Revue scientifique* du mois de septembre 1877. Témoin oculaire des faits qu'il raconte, M. le commandant H. Jouan y ajoute une incontestable autorité. Or, il résulte de ses observations que tous les peuples de l'Océanie (Polynésie et Micronésie) ont jadis pratiqué ou pratiquent encore l'anthropophagie dans des proportions qui, aujourd'hui, tendent à s'amoindrir et même à disparaître, mais qui révèlent une sorte d'instinct primitif et inconscient qui, parfois encore, va jusqu'à la férocité. Rien n'égale, même chez les tribus sauvages de l'Amérique torturant leurs captifs, les raffinements de cruauté auxquels sont exposées les malheureuses victimes de la vengeance, des préjugés ou de la superstition des Maoris de la Nouvelle-Zélande ou des indigènes des îles Fidji, par exemple.

Nous parlions tout à l'heure de la cérémonie du maro et des sacrifices sanglants qui l'accompagnent ; mais on ne saurait se faire une idée du despotisme brutal et de la froide cruauté des chefs fidjiens, dans certaines circonstances dont le matelot Jackson, de la marine anglaise, nous a transmis les horribles détails. Croirait-on que des hommes vivants aient servi de rouleaux pour faciliter la mise à l'eau d'une énorme et lourde pirogue? Ces malheureux étaient enveloppés de tiges de bananier qui leur donnaient l'apparence de poutres arrondies, et dont l'épaisseur était calculée de manière qu'ils pussent être écrasés, pendant l'opération, pour ainsi dire, à petit feu.

« Une autre fois, nous dit M. Jouan, pour bâtir une maison à un chef, sous chacun des piliers qui devaient supporter le toit, on jetait des esclaves tout vivants ; ils étaient censés soutenir la maison au-dessus de la tête du chef. »

Que sont, auprès de ces horreurs, les enlèvements de femmes et d'enfants destinés à être simplement mangés à l'occasion de quelque fête nationale, ou de tout autre événement d'une certaine importance? (Voir le frontispice du volume.)

L'influence des habitudes cannibales et des préjugés qui s'y rattachent est si grande que, en 1861, c'est-à-dire pendant la guerre que les Maoris faisaient aux Anglais pour reconquérir leur indépendance, on a vu ces barbares habitants de la partie septentrionale de la Nouvelle-Zélande arracher, pour le manger, le cœur des soldats anglais tués pendant la bataille, s'imaginant devoir, par là, hériter du courage de ces ennemis dont ils reconnaissaient la supériorité à tous égards. Et cependant, ajoute M. Jouan, à qui nous empruntons encore ce détail caractéristique, ces mêmes Maoris étaient des chrétiens, des protestants pleins de ferveur, qui peu de temps auparavant s'étaient plaints avec amertume que les Anglais avaient violé le Sabbath, en les attaquant à l'improviste, un dimanche, à l'heure du service religieux.

Indépendamment des causes déjà signalées, il en est une autre encore, l'appétence, souvent impérieuse pour la chair humaine. Une fois l'habitude prise, ce goût, dépravé dans l'état de civilisation, mais assez naturel et presque universel, paraît-il, dans l'état sauvage ou de demi-barbarie, peut quelquefois devenir vraiment irrésistible. Dans presque toute l'Océanie, les guerres elles-mêmes ne sont le plus souvent entreprises que dans le but avoué et prémédité de se régaler de la chair des vaincus.

Aux îles Marquises, les femmes et les enfants font seuls aujourd'hui les frais des festins de cannibales. Pourquoi? C'est que leur chair plus tendre est plus savoureuse que celle des hommes. Celle-ci, de l'aveu d'un gourmet qui s'y connaissait (un chef de la tribu des *Naïkis*, à *Noukahiva*), est même bien inférieure à la viande du porc... Les Néo-Calédoniens trouvent la chair des blancs mauvaise et affreusement salée; ils ne prisent pas non plus celle des peuplades habitant les bords de la mer, parce qu'elle a un goût de poisson pourri fort désagréable. Des nombreuses observations qu'il a faites sur les peuplades de l'Océanie qu'il a eu l'occasion de visiter de près et d'étudier à loisir, M. Jouan conclut, par voie d'induction, que nos ancêtres préhistoriques se livraient, comme elles, à l'anthropophagie et pratiquaient de sanglants sacrifices.

De nos jours encore, l'immolation des victimes humaines est pratiquée au Dahomey (Afrique centrale) sur une très-large échelle, et le monarque lui-même ne craint pas de tremper ses mains royales dans le sang de ses sujets ou des prisonniers de guerre faits sur les tribus ennemies. Est-il possible de porter plus loin l'abus de l'autorité suprême, le mépris de la vie humaine et la froide cruauté?

Chez les peuples sauvages, tuer un ennemi ou l'exposer à d'atroces tortures, puis se repaître de ses chairs palpitantes, c'est là une coutume presque universellement répandue : les offrir aux dieux, c'est là un hommage qu'ils réclament, un moyen des plus efficaces pour obtenir leur faveur ou apaiser leur courroux. C'est aussi le procédé le plus sûr pour s'inoculer le courage, la force et toutes les qualités morales ou intellectuelles de la victime ; en un mot, pour s'assimiler son *vaïdoux* (son âme), comme disent les Maoris de la Nouvelle-Zélande.

Voilà précisément ce qui explique ces actes de cannibalisme et ces sanglants sacrifices encore subsistants de nos jours, non-seulement chez les incultes Polynésiens, mais encore chez des peuples sortis depuis longtemps de la barbarie et, qui plus est, en contact journalier avec la civilisation si avancée des Anglais établis dans l'Inde, ou des Français aux îles Marquises, et même en Algérie [1].

---

1. Un fait tout récent (1873), l'assassinat du capitaine Hurt et de sa femme, mangés tous deux par les habitants des îles Marquises, ne permet pas de douter de la persistance de certaines pratiques passées presque à l'état d'instincts héréditaires. On se rappelle encore avec horreur les actes de cannibalisme que nous ont révélés, il y a quelques années à peine, les tribunaux de notre colonie d'Alger.

Voltaire s'étonnait, à bon droit, de la généralité de ces usages atroces que l'on retrouve même chez des peuplades remarquables par leurs mœurs douces et hospitalières. Comment, disait-il, des hommes séparés par de si grandes distances ont-ils pu s'unir dans une si horrible coutume ? Faut-il croire qu'elle n'est pas absolument aussi opposée à la nature humaine qu'elle le paraît ? Malgré ce que cet aveu a de pénible, il faut bien confesser, en face des preuves fournies par la paléontologie, que l'horrible coutume dont parle Voltaire a été jadis, et qu'elle est encore plus répandue qu'il ne le croyait.

Qu'on lise, dans le *Journal des savants* (août 1867), le remarquable travail de M. Barthélemy Saint-Hilaire sur *les sacrifices humains dans l'Inde,* et l'on verra les *Khonds* établis dans les montagnes de l'Orissa, l'une des parties les plus fécondes de la presqu'île, cultiver la terre avec soin, récolter de riches moissons et cependant déchiqueter, comme à plaisir, leurs *mériahs*, pour en distribuer les lambeaux de chair à l'assistance et offrir à Bera, déesse de la terre, des hécatombes humaines qui ne trouveraient leurs pareilles que chez les anciens Mexicains [1].

« Qu'est-ce donc, s'écrie à ce propos M. Barthélemy Saint-Hilaire, qu'est-ce donc que ces races où des horreurs de ce genre sont possibles, dans une aussi large proportion et d'une manière si durable ? Qu'est-ce, en particulier, que ces populations des *Khonds,* où l'on abat des créatures humaines plus facilement et en plus grand nombre qu'on n'a jamais abattu les animaux dans le paganisme grec et romain ? Ici, le mot même d'hécatombe, pris à la rigueur, est insuffisant, et il n'exprime pas la réalité tout entière. Dans l'antiquité païenne, les cent bœufs ont été bien rarement massacrés ; dans l'Orissa, ce sont des êtres humains par plusieurs centaines, qui sont égorgés à la fois, dans quelques villages qui se concertent pour cette seule complicité, tandis qu'ils sont, sur tout le reste, en perpétuelle dissidence.

« Le peuple romain a pu, dans ses fêtes, et pour satisfaire une frénésie de spectacles homicides, vouer à la mort des

---

1. Le nombre des victimes humaines sacrifiées aux dieux s'élevait annuellement à plus de 20,000 dans la seule ville de Mexico. Les sacrifices humains paraissent même avoir été en usage chez les anciens *Mound-builders*, ou constructeurs de tertres des vallées de l'Ohio et du Mississipi, au sujet desquels il règne encore tant d'incertitudes. Wilson dit, en effet, que l'on a trouvé sur l'un des autels élevés par leurs mains, et recouvert de paillettes de mica argenté, des ossements humains carbonisés et assez nombreux pour que leur ensemble pût former un squelette entier.

milliers de gladiateurs en un seul jour; quelquefois même il a
pu porter aussi la main sur des victimes humaines. D'autres
peuples, et, si l'on veut, la plupart des peuples se sont jadis
ravalés à ces forfaits. L'Inquisition, en Espagne, a allumé d'innombrables bûchers jusqu'au xviiie siècle. Mais où trouver des
immolations aussi vastes, aussi régulières, pour un calcul aussi
intéressé et aussi inepte ? Où trouver surtout ces crimes commis
avec un tel sang-froid, de nos jours, au contact de notre civilisation ? Les anthropophages sont plus excusables, et ils peuvent
au moins alléguer les tortures de la faim et l'imminence d'une
mort qu'ils ne savent prévenir que par ces sanglants repas. A
quel degré de l'humanité faut-il donc placer les *Khonds* ? Que
peut-on mettre au-dessous d'eux ?

« Parmi les étonnements que nous garde l'histoire du genre
humain, en peut-il être de plus tristes, de plus inouïs ? Le roi
du Dahomey lui-même, dans la partie la plus atroce et la plus
arriérée de l'Afrique, est-il inférieur aux *moullekas* de Goumsore,
de Boad et de Tchinna-Kennédy ? Quels problèmes pour la philosophie de l'histoire ! Qu'est-ce que l'homme considéré dans ce
cloaque de sang et de boue ! »

Grâce à l'énergie courageuse du major John Campbell et du
lieutenant Macpherson, les féroces habitants des montagnes de
l'Orissa ont fini, dit-on, par renoncer, non sans une peine
extrême, à leurs sanglants sacrifices. Mais ce qui prouve combien une longue habitude en avait chez eux enraciné le goût,
et combien la superstition l'avait fortifié, ce sont les plaintes,
presque naïves, qu'ils exhalaient en face des représentants de
l'Angleterre, et l'espèce de responsabilité qu'ils faisaient peser
sur leurs nouveaux maîtres, dans le cas où la déesse Bera,
mécontente, viendrait à retirer aux peuplades du Khondistan
la protection qu'elle leur avait jusqu'alors accordée.

Ces doléances prouvent avec quelle facilité s'endort et se
pervertit la conscience humaine, quand la superstition et l'intérêt leur font entendre leur langage trop aisément persuasif.

En présence de ces faits malheureusement trop authentiques, en présence des ossements à demi consumés de femmes
et d'enfants qu'on a rencontrés à Chauvaux, en Belgique, à
Lourdes, à Arbas, à Bruniquel et ailleurs ; en face des os
humains fendus de la même manière que ceux des animaux,
est-il déraisonnable d'admettre que les peuplades qui habitaient
l'Europe aux âges antémétalliques étaient, au moins parfois,
cannibales, et immolaient des victimes humaines sur les tombeaux de leurs chefs ou les autels de leurs dieux ?

IV

**Transformation des sacrifices humains dans les dogmes religieux
modernes.**

Nous ne saurions terminer ces considérations sur l'anthropophagie et les sacrifices humains, sans mentionner les idées émises, à ce sujet, au Congrès préhistorique de Bologne, par un des plus célèbres représentants de la science contemporaine.

M. Carl Vogt part de ce principe, contestable, il est vrai, que toute religion est fille de la peur et de l'ignorance, et consiste dans l'adoration de l'inconnu, cet inconnu lui-même, c'est-à-dire Dieu, n'étant autre chose « qu'un superlatif dont le positif est l'homme ». Il voit dans l'anthropophagie, et dans les sacrifices humains qui en sont la conséquence logique, un fait universel, une phase nécessaire du développement de la civilisation, bien plus, l'indice d'un degré relativement élevé de cette même civilisation.

Inconnu, dit-il, chez nos ancêtres préhistoriques à l'âge du renne et du mammouth, le cannibalisme devient fréquent vers la fin de l'époque néolithique. Depuis cette époque, on en retrouve partout des preuves indubitables ; il en est de même des sacrifices humains, alors au moins aussi fréquents qu'ils le furent depuis chez des peuples beaucoup plus civilisés (Hébreux, Egyptiens, Grecs, Romains, Gaulois, etc.) et, de nos jours mêmes, chez des peuples qui ne sont pas encore sortis de l'état de barbarie.

Mais quelles sont les causes et quel est le but de ces atroces coutumes ?

Naturellement frugivore, comme les singes anthropomorphes, et même insectivore, comme les quadrumanes inférieurs, l'homme n'est devenu omnivore que dans un état relativement avancé de son évolution. A plus forte raison n'était-il point primitivement cannibale. La faim, le désir de la vengeance, la superstition surtout : telles sont les vraies sources de l'anthropophagie.

Le sauvage cannibale s'imagine que l'âme et le corps humain forment un tout inséparable, après comme pendant la vie. Chaque partie du corps de l'homme, et même des animaux, a des fonctions propres et des qualités spéciales. Ainsi, le cœur est le siége du courage et de la valeur guerrière. Dans l'œil réside la perspicacité [1], comme dans les parties génitales la viri-

1. On sait que la reine Pomaré, avant de tenir le sceptre des îles Marquises, portait le nom de Aïmata, c'est-à-dire Mange-l'œil.

lité, comme dans le sang la vie. La chair du cerf donne de l'agilité, celle du bison une force extraordinaire.

Ces qualités inhérentes à certaines parties du corps peuvent donc se transmettre à celui qui se nourrit de ces mêmes parties, qui les absorbe, qui se les incorpore. Bien plus, en dévorant l'objet de sa vengeance, en mangeant l'ennemi tué sur un champ de bataille, le vainqueur s'assimile complètement le corps et l'âme du vaincu.

Manger de la chair humaine devient donc, tout naturellement, un privilège exclusivement réservé aux plus vaillants, aux guerriers, au chef de la tribu. Or, chez les peuples sauvages, les dieux n'étant que les chefs suprêmes, on arrive graduellement et logiquement à offrir à la divinité, quelle qu'elle soit, tout ce que l'on croit le plus propre à gagner sa faveur ou à calmer son courroux.

De là, les sacrifices humains, l'immolation des vierges, des esclaves, des enfants, des prisonniers de guerre, et, comme à l'idée de sacrifice s'allie aussi très-souvent celle d'expiation, la victime choisie devra être d'autant plus parfaite et d'autant plus précieuse, que la faute à expier sera plus grande.

Peu à peu, l'idée religieuse va s'épurant, et, de réel qu'il était d'abord, le sacrifice devient purement symbolique. Telle est, par exemple, la *Cène* des Chrétiens, dont M. C. Vogt, et avec lui le professeur Waitz, de Marbourg, retrouvent l'analogue dans certains sacrifices usités chez les anciens Mexicains (fête du dieu *Huitzilipochtli*). Jésus lui-même n'a-t-il pas dit : « Celui qui mange ma chair et qui boit mon sang demeure en moi et moi en lui? » On le voit, dit M. C. Vogt, « ces mots se basent entièrement sur l'idée, encore en vigueur chez les Juifs, que la vie est dans le sang, et qu'en ingérant la chair et le sang on se transmet la vie de l'être ingéré. « Il faut donc absolument ingérer la chair et le sang de l'homme-Dieu, pour que son innocence passe au dévorant, et que le péché de celui-ci passe au dévoré. Mais ce n'est là qu'un côté du sacrement. »

Nous laisserons à nos lecteurs le soin de juger ces idées; mais nous doutons qu'elles obtiennent un assentiment général, surtout parmi les théologiens catholiques.

CHAPITRE VIII

PORTRAIT DE L'HOMME QUATERNAIRE

Pour nous, comme pour M. de Quatrefages, Ed. Lartet, etc., l'homme du diluvium des vallées ou des cavernes ossifères est l'homme *préhistorique*, mais il n'est pas l'homme *primitif*. Malgré les nombreux portraits de fantaisie qui en ont été tracés, l'homme vraiment primitif nous est resté jusqu'à présent totalement inconnu. Quant à l'homme qui a taillé les haches de Saint-Acheul ou les couteaux d'Aurignac, les documents qui le concernent sont malheureusement encore très-incomplets. Quelques crânes plus ou moins brisés, plus ou moins déformés, quelques ossements plus ou moins entiers : tels sont les seuls éléments sur lesquels nous puissions, dans l'état actuel de la science, hasarder une caractéristique tant soit peu digne de confiance.

TYPE PHYSIQUE. — Nous sommes un peu mieux renseignés sur les caractères anatomiques des hommes de l'âge du renne et de la pierre polie. Mais que de données importantes nous manquent encore, et que d'erreurs ont été commises même par les mieux informés !

Ainsi, l'on avait affirmé d'abord que l'homme des cavernes était de taille petite, ou tout au plus moyenne ; qu'il était brachycéphale, que son front, bas et fuyant, était muni d'arcades sus-orbitaires très-prononcées ; que sa face était fortement prognathe et dépourvue de saillie mentonnière ; etc., etc.

Mais tous ces caractères peuvent fort bien n'avoir été qu'individuels, que de simples variétés d'un type spécifique inconnu. Ce qui paraît bien prouvé aujourd'hui, nous l'avons dit ailleurs, c'est que la dolichocéphalie fut antérieure à la brachycéphalie, ou tout au moins la forme de crâne d'abord prédominante, si toutefois il est permis ou prudent de tirer des conclusions de données si peu nombreuses, d'une statistique aussi restreinte. Du

reste, le crâne de l'Olmo peut être opposé avec avantage à ceux
d'Eguisheim et de Neanderthal, dont il est presque contemporain. « C'est un beau crâne, » dit M. C. Vogt lui-même. Plus
beaux encore étaient les crânes (fig. 149) des chasseurs de rennes
du Périgord (Cro-Magnon), à la taille élevée, aux formes athlé-
tiques, au squelette fortement charpenté, avec ses fémurs à
colonne, ses tibias platycnémiques, ses péronés cannelés (fig.
146, 147, 148), ses humérus à cavité olécrânienne assez fréquemment perforée : particularités anatomiques que nous retrouvons,
d'ailleurs, soit avant, soit après l'âge du renne, jusque vers la
fin de l'âge néolithique, et même encore de nos jours.

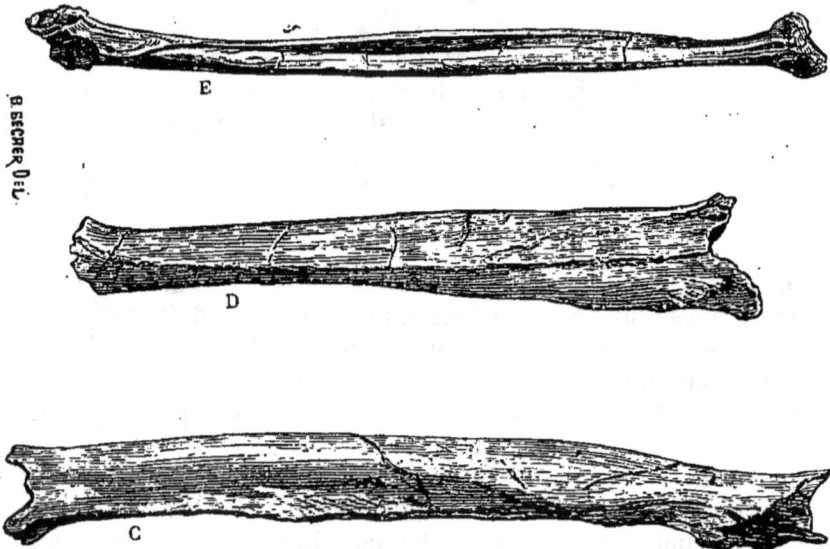

Fig. 146, 147, 148. — C, Tibia aplati (platycnémique) du vieillard de Cro-Magnon.
D, fémur du même vieillard, vu de profil. E, péroné du même squelette.

Quant à la couleur des cheveux, si Hæckel les dit noirs et laineux, M. de Quatrefages croit avoir de bonnes raisons pour penser qu'ils étaient roux, et que le teint, au lieu d'être noir ou
brun, comme le prétend l'auteur allemand que nous venons de
citer, se rapprochait beaucoup de celui des races mongoles actuelles. Mais comment peut-on, je le demande, en l'absence des
cheveux et de la peau, juger de la nuance du teint, si variable,
d'ailleurs, dans une seule et même race? Ne sait-on pas que les
femmes hindoues, qui appartiennent incontestablement à la race
blanche, ont une peau couleur de pain d'épice? Comment surtout, quand on ne les a jamais vus, dire que la section transver-

sale des cheveux de l'homme prétendu primitif était arrondie ou bien ellipsoïde, et leur couleur rousse ou noire?

Mœurs et habitudes. — Les détails dans lesquels nous venons d'entrer prouvent que l'homme européen a jadis, et très-longtemps, habité les cavernes, ou même de simples abris sous roche comme ceux de la Madelaine, de Bruniquel et de Cro-Magnon. Il s'y logeait misérablement; il y prenait ses repas et y laissait s'entasser les restes infects de sa cuisine, très-peu appétissante pour nos palais blasés. La chair du mammouth, du grand ours des cavernes, du rhinocéros amphibie, du cheval, de l'aurochs, du renne, du renard et sans doute aussi les fruits sauvages et les racines formaient la base essentielle de son alimentation. Le plus souvent, il mangeait crue la chair des animaux dont il fai-

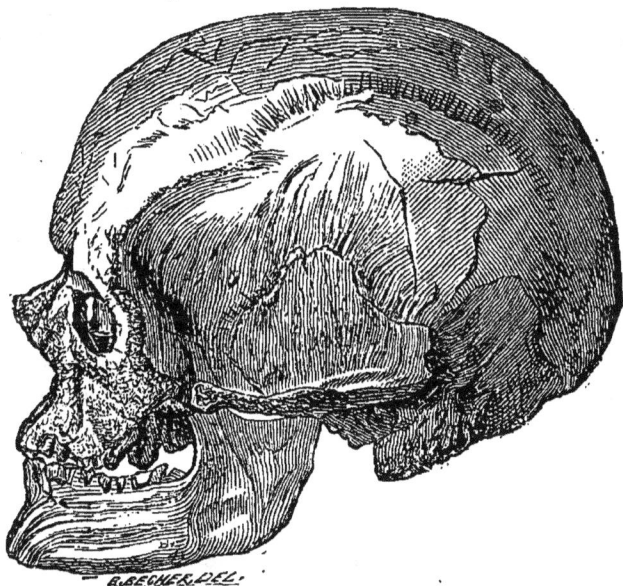

Fig. 149. — Crâne du vieillard de Cro-Magnon, vu de profil.

sait sa nourriture. Mais le feu était connu depuis longtemps. La poterie même était inventée et servait aux usages culinaires.

La chasse était sa principale occupation. Armé de la hache ou de la massue de pierre, de la lance, du javelot ou de la flèche en silex, il attaquait résolument les animaux, de taille souvent colossale, qui peuplaient alors nos contrées, et dont plusieurs en ont disparu depuis longtemps. Il se vêtait de leur dépouille, que de bonne heure il sut racler avec le grattoir, assouplir ou tanner avec de la graisse ou de la moelle, et, plus tard, au moyen du lissoir en pierre ou en os.

Pendant l'âge du renne, la pêche au harpon barbelé (car alors le filet n'était pas encore inventé) vint ajouter son contingent à l'alimentation habituelle. La chasse aux oiseaux ne fut plus négligée, comme elle l'était précédemment. Les os et les dents du renne et des animaux ses contemporains servirent à fabriquer des armes et des outils de toute sorte, et même des objets de luxe et de parure. Les arts du dessin prirent naissance, et l'on vit les chasseurs de rennes du Périgord et les chasseurs d'ours des Pyrénées employer leurs loisirs, devenus moins rares, à ciseler leurs armes, à dessiner ou à graver sur la pierre, l'os ou l'ivoire, la figure des animaux qu'ils avaient sous les yeux, et même leur propre image.

Cependant, chez eux, déjà la guerre exerçait ses fureurs; chez eux aussi, « la force primait le droit » et accablait la faiblesse. Témoin les graves blessures observées sur les armes des guerriers danois de l'âge de la pierre, et peut-être même sur des crânes de femmes sans défense (Crâne de Cro-Magnon; v. p. 78).

Plusieurs indices semblent démontrer que, dans certains cas du moins, ils se livraient à l'anthropophagie. Quelques auteurs soutiennent même que c'était, chez nos troglodytes de l'âge de la pierre, une pratique généralement répandue, aussi bien que les sacrifices humains. D'autres, au contraire, s'efforcent d'absoudre nos ancêtres de ce crime de lèse-humanité, dont les preuves, en bien des cas, nous paraissent accablantes.

L'aiguille en os était inventée, et les curieux spécimens que nous rencontrons dans les cavernes de la Dordogne, de l'Angleterre et de la Belgique nous prouvent que, dès ces époques lointaines, les femmes (et probablement aussi les hommes) savaient coudre les vêtements alors en usage. Les tendons des muscles, divisés en minces filaments, les fibres des écorces, plus tard les plantes textiles fournissaient le fil à coudre.

Tous ces traits de mœurs, sauf l'anthropophagie et les sacrifices humains, nous rappellent le genre de vie des Eskimaux, des Goënlandais et surtout celui des Tshouktschis sibériens, qui, il y a un siècle à peine, habitaient encore des cavernes dont ils fermaient l'entrée avec des peaux de renne, ne connaissaient pas les métaux et se servaient de couteaux faits de pierres tranchantes, de poinçons en os, de piques armées d'os pointus, de vaisselle en bois ou en cuir [1]. Pour coudre les vêtements de peaux, les femmes employaient des tendons effilés de

---

1. Voir les intéressants détails donnés à ce sujet par M. L. Lartet, dans son mémoire intitulé : *Une sépulture des anciens troglodytes des Pyrénées.*

quadrupèdes et des aiguilles faites avec des arêtes de poissons.

Nous avons vu, chez les troglodytes du Périgord, de délicates aiguilles en os percées d'un trou, destinées au même usage.

Chez ces derniers aussi, la famille et l'état social étaient cons-titués, même à l'époque du renne. S'il faut en croire les inter-prétations données par Ed. Lartet à ces instruments ornementés et percés de trous qu'il nomme des bâtons de commandement, s'il faut, avec un peu plus de complaisance encore, regarder le nombre des trous comme l'indice des divers degrés d'autorité, il y avait alors des chefs et des sujets.

Après avoir abrité les vivants, les cavernes sont devenues sou-vent le dernier asile des morts. On enterrait avec ceux-ci les armes, les parures, les objets de toute sorte qui leur avaient servi pendant leur vie terrestre et qui devaient leur servir en-core dans cette autre vie, dont l'homme des cavernes lui-même semble avoir eu le vague pressentiment. Du reste, idée à peine rudimentaire de la divinité, fétichisme grossier, superstitions ridicules, mais nulle religion vraiment digne de ce nom, nul idiome connu, dont les débris, même très-mutilés, soient arrivés jusqu'à nous.

Quant aux troglodytes qui, pendant l'âge de la pierre polie, habitaient les cavernes de nos Pyrénées ariégeoises, leur degré de culture était, sans contredit, beaucoup plus avancé que celui auquel se sont arrêtés les habitants des cavernes de l'âge du renne ou du mammouth.

Leurs armes et leurs instruments en pierre sont polis et tra-vaillés avec un soin minutieux; mais le travail de l'os n'a pas fait de notables progrès; on peut même dire qu'il a rétrogradé, car on n'observe plus ici ces dessins gravés, ces sculptures dont la perfection relative était pour nous un sujet d'étonnement dans la seconde moitié de l'âge du renne. La poterie existe, mais le tour n'est pas encore inventé. Comme les habitants des pala-fittes suisses, dont ils étaient les contemporains, les troglodytes ariégeois avaient su réduire en domesticité le chien, le sanglier (*Sus scrofa palustris*), le bœuf, la chèvre, le mouton. Ces ru-minants leur fournissaient non-seulement leur chair, mais en-core un lait abondant, et sans doute aussi le beurre et le fro-mage.

Ils mangeaient avec une sorte de prédilection l'*Helix ne-moralis*, dont on trouve les coquilles entassées à Niaux, à Bédeillac et ailleurs. La chasse à l'arc leur procurait aussi un gibier abondant (chevreuil, coq de bruyère); les noisettes, les prunelles, les cerises sauvages figuraient sur leur table, à côté des fraises, des framboises et des châtaignes. Pour boisson, rien que l'eau fraîche et pure du torrent, et pour coupes à boire des cornes de bœuf ou d'aurochs, ou des bois évidés de cerf élaphe.

Comme leurs aînés de l'âge de l'ours et du renne, ils se faisaient des vêtements avec les peaux des animaux qu'ils tuaient à la chasse ou qu'ils avaient réduits à l'état domestique. Des poids pour tendre les métiers de tisserand, et des pesons de fuseaux trouvés à Ussat et à Niaux semblent indiquer que le tissage et l'art de filer ne leur étaient point étrangers. En somme, leurs mœurs simples offraient beaucoup d'analogie avec celles des plus anciens habitants des cités lacustres.

Connaissaient-ils l'agriculture? On n'a point trouvé chez eux de céréales et encore moins du pain fabriqué avec du blé. MM. Garrigou et Filhol penchent néanmoins pour l'affirmative, et ils se fondent sur la découverte qu'ils ont faite de meules en granite, en leptynite, en syénite et autres roches dures, pour conjecturer que les troglodytes ariégeois se livraient à l'agriculture; mais ils n'avaient, pour ouvrir le sein de la terre, que des houes de pierre ou des pics fabriqués avec des bois de cerf.

MM. Garrigou et Filhol avouent leur complète ignorance relativement aux rites funéraires et aux idées religieuses des tribus préhistoriques de la vallée de Tarascon.

L'homme qui a laissé des traces indubitables de son existence dans les terrains quaternaires les plus anciens (et, *à fortiori*, dans ceux de l'âge du renne), quoique bien inférieur sous certains rapports à l'homme de nos jours, ressemblait donc à celui-ci par tous ses caractères vraiment essentiels. Malgré la sauvagerie de ses mœurs et la barbarie de quelques-unes de ses coutumes (anthropophagie, sacrifices humains), il était homme dans toute l'acception du mot, au triple point de vue anatomique, intellectuel et moral.

FIN

Coulommiers. — Typ. Paul BRODARD et Cie.

ANCIENNE LIBRAIRIE GERMER BAILLIÈRE et Cⁱᵉ
FÉLIX ALCAN, ÉDITEUR

CATALOGUE

DES

LIVRES DE FONDS

(PHILOSOPHIE — HISTOIRE)

TABLE DES MATIÈRES

	Pages.		Pages.
BIBLIOTHÈQUE DE PHILOSOPHIE CONTEMPORAINE		RECUEIL DES INSTRUCTIONS DIPLOMATIQUES	12
Format in-12	2	INVENTAIRE ANALYTIQUE DES ARCHIVES DU MINISTÈRE DES AFFAIRES ÉTRANGÈRES	12
Format in-8	4		
COLLECTION HISTORIQUE DES GRANDS PHILOSOPHES	6	PUBLICATIONS HISTORIQUES ILLUSTRÉES	13
Philosophie ancienne	6		
Philosophie moderne	7	ANTHROPOLOGIE ET ETHNOLOGIE	13
Philosophie écossaise	7	REVUE PHILOSOPHIQUE	14
Philosophie allemande	7	REVUE HISTORIQUE	14
Philosophie allemande contemporaine	8	ANNALES DE L'ÉCOLE LIBRE DES SCIENCES POLITIQUES	15
Philosophie anglaise contemporaine	8		
Philosophie italienne contemporaine	9	BIBLIOTHÈQUE SCIENTIFIQUE INTERNATIONALE	16
BIBLIOTHÈQUE D'HISTOIRE CONTEMP.	10	OUVRAGES DIVERS NE SE TROUVANT PAS DANS LES BIBLIOTHÈQUES	22
BIBLIOTHÈQUE HISTORIQUE ET POLITIQUE	12	BIBLIOTHÈQUE UTILE	30

On peut se procurer tous les ouvrages qui se trouvent dans ce Catalogue par l'intermédiaire des libraires de France et de l'Étranger.

On peut également les recevoir *franco* par la poste, sans augmentation des prix désignés, en joignant à la demande des TIMBRES-POSTE FRANÇAIS ou un MANDAT sur Paris.

PARIS

108, BOULEVARD SAINT-GERMAIN, 108

Au coin de la rue Hautefeuille.

JUILLET 1886

Les titres précédés d'un *astérisque* sont recommandés par le Ministère de l'Instruction publique pour les Bibliothèques et pour les distributions des prix des lycées et collèges. — Les lettres V. P. indiquent les volumes adoptés pour les distributions de prix et les Bibliothèques de la Ville de Paris.

BIBLIOTHÈQUE DE PHILOSOPHIE CONTEMPORAINE
Volumes in-12 brochés à 2 fr. 50.

Cartonnés toile. 3 francs. — En demi-reliure, plats papier. 4 francs.

Quelques-uns de ces volumes sont épuisés et il n'en reste que peu d'exemplaires imprimés sur papier vélin ; ces volumes sont annoncés au prix de 5 francs.

ALAUX, professeur à la Faculté des lettres d'Alger. **Philosophie de M. Cousin.**

AUBER (Ed.). **Philosophie de la médecine.**

BALLET (G.), professeur agrégé à la Faculté de médecine. **Le Langage intérieur** et les diverses formes de l'aphasie.

* BARTHÉLEMY SAINT-HILAIRE, de l'Institut. **De la Métaphysique.**

* BEAUSSIRE, de l'Institut. **Antécédents de l'hégélianisme dans la philosophie française.**

* BERSOT (Ernest), de l'Institut. **Libre Philosophie.** (V. P.)

* BERTAULD, de l'Institut. **L'Ordre social et l'Ordre moral.**

— **De la Philosophie sociale.**

BINET (A.). **La Psychologie du raisonnement**, expériences par l'hypnotisme.

BOST. **Le Protestantisme libéral.**

* BOUTMY (E.), de l'Institut. **Philosophie de l'architecture en Grèce.** (V. P.)

* CHALLEMEL-LACOUR. **La Philosophie individualiste**, étude sur G. de Humboldt.

COIGNET (Mme C.). **La Morale indépendante.**

COQUEREL Fils (Ath.). **Transformations historiques du Christianisme.**

— **La Conscience et la Foi.**

— **Histoire du Credo.**

COSTE (Ad.). **Les Conditions sociales du bonheur et de la force.** 3e édit. (V. P.)

* ESPINAS (A.), professeur à la Faculté des lettres des Bordeaux: **La Philosophie expérimentale en Italie.**

FAIVRE (E.), professeur à la Faculté des sciences de Lyon. **De la Variabilité des espèces.**

FONTANÈS. **Le Christianisme moderne.**

FONVIELLE (W. de). **L'Astronomie moderne.**

FRANCK (Ad.), de l'Institut. **Philosophie du droit pénal.** 2e édit.

— **Des Rapports de la Religion et de l'Etat.** 2e édit.

— **La Philosophie mystique en France au XVIIIe siècle.**

* GARNIER. **De la Morale dans l'antiquité.** Papier vélin.   5 fr.

GAUCKLER. **Le Beau et son histoire.**

HAECKEL, professeur à l'Université d'Iéna. **Les Preuves du transformisme.** 2e édit.

— * **La Psychologie cellulaire.**

HARTMANN (E. de). **La Religion de l'avenir.** 2e édit.

— **Le Darwinisme**, ce qu'il y a de vrai et de faux dans cette doctrine. 3e édit.

HERBERT SPENCER. **Classification des sciences**, traduit par M. Cazelles. 2e édit.

— **L'Individu contre l'État**, traduit par M. Gerschel.

* JANET (Paul), de l'Institut. **Le Matérialisme contemporain.** 4e édit.

— * **La Crise philosophique.** Taine, Renan, Vacherot, Littré.

— * Philosophie de la Révolution française. 3° édit.
— * Saint-Simon et le Saint-Simonisme.
— Les Origines du Socialisme contemporain.
* LAUGEL (Auguste). L'Optique et les Arts. (V. P.)
— * Les Problèmes de la nature.
— * Les Problèmes de la vie.
— * Les Problèmes de l'âme.
— * La Voix, l'Oreille et la Musique. Papier vélin.   5 fr.
LEBLAIS. Matérialisme et Spiritualisme.
* LEMOINE (Albert), maître de conférences à l'Ecole normale. Le Vita-
lisme et l'Animisme.
— * De la Physionomie et de la Parole.
— * L'Habitude et l'Instinct.
* LIARD, directeur de l'Enseignement supérieur. Les Logiciens anglais
contemporains. 2° édit.
LEOPARDI. Opuscules et Pensées, traduit par M. Aug. Dapples.
LEVALLOIS (Jules). Déisme et Christianisme.
* LÉVÊQUE (Charles), de l'Institut. Le Spiritualisme dans l'art.
— * La Science de l'invisible.
* LOTZE (H.). Psychologie physiologique, traduit par M. Penjon.
MARIANO. La Philosophie contemporaine en Italie.
* MARION, chargé de cours à la Faculté des lettres de Paris. J. Locke,
sa vie, son œuvre.
* MILSAND. L'Esthétique anglaise, étude sur John Ruskin.
ODYSSE BAROT. Philosophie de l'histoire.
PI Y MARGALL. Les Nationalités, traduit par M. L. X. de Ricard.
* RÉMUSAT (Charles de), de l'Académie française. Philosophie religieuse
RÉVILLE (A.), professeur au Collège de France. Histoire du dogme de la
divinité de Jésus-Christ.
RIBOT (Th.), direct. de la Revue philos. La Philosophie de Schopenhauer.
3° édit.
— * Les Maladies de la mémoire. 4° édit.
— Les Maladies de la volonté, 3° édit.
— Les Maladies de la personnalité.
ROISEL. De la Substance.
SAIGEY. La Physique moderne. 2° tirage. (V. P.)
* SAISSET (Emile), de l'Institut. L'Ame et la Vie.
— * Critique et Histoire de la philosophie (fragm. et disc.).
SCHMIDT (O.). Les Sciences naturelles et la Philosophie de l'incon-
scient.
SCHOEBEL. Philosophie de la raison pure.
SCHOPENHAUER. Le Libre arbitre, traduit par M. Salomon Reinach. 3° édit.
— Le Fondement de la morale, traduit par M. A. Burdeau. 2° édit.
— Pensées et Fragments, traduit par M. A. Burdeau. 6° édit.
SELDEN (Camille). La Musique en Allemagne, étude sur Mendelssohn. (V. P.)
SICILIANI (P.). La Psychogénie moderne.
STRICKER. Le Langage et la Musique, traduit par M. Schwiedland.
* STUART MILL. Auguste Comte et la Philosophie positive, traduit par
M. Clémenceau. 2° édit. (V. P.)
— L'Utilitarisme, traduit par M. Le Monnier. (V. P.)
TAINE (H.), de l'Académie française. L'Idéalisme anglais, étude sur
Carlyle.
— * Philosophie de l'art dans les Pays-Bas. 2° édit.
— * Philosophie de l'art en Grèce. 2° édit.
— * De l'Idéal dans l'art. Papier vélin.   5 fr.
— * Philosophie de l'art en Italie. Papier vélin.   5 fr.
— * Philosophie de l'art. Papier vélin.   5 fr.

TARDE. La Criminalité comparée.   2 fr. 50

TISSANDIER. Des Sciences occultes et du Spiritisme. Pap. vélin.   5 fr.

* VACHEROT (Et.), de l'Institut. La Science et la Conscience.

VÉRA (A.), professeur à l'Université de Naples. Philosophie hégélienne.

ZELLER. Christian Baur et l'École de Tubingue, traduit par M. Ritter.

BIBLIOTHÈQUE DE PHILOSOPHIE CONTEMPORAINE

Volumes in-8.

Brochés à 5 fr., 7 fr. 50 et 10 fr.
Cart. anglais, 1 fr. en plus par volume. Demi-reliure. 2 francs.

* AGASSIZ. De l'Espèce et des Classifications. 1 vol.   5 fr.
* BAIN (Alex.). La Logique inductive et déductive. Traduit de l'anglais
   par M. Compayré. 2 vol. 2ᵉ édit.   20 fr.
— * Les Sens et l'Intelligence. 1 vol. Traduit par M. Cazelles.   10 fr.
— * L'Esprit et le Corps. 1 vol. 4ᵉ édit.   6 fr.
— * La Science de l'Éducation. 1 vol. 4ᵉ édit.   6 fr.
— Les Émotions et la Volonté. Trad. par M. Le Monnier. 1 vol.   10 fr.
· * BARDOUX, sénateur. Les Légistes, leur influence sur la société fran-
   çaise. 1 vol.   5 fr.
* BARNI (Jules). La Morale dans la démocratie. 1 vol. 2ᵒ édit. précédée
   d'une préface de M. D. NOLEN, recteur de l'académie de Douai.   5 fr.
BEAUSSIRE (Émile), de l'Institut. Les Principes de la morale. 1 vol.
                                                                5 fr.
BERTRAND (A.), professeur à la Faculté des lettres de Lyon. L'Aperception
   du corps humain par la conscience. 1 vol.   5 fr.
BUCHNER. Nature et Science. 1 vol. 2ᵉ édit. Traduit par M. Lauth. 7 fr. 50
CLAY (R.). L'Alternative, contribution à la psychologie. 1 vol. Traduit
   de l'anglais par M. A. Burdeau, député, ancien professeur au lycée Louis
   le Grand.   .   10 fr.
EGGER (V.), professeur à la Faculté des lettres de Nancy. La Parole inté-
   rieure. 1 vol.   5 fr.
ESPINAS (Alf.), professeur à la Faculté des lettres de Bordeaux. Des Sociétés
   animales. 1 vol. 2ᵉ édit.   7 fr. 50
FERRI (Louis), correspondant de l'Institut. La Psychologie de l'asso-
   ciation, depuis Hobbes jusqu'à nos jours. 1 vol.   .   7 fr. 50
* FLINT, prof. à l'Université d'Edimbourg. La Philosophie de l'histoire en
   France. Traduit de l'anglais par M. Ludovic Carrau, directeur des con-
   férences de philosophie à la Faculté des lettres de Paris. 1 vol.   7 fr. 50
— La Philosophie de l'histoire en Allemagne. Traduit de l'anglais par
   M. Ludovic Carrau. 1 vol.   .   7 fr. 50
* FOUILLÉE (Alf.), ancien maître de conférences à l'École normale supé-
   rieure. La Liberté et le Déterminisme. 1 vol. 2ᵉ édit.   .   7 fr. 50
— Critique des systèmes de morale contemporains. 1 vol.   7 fr. 50
FRANCK (A.), de l'Institut. Philosophie du droit civil. 1 vol.   5 fr.
* GUYAU. La Morale anglaise contemporaine. 1 vol. 2ᵉ édit.   7 fr. 50
— Les Problèmes de l'esthétique contemporaine. 1 vol.   5 fr.
— Esquisse d'une morale sans obligation ni sanction. 1 vol.   5 fr.
— L'irréligion de l'avenir. 1 vol. (Sous presse.)

HERBERT SPENCER. **Les premiers Principes.** Traduit par M. Cazelles. 1 fort volume. 10 fr.

— **Principes de biologie.** Traduit par M. Cazelles. 2 vol. 20 fr.

— *****Principes de psychologie.** Trad. par MM. Ribot et Espinas. 2 vol. 20 fr.

— ***** **Principes de sociologie :**

Tome I. Traduit par M. Cazelles. 1 vol. 10 fr.

Tome II. Traduit par MM. Cazelles et Gerschel. 1 vol. 7 fr. 50

Tome III. Traduit par M. Cazelles. 1 vol. 15 fr.

— ***** **Essais sur le progrès.** Traduit par M. A. Burdeau. 1 vol. 7 fr. 50

— **Essais de politique.** Traduit par M. A. Burdeau. 1 vol. 2e édit. 7 fr. 50

— **Essais scientifiques.** Traduit par M. A. Burdeau. 1 vol. 7 fr. 50

***** — **De l'Education physique, intellectuelle et morale.** 1 vol. 5e édit. 5 fr.

— ***** **Introduction à la science sociale.** 1 vol. 6e édit. 6 fr.

— ***** **Les Bases de la morale évolutionniste.** 1 vol. 3e édit. 6 fr.

— ***** **Classification des sciences.** 1 vol. in-18. 2e édit. 2 fr. 50

— **L'Individu contre l'État.** Traduit par M. Gerschel. 1 vol. in-18. 2 fr. 50

— **Descriptive Sociology,** or Groupes of sociological facts. French compiled by James COLLIER. 1 vol. in-folio. 50 fr.

***** HUXLEY, de la Société royale de Londres. **Hume, sa vie, sa philosophie.** Traduit de l'anglais et précédé d'une Introduction par G. COMPAYRÉ. 1 vol. 5 fr.

***** JANET (Paul), de l'Institut. **Les Causes finales.** 1 vol. 2e édit. 10 fr.

— **Histoire de la science politique dans ses rapports avec la morale.** 2 forts vol. in-8. 2e édit. 20 fr.

LAUGEL (Auguste). **Les Problèmes** (Problèmes de la nature, problèmes de la vie, problèmes de l'âme). 1 vol. 7 fr. 50

***** LAVELEYE (de), correspondant de l'Institut. **De la Propriété et de ses formes primitives.** 1 vol. 4e édit. (Sous-presse.)

***** LIARD, directeur de l'enseignement supérieur. **La Science positive et la Métaphysique.** 1 vol. 2e édit. 7 fr. 50

— **Descartes.** 1 vol. 5 fr.

MARION (H.), chargé de cours à la Faculté des lettres de Paris. **De la Solidarité morale.** Essai de psychologie appliquée. 1 vol. 2e édit. (V. P.) 5 fr.

MATTHEW ARNOLD. **La Crise religieuse.** 1 vol. 7 fr. 50

MAUDSLEY. **La Pathologie de l'esprit.** 1 vol. Trad. par M. Germont. 10 fr.

***** NAVILLE (E.), correspondant de l'Institut. **La Logique de l'hypothèse.** 1 vol. 5 fr.

— **La Physique moderne.** 1 vol. 5 fr.

PÉREZ (Bernard). **Les trois premières années de l'enfant.** 1 fort volume in-8: 3e édit. 5 fr.

— **L'Enfant de trois à sept ans.** 1 fort vol. in-8. 5 fr.

PREYER, professeur à la Faculté d'Iéna. **Éléments de physiologie.** Traduit de l'allemand par M. J. Soury. 1 vol. 5 fr.

— **L'Ame de l'enfant.** 1 vol., traduit de l'allemand par H. de Varigny. 10 fr.

***** QUATREFAGES (De), de l'Institut **Ch. Darwin et ses précurseurs français.** 1 vol. 5 fr.

RIBOT (Th.). **L'Hérédité psychologique.** 1 vol. 2e édit. 7 fr. 50

— ***** **La Psychologie anglaise contemporaine.** 1 vol. 3e édit. 7 fr. 50

— *****. **La Psychologie allemande contemporaine.** 1 vol. 2e édit. 7 fr. 50

***** SAIGEY (Emile). **Les Sciences au XVIIIe siècle.** La physique de Voltaire. 1 vol. 5 fr.

SCHOPENHAUER. Aphorismes sur la sagesse dans la vie. 2ᵉ édit. Traduit par Cantacuzène. 1 vol. 5 fr.

— De la quadruple racine du principe de la raison suffisante, suivi d'une
Histoire de la doctrine de l'idéal et du réel. Trad. par Cantacuzène.
1 vol. 5 fr.

SÉAILLES, professeur au lycée Janson de Sailly. Essai sur le génie dans
l'art. 1 vol. 5 fr.

* STUART MILL. La Philosophie de Hamilton. 1 vol. 10 fr.

— * Mes Mémoires. Histoire de ma vie et de mes idées. Traduit de l'anglais par M..E. Cazelles. 1 vol. 5 fr.

— * Système de logique déductive et inductive. Traduit de l'anglais par
M. Louis Peisse. 2 vol. 20 fr.

— * Essais sur la Religion. 2ᵉ édit. 1 vol. 5 fr.

SULLY (James). Le Pessimisme. Traduit par MM. Bertrand et Gérard.
1 vol. 7 fr. 50

VACHEROT (Et.), de l'Inst. Essais de philosophie critique. 1 vol. 7 fr. 50

— La Religion. 1 vol. 7 fr. 50

WUNDT. Éléments de psychologie physiologique. 2 vol. avec fig. 20 fr.

ÉDITIONS ÉTRANGÈRES

Éditions anglaises.

AUGUSTE LAUGEL. The United States during
the war. In-8. 7 shill. 6 p.
ALBERT RÉVILLE. History of the doctrine of the
deity of Jesus-Christ. 3 sh. 6 p.
H. TAINE. Italy (Naples et Rome). 7 sh. 6 p.
H. TAINE. The Philosophy of Art. 3 sh.
PAUL JANET. The Materialism of present day.
1 vol. in-18, rel. 3 shill.

Éditions allemandes.

JULES BARNI. Napoléon Iᵉʳ. In-18. 3 m.

PAUL JANET. Der Materialismus unsere Zeit.
1 vol. in-18. 3 m.

H. TAINE. Philosophie der Kunst. 1 volume
in-18. 3 m.

COLLECTION HISTORIQUE DES GRANDS PHILOSOPHES

PHILOSOPHIE ANCIENNE

ARISTOTE (Œuvres d'), traduction de
M. BARTHÉLEMY SAINT-HILAIRE.

— Psychologie (Opuscules), trad. en
français et accompagnée de notes.
1 vol. in-8. 10 fr.

— Rhétorique, traduite en français
et accompagnée de notes. 1870,
2 vol. in-8. 16 fr.

— Politique, 1868, 1 v. in-8. 10 fr.

— Traité du ciel, 1866 ; traduit en
français pour la première fois.
1 fort vol. grand in-8. 10 fr.

— La Métaphysique d'Aristote.
3 vol. in-8, 1879. 30 fr.

— Traité de la production et de
la destruction des choses, trad.
en français et accomp. de notes per-
pétuelles. 1866. 1 v. gr. in-8. 10 fr.

— De la Logique d'Aristote, par
M. BARTHÉLEMY SAINT-HILAIRE.
2 vol. in-8. 10 fr.

* SOCRATE. La Philosophie de Socrate, par M. Alf. FOUILLÉE. 2 vol.
in-8. 16 fr.

* PLATON. La Philosophie de Platon, par M. Alfred FOUILLÉE. 2 vol.
in-8. 16 fr.

* PLATON. Études sur la Dialectique dans Platon et dans
Hegel, par M. Paul JANET. 1 vol.
in-8. 6 fr.

* ÉPICURE. La Morale d'Épicure
et ses rapports avec les doctrines
contemporaines, par M. GUYAU.
1 vol. in-8. 3ᵉ édit. 7 fr. 50

* ÉCOLE D'ALEXANDRIE. Histoire
de l'École d'Alexandrie, par
M. BARTHÉLEMY SAINT-HILAIRE. 1 v.
in-8. 6 fr.

MARC-AURÈLE. Pensées de Marc-
Aurèle, traduites et annotées par
M. BARTHÉLEMY SAINT-HILAIRE. 1 vol,
in-18. 4 fr. 50

BÉNARD. La Philosophie ancienne, histoire de ses systèmes. Première
partie : *La Philosophie et la sagesse
orientales. — La Philosophie grecque avant Socrate. — Socrate et les
socratiques. — Études sur les sophis-
tes grecs.* 1 vol. in-8. 1885. 9 fr.

* FABRE (Joseph). Histoire de la philosophie, antiquité et moyen
âge. 1 vol. in-18. 3 fr. 50

OGEREAU. Essai sur le système
philosophique des Stoïciens.
1 vol. in-8. 1885. 5 fr.

PHILOSOPHIE MODERNE

* LEIBNIZ. Œuvres philosophiques, avec Introduction et notes par M. Paul JANET. 2 vol. in-8. 16 fr.
LEIBNIZ. Leibniz et Pierre le Grand, par FOUCHER DE CARREIL. 1 vol. in-8........ .... 2 fr.
LEIBNIZ. Leibniz, Descartes et Spinoza, par FOUCHER DE CAREIL. 1 vol. in-8............. 4 fr.
— Leibniz et les deux Sophie, par FOUCHER DE CAREIL. 1 vol. in-8.................. 2 fr.
DESCARTES, par Louis LIARD. 1 vol. in-8.................. 5 fr.
— Essai sur l'Esthétique de Descartes, par KRANTZ. 1 v. in-8. 6 fr.
* SPINOZA. Dieu, l'homme et la béatitude, trad. et précédé d'une Introduction par M. P. JANET. 1 vol. In-18.............. 2 fr. 50
— Benedicti de Spinoza opera quotquot reperta sunt, recognoverunt J. Van Vloten et J.-P.-N. Land, édition publiée par la commission de la statue de Spinoza. 2 forts vol. in-8 sur papier de Hollande. 45 fr.
* LOCKE. Sa vie et ses œuvres, par M. MARION. 1 vol. in-18. 2 fr. 50
* MALEBRANCHE. La Philosophie de Malebranche, par M. OLLÉ-LAPRUNE. 2 vol. in-8...... 16 fr.
* VOLTAIRE. Les Sciences au XVIIIe siècle. Voltaire physicien, par M. Em. SAIGEY. 1 vol. in-8. 5 fr.
FRANCK (Ad.). La Philosophie mystique en France au XVIIIe siècle. 1 vol. in-18... 2 fr. 50
* DAMIRON. Mémoires pour servir à l'histoire de la philosophie au XVIIIe siècle. 3 vol. in-8.. 15 fr.
* MAINE DE BIRAN. Essai sur sa philosophie, suivi de fragments inédits, par JULES GÉRARD. 1 fort vol. in-8. 1876........ 10 fr.

PHILOSOPHIE ÉCOSSAISE

* DUGALD STEWART. Éléments de la philosophie de l'esprit humain, traduits de l'anglais par L. PEISSE. 3 vol. in-12... 9 fr.
* HAMILTON. La Philosophie de Hamilton, par J. STUART MILL. 1 vol. in-8............ 10 fr.
* BERKELEY. Sa vie et ses œuvres, par PENJON. 1 v. in-8. 1878. 7 fr. 50
* HUME. Sa vie et sa philosophie, par Th. HUXLEY, trad. de l'anglais par G. COMPAYRÉ. 1 vol. in-8. 5 fr.

PHILOSOPHIE ALLEMANDE

KANT. Critique de la raison pure, trad. par M. TISSOT. 2 v. in-8. 16 fr.
— Même ouvrage, traduction par M. Jules BARNI. 2 vol. in-8.. 16 fr.
* — Éclaircissements sur la Critique de la raison pure, trad. par J. TISSOT. 1 volume in-8... 6 fr.
* — Éléments métaphysiques de la doctrine du droit (Première partie de la Métaphysique des mœurs), suivi d'un Essai philosophique sur la paix perpétuelle, trad. par M. J. BARNI. 1 vol. in-8. 8 fr.
— Principes métaphysiques de la morale, augmentés des Fondements de la métaphysique des mœurs, traduct. par M. TISSOT. 1 v. in-8. 8 fr.
— Même ouvrage, traduction par M. Jules BARNI. 1 vol. in-8... 8 fr.
* — La Logique, traduction par M. TISSOT. 1 vol. in-8..... 4 fr.
* KANT. Mélanges de logique, traduction par M. TISSOT. 1 v. in-8. 6 fr.
* KANT. Prolégomènes à toute métaphysique future qui se présentera comme science, traduction de M. TISSOT. 1 vol. in-8... 6 fr.
* — Anthropologie, suivie de divers fragments relatifs aux rapports du physique et du moral de l'homme, et du commerce des esprits d'un monde à l'autre, traduction par M. TISSOT. 1 vol. in-8..... 6 fr.
— Traité de pédagogie, trad. J. BARNI; préface par Raymond THAMIN. 1 vol. in-12. 2 fr.
* FICHTE. Méthode pour arriver à la vie bienheureuse, traduit par Fr. BOUILLIER. Vol. in-8. 8 fr.
— Destination du savant et de l'homme de lettres, traduit par M. NICOLAS. 1 vol. in-8. 3 fr.
* — Doctrines de la science. Principes fondamentaux de la science de la connaissance. Vol. in-8. 9 fr.

SCHELLING. **Brune,** ou du principe divin, trad. par Cl. HUSSON. 1 vol. in-8................ 3 fr. 50
— **Écrits philosophiques** et morceaux propres à donner une idée de son système, trad. par Ch. BÉNARD. 1 vol. in-8........ 9 fr.
* HEGEL. **Logique.** 2e édit. 2 vol. in-8................ 14 fr.
* — **Philosophie de la nature.** 3 vol. in-8............ 25 fr.
* — **Philosophie de l'esprit.** 2 vol. in-8............ 18 fr.
* — **Philosophie de la religion.** Tomes I et II........... 20 fr.
— **Essais de philosophie hégélienne,** par A. VÉRA. 1 vol. 2 fr. 50
— **La Poétique,** trad. par Ch. BÉNARD. Extraits de Schiller, Gœthe Jean, Paul, etc., et sur divers sujets relatifs à la poésie. 2 v. in-8. 12 fr.

HEGEL. **Esthétique.** 2 vol. in-8, traduit par M. BÉNARD...... 16 fr.
— **Antécédents de l'Hegelianisme dans la philosophie française,** par BEAUSSIRE. 1 vol. in-18................ 2 fr. 50
* — **La Dialectique dans Hegel et dans Platon,** par Paul JANET. 1 vol. in-8........... 6 fr.
HUMBOLDT (G. de). **Essai sur les limites de l'action de l'État.** 1 vol. in-18......... 3 fr. 50
— * **La Philosophie individualiste,** étude sur G. de HUMBOLDT, par CHALLEMEL-LACOUR. 1 vol. in-18. 2 fr. 50
* STAHL. **Le Vitalisme et l'Animisme de Stahl,** par Albert LEMOINE. 1 vol. in-18.... 2 fr. 50
LESSING. **Le Christianisme moderne.** Étude sur Lessing, par FONTANÈS. 1 vol. in-18.. 2 fr. 50

PHILOSOPHIE ALLEMANDE CONTEMPORAINE

L. BUCHNER. **Nature et Science.** 1 vol. in-8. 2e édit...... 7 fr. 50
— * **Le Matérialisme contemporain,** par M. P. JANET. 4e édit. 1 vol. in-18........ 2 fr. 50
CHRISTIAN BAUR **et l'École de Tubingue,** par Ed. ZELLER. 1 vol. in-18............ 2 fr. 50
HARTMANN (E. de). **La Religion de l'avenir.** 1 vol. in-18.. 2 fr. 50
— **Le Darwinisme,** ce qu'il y a de vrai et de faux dans cette doctrine, traduit par M. G. GUÉROULT. 1 vol. in-18, 3e édition....... 2 fr. 50
HAECKEL. **Les Preuves du transformisme,** trad. par M. J. SOURY. 1 vol. in-18.......... 2 fr. 50
— **Essais de psychologie cellulaire,** traduit par M. J. SOURY. 1 vol. in-18.......... 2 fr. 50
O. SCHMIDT. **Les Sciences naturelles et la philosophie de l'inconscient.** 1 v. in-18. 2 fr. 50
LOTZE (H.). **Principes généraux de psychologie physiologique,** trad. par M. PENJON. 1 v. in-18. 2 f. 50
PREYER. **Éléments de physiologie.** 1 vol. in-8....... 5 fr.

SCHOPENHAUER. **Essai sur le libre arbitre.** 1 vol. in-18... 2 fr. 50
— **Le Fondement de la morale,** traduit par M. BURDEAU. 1 vol. in-18................ 2 fr. 50
— **Essais et fragments,** traduit et précédé d'une Vie de Schopenhauer, par M. BOURDEAU. 1 vol. in-18................ 2 fr. 50
— **Aphorismes sur la sagesse dans la vie.** 1 vol. in-8.. 5 fr.
— **De la quadruple racine du principe de la raison suffisante.** 1 vol. in-8...... 5 fr.
— **Schopenhauer et les origines de sa métaphysique,** par L. DUCROS. 1 vol. in-8...... 3 fr. 50
RIBOT (Th.). **La Psychologie allemande contemporaine** (Herbart, Beneke, Lotze, Fechner, Wundt, etc.). 1 vol. in-8. 7 fr. 50
STRICKER. **Le Langage et la Musique,** traduit de l'allemand par SCHWIEDLAND. 1 vol. in-18. 2 fr. 50
WUNDT. **Psychologie physiologique.** 2 vol. in-8 avec fig. 20 fr.

PHILOSOPHIE ANGLAISE CONTEMPORAINE

STUART MILL *. **La Philosophie de Hamilton.** 1 fort vol. in-8. 10 fr.
— * **Mes Mémoires.** Histoire de ma vie et de mes idées. 1 v. in-8. 5 fr.
— * **Système de logique** déductive et inductive. 2 v. in-8. 20 fr.
— **Essais sur la Religion.** 1 vol. in-8. 2e édit.......... 5 fr.

STUART MILL *. **Auguste Comte et la philosophie positive.** 1 vol. in-18. 2 fr. 50
— **L'Utilitarisme,** traduit par M. LE MONNIER. 1 vol. in-18... 2 fr. 50
HERBERT SPENCER *. **Les premiers Principes.** 1 fort volume in-8................ 10 fr.

HERBERT SPENCER *. **Principes de biologie.** 2 forts vol. in-8. 20 fr.
— * **Principes de psychologie.** 2 vol. in-8............ 20 fr.
— * **Introduction à la Science sociale.** 1 v. in-8 cart. 6ᵉ édit. 6 fr.
— * **Principes de sociologie.** 3 vol. in-8.............. 32 fr. 50
— * **Classification des sciences.** 1 vol. in-18, 2ᵉ édition. 2 fr. 50
— * **De l'éducation intellectuelle, morale et physique.** 1 vol. in-8, 4ᵉ édit............. 5 fr.
— * **Essais sur le progrès.** 1 vol. in-8................. 7 fr. 50
— **Essais de politique.** 1 vol. in-8.................. 7 fr. 50
— **Essais scientifiques.** 1 vol. in-8................. 7 fr. 50
— * **Les bases de la morale évolutionniste.** 1 vol. in-8.... 6 fr.
— **L'Individu contre l'État.** 1 vol. in-18................ 2 fr. 50
BAIN *. **Des sens et de l'intelligence.** 1 vol. in-8... 10 fr.
— * **La Logique inductive et déductive.** 2 vol. in-8.... 20 fr.
— * **L'Esprit et le corps.** 1 vol. in-8, cartonné, 2ᵉ édit.... 6 fr.
— * **La Science de l'éducation.** 1 vol. in-8.............. 6 fr.
— **Les Émotions et la volonté.** 1 vol. in-8 cartonné.... 10 fr.
DARWIN *. **Ch. Darwin et ses précurseurs français**, par M. de QUATREFAGES. 1 vol. in-8.. 5 fr.
— *. **Descendance et Darwinisme**, par Oscar SCHMIDT. 1 vol. in-8 cart. 4ᵉ édit........ 6 fr.
— **Le Darwinisme**, par E. DE HARTMANN. 1 vol. in-18..... 2 fr. 50
— **Les Récifs de corail**, structure et distribution, par Ch. DARWIN. 1 vol. in-8............ 8 fr.

FERRIER. **Les fonctions du cerveau.** 1 vol. in-8...... 10 fr.
CHARLTON BASTIAN. **Le cerveau, organe de la pensée chez l'homme et les animaux.** 2 vol. in-8. 12 fr.
CARLYLE. **L'Idéalisme anglais**, étude sur Carlyle, par H. TAINE. 1 vol. in-18.......... 2 fr. 50
BAGEHOT *. **Lois scientifiques du développement des nations.** 1 vol. in-8, cart. 3ᵉ édit.... 6 fr.
DRAPER. **Les conflits de la science et de la religion.** 1 vol. in-8. 6 fr.
RUSKIN (JOHN) *. **L'Esthétique anglaise**, étude sur J. Ruskin, par MILSAND. 1 vol. in-18... 2 fr. 50
MATTHEW ARNOLD. **La Crise religieuse.** 1 vol. in-8.... 7 fr. 50
MAUDSLEY *. **Le Crime et la folie.** 1 vol. in-8. cart. 5ᵉ édit... 6 fr.
— **La Pathologie de l'esprit.** 1 vol in-8............. 10 fr.
FLINT *. **La Philosophie de l'histoire en France et en Allemagne.** 2 vol in-8..... 15 fr.
RIBOT (Th.). **La Psychologie anglaise contemporaine** (James Mill, Stuart Mill, Herbert Spencer, A. Bain, G. Lewes, S. Bailey, J.-D. Morell, J. Murphy), 2ᵉ éd. 1 vol. in-8................. 7 fr. 50
LIARD *. **Les Logiciens anglais contemporains** (Herschel, Whewell, Stuart Mill, G. Bentham, Hamilton, de Morgan, Beele, Stanley Jevons). 1 vol. in-18. 2ᵉ édit... 2 fr. 50
GUYAU *. **La Morale anglaise contemporaine.** 1 vol. in-8. 7 fr. 50
HUXLEY *. **Hume, sa vie, sa philosophie.** 1 vol. in-8...... 5 fr.
JAMES SULLY. **Le Pessimisme.** 1 vol. in-8............. 7 fr. 50
— **Les Illusions des sens et de l'esprit.** 1 vol. in-8, cart.. 6 fr.

PHILOSOPHIE ITALIENNE CONTEMPORAINE

SICILIANI. **Prolégomènes à la psychogénie moderne**, trad. par A. HERZEN. 1 vol. in-18. 2 fr. 50
ESPINAS *. **La philosophie expérimentale en Italie**, origines, état actuel. 1 vol. in-18. 2 fr. 50
MARIANO. **La philosophie contemporaine en Italie**, essais de philos. hégélienne. 1 v. in-18. 2 fr. 50
FERRI (Louis). **Essai sur l'histoire de la philosophie en Italie au** XIXᵉ siècle. 2 vol. in-8. 12 fr.
— **La philosophie de l'association depuis Hobbes jusqu'à nos jours.** 1 vol. in-8. 7 fr. 50
MINGHETTI. **L'État et l'Église.** 1 vol. in-8................. 5 fr.
LEOPARDI. **Opuscules et pensées.** 1 vol. in-18......... 2 fr. 50
MANTEGAZZA. **La physionomie et l'expression des sentiments.** 1 vol. in-8 cart......... 6 fr.

**

BIBLIOTHÈQUE D'HISTOIRE CONTEMPORAINE

Volumes in-18 brochés à 3 fr. 50. — Volumes in-8 brochés à 5 et 7 francs:

Cartonnage anglais, 50 cent. par vol. in-18, 1 fr. par vol. in-8.

Demi-reliure, 1 fr. 50 par vol. in-18, 2 fr. par vol. in-8.

EUROPE

* SYBEL (H. de). **Histoire de l'Europe pendant la Révolution française**, traduit de l'allemand par Mlle DOSQUET. 6 vol. in-8.   42 fr.
Chaque volume séparément.   7 fr.

FRANCE

* BLANC (Louis). **Histoire de Dix ans.** 5 vol. in-8. (V. P.)   25 fr.
Chaque volume séparément.   5 fr.
— 25 pl. en taille-douce. Illustrations pour l'*Histoire de Dix ans.*   6 fr.
* BOERT. **La Guerre de 1870-1871**, d'après le colonel fédéral suisse Rustow.
1 vol. in-18. (V. P.)   3 fr. 50
* CARLYLE. **Histoire de la Révolution française.** Traduit de l'anglais.
3 vol. in-18. Chaque volume.   3 fr. 50
* CARNOT (H.), sénateur. **La Révolution française**, résumé historique.
1 vol. in-18, nouvelle édit. (V. P.)   3 fr. 50
* ÉLIAS REGNAULT. **Histoire de Huit ans** (1840-1848). 3 vol. in-8.   15 fr.
Chaque volume séparément.   5 fr.
— 14 planches en taille-douce, illustrations pour l'*Histoire de Huit ans.*   4 fr.
* GAFFAREL (P.), professeur à la Faculté des lettres de Dijon. **Les Colonies françaises.** 1 vol. in-8, 2e édit. (V. P.)   5 fr.
* LAUGEL (A.). **La France politique et sociale.** 1 vol. in-8.   5 fr.
ROCHAU (De). **Histoire de la Restauration.** 1 vol. in-18, traduit de l'allemand.   3 fr. 50
* TAXILE DELORD. **Histoire du second Empire** (1848-1870). 6 volumes in-8.   42 fr.
Chaque volume séparément.   7 fr.
WAHL, professeur au lycée Lakanal. **L'Algérie.** 1 vol. in-8. (V. P.)   5 fr.
LANESSAN (de), député. **L'expansion coloniale de la France** (Études économiques, politiques et géographiques sur les établissements français d'outre-mer). 1 fort vol. in-8, avec cartes. 1886.   12 fr.

ANGLETERRE

* BAGEHOT (W.). **La Constitution anglaise.** Traduit de l'anglais. 1 volume in-18. (V. P.)   3 fr. 50
— * **Lombard-street.** Le marché financier en Angleterre. 1 vol. in-18.   3 fr. 50
* GLADSTONE (E. W.). **Questions constitutionnelles** (1873-1878). — Le prince-époux. — Le droit électoral. Traduit de l'anglais, et précédé d'une Introduction par Albert GIGOT. 1 vol. in-8.   5 fr.
* LAUGEL (Aug.). **Lord Palmerston et lord Russel.** 1 vol. in-18. 3 fr. 50
* SIR CORNEWAL LEWIS. **Histoire gouvernementale de l'Angleterre depuis 1770 jusqu'à 1830.** Traduit de l'anglais. 1 vol. in-8.   7 fr.
* REYNALD (H.), doyen de la Faculté des lettres d'Aix. **Histoire de l'Angleterre** depuis la reine Anne jusqu'à nos jours. 1 vol. in-18, 2e édit. (V. P.)   3 fr. 50
* THACKERAY. **Les Quatre George.** Traduit de l'anglais par LEFOYER. 1 vol. in-18. (V. P.)   3 fr. 50

ALLEMAGNE

* BOURLOTON (Ed.). **L'Allemagne contemporaine.** 1 vol. in-18. 3 fr. 50
* VÉRON (Eug.). **Histoire de la Prusse,** depuis la mort de Frédéric II jusqu'à la bataille de Sadowa. 1 vol. in-18, 3ᵉ édit. (V. P.) 3 fr. 50
— * **Histoire de l'Allemagne,** depuis la bataille de Sadowa jusqu'à nos jours. 1 vol. in-18, 2ᵉ édit. (V. P.). 3 fr. 50

AUTRICHE-HONGRIE

* ASSELINE (L.). **Histoire de l'Autriche,** depuis la mort de Marie-Thérèse jusqu'à nos jours. 1 vol. in-18, 2ᵉ édit. (V. P.) 3 fr. 50
SAYOUS (Ed.), professeur à la Faculté des lettres de Toulouse. **Histoire des Hongrois** et de leur littérature politique, de 1790 à 1815. 1 vol. in-18. 3 fr. 50

ESPAGNE

* REYNALD (H.). **Histoire de l'Espagne** depuis la mort de Charles III jusqu'à nos jours. 1 vol. in-18. (V. P.) 3 fr. 50

RUSSIE

HERBERT BARRY. **La Russie contemporaine.** Traduit de l'anglais. 1 vol. in-18. 3 fr. 50
CRÉHANGE (M.). **Histoire contemporaine de la Russie.** 1 vol. in-18. 3 fr. 50

SUISSE

* DAENDLIKER. **Histoire du peuple suisse.** Trad. de l'allem. par Mᵐᵉ Jules FAVRE, et précédé d'une Introduction de M. Jules FAVRE. 1 vol. in-8. (V. P.) 5 fr.
DIXON (H.). **La Suisse contemporaine.** 1 vol. in-18, traduit de l'anglais. (V. P.) 3 fr. 50

AMÉRIQUE

DEBERLE (Alf.). **Histoire de l'Amérique du Sud,** depuis sa conquête jusqu'à nos jours. 1 vol. in-18. 2ᵉ édit. (V. P.) 3 fr. 50
* LAUGEL (Aug.). **Les États-Unis pendant la guerre.** 1861-1864. Souvenirs personnels. 1 vol. in-18. 3 fr. 50

---

* BARNI (Jules). **Histoire des idées morales et politiques en France au dix-huitième siècle.** 2 vol. in-18. (V. P.) Chaque volume. 3 fr. 50
— * **Les Moralistes français au dix-huitième siècle.** 1 vol. in-18 faisant suite aux deux précédents. (V. P.) 3 fr. 50
— **Napoléon Iᵉʳ et son historien M. Thiers.** 1 vol. in-18. 3 fr. 50
BEAUSSIRE (Émile), de l'Institut. **La Guerre étrangère et la Guerre civile.** 1 vol. in-18. 3 fr. 50
* DESPOIS (Eug.). **Le Vandalisme révolutionnaire.** Fondations littéraires, scientifiques et artistiques de la Convention. 2ᵉ édition, précédée d'une notice sur l'auteur par M. Charles BIGOT. 1 vol. in-18. (V. P.) 3 fr. 50
* CLAMAGERAN (J.), sénateur. **La France républicaine.** 1 vol. in-18. 3 fr. 50
* DUVERGIER DE HAURANNE. **La République conservatrice.** 1 volume in-18. 3 fr. 50
LAVELEYE (E. de), correspondant de l'Institut. **Le Socialisme contemporain.** 1 vol. in-18, 3ᵉ édit. 3 fr. 50
MARCELLIN PELLET, ancien député. **Variétés révolutionnaires.** 1 vol. in-18, précédé d'une Préface de A. RANC. 3 fr. 50
SPULLER (E.). **Figures disparues,** portraits contemporains, littéraires et politiques. 1 vol. in-18. 3 fr. 50

BIBLIOTHÈQUE HISTORIQUE ET POLITIQUE

Volumes in-8.

* ALBANY DE FONBLANQUE. **L'Angleterre, son gouvernement, ses institutions.** Traduit de l'anglais sur la 14e édition par M. F. C. DREYFUS, avec Introduction par M. H. BRISSON. 1 vol.   5 fr.

BENLOEW. **Les Lois de l'Histoire.** 1 vol.   5 fr.

* DESCHANEL (E.). **Le Peuple et la Bourgeoisie.** 1 vol.   5 fr.

DU CASSE. **Les Rois frères de Napoléon Ier.** 1 vol.   10 fr.

MINGHETTI. **L'État et l'Église.** 1 vol.   5 fr.

LOUIS BLANC. **Discours politiques** (1848-1881). 1 vol.   7 fr. 50

PHILIPPSON. **La Contre-révolution religieuse au XVIe siècle.** 1 vol.   10 fr.

HENRARD (P.). **Henri IV et la princesse de Condé.** 1 vol.   6 fr.

NOVICOW. **La Politique internationale,** précédé d'une Préface de M. Eugène VÉRON. 1 fort vol.   7 fr.

DREYFUS (F. C.). **La France, son gouvernement, ses institutions.** 1 vol. (*Sous presse.*)

RECUEIL DES INSTRUCTIONS

DONNÉES .

AUX AMBASSADEURS ET MINISTRES DE FRANCE

DEPUIS LES TRAITÉS DE WESTPHALIE JUSQU'A LA RÉVOLUTION FRANÇAISE

Publié sous les auspices de la Commission des archives diplomatiques au Ministère des affaires étrangères.

Beaux volumes in-8 cavalier, imprimés sur papier de Hollande :

I. — AUTRICHE, avec Introduction et notes, par Albert SOREL... 20 fr.

II. — SUÈDE, avec Introduction et notes, par A. GEFFROY, membre de l'Institut.. 20 fr.

La publication se continuera par les volumes suivants :

ANGLETERRE, par M. A. Baschet.
PRUSSE, par M. E. Lavisse.
RUSSIE, par M. A. Rambaud.
TURQUIE, par M. Girard de Rialle.
ROME, par M. Hanotaux.
HOLLANDE, par M. H. Maze.
ESPAGNE, par M. Morel Fatio.
DANEMARK, par M. Geffroy.

SAVOIE ET MANTOUE, par M. Armingaud.
NAPLES ET PARME, par M. J. Reinach.
PORTUGAL, par le vicomte de Caix de Saint-Aymour.
VENISE, par M. Jean Kaulek.
POLOGNE, par M. Louis Farges.

INVENTAIRE ANALYTIQUE

DES ARCHIVES DU MINISTÈRE DES AFFAIRES ÉTRANGÈRES

Publié sous les auspices de la Commission des archives diplomatiques

I. — **Correspondance politique de MM. de CASTILLON et de MARILLAC, ambassadeurs de France en Angleterre (1538-1540)**, par M. JEAN KAULEK, avec la collaboration de MM. Louis Farges et Germain Lefèvre-Pontalis. 1 beau volume in-8 raisin sur papier fort.................................... **16** francs.

Le même, sur papier de Hollande.................. **20** —

Volumes en préparation :

Suisse. PAPIERS DE BARTHÉLEMY, vol. I, année 1792, par M. J. KAULEK.

Angleterre, 1546-1549. AMBASSADE DE M. DE SELVE.

PUBLICATIONS HISTORIQUES ILLUSTRÉES

HISTOIRE ILLUSTRÉE DU SECOND EMPIRE, par Taxile DELORD.
6 vol. in-8 colombier.

Chaque vol. broché, 8 fr. — Cart. doré, tr. dorées.   11 fr. 50

L'ouvrage est complet. On peut se procurer les livraisons de 8 pages au prix de 10 centimes.

HISTOIRE POPULAIRE DE LA FRANCE, depuis les origines jusqu'en 1815. — Nouvelle édition. — 4 vol. in-8 colombier avec 1323 gravures sur bois dans le texte.

Chaque vol., avec gravures, broché, 7 fr. 50 — Cart. doré, tranches dorées... : .... 11 fr.

ANTHROPOLOGIE ET ETHNOLOGIE

EVANS (John). **Les âges de la pierre.** 1 vol. grand in-8, avec 467 figures dans le texte. 15 fr. — En demi-reliure.   18 fr.

EVANS (John). **L'âge du bronze.** 1 vol. grand in-8, avec 540 figures dans le texte, broché, 15 fr. — En demi-reliure.   18 fr.

GIRARD DE RIALLE. **Les peuples de l'Afrique et de l'Amérique.** 1 vol. in-18.   60 cent.

HARTMANN (R.). **Les peuples de l'Afrique.** 1 vol. in-8, avec fig.   6 fr.

HARTMANN (R.). **Les singes anthropoïdes.** 1 vol. in-8 avec fig.   6 fr.

JOLY (N.). **L'homme avant les métaux.** 1 vol. in-8 avec 150 figures dans le texte et un frontispice. 4e édit.   6 fr.

LUBBOCK (Sir John). **Les origines de la civilisation.** État primitif de l'homme et mœurs des sauvages modernes. 1877. 1 vol. gr. in-8, avec figures et planches hors texte. Trad. de l'anglais par M. Ed. BARBIER. 2e édit. 1877, 15 fr. — Relié en demi-maroquin, avec tr. dorées. 18 fr.

PIÉTREMENT. **Les chevaux dans les temps préhistoriques et historiques.** 1 fort vol. gr. in-8.   15 fr.

DE QUATREFAGES. **L'espèce humaine.** 1 vol. in-8. 6e édit.   6 fr.

WHITNEY. **La vie du langage.** 1 vol. in-8. 3e édit.   6 fr.

ZABOROWSKI. **L'anthropologie**, son histoire, sa place, ses résultats. 1 brochure in-8.   1 fr. 25

CARETTE (le colonel). **Études sur les temps antéhistoriques.** Première étude : Le langage. 1 vol. in-8. 1878.   8 fr.

CELSE. **Éléments d'anthropologie.** Notion de l'homme comme organisme vivant, et classification des sciences anthropologiques fondamentales. Tome I. 1 vol. in-8.   5 fr.

REVUE PHILOSOPHIQUE

DE LA FRANCE ET DE L'ÉTRANGER

Dirigée par TH. RIBOT

Agrégé de philosophie, Docteur ès lettres

(11ᵉ *année*, 1886.)

La REVUE PHILOSOPHIQUE paraît tous les mois, par livraisons de 6 ou 7 feuilles grand in-8, et forme ainsi à la fin de chaque année deux forts volumes d'environ 680 pages chacun.

CHAQUE NUMÉRO DE LA *REVUE* CONTIENT :

1° Plusieurs articles de fond; 2° des analyses et comptes rendus des nouveaux ouvrages philosophiques français et étrangers; 3° un compte rendu aussi complet que possible des *publications périodiques* de l'étranger pour tout ce qui concerne la philosophie; 4° des notes, documents, observations, pouvant servir de matériaux ou donner lieu à des vues nouvelles.

Prix d'abonnement :

Un an, pour Paris, 30 fr. — Pour les départements et l'étranger, 33 fr.

La livraison......................... 3 fr.

Les années écoulées se vendent séparément 30 francs, et par livraisons de 3 francs.

REVUE HISTORIQUE

Dirigée par G. MONOD

Maître de conférences à l'École normale, directeur à l'École de hautes études.

(11ᵉ *année*, 1886.)

La REVUE HISTORIQUE paraît tous les deux mois, par livraisons grand in-8 de 15 ou 16 feuilles, de manière à former à la fin de l'année trois beaux volumes de 500 pages chacun.

CHAQUE LIVRAISON CONTIENT :

I. Plusieurs *articles de fond*, comprenant chacun, s'il est possible, un travail complet. — II. Des *Mélanges et Variétés*, composés de documents inédits d'une étendue restreinte et de courtes notices sur des points d'histoire curieux ou mal connus. — III. Un *Bulletin historique* de la France et de l'étranger, fournissant des renseignements aussi complets que possible sur tout ce qui touche aux études historiques. — IV. Une *analyse des publications périodiques* de la France et de l'étranger, au point de vue des études historiques. — V. Des *Comptes rendus critiques* des livres d'histoire nouveaux.

Prix d'abonnement :

Un an, pour Paris, 30 fr. — Pour les départements et l'étranger, 33 fr.

La livraison................... 6 fr.

Les années écoulées se vendent séparément 30 francs, et par fascicules de 6 francs. Les fascicules de la 1ʳᵉ année se vendent 9 francs.

Table des matières contenues dans les cinq premières années de la Revue historique (1876 à 1880), par CHARLES BÉMONT. 1 vol. in-8, 3 fr. (pour les abonnés de la *Revue*, 1 fr. 50).

ANNALES DE L'ÉCOLE LIBRE

DES

SCIENCES POLITIQUES

RECUEIL TRIMESTRIEL

Publié avec la collaboration des professeurs et des anciens élèves de l'école

PREMIÈRE ANNÉE, 1886

COMITÉ DE RÉDACTION :

M. Émile BOUTMY, de l'Institut, directeur de l'École; M. Léon SAY, de l'Institut, ancien ministre des Finances; M. ALF. DE FOVILLE, chef du bureau de statistique au ministère des Finances, professeur au Conservatoire des arts et métiers; M. R. STOURM, ancien inspecteur des Finances et administrateur des Contributions indirectes; M. Alexandre RIBOT, ancien député; M. Gabriel ALIX; M. L. RENAULT, professeur à la Faculté des lettres de Paris; M. A. VANDAL, auditeur de 1re classe au Conseil d'État, Directeurs des groupes de travail, professeurs à l'École.

Secrétaire de la rédaction : M. Aug. ARNAUNÉ, docteur en droit.

La première livraison des **Annales de l'École libre des sciences politiques** a paru le 15 janvier 1886.

Les sujets traités embrassent tout le champ couvert par le programme d'enseignement de l'Ecole : *Économie politique, finances, statistique, histoire constitutionnelle, droit international, public et privé, droit, administratif, législations civile et commerciale privées, histoire législative et parlementaire, histoire diplomatique, géographie économique, ethnographie, etc.*

La direction du Recueil se propose de ne négliger aucune des questions qui présentent, tant en France qu'à l'étranger, un intérêt pratique et actuel. L'esprit et la méthode en sont strictement scientifiques.

Les *Annales* contiennent en outre des notices bibliographiques et des correspondances de l'étranger.

Cette publication présente donc un intérêt considérable pour toutes les personnes qui s'adonnent à l'étude des sciences politiques. La place en est marquée dans toutes les Bibliothèques des Facultés, des Universités et des grands corps délibérants.

MODE DE PUBLICATION ET CONDITIONS D'ABONNEMENT

Les *Annales de l'Ecole libre des sciences politiques* paraissent depuis le 15 janvier 1886, tous les trois mois (15 janvier, 15 avril, 15 juillet et 15 octobre), par fascicules gr. in-8, de 160 pages chacun.

Les conditions d'abonnement sont les suivantes :

Un an (du 15 janvier) {	Paris	16 francs.
	Départements et étranger.	17 —
	La livraison............	5 —

BIBLIOTHÈQUE SCIENTIFIQUE INTERNATIONALE

Publiée sous la direction de M. Émile ALGLAVE

La *Bibliothèque scientifique internationale* est une œuvre dirigée par les auteurs mêmes, en vue des intérêts de la science, pour la populariser sous toutes ses formes, et faire connaître immédiatement dans le monde entier les idées originales, les directions nouvelles, les découvertes importantes qui se font chaque jour dans tous les pays. Chaque savant expose les idées qu'il a introduites dans la science, et condense pour ainsi dire ses doctrines les plus originales.

On peut ainsi, sans quitter la France, assister et participer au mouvement des esprits en Angleterre, en Allemagne, en Amérique, en Italie, tout aussi bien que les savants mêmes de chacun de ces pays.

La *Bibliothèque scientifique internationale* ne comprend pas seulement des ouvrages consacrés aux sciences physiques et naturelles, elle aborde aussi les sciences morales, comme la philosophie, l'histoire, la politique et l'économie sociale, la haute législation, etc.; mais les livres traitant des sujets de ce genre se rattachent encore aux sciences naturelles, en leur empruntant les méthodes d'observation et d'expérience qui les ont rendues si fécondes depuis deux siècles.

Cette collection paraît à la fois en français, en anglais, en allemand et en italien : à Paris, chez Félix Alcan ; à Londres, chez C. Kegan, Paul et Cie ; à New-York, chez Appleton ; à Leipzig, chez Brockhaus ; et à Milan, chez Dumolard frères.

LISTE DES OUVRAGES PAR ORDRE D'APPARITION

VOLUMES IN-8, CARTONNÉS A L'ANGLAISE, A 6 FRANCS.

Les mêmes en demi-reliure veau, avec coins, tranche supér. dorée, non rognés.................... 10 francs.

* 1. J. TYNDALL. **Les glaciers et les transformations de l'eau**, avec figures. 1 vol. in-8. 5e édition. 6 fr.

* 2. BAGEHOT. **Lois scientifiques du développement des nations** dans leurs rapports avec les principes de la sélection naturelle et de l'hérédité. 1 vol. in-8. 5e édition. 6 fr.

* 3. MAREY. **La machine animale**, locomotion terrestre et aérienne, avec de nombreuses fig. 1 vol. in-8. 4e édition. 6 fr.

4. BAIN. **L'esprit et le corps.** 1 vol. in-8. 4e édition. 6 fr.

* 5. PETTIGREW. **La locomotion chez les animaux**, marche, natation. 1 vol. in-8, avec figures. 6 fr.

* 6. HERBERT SPENCER. **La science sociale.** 1 v. in-8. 7e édit. 6 fr.

* 7. SCHMIDT (O.). **La descendance de l'homme et le darwinisme.** 1 vol. in-8, avec fig. 5e édition. 6 fr.

* 8. MAUDSLEY. **Le crime et la folie.** 1 vol. in-8. 5e édit. 6 fr.

* 9. VAN BENEDEN. **Les commensaux et les parasites dans le règne animal**. 1 vol. in-8, avec figures. 3ᵉ édit.   6 fr.

* 10. BALFOUR STEWART. **La conservation de l'énergie**, suivi d'une Etude sur la *nature de la force* par *M. P. de Saint-Robert*, avec figures. 1 vol. in-8. 4ᵉ édition.   6 fr.

11. DRAPER. **Les conflits de la science et de la religion**. 1 vol. in-8. 7ᵉ édition.   6 fr.

12. L. DUMONT. **Théorie scientifique de la sensibilité**. 1 vol. in-8. 3ᵉ édition.   6 fr.

* 13. SCHUTZENBERGER. **Les fermentations**. 1 vol. in-8, avec fig. 4ᵉ édition.   6 fr.

* 14. WHITNEY. **La vie du langage**. 1 vol. in-8. 3ᵉ édit.   6 fr.

15. COOKE et BERKELEY. **Les champignons**. 1 vol. in-8, avec figures. 3ᵉ édition.   6 fr.

* 16. BERNSTEIN. **Les sens**. 1 vol. in-8, avec 91 fig. 4ᵉ édit.   6 fr.

* 17. BERTHELOT. **La synthèse chimique**. 1 vol. in-8. 5ᵉ édit.   6 fr.

* 18. VOGEL. **La photographie et la chimie de la lumière**, avec 95 figures. 1 vol. in-8. 4ᵉ édition.   6 fr.

* 19. LUYS. **Le cerveau et ses fonctions**, avec figures. 1 vol. in-8. 4ᵉ édition.   6 fr.

* 20. STANLEY JEVONS. **La monnaie et le mécanisme de l'échange**. 1 vol. in-8. 4ᵉ édition.   6 fr.

* 21. FUCHS. **Les volcans et les tremblements de terre**. 1 vol. in-8, avec figures et une carte en couleur. 4ᵉ édition.   6 fr.

* 22. GÉNÉRAL BRIALMONT. **Les camps retranchés et leur rôle dans la défense des États**, avec fig. dans le texte et 2 planches hors texte. 3ᵉ édit.   6 fr.

* 23. DE QUATREFAGES. **L'espèce humaine**. 1 vol. in-8. 7ᵉ édit.   6 fr.

* 24. BLASERNA et HELMHOLTZ. **Le son et la musique**. 1 vol. in-8, avec figures. 3ᵉ édition.   6 fr.

* 25. ROSENTAHL. **Les nerfs et les muscles**. 1 vol. in-8, avec 75 figures. 3ᵉ édition.   6 fr.

* 26. BRUCKE et HELMHOLTZ. **Principes scientifiques des beaux-arts**. 1 vol. in-8 avec 39 figures. 3ᵉ édition.   6 fr.

* 27. WURTZ. **La théorie atomique**. 1 vol. in-8. 4ᵉ édition.   6 fr.

* 28-29. SECCHI (le Père). **Les étoiles**. 2 vol. in-8, avec 63 figures dans le texte et 17 planches en noir et en couleur hors texte. 2ᵉ édit.   12 fr.

30. JOLY. **L'homme avant les métaux**. 1 vol. in-8 avec figures. 4ᵉ édition.   6 fr.

* 31. A. BAIN. **La science de l'éducation**. 1 vol. in-8. 5ᵉ édition.   6 fr.

* 32-33. THURSTON (R.). **Histoire des machines à vapeur**, précédée d'une Introduction par M. HIRSCH. 2 vol. in-8, avec 140 figures dans le texte et 16 planches hors texte. 2ᵉ édition.   12 fr.

* 34. HARTMANN (R.). **Les peuples de l'Afrique**. 1 vol. in-8, avec figures. 2ᵉ édition.   6 fr.

* 35. HERBERT SPENCER. **Les bases de la morale évolutionniste**. 1 vol. in-8. 3ᵉ édition.   6 fr.

36. HUXLEY. **L'écrevisse**, introduction à l'étude de la zoologie. 1 vol. in-8, avec figures.   6 fr.

37. DE ROBERTY. **De la sociologie**. 1 vol. in-8. 2ᵉ édition.   6 fr.

* 38. ROOD. **Théorie scientifique des couleurs**. 1 vol. in-8 avec figures et une planche en couleur hors texte.   6 fr.

39. DE SAPORTA et MARION. **L'évolution du règne végétal** (les Cryptogames). 1 vol. in-8 avec figures. 6 fr.

40-41. CHARLTON BASTIAN. **Le cerveau, organe de la pensée chez
l'homme et chez les animaux.** 2 vol. in-8, avec figures. 12 fr.

42. JAMES SULLY. **Les illusions des sens et de l'esprit.** 1 vol. in-8
avec figures. 6 fr.

43. YOUNG. **Le Soleil.** 1 vol. in-8, avec figures. 6 fr.

44. DE CANDOLLE. **L'origine des plantes cultivées.** 3e édition. 1 vol.
in-8. 6 fr.

45-46. SIR JOHN LUBBOCK. **Fourmis, Abeilles et Guêpes.** Études
expérimentales sur l'organisation et les mœurs des sociétés d'insectes
hyménoptères. 2 vol. in-8 avec 65 figures dans le texte, et 13 planches hors texte, dont 5 coloriées. 12 fr.

47. PERRIER (Edm.). **La philosophie zoologique avant Darwin.**
1 vol. in-8 avec fig. 2e édition. 6 fr.

48. STALLO. **La matière et la physique moderne.** 1 vol. in-8, précédé d'une Introduction par FRIEDEL. 6 fr.

49. MANTEGAZZA. **La physionomie et l'expression des sentiments.**
1 vol. in-8 avec huit planches hors texte. 6 fr.

50. DE MEYER. **Les organes de la parole et leur emploi pour
la formation des sons du langage.** 1 vol. in-8 avec 51 figures,
traduit de l'allemand et précédé d'une Introduction par O. CLA-
VEAU. 6 fr.

51. DE LANESSAN. **Introduction à l'étude de la botanique** (le Sapin).
1 vol. in-8, avec 143 figures dans le texte. 6 fr.

52-53. DE SAPORTA et MARION. **L'évolution du règne végétal** (les
Phanérogames). 2 vol. in-8, avec 136 figures. 12 fr.

54. TROUESSART. — **Les microbes, les ferments et les moisissures.**
1 vol. in-8 avec 107 figures dans le texte. 6 fr.

55. HARTMANN (R.). **Les singes anthropoïdes, et leur organisation
comparée à celle de l'homme.** 1 vol. in-8 avec 63 figures dans
le texte. 6 fr.

56. SCHMIDT (O.). **Les mammifères dans les temps primitifs.** 1 vol.
avec figures. 6 fr.

OUVRAGES SUR LE POINT DE PARAITRE :

ROMANES. **L'intelligence des animaux.** 2 vol. avec figures.

BINET et FÉRÉ. **Le magnétisme animal.** 1 vol. avec figures.

BERTHELOT. **La philosophie chimique.** 1 vol.

MORTILLET (de). **L'origine de l'homme.** 1 vol. avec figures.

OUSTALET (E.). **L'origine des animaux domestiques.** 1 vol. avec
figures.

PERRIER (E.). **L'embryogénie générale.** 1 vol. avec figures.

BEAUNIS. **Les sensations internes.** 1 vol. avec figures.

CARTAILHAC. **La France préhistorique.** 1 vol. avec figures.

POUCHET (G.). **La vie du sang.** 1 vol. avec figures.

DURAND-CLAYE (A.). **L'hygiène des villes.** 1 vol. avec figures.

LISTE DES OUVRAGES

DE LA

BIBLIOTHÈQUE SCIENTIFIQUE INTERNATIONALE

PAR ORDRE DE MATIÈRES.

Chaque volume in-8, cartonné à l'anglaise......... **6 francs.**
En demi-rel. veau avec coins, tranche supérieure dorée, non rogné. **10 fr.**

SCIENCES SOCIALES

* Introduction à la science sociale, par HERBERT SPENCER. 1 vol. in-8, 7ᵉ édit. 6 fr.
* Les Bases de la morale évolutionniste, par HERBERT SPENCER. 1 vol. in-8, 3ᵉ édit. 6 fr.
Les Conflits de la science et de la religion, par DRAPER, professeur à l'Université de New-York. 1 vol. in-8, 7ᵉ édit. 6 fr.
Le Crime et la Folie, par H. MAUDSLEY, professeur de médecine légale à l'Université de Londres. 1 vol. in-8, 5ᵉ édit. 6 fr.
* La Défense des États et les camps retranchés, par le général A. BRIALMONT, inspecteur général des fortifications et du corps du génie de Belgique. 1 vol. in-8 avec nombreuses figures dans le texte et 2 pl. hors texte, 3ᵉ édit. 6 fr.
* La Monnaie et le mécanisme de l'échange, par W. STANLEY JEVONS, professeur d'économie politique à l'Université de Londres. 1 vol. in-8, 4ᵉ édit. (V. P.) 6 fr.
La Sociologie, par DE ROBERTY. 1 vol. in-8, 2ᵉ édit. (V. P.) 6 fr.
* La Science de l'éducation, par Alex. BAIN, professeur à l'Université d'Aberdeen (Écosse). 1 vol. in-8, 4ᵉ édit. (V. P.) 6 fr.
* Lois scientifiques du développement des nations dans leurs rapports avec les principes de l'hérédité et de la sélection naturelle, par W. BAGEHOT. 1 vol. in-8, 5ᵉ édit. 6 fr.
* La Vie du langage, par D. WHITNEY, professeur de philologie comparée à Yale-College de Boston (Etats-Unis). 1 vol. in-8, 3ᵉ édit. (V. P.) 6 fr.

PHYSIOLOGIE

Les Illusions des sens et de l'esprit, par James SULLY. 1 vol. in-8. (V. P.) 6 fr.
* La Locomotion chez les animaux (marche, natation et vol), suivie d'une étude sur l'*Histoire de la navigation aérienne*, par J.-B. PETTIGREW, professeur au Collège royal de chirurgie d'Édimbourg (Écosse). 1 vol. in-8 avec 140 figures dans le texte. 6 fr.
* Les Nerfs et les Muscles, par J. ROSENTHAL, professeur de physiologie à l'Université d'Erlangen (Bavière). 1 vol. in-8 avec 75 figures dans le texte, 3ᵉ édit. (V. P.) 6 fr.
* La Machine animale, par E.-J. MAREY, membre de l'Institut, professeur au Collège de France. 1 vol. in-8 avec 117 figures dans le texte, 4ᵉ édit. (V. P.) 6 fr.
* Les Sens, par BERNSTEIN, professeur de physiologie à l'Université de Halle (Prusse). 1 vol. in-8 avec 91 figures dans le texte, 4ᵉ édit. (V. P.) 6 fr.
Les Organes de la parole, par H. DE MEYER, professeur à l'Université de Zurich, traduit de l'allemand et précédé d'une introduction sur l'*Enseignement de la parole aux sourds-muets*, par O. CLAVEAU, inspecteur général des établissements de bienfaisance. 1 vol. in-8 avec 51 figures dans le texte. 6 fr.
La Physionomie et l'expression des sentiments, par P. MANTEGAZZA, professeur au Muséum d'histoire naturelle de Florence. 1 vol. in-8 avec figures et 8 planches hors texte, d'après les dessins originaux d'Edouard Ximenès. 6 fr.

PHILOSOPHIE SCIENTIFIQUE

* **Le Cerveau et ses fonctions**, par J. LUYS; membre de l'Académie de médecine, médecin de la Salpêtrière. 1 vol. in-8 avec figures, 5ᵉ édit. (V. P.)   6 fr.

Le Cerveau et la Pensée chez l'homme et les animaux, par CHARLTON BASTIAN, professeur à l'Université de Londres. 2 vol. in-8 avec 184 fig. dans le texte.   12 fr.

Le Crime et la Folie, par H. MAUDSLEY, professeur à l'Université de Londres. 1 vol. in-8, 5ᵉ édit.   6 fr.

L'Esprit et le Corps, considérés au point de vue de leurs relations, suivi d'études sur les *Erreurs généralement répandues au sujet de l'esprit*, par Alex. BAIN, professeur à l'Université d'Aberdeen (Écosse). 1 vol. in-8, 4ᵉ édit. (V. P.)   6 fr.

* **Théorie scientifique de la sensibilité** : *le Plaisir et la Peine*, par Léon DUMONT. 1 vol. in-8, 3ᵉ édit.   6 fr.

La Matière et la Physique moderne, par STALLO, précédé d'une préface par Ch. FRIEDEL, de l'Institut. 1 vol. in-8.   6 fr.

ANTHROPOLOGIE

* **L'Espèce humaine**, par A. DE QUATREFAGES, membre de l'Institut, professeur d'anthropologie au Muséum d'histoire naturelle de Paris. 1 vol. in-8, 8ᵉ édit. (V. P.)   6 fr.

L'Homme avant les métaux, par N. JOLY, correspondant de l'Institut, professeur à la Faculté des sciences de Toulouse. 1 vol. in-8 avec 150 figures dans le texte et un frontispice, 3ᵉ édit. (V. P.)   6 fr.

* **Les Peuples de l'Afrique**, par R. HARTMANN, professeur à l'Université de Berlin. 1 vol. in-8 avec 93 figures dans le texte, 2ᵉ édit. (V. P.)   6 fr.

Les Singes anthropoïdes, et leur organisation comparée à celle de l'homme, par R. HARTMANN, professeur à l'Université de Berlin. 1 vol. in-8 avec 63 figures dans le texte.   6 fr.

ZOOLOGIE

* **Descendance et Darwinisme**, par O. SCHMIDT, professeur à l'Université de Strasbourg. 1 vol. in-8 avec figures, 5ᵉ édit.   6 fr.

Les Mammifères dans les temps primitifs, par O. SCHMIDT, 1 vol. in-8, avec figures.   6 fr.

Fourmis, Abeilles et Guêpes, par sir JOHN LUBBOCK, membre de la Société royale de Londres. 2 vol. in-8 avec figures dans le texte et 13 planches hors texte, dont 5 coloriées. (V. P.)   12 fr.

L'Écrevisse, introduction à l'étude de la zoologie, par Th.-H. HUXLEY, membre de la Société royale de Londres et de l'Institut de France, professeur d'histoire naturelle à l'École royale des mines de Londres. 1 vol. in-8 avec 82 figures.   6 fr.

* **Les Commensaux et les Parasites** dans le règne animal, par P.-J. VAN BENEDEN, professeur à l'Université de Louvain (Belgique). 1 vol. in-8 avec 82 figures dans le texte. (V. P.)   6 fr.

La Philosophie zoologique avant Darwin, par EDMOND PERRIER, professeur au Muséum d'histoire naturelle de Paris. 1 vol. in-8, 2ᵉ édit. (V. P.) 6 fr.

BOTANIQUE — GÉOLOGIE

Les Champignons, par COOKE et BERKELEY. 1 vol. in-8 avec 110 figures, 3ᵉ édition.   6 fr.

L'Évolution du règne végétal, par G. DE SAPORTA, correspondant de l'Institut, et MARION, professeur à la Faculté des sciences de Marseille.

    I. *Les Cryptogames*. 1 vol. in-8 avec 85 figures dans le texte.   6 fr.
    II. *Les Phanérogames*. 2 vol. in-8 avec 136 figures dans le texte.   12 fr.

* **Les Volcans et les Tremblements de terre**, par FUCHS, professeur à l'Université de Heidelberg. 1 vol. in-8 avec 36 figures et une carte en couleur, 4ᵉ édition. (V. P.)   6 fr.

L'Origine des plantes cultivées, par A. DE CANDOLLE, correspondant de l'Institut. 1 vol. in-8, 3ᵉ édit.   6 fr.

Introduction à l'étude de la botanique (le Sapin), par J. DE LANESSAN, professeur agrégé à la Faculté de médecine de Paris. 1 vol. in-8 avec figures dans le texte. (V. P.) 6 fr.

Microbes, Ferments et Moisissures, par le docteur L. TROUESSART. 1 vol. in-8 avec 108 figures dans le texte. (V. P.) 6 fr.

CHIMIE

Les Fermentations, par P. SCHUTZENBERGER, membre de l'Académie de médecine, professeur de chimie au Collège de France. 1 vol. in-8 avec figures, 4e édit. 6 fr.

* La Synthèse chimique, par M. BERTHELOT, membre de l'Institut, professeur de chimie organique au Collège de France. 1 vol. in-8, 5e édit. 6 fr.

* La Théorie atomique, par Ad. WURTZ, membre de l'Institut, professeur à la Faculté des sciences et à la Faculté de médecine de Paris. 1 vol. in-8, 4e édit., précédée d'une introduction sur la Vie et les travaux de l'auteur, par CH. FRIEDEL, de l'Institut. 6 fr.

ASTRONOMIE — MÉCANIQUE

* Histoire de la Machine à vapeur, de la Locomotive et des Bateaux à vapeur, par R. THURSTON, professeur de mécanique à l'Institut technique de Hoboken, près de New-York, revue, annotée et augmentée d'une Introduction par HIRSCH, professeur de machines à vapeur à l'École des ponts et chaussées de Paris. 2 vol. in-8 avec 160 figures dans le texte et 16 planches tirées à part. (V. P.) 12 fr.

* Les Étoiles, notions d'astronomie sidérale, par le P. A. SECCHI, directeur de l'Observatoire du Collège Romain. 2 vol. in-8 avec 68 figures dans le texte et 16 planches en noir et en couleurs, 2e édit. (V. P.) 12 fr.

Le Soleil, par C.-A. YOUNG, professeur d'astronomie au Collège de New-Jersey. 1 vol. in-8 avec 87 figures. (V. P.) 6 fr.

PHYSIQUE

La Conservation de l'énergie, par BALFOUR STEWART, professeur de physique au collège Owens de Manchester (Angleterre), suivi d'une étude sur la Nature de la force, par P. DE SAINT-ROBERT (de Turin). 1 vol. in-8 avec figures, 4e édit. 6 fr.

* Les Glaciers et les Transformations de l'eau, par J. TYNDALL, professeur de chimie à l'Institution royale de Londres, suivi d'une étude sur le même sujet, par HELMHOLTZ, professeur à l'Université de Berlin. 1 vol. in-8 avec nombreuses figures dans le texte et 8 planches tirées à part sur papier teinté, 5e édit. (V. P.) 6 fr.

* La Photographie et la Chimie de la lumière, par VOGEL, professeur à l'Académie polytechnique de Berlin. 1 vol. in-8 avec 95 figures dans le texte et une planche en photoglyptie, 4e édit. (V. P.) 6 fr.

La Matière et la Physique moderne, par STALLO. 1 vol. in-8. 6 fr.

THÉORIE DES BEAUX-ARTS

* Le Son et la Musique, par P. BLASERNA, professeur à l'Université de Rome, suivi des Causes physiologiques de l'harmonie musicale, par H. HELMHOLTZ, professeur à l'Université de Berlin. 1 vol. in-8 avec 41 figures, 3e édit. (V. P.) 6 fr.

Principes scientifiques des Beaux-Arts, par E. BRUCKE, professeur à l'Université de Vienne, suivi de l'Optique et les Arts, par HELMHOLTZ, professeur à l'Université de Berlin. 1 vol. in-8 avec figures, 3e édit. (V. P.) 6 fr.

* Théorie scientifique des couleurs et leurs applications aux arts et à l'industrie, par O. N. ROOD, professeur de physique à Colombia-College de New-York (États-Unis). 1 vol. in-8 avec 130 figures dans le texte et une planche en couleurs. (V. P.) 6 fr.

— 22 —

PUBLICATIONS

HISTORIQUES, PHILOSOPHIQUES ET SCIENTIFIQUES

qui ne se trouvent pas dans les Bibliothèques précédentes.

ALAUX. **La religion progressive.** 1 vol. in-18.　　　　3 fr. 50
ALGLAVE. **Des Juridictions civiles chez les Romains.** 1 volume in-8.　　　　2 fr. 50
ALTMEYER (J. J.). **Les précurseurs de la réforme aux Pays-Bas.** 2 forts volumes in-8°.　　　　12 fr.
ARRÉAT. **Une éducation intellectuelle.** 1 vol. in-18.　　　　2 fr. 50
ARRÉAT. **La morale dans le drame, l'épopée et le roman.** 1 vol. in-18. 1883.　　　　2 fr. 50
BALFOUR STEWART et TAIT. **L'univers invisible.** 1 vol. in-8, traduit de l'anglais.　　　　7 fr.
BARNI. KANT, Voy. pages 4, 7, 11 et 30.
BARNI. **Les martyrs de la libre pensée.** 1 vol. in-18. 2e édit.　　　　3 fr. 50
BARNI. **Napoléon Ier.** 1 vol. in-18, édition populaire.　　　　1 fr.
BARTHÉLEMY SAINT-HILAIRE. ARISTOTE. Voy. pages 2 et 6.
BAUTAIN. **La philosophie morale.** 2 vol. in-8.　　　　12 fr.
BÉNARD (Ch.). **De la philosophie dans l'éducation classique.** 1862. 1 fort vol. in-8.　　　　6 fr.
BÉNARD. Voy. page 6, SCHELLING et HÉGEL. Voy. pages 7 et 8.
BERTAUT. **J. Saurin,** et la prédication protestante jusqu'à la fin du règne de Louis XIV. 1 vol. in-8.　　　　5 fr.
BERTAULD (P.-A.). **Introduction à la recherche des causes premières. — De la méthode.** 3 vol. in-18. Chaque volume,　　3 fr. 50
BLACKWELL (Dr Elisabeth). **Conseils aux parents** sur l'éducation de leurs enfants au point de vue sexuel. In-18.　　　　2 fr.
BLANQUI. **L'éternité par les astres.** In-8.　　　　2 fr.
BLANQUI. **Critique sociale,** capital et travail. Fragments et notes. 2 vol. in-18. 1885.　　　　7 fr.
BOUCHARDAT. **Le travail,** son influence sur la santé (conférences faites aux ouvriers). 1 vol. in-18.　　　　2 fr. 50
BOUILLET (Ad.). **Les Bourgeois gentilshommes. — L'armée de Henri V.** 1 vol. in-18.　　　　3 fr. 50
BOUILLET (Ad.). **Types nouveaux.** 1 vol. in-18.　　　　2 fr. 50
BOUILLET (Ad.). **L'arrière-ban de l'ordre moral.** 1 vol. in-18. 3 fr. 50
BOURBON DEL MONTE. **L'homme et les animaux.** 1 vol. in-8. 5 fr.
BOURDEAU (Louis). **Théorie des sciences,** plan de science intégrale. 2 vol. in-8.　　　　20 fr.
BOURDEAU (Louis). **Les forces de l'industrie,** progrès de la puissance humaine. 1 vol. in-8. 1884.　　　　5 fr.
BOURDEAU (Louis). **La conquête du monde animal.** 1 vol. in-8. 1885.　　　　5 fr.
BOURDET (Eug.). **Principes d'éducation positive,** précédé d'une préface de M. Ch. ROBIN. 1 vol. in-18.　　　　3 fr. 50
BOURDET. **Vocabulaire des principaux termes de la philosophie positive.** 1 vol. in-18.　　　　3 fr. 50
BOURLUTON (Edg.) et ROBERT (Edmond). **La Commune et ses idées à travers l'histoire.** 1 vol. in-18.　　　　3 fr. 50
BROCHARD (V.). **De l'Erreur.** 1 vol. in-8.　　　　3 fr. 50
BUCHNER. **Essai biographique sur Léon Dumont.** 1 vol. in-18 (1884).　　　　2 fr.
BUSQUET. **Représailles,** poésies. 1 vol. in-18.　　　　3 fr.
CADET. **Hygiène, inhumation, crémation.** In-18.　　　　2 fr.

CHASSERIAU (Jean). **Du principe autoritaire et du principe ration-
nel.** 1 vol. in-18. 3 fr. 50

CLAMAGERAN. **L'Algérie,** impressions de voyage. 3ᵉ édit. 1 vol. in-18.
1884. 3 fr. 50

CLOOD. **L'enfance du monde,** simple histoire de l'homme des premiers
temps. In-12. 1 fr.

CONTA. **Théorie du fatalisme.** 1 vol. in-18. 4 fr.

CONTA. **Introduction à la métaphysique.** 1 vol. in-18. 3 fr.

COQUEREL (Charles). **Lettres d'un marin à sa famille.** 1 vol.
in-18. 3 fr. 50

COQUEREL fils (Athanase). **Libres études** (religion, critique, histoire,
beaux-arts). 1 vol. in-8. 5 fr.

CORLIEU (le docteur). **La mort des rois de France,** depuis François Iᵉʳ
jusqu'à la Révolution française, études médicales et historiques. 1 vol.
in-18. 3 fr. 50

CORTAMBERT (Louis). **La religion du progrès.** In-18. 3 fr. 50

COSTE (Adolphe). **Hygiène sociale contre le paupérisme** (prix de
5000 fr. au concours Pereire). 1 vol. in-8. 6 fr.

COSTE (Adolphe). **Les questions sociales contemporaines,** comptes
rendus du concours Pereire, et études nouvelles sur le *paupérisme, la
prévoyance, l'impôt, le crédit, les monopoles, l'enseignement,* avec la
collaboration de MM. BURDEAU et ARRÉAT pour la partie relative à l'enseignement. 1 fort. vol. in-8. 10 fr.

DANICOURT (Léon). **La patrie et la république.** In-18. 2 fr. 50

DANOVER. **De l'esprit moderne.** 1 vol. in-18. 1 fr. 50

DAURIAC. **Psychologie et pédagogie.** 1 br. in-8. 1884. 1 fr.

DAVY. **Les conventionnels de l'Eure.** 2 forts vol. in-8. 18 fr.

DELBŒUF. **Psychophysique,** mesure des sensations de lumière et de fati-
gue ; théorie générale de la sensibilité. In-18. 3 fr. 50

DELBŒUF. **Examen critique de la loi psychophysique,** sa base et sa
signification. 1 vol. in-18. 1883. 3 fr. 50

DELBŒUF. **Le sommeil et les rêves,** considérés principalement dans
leurs rapports avec les théories de la certitude et de la mémoire. 1 vol.
in-18. 3 fr. 50

DESTREM (J.). **Les déportations du Consulat.** 1 br. in-8. 1 fr. 50

DOLLFUS (Ch.). **De la nature humaine.** 1868. 1 vol. in-8. 5 fr.

DOLLFUS (Ch.). **Lettres philosophiques.** In-18. 3 fr.

DOLLFUS (Ch.). **Considérations sur l'histoire.** Le monde antique.
1 vol. in-8. 7 fr. 50

DOLLFUS (Ch.). **L'âme dans les phénomènes de conscience.** 1 vol.
in-18. 3 fr. 50

DROZ (Ed.). **Étude sur le scepticisme de Pascal,** considéré dans le
livre des pensées. 1 vol. in-8. 6 fr.

DUBOST (Antonin). **Des conditions de gouvernement en France.**
1 vol. in-8. 7 fr. 50

DUCROS. **Schopenhauer et les origines de sa métaphysique,** ou
les Origines de la transformation de la chose en soi, de Kant à Schopenhauer. 1 vol. in-8. 1883. 3 fr. 50

DUFAY. **Études sur la destinée.** 1 vol. in-18. 1876. 3 fr.

DUMONT (Léon). **Le sentiment du gracieux.** 1 vol. in-8. 3 fr.

DUNAN. **Essai sur les formes à priori de la sensibilité.** 1 vol. in-8.
1884. 5 fr.

DUNAN. **Les arguments de Zénon d'Elée contre le mouvement.**
1 br. in-8. 1884 : 1 fr. 50

DU POTET. **Manuel de l'étudiant magnétiseur.** Nouvelle édition.
1 vol. in-18. 3 fr. 50

DU POTET. **Traité complet de magnétisme,** cours en douze leçons.
4ᵉ édition. 1 vol. in-8 de 634 pages. 8 fr.

DURAND-DÉSORMEAUX. **Réflexions et pensées**, précédées d'une Notice
sur la vie, le caractère et les écrits de l'auteur, par Ch. YRIARTE. 1 vol.
in-8. 1884. 2 fr. 50
DURAND-DESORMEAUX. **Études philosophiques**, théorie de l'action,
théorie de la connaissance. 2 vol. in-8. 1884. 15 fr.
DUTASTA. **Le Capitaine Vallé**, ou l'Armée sous la Restauration. 1 vol.
in-18. 1883. 3 fr. 50
DUVAL-JOUVE. **Traité de Logique.** 1 vol. in-8. 6 fr.
DUVERGIER DE HAURANNE (Mme E.). **Histoire populaire de la Révo-
lution française.** 1 vol. in-18. 3e édit. 3 fr. 50
Éléments de science sociale. Religion physique, sexuelle et naturelle.
1 vol. in-18. 4e édit. 1885. 3 fr. 50
ÉLIPHAS LÉVI. **Dogme et rituel de la haute magie.** 2e édit., 2 vol.
in-8, avec 24 fig. 18 fr.
ÉLIPHAS LÉVI. **Histoire de la magie.** 1 vol. in-8, avec fig. 12 fr.
ÉLIPHAS LÉVI. **Clef des grands mystères.** 1 vol. in-8. 12 fr.
ÉLIPHAS LÉVI. **La science des esprits.** 1 vol. in-8. 7 fr.
ESPINAS. **Idée générale de la pédagogie.** 1 br. in-8. 1884. 1 fr.
ESPINAS. **Du sommeil provoqué chez les hystériques.** Essai d'expli-
cation psychologique de sa cause et de ses effets. 1 brochure in-8. 1 fr.
ÉVELLIN. **Infini et quantité.** Étude sur le concept de l'infini dans la philo-
sophie et dans les sciences. 1 vol. in-8. 2e édit. (*Sous presse.*)
FABRE (Joseph). **Histoire de la philosophie.** Première partie : Antiquité
et moyen âge. 1 vol. in-12. 3 fr. 50
FAU. **Anatomie des formes du corps humain**, à l'usage des peintres et
des sculpteurs. 1 atlas de 25 planches avec texte. 2e édition. Prix, figu-
res noires. 15 fr. ; fig. coloriées. 30 fr.
FAUCONNIER. **Protection et libre échange.** In-8. 2 fr.
FAUCONNIER. **La morale et la religion dans l'enseignement.** in-8.
75 c.
FAUCONNIER. **L'or et l'argent.** 1 brochure in-8. 2 fr. 50
FERBUS (N.). **La science positive du bonheur.** 1 vol. in-18. 3 fr.
FERRIÈRE (Em.). **Les apôtres**, essai d'histoire religieuse, d'après la méthode
des sciences naturelles. 1 vol. in-12. 4 fr. 50
FERRIÈRE. **L'Âme est la fonction du cerveau.** 2 vol. in-18. 1883. 7 fr.
FERRIÈRE. **Le paganisme des Hébreux jusqu'à la captivité de
Babylone.** 1 vol. in-18. 1884. 3 fr. 50
FERRON (de). **Institutions municipales et provinciales** dans les diffé-
rents États de l'Europe. Comparaison. Réformes. 1 vol. in-8. 1883. 8 fr.
FERRON (de). **Théorie du progrès.** 2 vol. in-18. 7 fr.
FERRON. **De la division du pouvoir législatif en deux chambres,**
histoire et théorie du Sénat. 1 vol. in-8. 8 fr.
FIAUX. **La femme, le mariage et le divorce**, étude de sociologie et de
physiologie. 1 vol. in-18. 3 fr. 50
FONCIN. **Essai sur le ministère Turgot.** 1 fort vol. gr. in-8. 8 fr.
FOX (W.-J.). **Des idées religieuses.** In-8. 3 fr.
FRIBOURG (E.). **Le paupérisme parisien.** 1 vol. in-12. 1 fr. 25
GALTIER-BOISSIÈRE. **Sématotechnie**, ou Nouveaux signes phonogra-
phiques. 1 vol. in-8 avec figures. 3 fr. 50
GASTINEAU. **Voltaire en exil.** 1 vol. in-18. 3 fr.
GAYTE (Claude). **Essai sur la croyance.** 1 vol. in-8. 3 fr.
GEFFROY. **Recueil des instructions données aux ministres et
ambassadeurs de France en Suède**, depuis les traités de Westphalie
jusqu'à la Révolution française. 1 fort vol. in-8 raisin sur papier de Hol-
lande. 20 fr.
GILLIOT (Alph.). **Études sur les religions et institutions comparées.**
2 vol. in-12, tome Ier. 3 fr. — Tome II. 5 fr.
GOBLET D'ALVIELLA. **L'évolution religieuse** chez les Anglais, les Américains, les Indous, etc. 1 vol. in-8. 1883. 8 fr.

CRESLAND. **Le génie de l'homme**, libre philosophie. 1 fort vol. gr. in-8. 1883. 7 fr.

GUILLAUME (de Moissey). **Nouveau traité des sensations.** 2 vol. in-8. 15 fr.

GUILLY. **La nature et la morale.** 1 vol. in-18. 2e édit. 2 fr. 50

GUYAU. **Vers d'un philosophe.** 1 vol. in-18. 3 fr. 50

HAYEM (Armand). **L'être social.** 1 vol. in-18. 2e édit. 3 fr. 50

HERZEN. **Récits et Nouvelles.** 1 vol. in-18. 3 fr. 50

HERZEN. **De l'autre rive.** 1 vol. in-18. 3 fr. 50

HERZEN. **Lettres de France et d'Italie.** In-18. 3 fr. 50

HUXLEY. **La physiographie,** introduction à l'étude de la nature, traduit et adapté par M. G. Lamy. 1 vol. in-8 avec figures dans le texte et 2 planches en couleurs, broché, 8 fr. — En demi-reliure, tranches dorées. 11 fr.

ISSAURAT. **Moments perdus de Pierre-Jean.** In-18. 3 fr.

ISSAURAT. **Les alarmes d'un père de famille.** In-8. 1 fr.

JACOBY. **Études sur la sélection dans ses rapports avec l'hérédité chez l'homme.** 1 vol. gr. in-8. 14 fr.

JANET (Paul). **Le médiateur plastique de Cudworth.** 1 vol. in-8. 1 fr.

JEANMAIRE. **L'idée de la personnalité dans la psychologie moderne.** 1 vol. in-8. 1883. 5 fr.

JOIRE. **La population, richesse nationale; le travail, richesse du peuple.** 1 vol. in-8. 1886. 5 fr.

JOYAU. **De l'invention dans les arts et dans les sciences.** 1 vol. in-8. 5 fr.

JOZON (Paul). **De l'écriture phonétique.** In-18. 3 fr. 50

KAULEK (Jean). **Correspondance politique de MM. de Castillon et de Marillac,** ambassadeurs de France en Angleterre (1538-1542). 1 fort vol. gr. in-8. 16 fr.

KRANTZ (Emile). **Essai sur l'Esthétique de Descartes,** rapports de la doctrine cartésienne avec la littérature classique du XVIe siècle. 1 vol. in-8. 1882. 6 fr.

LABORDE. **Les hommes et les actes de l'insurrection de Paris** devant la psychologie morbide. 1 vol. in-18. 2 fr. 50

LACHELIER. **Le fondement de l'induction.** 1 vol. in-8. 3 fr. 50

LACOMBE. **Mes droits.** 1 vol. in-12. 2 fr. 50

LAFONTAINE. **L'art de magnétiser** ou le Magnétisme vital, considéré au point de vue théorique, pratique et thérapeutique. 5e édition, 1886. 1 vol. in-8. 5 fr.

LAGGROND. **L'Univers, la force et la vie.** 1 vol. in-8. 1884. 2 fr. 50

LA LANDELLE (de). **Alphabet phonétique.** In-18. 2 fr. 50

LANGLOIS. **L'homme et la Révolution.** 2 vol. in-18. 7 fr.

LA PERRE DE ROO. **La consanguinité et les effets de l'hérédité.** 1 vol. in-8. 5 fr.

LAURET (Henri). **Philosophie de Stuart Mill.** 1 vol. in-8. 6 fr.

LAURET (Henri). **Critique d'une morale sans obligation, sans sanction.** 1 br. in-8. 1 fr. 50

LAUSSEDAT. **La Suisse.** Études méd. et sociales. In-18. 3 fr. 50

LAVELEYE (Em. de). **De l'avenir des peuples catholiques.** 1 br. in-8. 21e édit. 25 c.

LAVELEYE (Em. de). **Lettres sur l'Italie** (1878-1879). 1 volume in-18. 3 fr. 50

LAVELEYE (Em. de). **Nouvelles lettres d'Italie.** 1 vol. in-8. 1884. 3 fr.

LAVELEYE (Em. de). **L'Afrique centrale.** 1 vol. in-12. 3 fr.

LAVELEYE (Em. de). **La péninsule des Balkans** (Vienne, Croatie, Bosnie, Serbie, Bulgarie, Roumélie, Turquie, Roumanie). 2 vol. in-12. 1886. 10 fr.

LAVELEYE (Em. de). **La propriété collective du sol en différents pays.** 1 br. in-8. 2 fr.

LAVELEYE (Em. de) et HERBERT SPENCER. **L'état et l'individu, ou Darwinisme social et Christianisme.** 1 vol. in-8. 1 fr.

LAVERGNE (Bernard). **L'ultramontanisme et l'État.** 1 vol. in-8.
1 fr. 50

LEDRU-ROLLIN. **Discours politiques et écrits divers.** 2 vol. in-8 cavalier.
12 fr.

LEGOYT. **Le suicide.** 1 vol. in-8.
8 fr.

LELORRAIN. **De l'aliéné au point de vue de la responsabilité pénale.** 1 brochure in-8.
2 fr.

LEMER (Julien). **Dossier des jésuites et des libertés de l'Église gallicane.** 1 vol. in-18.
3 fr. 50

LITTRÉ. **De l'établissement de la troisième république.** 1 vol. gr. in-8. 1881.
9 fr.

LOURDEAU. **Le Sénat et la magistrature dans la démocratie française.** 1 vol. in-18.
3 fr. 50

MAGY. **De la science et de la nature.** 1 vol. in-8.
6 fr.

MARAIS. **Garibaldi et l'armée des Vosges.** In-18. (V. P.)
1 fr. 50

MASSERON (I.). **Danger et nécessité du socialisme.** 1 vol. in-18. 1883.
3 fr. 50

MAURICE (Fernand). **La politique extérieure de la République française.** 1 vol. in-12.
3 fr. 50

MAX MULLER. **Amour allemand.** 1 vol. in-18.
3 fr. 50

MAZZINI. **Lettres de Joseph Mazzini** à Daniel Stern (1864-1872), avec une lettre autographiée.
3 fr. 50

MENIÈRE. **Cicéron médecin.** 1 vol. in-18.
4 fr. 50

MENIÈRE. **Les consultations de Mme de Sévigné,** étude médico-littéraire. 1884. 1 vol. in-8.
3 fr.

MESMER. **Mémoires et aphorismes,** suivis des procédés de d'Eslon. In-18.
2 fr. 50

MICHAUT (N.). **De l'imagination.** 1 vol. in-8.
5 fr.

MILSAND. **Les études classiques** et l'enseignement public. 1 vol. in-18.
3 fr. 50

MILSAND. **Le code et la liberté.** In-8.
2 fr.

MORIN (Miron). **De la séparation du temporel et du spirituel.** In-8.
3 fr. 50

MORIN (Miron). **Essais de critique religieuse.** 1 fort vol. in-8. 1885. 5 fr.

MORIN. **Magnétisme et sciences occultes.** 1 vol. in-8.
6 fr.

MORIN (Frédéric). **Politique et philosophie.** 1 vol. in-18.
3 fr. 50

MUNARET. **Le médecin des villes et des campagnes.** 4e édition. 1 vol. grand in-18.
4 fr. 50

NOEL (E.). **Mémoires d'un imbécile,** précédé d'une préface de *M. Littré.* 1 vol. in-18. 3e édition.
3 fr. 50

OGER. **Les Bonaparte** et les frontières de la France. In-18.
50 c.

OGER. **La République.** In-8.
50 c.

OLECHNOWICZ. **Histoire de la civilisation de l'humanité,** d'après la méthode brahmanique. 1 vol. in-12.
3 fr. 50

PARIS (le colonel). **Le feu à Paris et en Amérique.** 1 volume in-18.
3 fr. 50

PARIS (comte de). **Les associations ouvrières en Angleterre** (Trades-unions). 1 vol. in-18. 7e édit.
1 fr.

Édition sur papier fort, 2 fr. 50. — Sur papier de Chine, broché, 12 fr. — Rel. de luxe.
20 fr.

PELLETAN (Eugène). **La naissance d'une ville** (Royan). 1 vol. in-18, cart. 1 fr. 40

PELLETAN (Eug.). **Jarousseau, le pasteur du désert.** 1 vol. in-18 (couronné par l'Académie française), toile, tr. jaspées. 2 fr. 50

PELLETAN (Eug.). **Élisée, voyage d'un homme à la recherche de lui-même.** 1 vol. in-18. 3 fr. 50

PELLETAN (Eug.). **Un roi philosophe, Frédéric le Grand.** 1 vol. in-18. 3 fr. 50

PELLETAN (Eug.). **Le monde marche** (la loi du progrès). In-18. 3 fr. 50

PELLETAN (Eug.). **Droits de l'homme.** 1 vol. in-12. 3 fr. 50

PELLETAN (Eug.). **Profession de foi du XIXe siècle.** 1 vol. in-12. 3 fr. 50

PELLETAN (Eug.). **Dieu est-il mort ?** 1 vol. in-12. 3 fr. 50

PELLETAN (Eug.). **La mère.** 1 vol. in-8, toile, tr. dorées. 4 fr. 25

PELLETAN (Eug.). **Les rois philosophes.** 1 vol. in-8, toile, tranches dorées. 4 fr. 25

PELLETAN (Eug.). **La nouvelle Babylone.** 1 vol. in-12. 3 fr. 50

PENJON. **Berkeley, sa vie et ses œuvres.** 1 vol. in-8. 7 fr. 50

PEREZ (Bernard). **L'éducation dès le berceau.** 1 vol. in-8. 5 fr.

PEREZ (Bernard). **Thiery Tiedmann. — Mes deux chats.** 1 brochure in-12. 2 fr.

PEREZ (Bernard). **Jacotot et sa méthode d'émancipation intellectuelle.** 1 vol. in-18. 3 fr.

PEREZ (Bernard). — Voyez page 5.

PETROZ (P.). **L'art et la critique en France** depuis 1822. 1 vol. in-18. 3 fr. 50

PETROZ. **Un critique d'art au XIXe siècle.** 1 vol. in-18. 1 fr. 50

PHILBERT (Louis). **Le rire**, essai littéraire, moral et psychologique. 1 vol. in-8. (Ouvrage couronné par l'Académie française, prix Monthyon.) 7 fr. 50

POEY. **Le positivisme.** 1 fort vol. in-12. 4 fr. 50

POEY. **M. Littré et Auguste Comte.** 1 vol. in-18. 3 fr. 50

POULLET. **La campagne de l'Est** (1870-1871). 1 vol. in-8 avec 2 cartes, et pièces justificatives. 7 fr.

QUINET (Edgar). **Œuvres complètes.** 28 volumes in-18. Chaque volume... 3 fr. 50

Chaque ouvrage se vend séparément :

* I. — Génie des Religions. — De l'Origine des dieux (nouvelle édition).
* II. — Les Jésuites. — L'Ultramontanisme. — Introduction à la Philosophie de l'Humanité (nouvelle édition) avec Préface inédite. — Essai sur les Œuvres de Herder.
III. — Le Christianisme et la Révolution française. Examen de la vie de Jésus-Christ, par STRAUSS.
IV. — Les Révolutions d'Italie.
* V. — Marnix de Sainte-Aldegonde.
* VI. — Les Roumains. — Allemagne et Italie. — Mélanges.
VII. — Ahasverus.
VIII. — Prométhée. — Les Esclaves.

OEUVRES D'EDGAR QUINET (*suite*).

IX. — Mes Vacances en Espagne.

* X. — Histoire de mes idées.

XI. — L'Enseignement du Peuple. — La Croisade romaine. — L'État de siège. — OEuvres politiques, *avant l'exil*.

* XII-XIII-XIV. — La Révolution. 3 vol.

* XV. — Histoire de la campagne de 1815.

XVI. — Napoléon (poème). (*Epuisé*).

XVII-XVIII. — Merlin l'Enchanteur. 2 vol.

* XIX-XX. — Correspondance, *lettres à sa mère*. 2 vol.

* XXI-XXII. — La Création. 2 vol.

XXIII. — Le Livre de l'exilé. — OEuvres politiques, *pendant l'exil*. — Le Panthéon. — Révolution religieuse au XIXᵉ siècle.

XXIV. — Le Siège de Paris et la Défense nationale. — OEuvres politiques, *après l'exil*.

XXV. — La République, conditions de régénération de la France.

* XXVI. — L'Esprit nouveau.

* XXVII. — La Grèce moderne. — Histoire de la poésie. — Épopées françaises du XXᵉ siècle.

XXVIII. — Vie et Mort du génie grec.

Les tomes XI, XVII, XVIII, XIX et XX peuvent être fournis en format in-8 à 6 fr. le volume broché; reliure toile, 1 franc de plus par volume.

RÉGAMEY (Guillaume). **Anatomie des formes du cheval**, à l'usage des peintres et des sculpteurs. 6 planches en chromolithographie, publiées sous la direction de FÉLIX RÉGAMEY, avec texte par le Dʳ KUHFF. 8 fr.

RIBERT (Léonce). **Esprit de la Constitution** du 25 février 1875. 1 vol. in-18. 3 fr. 50

ROBERT (Edmond). **Les domestiques**. In-18. 3 fr. 50

SECRÉTAN. **Philosophie de la liberté**. 2 vol. in-8. 10 fr.

SECRÉTAN. **Le droit de la femme**. 1 broch. in-12. 1 fr. 20

SIEGFRIED (Jules). **La misère, son histoire, ses causes, ses remèdes**. 1 vol. grand in-18. 3ᵉ édition. 1879. 2 fr. 50

SIÈREBOIS. **Psychologie réaliste**. Étude sur les éléments réels de l'âme et de la pensée. 1876. 1 vol. in-18. 2 fr. 50

SMEE. **Mon jardin**. Géologie, botanique, histoire naturelle. 1 magnifique vol. gr. in-8, orné de 1300 gr. et 25 pl. hors texte. Broché. 15 fr. — Demi-rel., tranches dorées. 18 fr.

SOREL (Albert). **Le traité de Paris du 20 novembre 1815**. 1 vol. in-8. 4 fr. 50

SOREL (Albert). **Recueil des instructions données aux ambassadeurs et ministres de France en Autriche**, depuis les traités de Westphalie jusqu'à la Révolution française. 1 fort vol. gr. in-8, sur papier de Hollande. 20 fr.

STUART MILL (J.). **La République de 1848**, traduit de l'anglais, avec préface par SADI CARNOT. 1 vol. in-18. 3 fr. 50

TÉNOT (Eugène). **Paris et ses fortifications** (1870-1880). 1 vol. in-8. 5 fr.

TÉNOT (Eugène). **La frontière** (1870-1881). 1 fort vol. grand in-8.   8 fr.

THIERS (Édouard). **La puissance de l'armée par la réduction du service.** 1 vol. in-8.   1 fr. 50

THULIÉ. **La folie et la loi.** 2ᵉ édit. 1 vol. in-8.   3 fr. 50

THULIÉ. **La manie raisonnante du docteur Campagne.** Brochure in-8.   2 fr.

TIBERGHIEN. **Les commandements de l'humanité.** 1 vol. in-18.   3 fr.

TIBERGHIEN. **Enseignement et philosophie.** 1 vol. in-18.   4 fr.

TIBERGHIEN. **Introduction à la philosophie.** 1 vol. in-18.   6 fr.

TIBERGHIEN. **La science de l'âme.** 1 vol. in-12. 3ᵉ édit.   6 fr.

TIBERGHIEN. **Éléments de morale univ.** 1 vol. in-12.   2 fr.

TISSANDIER. **Études de Théodicée.** 1 vol. in-8.   4 fr.

TISSOT. **Principes de morale.** 1 vol. in-8.   6 fr.

TISSOT. — Voy. KANT, page 7.

TISSOT (J.). **Essai de philosophie naturelle.** Tome Iᵉʳ. 1 vol. in-8.   12 fr.

VACHEROT. **La science et la métaphysique.** 3 vol. in-18.   10 fr. 50

VACHEROT. — Voy. pages 4 et 6.

VALLIER. **De l'intention morale.** 1 vol. in-8.   3 fr. 50

VALMONT (V.). **L'espion prussien,** roman anglais. 1 vol. in-18.   3 fr. 50

VAN DER REST. **Platon et Aristote.** 1 vol. in-8.   10 fr.

VÉRA. **Introduction à la philosophie de Hegel.** 1 vol. in-8, 2ᵉ édition.   6 fr. 50

VERNIAL. **Origine de l'homme,** d'après les lois de l'évolution naturelle. 1 vol. in-8.   3 fr.

VILLIAUMÉ. **La politique moderne.** 1 vol. in-8.   6 fr.

VOITURON (P.). **Le libéralisme et les idées religieuses.** 1 volume in-12.   4 fr.

WEILL (Alexandre). **Le Pentateuque selon Moïse et le pentateuque selon Esra,** avec *vie, doctrine et gouvernement authentique de Moïse.* 1 fort vol. in-8.   7 fr. 50

WEILL (Alexandre). **Vie, doctrine et gouvernement authentique de Moïse,** d'après des textes hébraïques de la Bible jusqu'à ce jour incompris. 1 vol. in-8.   3 fr.

X***. **La France par rapport à l'Allemagne.** Étude de géographie militaire. 1 vol. in-8. 1884.   6 fr.

YUNG (Eugène). **Henri IV écrivain.** 1 vol. in-8.   5 fr.

BIBLIOTHÈQUE UTILE

92 VOLUMES PARUS.

Le volume de 190 pages, broché, 60 centimes.

Cartonné à l'anglaise ou cartonnage toile dorée, 1 fr.

Le titre de cette collection est justifié par les services qu'elle rend et la part pour laquelle elle contribue à l'instruction populaire.

Les noms dont ses volumes sont signés lui donnent d'ailleurs une autorité suffisante pour que personne ne dédaigne ses enseignements. Elle embrasse *l'histoire*, la *philosophie*, le *droit*, les *sciences*, l'*économie politique* et les *arts*, c'est-à-dire qu'elle traite toutes les questions qu'il est aujourd'hui indispensable de connaître. Son esprit est essentiellement démocratique; le langage qu'elle parle est simple et à la portée de tous, mais il est aussi à la hauteur des sujets traités. La plupart de ces volumes sont adoptés pour les Bibliothèques par le *Ministère de l'Instruction publique*, le *Ministère de la guerre*, la *Ville de Paris*, la *Ligue de l'enseignement*, etc.

HISTOIRE DE FRANCE.

Les Mérovingiens, par BUCHEZ, anc. présid. de l'Assemblée constituante.

Les Carlovingiens, par BUCHEZ.

Les Luttes religieuses des premiers siècles, par J. BASTIDE, 4e édit.

Les Guerres de la Réforme, par J. BASTIDE. 4e édit.

La France au moyen âge, par F. MORIN.

Jeanne d'Arc, par Fréd. LOCK.

Décadence de la monarchie française, par Eug. PELLETAN. 4e édit.

La Révolution française, par CARNOT, sénateur (2 volumes).

La Défense nationale en 1792, par P. GAFFAREL.

Napoléon Ier, par Jules BARNI.

Histoire de la Restauration, par Fréd. LOCK. 3e édit.

Histoire de la marine française, par Alfr. DONEAUD. 2e édit.

Histoire de Louis-Philippe, par Edgar ZEVORT. 2e édit.

Mœurs et Institutions de la France, par P. BONDOIS. 2 volumes.

Léon Gambetta, par J. REINACH.

PAYS ÉTRANGERS.

L'Espagne et le Portugal, par E. RAYMOND. 2e édition.

Histoire de l'empire ottoman, par L. COLLAS. 2e édit.

Les Révolutions d'Angleterre, par Eug. DESPOIS. 3e édit.

Histoire de la maison d'Autriche, par Ch. ROLLAND. 2e édit.

L'Europe contemporaine (1789-1879), par P. BONDOIS.

Histoire contemporaine de la Prusse, par Alfr. DONEAUD.

Histoire contemporaine de l'Italie, par Félix HENNEGUY.

Histoire contemporaine de l'Angleterre, par A. REGNARD.

HISTOIRE ANCIENNE.

La Grèce ancienne, par L. COMBES, conseiller municipal de Paris. 2e éd.

L'Asie occidentale et l'Égypte, par A. OTT. 2e édit.

L'Inde et la Chine, par A. OTT.

Histoire romaine, par CREIGHTON.

L'Antiquité romaine, par WILKINS (avec gravures).

GÉOGRAPHIE.

* **Torrents, fleuves et canaux de la France**, par H. BLERZY.

* **Les Colonies anglaises**, par le même.

Les Iles du Pacifique, par le capitaine de vaisseau JOUAN (avec 1 carte).

* **Les Peuples de l'Afrique et de l'Amérique**, par GIRARD DE RIALLE.

* **Les Peuples de l'Asie et de l'Europe**, par le même.

* **Géographie physique**, par GEIKIE, prof. à l'Univ. d'Edimbourg (avec fig.).

* **Continents et Océans**, par GROVE (avec figures).

Les Frontières de la France, par P. GAFFAREL.

* **Notions d'astronomie**, par L. CATALAN, prof. à l'Université de Liège. 4e édit.

COSMOGRAPHIE.

* **Les Entretiens de Fontenelle sur la pluralité des mondes**, mis au courant de la science par BOILLOT.

* **Le Soleil et les Étoiles**, par le P. SECCHI, BRIOT, WOLF et DELAUNAY. 2e édit. (avec figures).

* **Les Phénomènes célestes**, par ZURCHER et MARGOLLÉ.

A travers le ciel, par AMIGUES.

Origines et Fin des mondes, par Ch. RICHARD. 3e édit.

SCIENCES APPLIQUÉES.

* **Le Génie de la science et de l'industrie**, par B. GASTINEAU.

* **Causeries sur la mécanique**, par BROTHIER. 2e édit.

Médecine populaire, par le docteur TURCK. 4e édit.

Petit Dictionnaire des falsifications, avec moyens faciles pour les reconnaître, par DUFOUR.

Les Mines de la France et de ses colonies, par P. MAIGNE.

La Médecine des accidents, par le docteur BROQUÈRE.

La Machine à vapeur, par H. GOSSIN, avec figures.

La Navigation aérienne, par G. DALLET (avec figures).

SCIENCES PHYSIQUES ET NATURELLES.

Télescope et Microscope, par ZURCHER et MARGOLLÉ.

* **Les Phénomènes de l'atmosphère**, par ZURCHER. 4e édit.

* **Histoire de l'air**, par Albert LÉVY.

* **Hygiène générale**, par le docteur L. CRUVEILHIER. 6e édit.

* **Histoire de la terre**, par le même.

* **Principaux faits de la chimie**, par SAMSON, prof. à l'Éc. d'Alfort. 5e édit.

Les Phénomènes de la mer, par E. MARGOLLÉ. 5e édit.

* **L'Homme préhistorique**, par L. ZABOROWSKI. 2e édit.

* **Les grands Singes**, par le même.

Histoire de l'eau, par BOUANT.

* **Introduction à l'étude des sciences physiques**, par MORAND. 5e édit.

* **Le Darwinisme**, par E. FERRIÈRE.

* **Géologie**, par GEIKIE (avec fig.).

* **Les Migrations des animaux et le Pigeon voyageur**, par ZABOROWSKI.

* **Premières notions sur les sciences**, par Th. HUXLEY.

La Chasse et la Pêche des animaux marins, par le capitaine de vaisseau JOUAN.

Les Mondes disparus, par L. ZABOROWSKI (avec figures).

Zoologie générale, par H. BEAUREGARD, aide-naturaliste au Muséum (avec figures).

PHILOSOPHIE.

La Vie éternelle, par ENFANTIN. 2e éd.

Voltaire et Rousseau, par Eug. NOEL. 3e édit.

* **Histoire populaire de la philosophie**, par L. BROTHIER. 3e édit.

* **La Philosophie zoologique**, par Victor MEUNIER. 2e édit.

* **L'Origine du langage**, par L. ZABOROWSKI.

Physiologie de l'esprit, par PAULHAN (avec figures).

L'Homme est-il libre? par RENARD.

La Philosophie positive, par le docteur ROBINET. 2e édit.

ENSEIGNEMENT. — ÉCONOMIE DOMESTIQUE.

* **De l'Éducation**, par Herbert Spencer.

La Statistique humaine de la France, par Jacques BERTILLON.

Le Journal, par HATIN.

De l'Enseignement professionnel, par CORBON, sénateur. 3ᵉ édit.

* **Les Délassements du travail**, par Maurice CRISTAL. 2ᵉ édit.

Le Budget du foyer, par H. LENEVEUX

* **Paris municipal**, par le même.

* **Histoire du travail ma-** nuel en France, par le même.

L'Art et les artistes en France, par Laurent PICHAT, sénateur. 4ᵉ édit.

Économie politique, par STANLEY JEVONS. 3ᵉ édit.

* **Le Patriotisme à l'école**, par JOURDY, capitaine d'artillerie.

Histoire du libre échange en Angleterre, par MONGREDIEN.

Premiers Principes des beaux-arts, par John COLLIER (avec fig.).

DROIT.

* **La Loi civile en France**, par MORIN. 3ᵉ édit.

La Justice criminelle en France, par G. JOURDAN. 3ᵉ édit.

BIBLIOTHÈQUE UTILE

TIRAGE SPÉCIAL POUR RÉCOMPENSES

Beaux volumes in-12 de 190 à 200 pages.

Brochés. 1 franc. — Imitation toile, tranches blanches. 1 fr. 10
Toile, tranches dorées ou rouges...................... 1 fr. 50

Napoléon Iᵉʳ, par J. BARNI, membre de l'Assemblée nationale.

Les Colonies anglaises, par BLERZY, anc. élève de l'École polytechnique. (V. P.)

* **Torrents, fleuves et canaux de la France**, par le même. (V. P.)

* **Europe contemporaine depuis 1792 jusqu'à nos jours**, par BONDOIS, professeur au lycée de Versailles.

La Botanique en 10 leçons, par LE MONNIER, professeur à la Faculté des sciences de Nancy, avec 124 figures.

Morceaux choisis de littérature française, par Mᵐᵉ COLLIN, inspectrice des écoles de la Ville de Paris. (V. P.)

* **La Défense nationale en 1792**, par P. GAFFAREL, professeur à la Faculté des lettres de Dijon. (V. P.)

* **La Géographie physique**, par GEIKIE, professeur à l'Université d'Édimbourg. avec gravures. (V. P.)

* **Notions de Géologie**, avec figures dans le texte, par le même. (V. P.)

* **Premières Notions sur les sciences**, par HUXLEY, de la Société royale de Londres. (V. P.)

Le Patriotisme à l'école, guide populaire d'éducation militaire, par JOURDY, chef d'escadron d'artillerie, avec grav. (V. P.)

Les Migrations des animaux et le Pigeon voyageur, par ZABOROWSKI. (V. P.)

Histoire de Louis-Philippe, par E. ZEVORT, recteur de l'Académie de Caen. (V. P.)

Les Phénomènes célestes, par ZURCHER et MARGOLLÉ, anciens officiers de marine. (V. P.)

Les Révolutions d'Angleterre, par Eugène DESPOIS. (V. P.)

Léon Gambetta, par Joseph REINACH, avec gravures.

Les Peuples de l'Asie et de l'Europe, par GIRARD DE RIALLE. (V. P.)

Les Peuples de l'Afrique et de l'Amérique, par GIRARD DE RIALLE. (V. P.)

Continents et Océans, par GROVE, avec gravures. (V. P.)

5511. — BOURLOTON. — Imprimeries réunies, A, rue Mignon, 2, Paris.

www.ingramcontent.com/pod-product-compliance
Lightning Source LLC
Chambersburg PA
CBHW071628270326
41928CB00010B/1832